성불첩경
정토문답

이병남 거사 해답
박영범 거사 옮김

머리말

정토법문은 '나무아미타불 염불수행으로 당생에 서방 극락세계에 왕생하여 성불하는' 여래의 특별법문이고 제일법문이다. 행하기는 쉬우나 믿기는 어렵기(易行難信) 때문에, 불설아미타경에서는 '일체세간이 믿기 어려운 법(一切世間 難信之法)이다'라고 하셨다. 또 관무량수경에서는 '염불 일성이 80억겁의 생사중죄를 소멸시킨다'라고 하였다.

이 정토법문을 믿고 발원하여 수행하는 정업행자들이 수행과정에서 가지는 여러 가지 의문점들에 대하여, 이병남 거사께서 자상하면서 명쾌하게 때로는 단호하게 답변을 주셨는데, 이러한 질문과 답변은 불학문답류편 정토 제12(佛學問答類編 淨土第十二)」에 수록되어 있다. 이를 우리말로 옮기면서 제목을 간략하게 정토문답으로 하였다. 정토문답은 약 700여 개의 문답으로 이루어져 있다. 번역에 사용한 원문은 般若文海에서 제작한 것이다.

옮긴이는 이미 수년 전에 이 귀중한 법문을 발견하고 우리말로 옮기기 시작하였는데, 금일에 이르러 자항(慈航) 김성우 법사님과 비움과소통 출판사의 도움을 받아 이를 세상에 소개하게 되었다. 이 문답이 우리나라 정업행자들의 염불수행에 보배가 될 것임을 믿어 의심치 않는다.

불기 2568년 우란분절에
안양인 박영범 합장

降伏憤心
항복분심

자기를 생각해보면, 내가 보살인데
응당 각조覺照를 일으켜
마땅히 인욕을 행해야 한다.
다른 이를 생각해보면,
어리석은 자에 가까우니 응당
비심悲心을 일으켜 용서하라!
다시 급하게 한 마디 만덕 홍명
(洪名: 나무아미타불)을 사용하여,
금방패로 삼고, 면면히 염하여서,
화내는 마음을 억제해야 한다.
그렇지 않으면 그의 어리석음과
나의 화내는 마음이 같이 추락할 것이다.
- 이병남 노사(정토문답)

이병남 노거사 약력

이병남(李炳南) 노거사는 휘(諱)가 염(豔), 자(字)가 병남(炳南), 호는 설려(雪廬)로, 제자들은 설공(雪公)이라 존칭한다. 산동성 제남시 사람이다. 일찍이 유교를 배웠고, 경사제자(經史諸子), 법률과 한의학에 겸하여 정통하였고, 고전시가의 창작에 대하여 정밀하고 조예가 깊으며 풍성하였다. 중년 이후에는 유교에서 불교로 들어가, 깊게 상의학(相義學)을 연구하고 가르쳤는데, 역시 일찍이 고명한 스승께 선(禪)을 참학하고 밀교를 배웠지만, 최후에는 대비심을 발하여, 정토를 전수(專修)하고 전홍(專弘)하여, 지명염불을 창도하였다. 거사는 1949년에 국민당정부가 대만으로 옮길 때 따라와 대중(台中)에 수십 년을 머물렀는데, 고승처럼 전심으로 도를 펼쳤고, 「봉화는 반평생을 요행으로 살았으나(烽火半生皆僥倖), 마음만은 조금도 식지 않았다(心腸分寸未曾寒)」라고 스스로 말하였는데, 일생을 진력하여 불교와 중국문화를 위해 묵묵히 헌신하였다. 평소에는 강학홍법(講學弘法)함에 있어, 유교경전을 전적으로 교수하고, 도덕과 인예(仁藝)로 강령을 삼고, 윤상(倫常)과 예교(禮教)로 기초를 삼았다 ; 불전(佛典)을 설명함에, 반드시 이치와 근기에 계합하여 염불로 돌아가도록 하였고, 배우는 이들로 하여금 인과를 깊이 믿고, 힘써 당생성취(當生成就)를 구하도록 하였다. 몸과 말로 가르치신 것이 사람들로 하여금 깊은 감동을 주었다. 선생은 아울러 대중시에 불교연사(佛教蓮社)와 연합기구를 설립하여 교육, 노인요양, 구제, 의료 등 각종 자선공익사업을 하고, 염불반, 홍법단, 연구반, 국학계몽반, 논어강습반, 그리고 월간사, 출판사, 광파사(廣播社) 등 교육문화사업에 있어 그 널리 교화한 공은 대만 양안에 널리 퍼지고, 멀리 해외의 미래에 영향을 주니, 중화민국 이래 불교를 배우는 거사의 모범이라 칭할 수 있다. 선생은 평생 저작이 매우 많은데, 경주(經注), 강표(講表), 시문……의 한 자 한 구는, 모두 선생이 자비와 지혜를 함께 운용하고, 도(道)와 예(藝)가 원용함을 나타낸 것으로, 바로 중생을 위하여 고심한 모습이다. 제자들은 저작들을 모아 이병남노거사전집을 출판하였는데, 대체로 불학, 의학, 시문, 유묵(遺墨), 편지 등의 종류이다 ; 또 널리 선생의 원고, 강경녹음 들을 수집하여, 이미 영구적인 보배 장서(珍藏)로 만들었으니, 역시 선생의 자비심과 큰 원이, 중생의 혜명을 오래 지속시킬 수 있기를 기대한다. (오육순 편찬 吳毓純 編撰, 장청천 심정 張清泉 審訂)

〔자료출처: 대중연사(臺中蓮社) - 李炳南居士個人檔案全宗〕

정토문답

제1조

문: 서방극락국은 어디로부터 가는 것입니까? (陳榮進)

답: 마음으로부터 간다. 이것은 모름지기 경(經)을 듣거나 경에 대한 주해를 보아야만 바야흐로 이해할 수 있다.

제2조

문: 「나무아미타불」은 어떤 뜻입니까? (丘高秀)

답: 「나무」는 귀의하고 공경히 예(敬禮)를 한다는 뜻이고, 「아미타불」은 곧 한 분의 존귀한 부처님 명호이며, 그 뜻은 「무량광불」 등으로 (등은 지혜, 자비, 신통, 원력 갖가지를 가리킨다), 이것은 모름지기 아미타경을 보면 바야흐로 구경을 알 수 있다. 만약 이러한 학력과 독경이 없다면, 즉 「초기정업지남(初機淨業指南)」 「기로지남(歧路指歸)」 「학불천설(學佛淺說)」 등의 소책자, 이것을 여러 번 보아야 한다. 만약 이해하지 못하면, 미신이 될 뿐만 아니라, 또 쉽게 퇴전한다.

제3조

문: 정토를 수행하는 사람은 어떠한 방법으로 수행을 하는 것이 바야흐로 첩경입니까? (魏柏勳)

답: 네 가지 법[1] 중에서 지명[염불]이 지름길로 이른바 지름길 중의 지름길이고 또 지름길이다.

제4조

문: 아미타경에 「만약 믿음이 있는 자는 응당 발원하여 저 국토에 태어나야 한다」고 하였습니다. 발원은 모름지기 어떠한 방식이어야 합니까? (智海)

---

1) 실상(實相), 관상(觀想), 관상(觀像), 지명(持名) 네 가지 염불법을 말하는 것임

답: 두 과(二課)²)를 마칠 때, 회향문을 독송(誦)하는 것이 바로 발원이다. 이것만으로는 아직 입으로 하는 것에 속한다. 만약 염불시에 만연(萬緣)을 내려놓고 한 뜻으로 왕생을 구하면 이것 역시 원(願)으로, 곧 마음으로 하는 것에 속한다. 이것 외에도 구소발원(具疏發願), 구서발원(口誓發願)이 있는데, 모두 특별히 의식을 거행하는 것에 속한다.

제5조

문: 장기간 채식을 하지 않고 가정에서 삼성상(三聖像)³)을 받들어 공경할 수 있습니까? (李俊)

답: 삼성상에 공양할 수 있다. 그러나 오신채나 고기를 먹을 때는 불결함을 면하기 위하여 마땅히 짧은 막으로 불상을 가려야 한다.

제6조

문: 습기(習氣)가 완전히 끊어지지 않은 자가 부처님을 믿고 염불해도 되는지 모르겠습니다. (蕭慧心)

답: 습기를 제거하기 위하여 비로소 염불을 배우는 것이고, 습기가 다하지 않았기 때문에 마땅히 염불하는 수고를 하여야 한다.

제7조

문: 어떤 이가 석가불, 아미타불, 관세음보살은 일체로 같다고 하는데, 그러한지요? (寬珠)

답: 법신은 이와 같이 말할 수 있으나, 보신과 화신은 그렇지 않다.

제8조

문: 채식을 하지 않은 사람이 염불을 해서 서방에 왕생할 수 있습니까? (寬珠)

---

2) 아침과 저녁으로 하는 염불의 공과(功課)를 말함
3) 아미타불, 관세음보살, 대세지보살

답: 비록 채식을 하지 않더라도 역시 살생을 하지 않아야 한다. 방편으로 오정육을 먹는 것은 곧 왕생에 방애되지 않는다.

제9조

문: 어떤 이웃에 사는 여자분이 불교를 매우 오래 믿었는데, 저에게 매월 정해진 기간인 오세시(汚穢時)에는 염불을 하지 말아야 한다고 하는데, 그런가요? (瑞珠)

답: 이것은 여자의 생리와 관계가 있는데 결코 고의로 불결하게 한 것이 아니고, 정법(淨法)은 계속 이어져 항상(恒)한 것을 귀하게 여기니, 〔오세시라도〕 염(念)하는 것을 방애하지 않는다.

제10조

문: 상과(上課)[4]염불시에 항상 잡념이 있어 오히려 청념(淸念)을 얻을 수 없습니다. 좋은 염불법을 청하옵니다! (魏柏勳)

답: 염(念)은 마음 따라 일어나고, 소리는 입을 따라 나오고, 음은 귀를 따라 들어간다. 이와 같이 **마음으로 염(心念)하고 입으로 외우고(口誦) 귀로 듣는 것(耳聽)을** 모두 글자마다 청초(淸楚)하게 오래오래 하면 자연스럽게 일심을 이룬다.

제11조

문: 염불십념법으로 왕생할 수가 있습니다. 그런데 어찌하여 《아미타경》 중에서 적은 선근과 복덕의 인연으로 저 국토에 왕생할 수 없다고 말씀하고 있습니까? (徐福快)

답: 이른바 십념법(十念法)[5]은 단지 한 번만 염하는 것이 아니고, 매일 반드시 행해야 하는 방법이다. 해가 거듭되고 날이 가면 자연히 적은 선근이 아니다. 단 이 방법은 사무로 극히 분주한 사람을 위해

---

4) 하루 두 차례 정해 놓은 공과(功課) 중 앞에 하는 공과를 말함
5) 여기서 말씀하시는 십념법은 자운 참주께서 세우신 염불법을 말하는 것이다. 한 호흡에 횟수에 상관 없이 여러 번 염불하는데, 이렇게 열 호흡까지 하고, 더 이상 하지 않는다. 이에 관하여는 화두 놓고 염불하세, 2002, 불광출판사, 123, 127쪽. 염불왕생, 2024, 바른북스, 205~206쪽 참조

세운 것이다. 만약 여가를 내서 많이 염할 수 있다면 더욱 좋다.

제12조

문: 부인이 출산한 지 1개월이 되었는데 염불할 수 있겠습니까? 입으로 염합니까? 혹은 마음으로 염합니까? (楊金英)

답: 염불은 계속 이어지는 것(相繼)을 중요시한다. 출산은 자연스러운 생리로서 결코 산모가 염불해서는 안 된다는 말은 없다. 마음으로 염(心念)하는 것이 확실히 좋은데, 만약 할 수 없다면 입으로 염(口念)하는 것도 괜찮다.

제13조

문: 매일 염불하여도 여전히 망상이 정화되지 않는데 없애는 법이 있습니까? (陳簡招福)

답: 이것은 공부가 오래되지 않아서 그런 것이고, 시간이 오래되면 점차 마음을 거둘(攝心) 수 있으니, 현재는 억지로 해서는 안 된다. 아마 그 방법을 얻지 못한다면, 오히려 없애려고 할수록 반각(反覺)이 더 많아질 것이다. 단지 염불할 때, 이 여섯 자6)는 마음에서 일어나는 것이 청초해야 하고, 입에서 나오는 것이 청초해야 하며, 다시 귓속으로 들어가는 것은 더욱 청초해야 한다. 이렇게 행하면, 망념(妄念)은 날로 없어진다.

제14조

문: 「관경(觀經)7)」의 상품상생 단락에 수행의 육념(六念)을 보이신 바 이는 어떤 육념입니까? 아니면 곧 주야육시(晝夜六時)8)에 하는 염불입니까? (大寬)

답: 불, 법, 승, 계율(戒), 보시(施), 천(天)의 여섯 종류이다.

---

6) = 나무아미타불
7) = 관무량수경
8) 인도는 하루를 여섯 때로 나누는데, 따라서 주야육시는 실제 24시간을 의미한다. (염불왕생, 2024, 바른북스, 261쪽 참조)

南無阿彌陀佛

佛前一拜 罪滅河沙
念佛一句 增福無量

- 관무량수경
도리어 팔십억 겁의 공덕을 얻는다
팔십억 겁의 생사중죄를 소멸하고
한번 하는 아미타불 염불이

제15조

문: 저는 염불하면서 불상(佛像)을 걸어 본 적이 없고, 또 향을 피우거나 연등을 달거나 혹은 기타 예의를 차리지 않습니다. 부처님에 대하여 공경치 못한 것입니까? (桂引沾)

답: 실내에서 방편으로 불상을 걸고 싶다면 본사(本社)⁹⁾에서 증정으로 보내 줄 수 있다. 만약 방편을 하지 않는다면 단지 얼굴을 서쪽으로 향하고, 뜻으로 관상(觀想)을 하고, 마음을 지성스럽게 하면 곧 공덕이 있다. 예배에 관하여는 만약 환경이 허락한다면 오히려 실행하는 것이 타당하다. 이른바 고개를 숙여 1배를 하면 없어지는 죄가 항하사¹⁰⁾와 같다.

제16조

문: 어느 절의 주지가 저에게 염불은 상(相)에 집착하는 것이다라고 호통을 쳤습니다. 어떻게 대답해야 할지 모르겠습니다. (惠亮)

답: 거사는 그 옷¹¹⁾을 가리키며 말할 수 있는데 : '절의 주지께서도 이와 같이 어찌 역시 상에 집착하는 것이 아니겠습니까?'고 말하고 대답을 청한 후에, 단지 그 대답에 따라 답하여 이르길 : '저도 역시 이와 같을(如是) 따름입니다'라고 말하면 된다.

제17조

문: 저는 많은 분들이 말씀하시는 것을 들었는데 : 처의 방에서 잠을 자는 것은 더러운 것이기 때문에 염불을 할 수 없다고 합니다. 잠을 잘 때 꿈속에서는 염불이 가능한데 죄가 있습니까? 그런데 제가 한 권의 권세문(勸世文)을 보았는데, 행(行)·좌(坐)·입(立)·와(臥)·한(閑)·망(忙)의 염불입니다. 그런데 이것이 처가 있고 없음과 구별이 있습니까? (方觀音)

---

9) 이병남 거사께서 조직하신 신행단체로 대북연사 또는 대중연사 등이 있음
10) 갠지스강의 모래
11) 그 주지스님이 입고 있는 승복을 가리키는 것으로 보임

답: 침실과 더러운 곳에서는 입으로 하는 염불(口念)을 할 수 없으나, 오로지 마음으로 하는 염불(心念)은 무방하다. 꿈속의 염불은 곧 훈습이 날로 깊어지는 것에 대한 표현이니 바로 좋은 경계로 결코 죄과가 없다. 재가거사는 대다수가 처가 있다. 부부가 같이 수행하고 서로 책려하는데 어찌 아니되겠는가!

제18조

문: 염불의 염(念)이 법희(法喜)[12]에 도달하면, 불보살의 일종의 감응현상(부처님의 광명이 비춤 혹은 불력가피)에 도달하는 것입니까? (賴棟梁)

답: 법희는 법을 듣고 법을 닦는 것으로 마음속에 얻게 되는 일종의 기쁨과 위안의 상(象)으로, 부처님의 현상(佛現像)이 있을 필요는 없고, 바야흐로 발생하는 것이다.

제19조

문: 서방극락의 경계가 항상 현전하는 것은 법희가 충만하여 나타나는 것입니까?

답: 단지 법희가 충만하다고 극락이 반드시 현전하는 것은 아니나, 극락이 현전하면 법희가 더욱 커진다.

제20조

문: 마음이 염불심이면 곧 부처이고 염불심이 아니면 부처가 아니라면 그럼 염불하는 마음이 모두 부처입니까? 이렇게 쉬운 일이 있습니까? (王鳴)

답: **부처는 다른 일이 아니고, 오로지 깨달은 마음(覺心)이다.** 마음이 어떤 것인가? 언설(言說)로 할 수 없다. 마음은 어디 안에 있는가? 찾을 곳이 없다. 그것을 추구하는 것이 필요한데, **당신의 눈앞에 있는 일념의 공허한 영성(一念虛靈)이 곧 이것이라는 것을 알아야 한다.**

---

12) 설법을 듣고 마음속에 일어나는 큰 기쁨

만약 부처님의 연(佛緣)으로 일어난 마음이라면, 이 마음이 어찌 부처님의 마음(佛心)이 아니겠는가. 그렇지 않으면 다른 마음이다. 여기에 착안한다면 공부가 바야흐로 힘을 얻을 수 있다.

제21조

문: 「예배」는 단체생활의 방편일 수가 없습니다. 제가 염불하는 법(念法)은 합장과 큰 소리(高聲)가 불가능하고 단지 묵념(默念)만 있을 뿐입니다. 때로는 이촌(二寸)의 불보살 성상(聖像)을 꺼내어 합장하고 고개를 끄덕이는 것도 대배정례(大拜頂禮)의 공덕과 같습니까? (戰覺力)

답: 불법은 마음의 정성을 중요시한다. 단체생활은 자유가 없으니 방편으로 묵념을 하면 더욱 마음을 거둘(收心) 수 있는데, 마음으로 예를 갖추면 같은 공덕이 있다.

제22조

문: 최근에 들은 일인데, 어떤 불자가 여러 해 동안 수행하다가 갑자기 욕진(欲塵)에 물들었습니다. 이처럼 하다가 죽을 때가 되면 장애가 되겠습니까? (蕭慧心)

답: 깨달음을 등지고 번뇌에 합치하여(背覺合塵) 이미 더러움(汚泥)에 들어간 것이니 다시 어떤 장애를 말하겠는가.

제23조

문: 염불의 방법은 여러 종류가 있는데 두 가지를 겸하여 수행할 수 있습니까? 예를 들면 지명(持名)과 관상(觀想)을 병행할 수 있습니까? (智恒)

답: 관상(觀想)과 지명(持名)은 고인께서 겸수한 분이 매우 많지만, 연지대사(蓮池大師) 이후에는 점차 한 가지 방법만 사용하였다. 그것이 일심(一心)에 이르는데 쉽기 때문이다.

제24조

문: 〈인광대사문초(印光大師文鈔)〉 중에 사람들에게 염불을 권하면서 함께 관음보살을 염하여 그 기도로 액난을 면하고, 재앙을 소멸하도록 하였습니다.[13] 어찌 염불이 재앙을 소멸할 수 없습니까? (陳淨願)

답: 한 마디 아미타불은 능히 팔십억 겁의 생사중죄를 소멸시킬 수 있다. 어찌 재앙을 소멸시키지 못할 도리가 있겠는가. 그러나 정토법문의 염불은 서방에 왕생을 발원해야 한다. 혹시나 잡다한 다른 원(願)은 전일(專)하지 못한 폐단이 있을 수 있다. 대사의 이 말씀은 원래 생사심(生死心)을 끊지 못한 학인을 위한 방편설법이다. 만약 〔아미타불〕 염(念)이 경계를 여의어 평등에 이른다면, 자연히 팔풍(八風)이 불어와도 움직이지 않는데, 어찌 재난을 걱정하겠는가.

제25조

문: 주리반타가는 근성이 낮고 우매하였습니다. 석존께서 어찌하여 그에게 아미타불을 염하는 것을 가르치시지 않고, 빗자루(掃帚)를 염하는 것을 가르치셨습니까? (智雄)

답: 석존께서 사람을 가르치심은 근기(機)에 응하여 설법하시는 것으로, 결코 정해진 방식이 없다. 당시에 〔주리반타가는〕 빗자루를 보자마자 손에 집어들 수 있었기 때문인데, 즉 이것이 묘제(妙諦)였다. 또 주리반타가는 빗자루(掃帚)가 겨우 두 글자이지만 오히려 한 글자를 잊어버리니 형편이었으니, 만약 육자홍명(六字洪名)[14]을 가르친다면 그에게 어려움을 더하는 것이 아니었겠는가?

제26조

문: 도(道)가 일척 높으면 마(魔)는 일장이 높습니다. 평소에 염불하는 것을 제외하고, 어떤 가장 좋은 방법으로 예방하여, 마병(魔病)과 퇴전(退轉)이 생기지 않도록 할 수 있습니까? (慧德)

---

13) 화두 놓고 염불하세, 2002, 불광출판사, 290~291쪽 참조
14) '나무아미타불' 여섯 자를 말함. 만덕홍명은 만 가지 덕을 갖춘 큰 이름이라는 뜻

답: 선정력(定力)과 계율의 덕(戒德) 양자는 마장을 충분히 물리친다.

제27조

문: 평소에 부처님을 믿지 않고 또 부처님을 공경하지 않았다면, 임종15)시에 다행히 선지식(善知識)의 조념(助念)을 만난다고 하더라도, 그 사람은 염불의 진리를 알지 못할 터인데 왕생할 수 있습니까? (慧貴)

답: 신심을 세우고 발하여, 가르침을 따라 기꺼이 염(念)하는 자는 왕생할 수 있고, 그렇지 않으면 무익하다.

제28조

문: 왕생주(往生咒)를 지송하는 것과 염불의 의의는 어떤 차별이 있습니까? (許炎墩)

답: 왕생주와 부처님의 명호의 공덕작용(功用)은 결코 차별이 없으나, 단지 번잡함과 간단함, 어려움과 쉬움에 있어서는 같지 않다.

제29조

문: 침실에서나 혹은 화장실에서, 소리를 내어서 하는 염불과 마음속으로 묵념하는 것은 모두 공경하지 못한 것입니까? (鄧慧心)

답: 침실에서도 역시 소리 내어 염불할 수 있으나, 오직 몸이 누운 이후에는 마땅히 묵념해야 하고, 다시 소리 내어 염불하는 것은 안 된다 ; 화장실에서는 또 마땅히 묵념해야 한다. 대소변을 누거나 수면 등은 모두 피할 수 없는 일이지만, 그러나 염불은 또 생각 생각 계속 이어지는 것이(念念相繼) 주된 것이므로, 〔소리 내어 염불하기가〕 불편한 곳에서는 마음으로 염불(心念) 한다.

---

15) 죽음이 임박한 단계가 임종(臨終)이고, 숨이 끊어진 단계가 명종(命終)이다. 이 책의 본문 중에서는 임종(臨終) 또는 임명종(臨命終)은 임종(臨終)으로, 명종(命終)은 명종(命終)으로 각 옮겼다.

無緣大慈

조건 없는 참사랑

구름은 바람 없이 움직일 수 없고
사람을 움직이는 것은 오직 사랑이어라
중생을 윤회계에서 벗어나게 하는 것은
오직 아미타불 명호의 대자대비 본원력이라

무량수여래회 근본도량
영주 용두사(용특사)

제30조

문: 어떤 거사가 아미타불을 전념하면서, 기타는 염하지 않는다고 들었습니다. 관음도 역시 염하지 않습니다. 그 수행법이 이와 같은데, 이것이 맞는 방법입니까? (賴棟梁)

답: 단도직입으로 말하자면, 역시 맞지 않음이 없다.

제31조

문: 아미타불께서 〔중생을〕 접인하시는 몸의 모양은 앉은 자세입니까, 서 있는 자세입니까? (大寬)

답: 접인하는 모습은 서 있는 형태이다. 곧 급박하게 이끌어 속히 사바세계를 떠나니, 앉아 있을 겨를이 없다는 뜻이다.

제32조

문: 염불로 서방극락세계에 왕생하고자 하는 원(願)은 탐심이 아닙니까? (鍾世賢)

답: 이 원은 탐심이 아니다. 서방에 왕생하여 무생법인을 증득하고 (生西求證), 사바세계로 다시 돌아와 널리 중생을 제도하려는 까닭이다.

제33조

문: 경에서 이르시길 : 마음이 곧 부처이고, 원래 자심(自心)이 곧 부처이다라고 하였습니다. 그럼 제가 일심으로 스스로 자기 이름을 생각하면 성취할 수 있습니까? (佚名)

답: 마음을 생각하는 것(念心)은 당연히 성취가 가능하다. 〔그러나〕 이름과 마음은 다르니, 그것을 염하는 것은 아견(我見)을 증장시킬 수 있다. 만약 분별을 일으키지 않을 수 있다면, 수식관(數息)이나 화두참구(參話頭)와 같이 반드시 안 된다고 할 수는 없다. 〔이것은〕 단지 자력(自力)〔수행〕에 속하는 것으로 정가(淨家)에서 미타의 만덕성호(萬德聖號)를 염하여 〔자력과 타력의〕 두 가지 힘이 감응하는 것과는

그 공덕과 난이가 크게 구별된다.

제34조
문: 집안일이 많아서 염불의 정과(正課) 시간은 적고, 산념(散念) 혹은 마음속 묵념(默念)이 많습니다. 성취할 수 있겠습니까? (周慧德)
답: 만약 마음속에 많은 염(念)이 있다면 쉽게 삼매에 들어가는데 어찌 성취하지 않을 도리가 있겠는가?

제35조
문: 정과(正課)의 염불회향 후에 계속하여 대비주(大悲咒)16)나 기타 이외의 경전을 지송하는 것은 정과에 방애가 될지 모르겠습니다. (林夢丁)
답: 회향 이후 다시 염송하는 것은 별도의 원(別願)이다. 단지 본 수행의 취지에 어긋나지 않으면 곧 방애되지 않는다.

제36조
문: 소설을 보거나, 영화를 보거나, 연극을 하거나 연극을 듣고 하는 것은, 모두 망아(忘我)의 경계에 도달할 수 있으니, 일심불란(一心不亂)입니다. 이것이 일심불란과 같은데, 염불의 일심불란과 어떤 분별이 있습니까? (智煌)
답: 소설, 영화, 희극 등은 음란함을 가르치고, 도둑질, 슬픔과 기쁨, 헤어짐과 만남을 가르칠 뿐이어서, 그것을 대하면 곧 희로애락이 생기니, 이와 같이 마음이 움직이고 정신이 옮겨지면, 어찌 일심불란이라 말할 수 있겠는가. 이른바 **일심불란이라는 것은 만 가지 인연을 내려놓고, 팔풍(八風)에 동요하지 않으며, 밖으로 모든 경계를 떠나고, 안으로는 고요한 물(止水)과 같은 것이다.**

---

16) 신묘장구대다라니

제37조

문: 염불시에 관상(觀想)이 필요하지 않다는 지시를 따르면, 후학(後學)[17]이 수지(修持)할 때 곧 감각과 사상(思想)이 일정한 방향이 없어 집중하기가 쉽지 않습니다. 응당 어떤 방법으로 그것을 다스려야 합니까? (許魏文)

답: 염불이 마음에서 일어나, 입으로부터 나오고, 귀로 들어가, 다시 마음에 도장을 찍어서(印於心), 그것이 매우 청초하여(清清楚楚), 한 글자도 달아나지 않으며, 한 바퀴 돌고 다시 시작하면, 심력(心力)은 곧 집중할 수 있다. 여전히 할 수 없다면, 다시 숫자를 기억하는 법을 채택하여, 한 호흡에〔나무아미타불을〕3번 하고, 다시 한 호흡에 3번 하고, 다음에 한 호흡에 4번 한다.[18] 그 수는〔총〕10으로, 이와 같이〔한 호흡에 10번 염불하는 횟수를 반복하여〕10번, 20번이나 100번 하는데, 마음이 만약 한번 달아나면 숫자는 곧 틀리게 된다. 이 방법이 가장 쉬워서 마음이 산란하지 않게 한다. 은행원이 지폐를 세는 것을 보면, 그 속도는 바람이 가을 낙엽을 쓰는 것과 같은데도 오히려 청초(清楚)하여 흐트러지지 않으니, 심력(心力) 집중의 비결을 깨달을 수 있다.

제38조

문: 염불을 하되 채식을 하지 않아도, 임종시 서방에 왕생할 수 있습니까? (戴陸火)

답: 조념(助念)[19]하는 사람이 있으면 왕생할 수 있다. 그래도 채식을 연습하는 것이 좋다.「원한과 죄의 빚을 지지 않으면 임종에 장애가

---

17) 여기서는 정토법문을 늦게 공부하는 사람이라는 뜻으로 질문자를 지칭함
18) 원문은 一氣三句 , 再一氣三句 , 後一氣四句 , 其數為十이라고 되어 있는데, 총 3번 호흡을 하면서 총 10번 염불하는 것으로 해석될 여지가 있다. 인광대사님의 십념 기수법은 한 호흡에 총 10번 염불하면서 그 숫자를 기억하는 방법으로, 3·3·4, 5·5 등 어떤 방법을 사용하던지 총 10번을 하는 염불법으로 호흡을 3번으로 나누어서 하지 않는다(화두 놓고 염불하세, 2002, 불광출판사, 127~128쪽, 염불왕생, 2024, 바른북스, 202~203쪽). 이병남 거사는 인광대사의 재가 제자이기 때문에 아마도 인광대사님의 십념기수법을 소개한 것이 아닌가 추측된다.
19) 임종자의 옆에서 염불을 해줌으로써 임종자도 염불을 할 수 있도록 도와주는 것

없다」. 만약 할 수 없다면, 마땅히 오정육을 먹어야 한다.

제39조

문: 염불하다가 임종에 이르러 중병이 있을 때 고통이 극심하여 염불할 수 없어도 왕생할 수 있겠습니까? (鍾慧招)

답: 임종의 때가 가장 요긴한데 염불을 할 수 없다면 곧 전도(顚倒)[20]되는데, 어찌 왕생할 수 있겠는가. 이때에는 동도(同道)[21]의 조념을 청하는 것이 바야흐로 온당할 수 있다.

제40조

문: 염불을 하되 오계를 받지 않고, 음욕을 끊지 못하면, 왕생할 수 있겠습니까? (慧蘭)

답: 비록 오계를 받지 않더라도, 능히 스스로 살생을 하지 않고 사음(邪淫)을 하지 않으며, 믿음(信)·발원(願)·염불수행(行)[22]을 갖추면, 왕생이 가능하다. 대업왕생(帶業往生)이기 때문에 그렇다 ; 그러나 가능한 범위 내에서 최선을 다하여 몇 개라도 피하려고 노력을 다하는 것이 더욱 좋다.

제41조

문: 삼독(三毒)에서 탐욕(貪)과 어리석음(癡)은 끊을 수 있는데, 유독 화내는 것(瞋恚)만은 참을 수 없습니다. 역시 왕생할 수 있습니까? (慧蘭)

답: 왕생할 수 있는데, 이유는 앞에서 말한 것과 같다. 오로지 마땅히 때때로 인내를 연습하여, 임종시에 악연을 만나 〔그 사람이〕 마음을 건드려 화냄을 생기게 하는 것을 피해야 한다. 어떤 왕[23]이 일생을 수행하였는데, 임종의 때에 시자가 〔부채로〕 파리를 쫓다가 〔부채를

---

20) 거꾸로 뒤바뀜
21) 정토법문을 같이 수행을 하는 사람
22) 왕생의 세 가지 조건, 즉 세 가지 밑천이라는 뜻으로 왕생의 삼자량(三資糧)이라 한다.
23) 화두 놓고 염불하세, 2002, 불광출판사, 225쪽 참조

떨어뜨려] 그의 얼굴을 잘못 건드리는 바람에, 곧 화내는 마음이 생김으로 인하여 뱀의 몸으로 떨어졌는데 [이를] 본보기로 삼을 만하다.

제42조

문: 스스로 염불하는데, 가족 중에 우주와 인생에 대하여 다른 관념을 가진 사람이 있어, 매번 염불하고 경을 들을 때에 항상 제지를 받습니다. 임종의 때에 왕생할 수 있겠습니까? (智海)

답: 가족에 의한 장애가 있는 것은 당연히 숙생(宿生)[24]의 업연(業緣)과 관계가 있다. 마땅히 평정심과 고요한 분위기(平心靜氣)를 가지고 선교방편으로 교화하여 인도(善巧化導)하여야 하며, 화를 낼 수는 없다. 일면으로는 조용히 불보살의 가피를 기도하면 오래되어 반드시 교화된다. 부처님께서는 한 중생을 교화하기 위하여, 다겁생의 수고를 아끼지 않으셨는데, 마땅히 본받아야 할 법이다. 이와 같이 장애를 돌이켜 조연(助緣)을 이루는데, 어떻게 분노할 수 있단 말인가?

제43조

문: 염불하여 명종(命終)[25]시에 만약 서상(瑞相)이 나타나면, 당연히 왕생에 대한 증명이 가능하지만, 그러나 아무런 증명이 없어도 역시 왕생하는 사람이 있습니까? (張慶祝)

답: 현상으로 증명하는 것은 다른 사람이 보는 것과 자기가 보는 것으로 구분된다. 다른 사람이 [명종자의 명종을] 관찰할 때, 반드시 부처님을 보거나 향을 맡거나 음악을 들을 필요는 없다. 육근(六根) 중에 의근(意根)의 작용이 가장 큰데, 단지 마음속에 부처가 있으면, 곧 정념(正念)이 분명하여 결정코 왕생한다.

---

24) = 과거생
25) 숨이 끊어질 때

제44조

문: 믿음과 발원이 견고한 사람은 임종에 조념하는 사람이 없어도 결정코 왕생할 수 있습니까? (鍾觀靖)

답: 임종의 때에 고통과 혼침이 있으며, 찰나간이 지중하다. 만약 안으로 마음이 전도되거나 혹은 밖에 악연이 있으면 일을 망칠 수 있으니, 사람들의 조념을 청해서 이 두 가지 일을 막아야 한다. 오직 이와 같은 조념조직은 결코 모든 곳에 있는 것이 아니니, 가정을 불교화하고, 넓게 정업의 연분(淨緣)을 맺어 스스로 평소에 예비해야 한다.

제45조

문: 중음신이 염불종자를 만나 현행(現行)을 일으킬 때, 홀연 부처님 명호를 그리워하고 생각할 수 있다면, 초생(超生)[26]을 할 수 있습니까? (鍾觀靖)

답: 고덕의 저술에, 역시 중음이 왕생이 가능하다는 말씀이 있으나, 단지 그의 염력(念力)이 어떠한지가 큰 문제이고, 그 〔염불〕종자가 현행(現行)을 일으키느냐가 다시 문제이다.

제46조

문: 서방에 왕생하는 것은 환상으로 태어나는 것입니까? 진짜 태어나는 것입니까? (智梁)

답: 진여(真如)로 논하자면, 시작도 없고 끝도 없으며, 늘어나지도 않고 줄어들지도 않아, 이곳을 버리고 저곳에 왕생하는 것은 생멸이 있음이 아닌데, 어찌 환상(幻)이라 이를 수 있겠는가. 색신(色身)으로 논하자면, 만약 저 국토를 거짓이라고 의심한다면, 즉 이 국토에 태어나는 것은 사대오온(四大五蘊)의 신상(身相)으로 그것을 구하는 것은 모두 실체가 없는 것이니, 그것이 진짜라고 인정하지 않겠다는 것인가?

---

26) = 왕생

시방삼세의 모든 부처님들께서는
모두 염불念佛을 배우셔서,
속히 위없는 깨달음을 증득하셨다.
고로 알라. 삼세의 모든 부처님들이
다 염불로 마땅히 성불成佛하셨느니라.
-월등삼매경月燈三昧經

제47조

문: 염불시에 모름지기 몇 차례 염하였는지 수를 기억해야 합니까? (余智海)

답: 수를 기억하는 것은 아주 좋은데, 하나는 마음을 거둘 수 있고, 둘은 퇴전하는 것을 방지하는 것이다.

제48조

문: 염불시에, 장부(臟腑)의 감각이 청량하거나 온난한데, 이것이 길함인지 흉함인지 모르겠습니다. (魯開智)

답: **염불은 마음을 닦는 것인데, 곧 식을 전환하여 지혜를 이루는 (轉識成智) 도(道)이다.** 사대(四大)가 거짓으로 화합한 몸이니, 우연히 차고 따뜻함을 느끼고 혹은 호흡이 일시 변화하지만, 실제로는 길흉과 무관하므로, 상(相)에 집착할 필요가 없다.

제49조

문: 때때로 꿈속에서 경을 읊거나 염불을 하여, 한 자 한 구절이 마음에 분명하고, 털끝만큼의 잡념도 없어, 그 경지가 고요하여, 예사롭지가 않습니다 ; 어떤 때는 꿈속에서 염불하는 것을 분명히 알면서도, 심지어 계속 염을 지속하는 것을 희망하여, 깨기를 원하지 않습니다. 이 꿈의 경지는 좋은 것입니까? (章普明)

답: **꿈속에서 만약 항상 염불할 수 있어 다른 경계가 나타나지 않는 것, 이것은 점차 전일(專一)해질 수 있는 모습(象)이다. 꿈꿀 때 하는 염불은 확실히 좋고, 만약 다시 깨어 있을 때도 염하여 중단되지 않으면 더욱 좋다.**

제50조

문: 보현보살께서는 정토법문을 듣고서 즉시 십대원왕(十大願王)을 발하여 극락으로 이끌어 가시는 것(導歸極樂)입니까? (朱幼)

답: 이와 같이 말할 수 있다. 만약 그것을 듣지 못하였다면, 어떻게 발

원하였겠는가.

제51조
문: 기타 경전의 많은 것을 송지(誦持)²⁷⁾하지 않는데, 참고로 활용할 수 있겠습니까? (林錦生)

답: 행지(行持)는 전일함을 귀하다고 하고, 참고는 박식한 것이 방애되지 않는다. 전일한 공(功)이 아니면 반드시 성취할 수 없고, 박식한 이해가 아니라면 분명하지 않을 수 있다.

제52조
문: 재가외호(在家外護)²⁸⁾는 배우자가 대를 이으려 정음(正淫)을 하고, 남편과 아내가 만약 주공례(周公禮)를 행하려, 부정한 더러운 곳에 있을 때에도, 마침내 성호(聖號)가 마음(心頭)에 수레바퀴가 돌아가는 것같이 떠오릅니다. 이때 이 상황은 염하지 않아도 스스로 염하는 것과 관계가 있고, 삼업(三業)이 깨끗하지 않아도, 성호(聖號)가 나타나는데, 어떻게 관(觀)을 해야 합니까. 존엄한 문답 페이지를 더럽힐까 두려워 이것은 본디 감히 대덕에게 계문(啟問)하지 못하였습니다. 후학 자신도 이와 같고, 대다수 정업법우(淨友)인 근사남녀(近事男女)²⁹⁾도 이와 같습니다. 그러므로 한 사람의 솔직하고 외람된 질문으로 뭇사람의 의심을 풀고자 합니다! (顏佛兆)

답: 이때 이 경계에서는 오히려 훈습한 바를 잊지 않을 수 있어, 〔성호가〕 갑자기 현행(現行)하는 것은, 평소 공덕의 깊이를 미루어 알 수 있다. 불경한 헤아림(不敬計)을 피하기 위해서는, 급히 생각을 바꿔야 한다 : 만약 보배나무, 연꽃, 누각, 금으로 된 연못으로, 모두 바꾸어 관(觀)할 수 있다면, 즉 더러운 곳에 처해서도 정념(淨念)이 변하지 않아, 또 역시 불경함이 없으며, 잘 체회(體會)하는 것이 가능

---

27) = 지송(持誦)
28) 수행과 불법 홍포를 위해 후원하고 돕는 일을 외호(外護)라 한다(출처 : 외호(外護), 불교신문, 2020. 2. 21.자)
29) = 우바새와 우바이

하다.

제53조

문: 과송(課誦)할 때에 항상 저의 어린애들이 소란을 피우는데, 염이 전일하지 못하여 무명을 일으키고, 염을 마치면 감정대로 때립니다. 이 찰나간에 선악을 분별하는 것 같은데, 선하지 않은 인지(不善因地)에 씨를 뿌리는 것은 아닌지요! 만약 훈계를 하지 않으면, 그들이 스스로 생각하게 하는 과정에서 입씨름을 합니다. 〔이것은〕 안으로는 악을 움직이니 밖은 비록 선(善)이기는 하지만, 역시 정념(淨念)은 아닙니다. 좋은 방법을 보이시어 두 마음(二心)을 조복(調伏)하게 되기를 구합니다! (顔佛兆)

답: 염불은 본래 무명을 끊어 제거할 수 있는데, 전일하지 않기 때문에 더욱 무명이 일어나고, 오히려 어두운 달이 검은 구름에 덮인 것 같으니, 커지게 해서는 안 된다. 과송을 마치고 자녀를 훈계하는 것은 모범을 보이는 것이고 스스로 선의를 베푸는 것으로 결코 악심이 아니다. 마땅히 은혜와 위엄(恩威)을 겸하여 베풀어야 하고 진실로 노하는 것은 안 된다. 자녀가 규칙을 지키지 않은 것은, 곧 자기 가정교육이 좋지 않고, 또 내가 스스로 초래한 장애라는 것을 응당 알아서, 모두 마땅히 참괴심(慚愧心)을 발하여 자책해야 한다. 이와 같이 관(觀)할 수 있으면, 역시 일단(一端)을 조복시키는 것이다.

제54조

문: 두 사람이 있어 한 사람은 지명염불을 하고, 한 사람은 염불자시수(是誰)[30] 참구(參)를 겸합니다. 만약 믿음과 발원이 서로 같다면 어떤 사람이 더 확신이 있습니까? (鍾觀靖)

답: **염불자시수를 참구하는 것은 자력(自力)에 대한 믿음을 중요시하는 것이고, 지명염불하여 왕생을 구하는 것은 타력(他力)을 믿은 것을**

---

30) '염불하는 자가 누구인가(念佛者是誰)'의 의미이다. 이를 참구하는 것은 정토선 또는 염불선의 방법이다.

중시하는 것이다. 이 두 사람의 믿음과 발원은 이미 다른 것이다.

제55조
문: 밤에 꿈속에서 늘 염불하다가 놀라서 깨는데, 어떤 일입니까? (馬謙)

답: 꿈속에서 염불을 할 수 있는 것, 이것은 염(念)이 점점 익어가는 좋은 모습이다.

제56조
문: 염불할 때 어떤 때는 수년 전(혹은 더 오래된 이전의) 한 번도 기억하지 못했던 일들이 떠오르는데, 그 까닭은 어디에 있습니까? (胡正臨)

답: 염불의 공(功)이 깊어 잡념이 당연히 적은데, 〔업의〕 종자가 우연히 현행을 일으키는 것으로, 쉽게 알아차릴(覺察) 수 있다.

제57조
문: 염불할 때에 어떻게 믿음과 발원이 간절한지를 헤아립니까? (劉國香)

답: 주위에 오직 불구덩이뿐이니, 오직 앞으로 똑바로 가는 것만이 극락을 이루고, 위험에서 나올 수 있다고 믿는 것이다. 다만 이때가 즉 생사의 전환점(關頭)으로, 모름지기 오욕육진(五欲六塵)의 이 갈고리를 한꺼번에 잘라야만 바야흐로 앞으로 달려갈 수 있다. 조금이라도 지체하거나 의심을 가지면, 즉시 구덩이로 추락한다. 이와 같이 관념(觀念)하면 곧 간절한 것이다.

제58조
문: 고금에 대덕들께서 여러 번 이르시기를 매일 염불하는 횟수는 늘이는 것은 가능하지만 줄일 수는 없다고 하셨습니다. 후학들은 군대에서 한가하고 바쁜 것이 일정하지 않은데, 방편으로 증감할 수 있습

니까? (劉國香)

답: 〔염불수행의〕 과(課)를 하는 것에는 정(定)과 산(散)의 구별이 있다. 정(定)은 아침저녁의 일정한 의규(儀規)를 가리키고, 산(散)은 의규에 상관없이 행주좌와(行住坐臥)[31]에 한 마디 명호가 마음에 머무르는 것이다. 군대에서는 정(定)이 많고 산(散)은 적거나, 혹 정(定)이 적고 산(散)이 많거나 융통이 가능하다. 이와 같이 이미 극히 편리함에도 또 하필 줄인다고 말할 필요가 있겠는가.

제59조

문: 선종(宗門)에서는 화두를 참구하는데, 그 취지는 일념으로 만념을 끊고 연후에 일념이 역시 남으면, 한꺼번에 쉬게 하여, 곧 본래면목을 철저하게 보는데 있습니다. 정업(淨業)을 행하는 사람은 〔나무아미타불〕 육자홍명을 염합니다. 그 취지는 능소쌍망(能所雙亡)에 도달하여 감정과 경계가 모두 끊어지는 것과 같은데, 역시 자성미타를 볼 수 있으니, 마땅히 선(禪)과 정(淨)은 구별이 없어야 합니다. 그런데 무엇 때문에 선(禪)은 무념(無念)이고, 정(淨)은 유념(有念)이라고 말하는 것인지요. 의심하는 감정(疑情)이 들기 시작하면 염(念)이 아니지 않습니까? 의심하기 시작하는 사람은 누구입니까? (劉國香)

답: 무념은 공부가 집에 이르렀다(功夫到家)는 말인데, 염(念)으로 염(念)을 제거하는 것은 방편의 도(道)에 착수하는 것이다. 선가(禪家)는 이전에 본래 관심(觀心)이었는데, 후에 대부분 화두를 참구하는 것을 취하게 되었다. 의심하는 감정(疑情)이 염(念)인데, 거사가 말한 바는 이것이다.

제60조

문: 후학이 처음 선(禪)과 정(淨)의 이름을 들었을 때, 즉 선(禪)과 정(淨)이 구별이 없을 깨닫고서, 마치 예전에 알고 있었던 것처럼 깊게 믿어 의심하지 않았습니다. 그래서 비록 정업(淨業)을 오롯이 익혔지

---

31) 걷고, 머물고, 앉고, 눕고

만, 역시 선종의 전적(典籍)32) 읽기를 기뻐하고, 더욱이 금강경을 염송하는 것을 좋아합니다. 이와 같은 사람은 지장(知障)33)입니까? 혹은 인연입니까? 정업(淨業)에 방애가 되는 것입니까? (劉國香)

답: 하나의 법을 닦고 지켜, 전일(專一)하면 비로소 정일(精一)하다. 배움은 마땅히 광박(廣博)해야 하고, 광박할 수 있어야 비로소 통달한다. 이 이치를 잘 알면 수행은 즉 잡란(雜亂)과 무공(無功)에 이르지 않고 학문은 고루(孤陋)함과 과문(寡聞)에 빠지지 않는다. 정업(淨業)을 수행하는 것은 뿌리를 세우고 힘을 기르는 것이니, 어찌 경을 독송할 수 없겠는가?

제61조

문: 매일 하는 정과(定課)는 1만 구의 불호(佛號)인데 어떤 때는 온갖 장애를 만나서 수를 채울 수 없습니다. 지나서 다음 날 과(課)를 보충해도 됩니까? (詹金枝)

답: 선교방편(善巧方便)으로 장애를 타파하는 것이 좋다. 음식을 먹는 것처럼, 전날 미리 먹을 수도 없을 뿐만 아니라, 역시 다음날 보충해서 먹을 수도 없다.

제62조

문: 저는 근래에 염불하는데, 일심을 얻지 못하여 항상 괴로움을 느꼈습니다. 지금은 병원에 입원했기 때문에, 저는 기회를 잡아, 모든 것이 한산하고 면제되어, 하루종일 책을 읽지 않으면 염불을 합니다. 움직이면 미타, 고요해도 미타, 항상 잊지 않고, 이렇게 한 달이 채 되지 않아, 마음속에서 홀가분함을 크게 느끼며, 현재 매번 염불할 때, 염할수록 더 의미가 있는 것 같아, 항상 입을 다물고 싶지 않습니다. 이른바 법희충만(法喜充滿), 저는 실제로 이러한 느낌입니다. 이 기쁨(喜)이 염불의 요구에 부합합니까? (章普明)

---

32) = 책
33) 지식으로 인한 장애

답: 법희충만은 어떤 법문을 닦든지 모두 필요하다.

제63조

문: 불호(佛號)를 지념하여 마음의 경계가 평정해질 때, 항상 지성으로 공경심을 발하게 됩니다. 비록 행동할 때 지념(持念)하지만, 때때로 오체투지(五體投地)와 같은 접족대례(接足大禮)[34]를 올립니다. (章普明)

답: 이것은 좋은 모습이나, 역시 초보자가 응당 가지는 염(念)이기도 하다. 당분간 고조(高調)[35]되어 말할 필요가 없다.

제64조

문: 염불할 때 불상이나 서방을 바라볼 수 있는지요. 또는 단지 눈을 감거나 반쯤 뜰 수 있는지요? (胡正臨)

답: 이것은 얽매일 필요가 없으며, 단지 반드시 사람의 근성(根性)을 따라야 한다. 누구라도 정심(定心)을 얻을 수 있다면, 곧 어떤 종류라도 방편으로 취할 수 있는 것이다.

제65조

문: 공과(功課) 외 나무아미타불 여섯 자와 아미타불 네 자를 염하는 공덕에는 분별이 있습니까? (寬觀)

답: 여섯 자가 당연히 공경스럽고, 네 자는 급할 때의 방편이다.

제66조

문: 염불이 점차 동(動)과 정(靜)을 알아차릴(覺察) 수 있으나 때로는 머물고 때로는 놓칩니다. 정법(淨法)이 성숙하면 움직임이 없는 가운데 고요함이 있는 것이라고 말할 수 있어, 곧 마음과 부처가 하나로 합

---

34) 즉 절하는 자는 두 손바닥을 뻗어 절을 받는 자의 두 발을 받치고 함께 머리를 거기에 대는 것이다. 인도에서 가장 존경을 표시하는 예법으로서, 오체투지하는 예법이다. 〔출전: 佛光大辭典〕

35) 어떤 분위기나 감정 등이 한참 무르익거나 높아짐

치한 것입니까? (胡正臨)

답: 염(念)할 때 동(動)과 정(靜)을 알아차릴(覺察) 수 있다는 것, 이것은 고요하면서 능히 비추는 것(寂而能照)이다. 놓칠 때에는 움직임이 없는 가운데 고요함이 있는 것을 비추어서 알지 못하는 것은 원래는 좋은 모습이지만 깊게 말한다면 역시 망념(妄念)이다.

제67조

문: 취침 후에 때로 생각의 흐름에 기복이 있어, 수면에 들어가기가 어렵습니다. 오직 불호(佛號)를 지념(持念)하는 것이 가장 이상적이기는 하나 염(念)을 할 수 있을지 모르겠습니다. (章伯生)

답: 단지 묵송(默誦)해야 한다.

제68조

문: 염불할 때의 자세는 모름지기 공경으로, 예를 들면 궤념(跪念) 좌념(坐念) 등입니다. 군(軍) 부대에서는 마땅히 좌념을 행해야 합니다. 그러나 군인이 염불하는 것이 사람들에게 알려지면 기이한 일이 되고, 비록 사람들이 제가 염불하는 것은 모르지만, 앉아 있는 모습은 늘 평상과 다르므로, 사람들이 기이하게 여길 수 있습니다. 평상시의 자세를 유지하려고 하면 더욱 마음의 경계(心境)를 전일하게 할 수 없습니다. 옆으로 드러누워 염하면 즉 이와 같은 염려가 없고, 마음의 경계가 비교적 고요하지만 단 부처님에 대하여 불경하고, 경망하며, 예의가 없는 과실이 있을 수 있습니다. 언제 어디서나 할 수 있는 방편이 있는지, 때와 장소의 제한이 있는지 여부를 청해 묻습니다. (章伯生)

답: 정과(淨課)는 행주좌와에 모두 행할 수 있다. 광장을 찾거나, 혹은 문밖에서 때에 맞춰 산보하면서 묵념하거나 염송하면 어찌 안 되겠는가.

제69조

문: 최근 4개월 이래, 저는 염불에 대하여 갑자기 흥미를 느껴, 장사를 하는 외에 저는 염불에 전심하여, 현재는 계속하여 책 보는 것도 귀찮아졌습니다. 「책을 많이 보는 것이 염불을 많이 하는 것보다 못함」이어서, 이로 인하여 저는 독서에 전심하려 생각하지 않고, 염불에 전심해야 한다고 생각하는데, 이것은 가능합니까? 혹은 양자를 같이 중시해야 합니까? (林良柱)

답: 염불과 책을 보는 것은 함께 나가는 것이 가장 좋다. 수행(行)과 이해(解)가 상응하는 것을 구하는 것이다. 만약 겨를이 없으면, 믿음에서 물러나지 않고, 단지 염불만 하는 것도 역시 가능하다.

제70조

문: 염불의 공덕은 무량하니, 만약 소리 내어 염을 하지 않고, 단지 마음속으로 묵념하는 것도 동등한 공덕을 얻을 수 있습니까? 또 오늘날 사람이 염불하여 서방에 왕생할 수 있는데, 부처님께서 성불하신 것은 누구를 염하였기 때문입니까? 만약 누구도 염하지 않았다면(誰也不念) 어떻게 성불하며, 후세사람들은 마땅히 학습할 수 있겠습니까. (黃大川)

답: 염불은 소리를 내는 염불과 묵념을 제한하지 않는다. 부처님이 중생을 제도하는 법문은 무량한데, 염불은 곧 제법 중의 일법(一法)으로, 다만 그 쉽고 은밀한 것을 취하였다. 거사가 이르길, 「누구도 염하지 않는다(誰也不念)」 이것은 「무념삼매(無念三昧)」인데, 바로 불법이지만, 단지 아무도 할 수 없을까 염려된다. 염불의 염(念)이 극처(極處)에 도달하는 것이, 바로 생생한 「누구도 염하지 않는다(誰也不念)」라는 것을 알아야 한다. 단 이 「누구(誰)」자는 마땅히 「일체(一切)」로 해석하여야, 비로소 맞는 점이 있다.

제71조

문: 염불인에게 마(魔)가 붙었다는 말을 종종 들어, 자못 의심이 생깁니다. 부처님께서는 어째서 그를 가비(加庇)36)하지 않으십니까? (陳淑

媛)

답: 마(魔)는 자심(自心)으로부터 생긴다. 이것은 틀림없이 염(念)이 여법 (如法)하지 않고, 혹은 마음을 깨끗하게 할 수 없는 탓이다. 이 두 가지 원인이 있어, 스스로 부처님과 격리되어 있는데, 어찌 가비(가 호)를 할 수 있겠는가. 그러나 괴이한 것을 보아도 괴이하지 않게 여길 수 있어서 그것을 신경 쓰지 않고 정념(正念)을 내어 줄곧 물 러서지 않으면, 마는 스스로 소멸하여 해를 끼치지 못한다. 이후 공 부는 이로 인하여 도리어 더욱 진일보하는데, 이른바 마난(魔難)을 당하지 않으면 성불할 수 없다는 것이다.

제72조

문: 부처님을 믿는 사람이 항상 자비심을 품고 있지만, 단지 정수(靜修), 관상(觀想), 묵념할 시간이 없어도 성취할 수 있겠습니까? (衡鈺)

답: 행주좌와에 묵념하여 깨끗한 염불이 계속 이어지면(淨念相繼) 마땅 히 성취할 수 있다.

제73조

문: 염불 소리는 고성(高聲) 또는 저성(低聲)이 적당합니까? 얼마나 많이 염하면 더욱 좋습니까? (莊慶賢)

답: 고성은 혼침을 다스리고, 저성은 산란을 다스리는데, 각자 묘용(妙 用)이 있다. 염송할 때 혹 낮고 혹은 높은 것은 임시로 채택하는 것 으로 어떤 방법에 구속되는 것은 불필요하다.

제74조

문: 우리 불도(佛徒)들은 염불할 때 왕왕 그 횟수를 기억하지 못하는데, 다념(多念)이거나 소념(少念)이거나 어떤 방법으로 염해야 비로소 확 실히 정확할 수 있습니까? (莊慶賢)

답: 염주를 가지고 염송하는 것이 곧 횟수를 기억하는 방법이다.

---

36) = 가피, 가호

우리가 염불할 때 남따라 절에 와서
몇번 부처님을 부르다가 절밖을 나서면
잊어버리고 해서는 부처님의 위신력을 얻기 어렵다.
염불이란 틈나는대로 생각나는 대로 자꾸 해야만 된다.
동지 섣달 긴긴 밤에 천번을 염念하고 만번을 염하고
하늘이 밝은지 어두운지도 모르고 자꾸만 염불해야 한다.
오로지 한소리 한마음으로 참구하면 삼매三昧를 얻는다.
- 월하 대종사

월하 큰스님 49재 때 나타난
오색 채운彩雲 방광放光현상

제75조

문: 염불의 염이 이미 「마음으로 염하고 마음으로 듣는(心念心聽)」 정도에 이르렀다면, 염불할 때 서방 삼성상을 관상(觀想)하는 것을 추가할 수 있습니까? (蔣俊義)

답: 만약 마음으로 염하고 마음으로 듣는다면 점차 전일(專一)하게 되는데 다시 중복할 필요가 있겠는가?

제76조

문: 염불할 때 반드시 불주(佛珠)[37]를 써야 합니까? 불주를 사용하는 뜻은 어디에 있습니까? (胡正臨)

답: 써도 되고 안 써도 되는데, 숫자를 세는 것일 뿐이다.

제77조

문: 전심일의(專心一意)로 염불할 때 잡념이 이유 없이 갑자기 나타나는데, 잡념을 깨끗이 제거하는 방법이 있습니까? (金天鐸)

답: 이것은 공부시간의 문제이다. 오직 마음에서 발생하여, 입으로 나오고, 귀로 들어가는 대로, 마음에 새기는(印於心) 방법인데, 그것을 항구적으로 행하면, 스스로 구름이 걷히고 달이 나타나는 때가 있다.

제78조

문: 염불할 때 마음에 비통함을 느껴 울고 싶은데 어째서인지 모르겠습니다. (楊素月)

답: 이것은 마음에 있는 정성(心誠)의 표현으로 이른바 감격의 눈물이다.

제79조

문: 평시의 염불은 모름지기 일심으로 칭념하면 바야흐로 감응도교(感應道交)할 수 있습니다. 만약 임종시에 신식(神識)에 주인이 없으면 비록 염불을 할 수 있어도 만약 잠깐이라도 전일(專一)하지 못할 시에

---

37) = 염주

는 왕생에 방애가 되지 않겠습니까? (胡正臨)

답: 만약 평소에 염불이 득력(得力)을 하였다면, 임종에 스스로 주인 노릇하는 것이 가능하다! 그러나 전일(專一)할 수 없다면 단지 정념(正念)을 잃지 않도록 해야만 왕생에 방애가 없다.

제80조

문: 평소에 정신이 산란하고 정(定)에 미치지 못하여, 불호를 묵념해도 또 망상을 일으켜 정(定)을 어렵게 하는데, 어떤 원인입니까? 묘법(妙法)을 보여주시길 청하옵니다! (翁明標)

답: 염불이 모름지기 마음 따라 일어나 입으로 불성(佛聲)을 내고 귀로 불성(佛聲)을 듣는다. 이와 같이 1번하고 다시 시작하는데, 매우 청초하여, 오래되면 스스로 마음이 한 곳에 모인다.

제81조

문: 당나라 대시인 백낙천의 정토송(淨土頌) 중에 「어느 달인은 나를 비웃으며(達人應笑我), 여러 차례 아미타를 물리쳤다(多卻阿彌陀)고 말한다. 달하면 또 어떻고(達又作麼生), 달하지 못한들 또 어떠한가(不達又如何)」?[38]라는 단락이 있는데, 이 세 구「달(達)」자는 어떻게 해석해야 합니까? (靜修精舍)

답: 달(達)은 통달(通達)이고, 달인(達人)은 마음과 학문(心胸學問) 일체를 개명(開明)한 것을 이른다.

제82조

문: 〔능엄경 염불원통장의〕「방편을 빌리지 않고 스스로 마음이 열려(不假方便 自得心開)」구절에서, (1) 염불은 방편이 아닙니까? (2) 마음이 열리는 것은 견성이 아닙니까? (鍾觀靖)

답: 염불의 법은 진실이라고 이를 수 있고, 방편이라고 이르는 것도 역시 가능하다. 경에서는 「정해진 법이 없다(無有定法).」라고 일렀다.

---

38) 이 네 구는 백낙천이 지은 염불음(念佛吟)이 일부이다.

또 「이 법은 실제가 아니고 허망한 것도 아니다(非實非虛).」라고 일렀다. 전심염불(專心念佛)은 여래의 수승한 방편이다라고 대승기신론에서 말씀하였다. 염불을 진실로 삼으니, 그러므로 방편을 빌리지 않는다라고 이르는 것이 이 장(章)의 말씀이다.

제83조

문: 보리수[39) 제52기 제10항 「미타경강화(彌陀經講話)」하면(下面) 30행 : 동시에 지나치게 상(相)에 집착하는 염불인에 대한 ……」에서, 지나치게 상에 집착함, 이 네 자로 인한 의문으로, 어떤 것이 지나치게 상에 집착하는 것입니까? (樓永譽)

답: 염불은 초보(初)와 진전(進), 얕음(淺)과 깊음(深)의 구별이 있고, 사념(事念)과 이념(理念)의 구분이 있다. 사념(事念)은 마땅히 초보의 얕음이고, 이념(理念)은 진전의 깊음에 속한다. 사(事)는 상(相)에 속하고, 이(理)는 성(性)에 합치한다. 오직 사는 이가 일어남을 따르고(事從理起), 전체 사가 즉 이이다(全事卽理). 상은 성이 생겨남을 따르고(相從性生), 전체 상이 곧 성이다(全相卽性). 이것을 알면, 즉 상에 대한 집착 여부는 모두 방법이기 때문에 고집할 수 없다.

제84조

문: 지나치게 상에 집착하는 염불은 어떤 폐단이 있습니까? (樓永譽)

답: 지나치다는 것은 만점이며, 지나치게 상에 집착하는 것은 곧 전체 상이 곧 성인 것이다(全相卽性).

제85조

문: 학인(學人)이 극락의 의정장엄과 미타의 상호광명에 대하여 밤낮으로 염념하면서 흠모하여 잊지 않은 것을 지나치게 상에 집착하는 것이라고 할 수 있습니까?

답: 전체 상이 전체 사(全相全事)라고 이를 수 있다.

---

39) 정토법문 관련 간행물이나 잡지인 듯함

제86조

문: 염불할 때 항상 슬픈 감정이 일어나는데 이것은 어떤 경계입니까? (慧祝)

답: 이것은 지성(至誠)이 감응한 바로, 슬픈 마음이 흘러나오는 것이다. 비록 이것은 좋은 모습(好象)이나, 단 마땅히 정력(定力)을 써 억제하여, 경안(輕安: 가벼운 편안함)으로 돌아가도록 하는 것이 좋다.

제87조

문: 염불의 염이 청정대해중보살에 이르면,[40] 응당 어떻게 관상(觀想)해야 합니까? (翟孟秋)

답: 읽고 있는 문장에 비추어 관상(觀想)할 수 있다.

제88조

문: 만연을 내려놓는 것은, 곧 희노애락이 발생하지 않는 것입니다. 발생하는 것을 알지 못할 때에는 응당 어떻게 해야 합니까? (賴棟梁)

답: 만연을 내려놓는 것은 마음이 경계에 연연하지 않는 것이다. 희노애락이 발생할 때는 마음이 경계에 반연(緣)한 후 갖가지 분별이 일으키는 감정(情)이다. 방하로부터(由放下), 연을 일으키고(起緣), 정을 발생시키는데(發情), 대충 말하자면 이미 세 번 경계가 전환된 것이다. 이것을 알아 마땅히 감정(情)이 발생할 때 속히 반연(攀緣)을 끊고 즉 적정(寂靜)으로 돌아가야 한다.

제89조

문: 염불은 도대체 고성념(高聲念) 또는 묵념(默念) 혹은 금강념(金剛念) 어떤 것이 좋습니까? (許巍文)

답: 이것은 얽매일 필요가 없다. 혼침시에는 즉 고성으로 그것을 떨쳐내야 하고, 산란할 때에는 금강지(金剛持)로 그것을 거두어야 하며, 지정(止靜)할 때, 혹은 누워서 잘 때, 화장실 등 환경이 소리를 낼 수

---

40) 공과(功課)의 순서 중에 '청정대해중보살'을 염하는 것을 말함

없을 때는 모두 묵념으로 돌려서 계속할 수 있다.

제90조

문: 염불방법에서, 추정염불(追頂念佛), 반문염불(反聞念佛), 수십염불(數十念佛)은, 그 목적이 깨끗한 염불이 계속 이어지게 하여(淨念相繼), 일심불란(一心不亂)에 도달하는 것입니다. 어느 것을 선택하는 것이 가장 적당하고, 가장 쉽게 성취하는 것입니까? (智梁)

답: 이것은 모름지기 각자의 근기(根器)에 따르는데, 근자에 영암대사(靈岩大師)[41] 이래 많은 이가 수십염불(數十念佛)[42] 하나의 법을 취한다.

제91조

문: 서방극락은 마음속에 있는 것입니까? (王慧錦)

답: 비록 마음속에 있으나, 서방에는 실제로 있다 ; 대중(台中, 타이쫑)에 사는 사람들은 사람마다의 마음속에 유천(柳川)이 있지만, 유천은 아직 땅을 떠나지 않았다.

제92조

문: (영사집永思集을 보면) 인광대사께서 서방에 왕생한 이후 배점(拜墊)[43] 위에 대사의 영상이 남아 있었는데, 그 이치는 어떻습니까? (賴棟梁)

답: 정성이 모아진 바인데, 예를 들면 고목을 톱질한 후에, 안에 불보살상이 있었고, 문하(汶河)[44]의 바닥 돌에 꽃무늬, 조수(鳥獸) 등의 형상이 갖추어져 있었는데, 불가사의하다.

---

41) 인광대사
42) 인광대사님의 〈십념기수법〉은 한 호흡에 총 10번 염불하면서 그 숫자를 기억하는 방법으로, 3·3·4, 5·5 등 어떤 방법을 사용하던지 총 10번을 하는 염불법이다(화두 놓고 염불하세, 2002, 불광출판사, 127~128쪽, 염불왕생, 2024, 바른북스, 202~203쪽).
43) 부처님 앞에 무릎을 꿇고 절할 때, 무릎 밑에 까는 방석
44) (산동성에 있는) 강 이름

석가 세존께서 증득한
반주삼매般舟三昧
(염불삼매念佛三昧)는
삼매의 왕으로
현재제불실재전립삼매
現在諸佛悉在前立三昧이다

부처님께서 발타화보살에게 이르시기를,
"무수겁 전 먼 옛날 제화갈라 부처님
(연등불燃燈佛 또는 정광불錠光佛)이 계실 때에
나는 부처님 처소에서 이 삼매를 듣고 바로
이 삼매를 수지하고 시방의 헤아릴 수 없는
부처님[無央數佛]을 친견하여 모든 경전을 듣고
모든 것을 수지하였느니라. 이때에 모든
부처님이 나에게 말씀하시기를, 무앙수겁이 지난 뒤에
그대는 마땅히 부처가 되어 이름을
석가모니불이라고 하리라 하셨느니라."
- 불설반주삼매경

제93조

문: 어떻게 염불삼매를 얻을 수 있으며, 그 현상과 효용은 어떠합니까? (李傑超)

답: 단지 육근을 모두 거두어(都攝六根), 때때로 훈습(熏習)하여, 만약 항상할 수 있으면, 스스로 물이 흐르는 곳에 도량이 생기는 날이 있는 것처럼 그 현상은 오직 스스로 알 수 있으며, 그 효용은 결정코 왕생하는 것이다.

제94조

문: 염불의 염이 삼제염단(三際念斷)에 도달하면 어떤 경계입니까? (智榮)

답: 이것을 무념삼매(無念三昧)라 한다.

제95조

문: 선가(禪家)의 행지(行持)는 만약 현상(現相)이 있으면 모두 마경(魔境)입니다. 정가(淨家)의 염불이 현물(現物)을 만나는 것도 마경입니까? (智榮)

답: 수행하는 바와 얻는 바는 반드시 상응하여야 바야흐로 착오가 없다. 선가(禪家)의 궁극적인 마음(究心)은 진여무상(真如無相)이므로 만약 보는 바가 있으면 이것은 망령된 경계(妄境)로, 그러므로 마(魔)라 설한다. 정가(淨家: 정토문)는 경전에 의지하여 염불과 관불(觀佛)을 하는데, 만약 현상이 있어 경과 서로 합치한다면 곧 상응하는 것으로, 마(魔)라 할 수 없다. 만약 경에 위배되면, 곧 삿된 경계이다.

제96조

문: 감산대사(憨山大師)가 이르시길 :「일심으로 칭명하는 것은 본래 정행(正行)이다. 반드시 관상(觀相)을 하여야 더욱 온밀(穩密)함을 볼 수 있다」고 하셨습니다. 인광대사께서 이르시길 :「전일하게 지명하는 것은 관상이 필요 없다」고 하셨습니다. 이 두 법에서 어떤 법을

선택해야 합니까? 혹은 역시 양법 모두 가능합니까? (智榮)

답: 마음이 어떤 방법과 계합하든 그 하나를 선택한다.

제97조

문: 〈학불요약(學佛要略)〉에서 이르길: 선(禪)은 정토(淨土)의 선(禪)이고, 정토(淨土)는 선(禪)의 정토(淨土)이다라고 하였습니다 ; 정토는 선(禪)에 속하는 것입니까? (廖武卿)

답: 이 두 구는 일반일정(一反一正)의 이론으로, 선(禪)과 정(淨)을 융회하기 위해서 한 말이니, 한 구만 단독으로 생각할 수 없다. 만약 아래 구를 정(淨)이 선(禪)에 속하는 것으로 의심한다면, 〔그럼〕 만약 단독으로 앞 구절만 읽는다면, 어찌 또 선(禪)이 정(淨)에 속한다고 아니할 수 있겠는가.

제98조

문: 미타경 중 「일생보처(一生補處)」의 구절이 명확하지 않습니다. (張廷榮)

답: 처(處)는 불위(佛位)[45]를 가리키는 것이고, 보(補)는 후보(候補)이다. 다른 세계에서는 불과(佛果)[46]를 증득하여 불위(佛位)의 후보가 되는 것에 모름지기 여러 겁이 필요하다. 극락은 단지 일생에 곧 증득하여 부처의 후보가 될 수 있다.

제99조

문: 개정(開靜)이란 무엇이고, 개정의 경계는 어떠합니까? (陳銳)

답: 요불(繞佛)과 좌념(坐念) 이후에, 홀연히 소리를 그치고 정묵(靜默)하는 것을 지정(止靜)이라 이름한다 ; 다시 경쇠를 쳐서 염(念)을 여는 것을 개정이라 이름한다.

---

45) 부처의 지위
46) 부처의 과위

제100조

문: 관경(觀經)[47]에서 말씀하시길 :「관상(觀像)할 때, 먼저 부처님의 백호팔릉(白毫八稜)[48]은 오른쪽으로 도는 등……」 재삼 심사숙고하여도 시종 팔릉이 오른쪽으로 도는 것이 어떤 상태인지 모르겠습니다. 보여주시길 바라옵니다! (陳銳)

답: 예를 들어 장육신(丈六身)[49]을 관할 때, 양 눈썹의 중간의 털(毫)은 예를 들면 엄지손가락의 거친 줄과 같은데, 둥근 모양이 아니다. 한 가닥 팔릉(八稜)의 긴 줄을 생각해 보면, 다시 이 털이 오른쪽을 향해 도는데 구슬 모양을 만들어 즉 속칭 불정주(佛頂珠)라 이른다.

제101조

문: 염불지정좌(念佛止靜坐)는 응당 어떤 공(功)이 있습니까? (속념續念은 곧 법박法縛(법에 매임)이고, 단념斷念은 곧 공사空死(공에 빠짐)입니다) (李傑超)

답: 정학(淨學)의 지정(止靜)은 관상(觀想)을 취하는 것이다 ; 고덕께서 역시 깨끗한 염불(淨念)은 단지 계속 이어짐(相繼)에만 관련된다고 주장한 바 있다. 즉 이때 비록 입에서 그치더라도, 마음에서는 그칠 수 없으니, 일념도 일어나지 않는 방법을 취하지 않고 **깨끗한 염불이 계속 이어짐(淨念相繼)**은 원칙적으로 유념(有念)이다. 만약 억지로 **무념(無念)을 강요하여 단지 이곳에 힘을 쓰는 것이 곧 망념이다.** 단념에 대하여 말하자면, 염이 곧 사라지지 않을까(念不即死) 염려된다. 속념은 법박(法縛)이라도 상관없다.

제102조

문: 염불할 때 비록 소리가 미세한듯한데, 오히려 종소리처럼 들린다면, 이러한 경계는 정경(靜境)에 속합니까? (胡正臨)

---

47) = 관무량수경
48) 「佛陀敎育基金會」가 제공한 관무량수불경(觀無量壽佛經) 원문에는, '백호팔릉(白毫八稜)'이 아닌 '백호(白毫)'로 되어 있음. 즉 '眉間白毫右旋宛轉如五須彌山'
49) 16척

답: 이것은 정(靜)이 지극한 모습이다.

제103조

문: 〈염불사요결(念佛四要訣)〉[50]에서 이르길: 일심(一心)을 구하지 않는다고 하였습니다. 만약 임종에 이르러 일심이 아닌 자는 종전의 악습에 물들어 장애가 현행하는 것을 두려워하지 않겠습니까? (林福修)

답: 이 책의 일심을 구하지 않는 자는 초보의 학불(學佛)하는 사람을 가리킨다. 이때 만약 먼저 일심을 구하게 한다면 반드시 곤란을 두려워하여 물러난다. 공부가 날로 깊어지면 스스로 점점 일심이 될 수 있으니, 결국에는 일심을 구할 필요가 없다고 이를 수 없다.

제104조

문: 염불은 반드시 염이 「일심불란(一心不亂)」에 도달해야 곧 왕생할 수 있습니다. 그러나 제자는 염불할 때, 전과 다름없이 마음은 원숭이고 뜻은 말(馬)과 같아, 일심불란에 도달할 수 없습니다. 어떤 방법을 써야 마음이 밖으로 뛰쳐나가지 않겠습니까? (善玉)

답: 먼저 마음·입·귀의 삼륜(三輪)이 순환하는 염불법을 사용한다. 효과가 없을 때에는 수를 세는 법을 추가하여 사용하며, 3, 3, 4구를 염하고서[51] 염주 한 알을 돌린다. 이와 같으면 분란이 사라진다. 만약 효과가 없으면 결코 염주를 사용하지 말고, 직접 수를 세는 법을 채택한다.

제105조

문: 염불의 염이 「타성일편(打成一片)」에 도달한다는 것은 어떤 뜻입니까? (李永茂)

답: 정념이 계속 이어져, 다시 잡생각이 없으면, 여러 쇠뭉치를 쌓아 한 화로에서 녹이는 것에 비유할 수 있다 ; 다시 천 번의 두드림과 백

---

50) = 염불사대요결
51) 각주 18) 참조

번의 단련을 통하여 온전한 철 한 조각을 이루는 것과 서로 비슷하다.

제106조
문: 무념(無念)과 실념(失念)은 어떻게 분별이 됩니까? (許鑫)

답: 본성(本性)은 여여부동(如如不動)으로 본래 유념(有念)이 없는데, 무명(無明)으로 인하여 여러 망념(妄念)이 있다. 수행이 망념을 끊을 정도에 이르면 본래(本來)를 현출하는데, 여전히 여여진상(如如真相)에 있으며, 본성과 구경(本與究竟)은 모두 무념(無念)이라 할 수 있다. 수행이 망념을 끊을 때에 지니는 바는 정념(正念)이고 혹은 정념(淨念)이라 이른다. 이것이 망념을 끊는 날카로운 도구이다. 만약 이 정념(正念)을 잊으면 실념(失念)이라 이름하여 부른다. 무념을 간단하게 말하면 어떤 염(念)도 없는 것이고, 실념은 정념(正念)을 잃은 것이다.

제107조
문: 실념(失念)은 공부에 힘을 씀에 있어 장차 타성일편(打成一片)일 때에, 내려놓으면(放下) 실념이 되는 것입니까? (許鑫)

답: 무념(無念)과 실념(失念)은 같지 않다. 이미 전조(前條)에서 분석을 하였다. 무념은 삼매경지이고, 실념은 곧 혼산(昏散) 등의 일로 양자는 천양지차이다. 본조(本條)에서 열심히 공부하는 것을 이야기하는 바가 어떤 공부에 힘쓴다는 것인지 아직 모르겠다. 예를 들면 염불을 말할 수 있는데, 즉 「타성일편(打成一片)」은 정념(淨念)이 계속 이어져 끊이지 않는 것이다. 순숙(純熟) 시에는 염이 곧 부처이고 (念即是佛), 부처가 곧 염인데(佛即是念), 협잡이 없어 이를 「타성일편(打成一片)」이라 이름하고 바로 적조(寂照)가 쌍융(雙融)한다. 적(寂)은 만연(萬緣)이 모두 쉬는 것이고, 조(照)는 불호(佛號)가 분명한 것이며, 내려놓음은 진연(塵緣)을 내려놓는 것으로, 불호를 내려놓는 것이 아니다. 공부에 힘쓴다는 것은 정념(正念)을 제기하는 것이고

실념(失念)을 가르치는 것이 아니다.

제108조

문: 자성미타(自性彌陀) 유심정토(唯心淨土)는 어떤 뜻입니까? (寬萍)

답: 진허공(盡虛空)은 모두 나의 심량(心量)으로 극락과 미타는 모두 나의 마음에 있다. 마음으로 미타를 생각하면 즉 미타가 나타나 응한다. 그러므로 이 자(自)는 심성의 본분(性分) 중의 일이므로 「자성미타」라 이른다. 의보와 정보가 떠나지 않으므로 유심정토라 이른다. 이 해석은 평이하나 폐단이 없으므로 거사를 위하여 그렇게 말한다.

제109조

문: 염불은 반드시 육근을 모두 거두어(都攝六根), 깨끗한 염불이 이어져야(淨念相繼) 하는데, 어떤 뜻입니까? (余萍)

답: 마음은 미혹이 있고 망념은 비등하니, 현재 근심을 지으면 장래에 타락하여 생사윤회를 하게 되는데, 기한이 없다. 염불을 일심으로 구하여 망념을 제거하고 다시 서방에 왕생하는 감응을 구한다. 경에서 분명하게 훈계하여, 「일심불란」을 구하길 가르쳤다. 육근을 섭수하지 못하면, 마음이 어떻게 하나가 되겠는가? 깨끗한 염불이 계속 이어질 수 없다면, 즉 기타 잡념교란이다. 이와 같이 즉 망념이 줄어들지 않으며 여전히 근심을 짓고, 감응을 얻지 못하는데, 서방에 왕생할 수 있다고 보장하겠는가?

제110조

문: 어떤 이는 염불하여 갖가지 서상(瑞相)을 볼 수 있는데, 어째서 금강경에서는 「약이색견아(若以色見我), 이음성구아(以音聲求我), 시인행사도(是人行邪道), 불능견여래(不能見如來)」라고 하신 것입니까? (洪榮保)

답: 여래는 진공지체(真空之體)를 말하는 것이고, 서상(瑞相)은 묘유지상(妙有之相)을 말한다. 상(相)은 체(體)가 있음을 의지하고, 체(體)는

상(相)의 나타남의 원인으로, 이것이 중도(中道)이다. 범부는 왕왕 상(相)에 미혹하여 체(體)를 잃어버리는데, 한쪽에 편협하게 집착하여, 진실을 얻지 못한다. 그래서 금강경에서 그것을 철저하게 깨뜨린다. 변하지 않은 것은 체(體)이고, 연(緣)을 따르는 것은 상(相)이니, 만약 체(體)를 알고서 다시 상(相)을 말하면, 비로소 공(空)과 색(色)이 서로 즉(卽)하고, 공(空)과 유(有)가 분리되지 않는 취지를 이해하고, 곧 적광(寂光)이 진공(眞空)이고, 서상(瑞相)이 묘유(妙有)임을 알면, 하나가 둘이고 둘이 하나로, 모순이 아니다.

제111조

문: 무념이념(無念而念), 염이무념(念而無念), 이 경지에 이르면, 모름지기 다시 왕생을 구하는 원을 가져야 하는지 모르겠습니다. (賴棟梁)

답: 이 경지가 어떤 것인가? 있으면서 없고 없으면서 있다고 말할 수 있는가?

제112조

문: 어떤 사람은 신체가 매우 건강하지만, 그가 염불할 때, 단지 마음이 어지럽습니다. 그의 이 어지러운 마음이 신체적 병인지 성품(性)의 병인지 모르겠습니다 (慧霖)

답: 이 일은 신체의 강약과는 관련이 없다. 첫 번째는 성근(性根)이 아주 둔하고, 두 번째는 업장이 과중한 탓이다.

제113조

문: 염불은 제6식의 염(念)에서 나온다고 들었습니다. 단지 마음이 어지러울 때의 염(念)이 6식의 염에서 나오는지요. 정념(淨念)시에도 역시 6식 혹은 8식인지요. (寬萍)

답: **염(念)은 비록 제6식에서 일어나지만, 오직 미타명호는 오히려 제8식의 종자(種子)가 현행을 일으키는 것이다.** 마음이 어지럽고 깨끗하고를 불문하고 이 두 종류의 식(識)이 모두 관계가 있다.

제114조

문: 고덕께서 이르시길 : 「한 생각이 청정하면 한 생각이 부처요 (一念淸淨一念佛), 생각 생각이 청정하면 생각 생각이 부처다 (念念淸淨念念佛)」라고 하셨습니다. 이에 근거하여 논하자면, 만약 의 념(意念)이 청정할 수 있으면, 비록 입은 부처를 선양(宣佛)하지 않아 도 이 마음이 곧 부처입니까? 실상염불입니까? (賴棟梁)

답: **마음은 여래장(如來藏)이라 이름하는데, 정(淨)은 곧 부처이고, 염(染) 은 즉 중생이다.** 바로 일념청정 두 구52)가 스스로 지극한 논(至論)임 을 알아야 한다. 단 어떻게 염(念)이 염(染)을 떠나 정(淨)을 얻게 할 것인지는 전혀 쉬운 일이 아니다. 자연히 각 종파는 스스로 그 방법 을 가지고 있고, 정가(淨家)의 여러 방법은 지름길인 지명염불이다. 고덕께서 말씀하시길 : 「청주(淸珠)를 탁한 물에 던지면, 탁한 물은 맑아지지 않을 수 없고 ; **불호(佛號)를 산란한 마음에 던지면 산란한 마음이 부처가 되지 않을 수 없다**」라고 하셨다. 이 말은 불호를 인 (因)으로 삼고, 청정을 과(果)로 삼는 것이다. 수행의 인(因)을 빌리지 **않아도 곧 이 자리에서 바로(當下) 일념이 청정해진다고 오해하지 말 아야 한다.** 배움이 없고, 수행하지 않은 사람을 한번 생각해 보면, 일념청정〔에 이른 이가〕 몇이나 있겠는가? 과(果)가 이루어지면 즉 실상(實相)에 합치한다. 단 이 경지는 극히 세밀하여 정(淨) 속에서의 깊은 이해(體念)가 아니면 알지 못할까 염려된다.

제115조

문: 병이 있을 때 침상에서 염주를 들고 염불할 수 있습니까? (寬心)

답: 병이 있을 때 몸의 힘은 지탱할 수 없으니, 〔이것은〕 일부러 게으르 거나 오만한 것이 아니다. 염주를 가지고 염송(念誦)하는 것도 무방 하나, 위난 중에는 반드시 염불하여 가피를 구해야 한다.

---

52) 一念淸淨一念佛 , 念念淸淨念念佛

제116조

문: 사람이 죽을 때, 자손은 비참하여 두 눈에 눈물을 흘리지만, 소리는
　　내지 않아도 〔왕생에〕 장애가 있습니까? (周慧德)

답: 병자가 보지 않게 하면 무방하다.

제117조

문: 전에 어떤 사람이 '염불인은 임종시에 중음신(中陰身)이 없다'라고
　　말하는 것을 들었습니다. 모름지기 어느 정도여야 곧 중음신이 없습
　　니까? (賴棟梁)

답: 임종에 부처님이 나타나면, 곧 왕생을 얻게 된다(卽得往生)에서 「곧
　　(卽)」자를 미끄러지듯이 읽어서는 안 된다. 이와 같이 「곧(卽)」〔왕
　　생하게〕 되면 중음신이 없는 것이다.

제118조

문: 임종시에 어떤 것이 정념(正念)입니까? (吳銘琨)

답: 불자가 평소에 어떤 종류의 법문을 수행하였던지, 임종에 이르러 세
　　속의 모든 일에 근심하지 않고, 마음은 여전히 수행하는 도(道) 속에
　　머무는 것이 곧 정념(正念)이다.

제119조

문: 평소 수지(修持)가 어느 정도 공부에 이르러야 왕생을 확신할 수 있
　　는 것입니까? (賴棟梁)

답: 일심불란이라는 〔아미타경의〕 경전의 말씀은 지극히 명료하다. 설사
　　여기에 이르지 않더라도, 단지 마음과 입이 숙련이 되어 염(念)을 움
　　직일 수 있는 것이 이것이고, 또한 확신이 있는 것이다.

念佛三昧

염불삼매는 보살도로서 한량없는 불국토 가운데
시방 3세의 모든 부처님을 염하는 것이다.
그러므로 '한량없는 불국토의 모든 부처님들의
삼매를 생각하니 항상 눈앞에 나타나 있다'고 한다
보살은 부처님을 생각하는 까닭에
불도佛道 가운데 들어가게 된다.
다른 삼매와는 달리, 이 염불삼매는 능히
갖가지 번뇌와 갖가지 죄를 제거하는 것이다.
또한 염불삼매에는 큰 복덕이 있어서
능히 중생을 제도하나니, 이 보살들이
중생을 제도하려 함에 다른 삼매들 가운데
이 염불삼매만큼 큰 복덕으로
모든 죄를 속히 없앨 수 있는 것은 없다.
- 용수보살, 대지도론大智度論

제120조

문: 제자는 부끄럽게도 가사가 바빠서 하루에 단지 불호를 12,000번 염하고, 기타 어떤 것도 모두 염할 수 없는데, 뒷날 성취할 수 있을지 모르겠습니다. (朱密)

답: 법문은 정일함(精)을 귀하게 여기고, 많이 하는 것을 귀하게 여기지 않으며, 이와 같은 것이 깊은 선(善)이다. 기특(祇特)[53] 존자는 소추(箒帚)[54] 두 자만을 염하였어도 오히려 증과(證果)를 할 수 있었다. 하물며 만덕홍명(萬德洪名)을 염(念)함이랴. 고인께서 이르길 : 「노실염불(老實念佛)은 제목을 바꾸지마라(莫換題目)」라고 하셨다. 거사가 만약 어떤 것도 할 수 없다면, 단지 염불을 하는 것이 빈 말보다 훨씬 낫다. 결정코 성취한다!

제121조

문: 내년에 59세로 운기(運氣)가 좋지 않습니다. 노사께 청하여 묻노니, 염불이 재앙과 불운을 없앨 수 있는지요. 모름지기 어떤 방법을 써야 합니까? 보여주시길 청하옵니다. (何居士)

답: 단명하지 않는 한 누가 59살의 나이를 거치지 않겠는가. 다만 운이 나쁘다고 말하는 것은 실로 세속적인 미신인데, 학불자(學佛者)가 정지정견(正知正見)을 구한다면 어찌 이런 황당한 말을 믿을 수 있겠는가. 경에서 이르길 : 「지심(至心)으로 하는 **염불 한 구는 능히 80억겁의 생사중죄를 소멸시킨다**」라고 하였다. 만약 성심(誠心)으로 **염불하면 소멸시키지 못할 죄가 없다.** 오히려 세속의 황당무계한 말을 믿는 것이 바로 염불에 성심이 없는 것임을 알아야 한다.

제122조

문: 평소에 염불하는 것에 비록 항상함(恒)이 있더라도, 임종에 이르러 자신이 몽롱하고 또 조념이 없다면 왕생할 수 있습니까? (徐福快)

---

53) = 주리반타가
54) 빗자루

답: 이와 같으면 확실하지 않을 염려가 있다. 단 선인(善因)이 쌓여 있으면 스스로 선연(善緣)을 불러와 그때가 되면 혹 불가사의한 감응이 있을 수 있다.

제123조

문: 평소에 염불하다가도 임종에 이르렀을 때 법대로 행하지 못하고, 처와 자식들이 울며 얽매어 왕생할 수 없게 합니다. 그러면 일생 동안 염불하였더라도 평소에 염불하지 않는 사람과 같은 것입니까? (李俊)

답: 가정이 불교화되면 즉 이러한 염려가 없다. 그래서 학불(學佛)하는 사람은 자기 수행을 하면서 가정을 교화하는데, 이것은 모두 하찮은 일이 아니다. 이것은 단지 이익이 될 뿐만 아니라, 또 바로 자기의 장애를 감소시킨다.

제124조

문: 학불인(學佛人)이 죽기 전에 그 죽을 날을 미리 아는 것은 부처님의 지시입니까? (鍾林招)

답: 불보살님이 상(相)을 나투어 지시함을 받는 자도 있고, 또 정업의 공덕이 감통(淨功感通)하여 아는 자도 있다.

제125조

문: 신문에 실린 것에 의하면, 기륭(基隆)55) 지역에 나타나는 귀신이 있어 능히 사람을 죽일 수 있다고 합니다 ; 염불하는 사람이 만나면 아무 일이 없다는 것은 어떤 인과입니까? (智縈)

답: 요괴(妖)는 사람의 발명(興)으로 말미암은 것이다. 또 속담이 있는데, 의심하는 마음에 암귀(暗鬼)가 생긴다는 것이다. 불가(佛家)에서는 만법유심(萬法唯心)이라 이르는데, 그 이치는 모두 통한다. 만약 심지광명(心地光明)이면, 귀태(鬼胎)를 품지 않고 자연 귀신과 상응하지 않는다.

---

55) 대만의 항구도시

제126조

문: 정업(淨業)을 수행하는 사람이 왕생한 후에 육신을 태우면 사리를 얻는데, 이는 공부가 어느 정도에 이른 것입니까? 진진덕 거사의 모친과 같이 사리 두 입(粒)을 얻으면, 확실히 서방에 왕생한 것입니까? (寬珠)

답: 고덕이 이르신 것을 들으면 : 사리는 곧 계정혜가 맺어진 바로, 이것은 반드시 부지런히 탐진치를 끊어야, 바야흐로 응당 희망할 수 있다. 무릇 서방에 왕생한 자는 본래 자력과 타력으로 말미암은 것인데, 그러므로 역시 〔왕생하는〕 모든 사람이 사리를 낼 수 있는 것은 아니다. 그러나 정업을 닦아(修淨) 사리를 내는 것은 스스로 성취한 표현으로서, 진 거사의 모친이 서방에 왕생한 것을 어찌 의심하겠는가.

제127조

문: 염불하면서 하는 일 없이 빈둥거리니, 그러므로 아직도 생멸이 그치지 않습니다. 비록 일시적으로 경각심을 갖더라도 곧 되돌아와 오래가지 못하고 또 천 리를 갑니다. 그래서 차라리 책을 펴고, 즉 눈으로 글을 보고 마음은 글자의 의미를 생각하고, 손으로 염주를 돌리면서 입으로 여전히 염불하고, 귀로는 불호(佛號)를 듣고, 코로 향연(香煙)을 맡는데, 이것은 육근이 청정한 것입니까? 왕생할 수 있습니까? (樓永譽)

답: 육근(六根)의 문 앞(門頭)에서 비록 모두 정경(淨境)을 대한다고 하더라도, 육처(六處)가 분분히 날리니 어떻게 일심이 가능하겠는가? 마땅히 대세지보살 염불원통장을 주의 깊게 음미하는 것이 필요하다. 마음을 전일하게 하는 것은 곧 공부의 달성 문제와 관련되니, 조급하게 구할 필요가 없다.

제128조

문: 염불인에게 가장 요긴한 것은 임종에 정념(正念)이 분명한 것입니다. 신과(晨課)[56]에서 반야심경, 대비주를 지송하고 혹은 평시에 관음 성호를 산지(散持)[57]한다면, 즉 동시에 염불하는 것은 불가능합니다. 만약 의외의 죽음을 만난다면 또 마땅히 어쩌합니까? (趙澤宇)

답: 어떤 법문을 닦든지, 귀한 것은 전일함에 있는데, 고덕께서 일찍이 명백하게 가르치신 것이니, 마땅히 따라야 한다. 정업(淨業)을 닦는 자는, 반야심경 등을 송(誦)하는 것을 과외(課外)의 조연(助緣)으로 삼을 수 있지만, 그러나 너무 오래 걸려 정과(正課)를 방애하면 안 된다. 다시 정업(淨業)을 수행하여 득력한 사람은 갑작스런 화(橫禍)를 만나지 않으니, 이를 걱정할 필요가 없다.

제129조

문: 염불할 때 항상 정심(定心)이 되어 망상이나 세속 일에 머무르지 않고, 정토경전의 말씀은 구구절절 분명하게 귀에 들어오기는 하지만, 단지 〔거기에〕 매여 머무르지 못하고 마음은 원숭이처럼 날뛰고 뜻은 말처럼 달립니다. 다시 어떤 양호한 방법이 있어 일심불란(一心不)을 확정할 수 있습니까? (李俊)

답: 방법은 실제로 많은데, 귀한 것은 근기에 계합함에 있다. 거사는 마땅히 각 방법을 호용(互用)해 보고, 자기에게 맞는 것을 선택하여 활용하면 된다. 다른 사람과 억지로 일치시킬 필요가 없다.

제130조

문: 불보살의 명호를 염(念)하여 염이 일심(一心)에 도달하면 능히 감응도교가 생기고 저 일심은 불보살과 상응합니다 ;「색(色)[58]」을 염하는 마음은 불보살을 염하는 마음에 비하여 더욱 통절(痛切)한데, 어째서 〔색과는〕 상응(相應)하지 못하는 것입니까? (白永居)

답: **불보살의 마음은 중생을 염하니, 중생 역시 불보살을 염한다면 양자**

---

56) 새벽 또는 아침 정과(正課)
57) 시간이 날 때마다 비정기적으로 불호(佛號)를 지념(持念)하는 것
58) = 이성

가 서로 염하는 것이니, 바야흐로 감(感)이 있고 응(應)이 있는 것이다 ; 전화기가 그러하듯이 반드시 쌍방의 기구가 완비되어야 비로소 서로 통할 수 있으며, 만약 일방의 기구가 없다면 즉 통할 수 없다. 거사가 색을 염하는 마음이 통절하다고 해도 색(色)도 역시 통절하게 거사를 그리워하는지는 알 수 없지 않은가?

제131조

문: 제가 지명염불(持名念佛)하여 서방정토에 왕생한 후에 다시 시방세계에 와서 군생(群生)59)을 이익하게 하는 것이 가능하겠습니까? (李明揚)

답: 정토법문의 취지는 즉 왕생하여 속히 불퇴전을 증득하여 다시 사바로 돌아와 널리 함식(含識)을 제도하는 것이지 극락에 안락하게 거주하면서, 스스로 누리려는 것이 아니다. 만약 스스로 안락하려 한다면 곧 이승(二乘)60)에 떨어져 성불의 몫이 없게 된다.

제132조

문: 정토수련이 어느 정도에 이르러야, 바야흐로 시방세계에 도달하여 군생(群生)을 이익하게 하는 원이 가능하겠습니까?

답: 왕생을 하면 모두 불퇴전을 얻는데, 여기에는 일생보처가 많으며, 이는 자재하게 시방에 마음대로 가니(任運), 더 이상 많은 말을 할 필요가 없다. 그렇지 않은 사람은 역시 성문·연각·보살 등의 과위를 부분적으로 증득(分證)한다. 보살 등급이 매우 많은데, 별교(別教)의 초지보살은 즉 백계(百界)에 시현할 수 있으며, 원교(圓教) 초주보살 이상은 바로 시방에 시현이 가능하다. 이것은 일반적인 것을 논한 것이니, 특별한 발원이 있는 자는 또 마땅히 별도로 논해야 한다.

---

59) = 중생
60) = 성문·연각

一心不亂

만약 일심불란一心不亂의 경지에
이르고 나서도 계속해서 정진해 간다면,
장차 지혜가 열리고 변재辯才가 터지며
온갖 신통을 얻게 되고, 나아가
염불삼매念佛三昧를 이루어
온갖 기이한 영험과 상서로운 조짐들이
두루 나타나게 될 것입니다.
이렇게 염불을 해나가면 모든 것이
자기도 모르게 저절로 이루어지게 됩니다.
일심불란이야말로 정토수행의 마지막
귀결처이며, 극락정토에 왕생하는
큰문(大門)입니다.
－철오선사어록(비움과소통)

제133조

문: 염불은 명심견성(明心見性)을 이룹니다. 단지 어떻게 해야 하는지 모르겠습니다. 마음이 바야흐로 밝으면, 성품이 비로소 보는 것입니까? (林聖崑)

답: **염불로 확실히 명심견성할 수 있다.** 그러나 빠른 방법(捷法)은 대업왕생(帶業往生)61)을 구하여 속히 윤회를 벗어나는 것이다. 그 방법은 「아미타경」에 명백하게 실려 있다. 그 대의(大意)는 믿음(信)·발원(願)·염불(行)에 따라 지성스러운 마음으로 육자홍명을 염하는 것이고, 다시 모든 악을 짓지 말고(諸惡莫作), 뭇 선을 봉행하는 것(眾善奉行)을 조연(助緣)으로 삼으면 곧 성공할 수 있음이다.

제134조

문: 만약 임종시에〔조념이 필요할 때, 가족이나 지인의 도움을 받을 수 없는〕환경과 지방인사 등으로 인해 허락되지 않을 때에는 빨리 와서 조념(助念)을 할 수 없습니다. 본인의 신식(神識)이 이 정황을 잘 알지 못하면, 오로지 타락하는 것만 있을 뿐인지요. 아니면 그것에 대처하는 다른 방법이 있는지요? (黃涵)

답:〔본인이〕장애가 있는 장소임을 분명하게 알아서, 곧 벗어날 방법을 마련해야 한다. 그렇지 않으면 자기 공부의 경지가 자유롭게 오고 갈 수 있어 그것이 확실할 때에는 겁낼 필요가 없다. 그러나 밀종에서는 오히려 대관정광명주사(大灌頂光明咒砂)의 법이 있어 왕생을 도울 수 있는데, 단 인연이 없으면 역시 보시하러 오는 사람이 없을 것이다.

제135조

문: 아미타불께서는 극락세계에 영원히 머무시면서 열반에 들지 않으십니까? (蔡世芳)

답: 부처님은 삼신(三身)을 나타내는데, 소위 입멸(入滅)은 단지 상(相)이

---

61) 번뇌와 업을 가지고 극락에 왕생함

있는 보신·화신 두 가지에 해당한다. 법신(法身)은 즉 불생불멸이다. 서방 실보장엄토는 아미타불의 보신과 화신의 주재를 받는데, 경에서는 '장래에 입멸을 하시고 입멸 이후에 관세음보살이 곧 저 국토의 부처의 지위를 잇는다'라고 실려 있다.

제136조

문: 제자는 정종(淨宗) 여러 조사들의 저서들을 열람하였는데 거기서 이르길, 염불인은 하루 중에, 행주좌와를 막론하고 생각 생각에 아미타불을 떠나지 않고, 심지어 자면서 꿈을 꿀 때에도 모두 염불할 줄 아는 이러한 공부가 있어야, 곧 극락국에 왕생할 희망이 있고, 그렇지 않으면 일념의 차이로 곧 육도(六道) 윤회를 하게 된다고 하였습니다. 또 염이 불념이고(念而不念), 불념이 염으로(不念而念), 만약 이와 같다면 제자의 염불과는 큰 차이가 있어, 감히 극락국에 왕생할 망상을 짓지 못합니다. 다음으로 아미타경에서 「일심불란」을 말씀하시는데, 가르침을 주시기 바랍니다! (鄭均海)

답: 고덕이 말씀하시길 : 왕생 여부는 전적으로 믿음과 발원의 유무에 달려 있고, 품위 고하는 진실로 지명의 얕고 깊음에 의지한다고 하셨다. 이것을 보면 즉 정인(淨因)이 얕거나 깊거나 모두 왕생을 얻지만, 정과(淨果)의 높고 낮음에는 오히려 구별이 있다. 비록 하하품에 거주하더라도 이미 윤회를 탈피하여 실제로 28천(天)보다 수승하다. 거사가 행하는 바가 하루 종일 끊이지 않아, 염이 불념이고(念而不念), 불념이 염이며(不念而念), 일심불란 등은 모두 상상품의 인(因)과 관계가 있다. 설사 이것을 할 수 없더라도 단지 믿음과 발원을 구족하여 아침저녁으로 수백 수천 번 하면, 중배와 하배에 역시 그 몫이 있다.

제137조

문: 정토법문은 시방이 함께 찬탄하고, 곳곳에서 돌아가도록 가리키니, 가장 수승합니다. 아미타불은 지금으로부터 10겁 전에 성불을 하셨

습니다. 10겁 전에 제불께서는 이 법문을 여신 것입니까? 아니면 아미타불께서 홀로 만드신 것입니까? 만약 중생의 성불은 삼대아승지겁이 아니면 불가능하다고 한다면, 제불께서 중생을 제도하는 선교방편(善巧方便)은 미타에 미치지 못하는 것입니까? (賴光裕)

답: 이 문제는 세 가지 의미가 있는데, 지금 그것을 나누어 설명한다. 1. 정토법문은 즉 미타 성호를 염하는 법문인데, 미타 이전에는 미타가 있지 아니하여 이왕 없었으니 자연히 염할 수 없었다. 제불이 함께 찬탄한 것은 역시 미타 성호를 집지(執持)하는 것이다. 10겁 이전에 결코 미타가 없었는데 시방제불이 무엇을 가리켜 이 법문을 열었겠는가. 2. 미타법문은 지명(持名)하여 왕생하는 것이다. 곧 미타의 인지(因地)⁶²⁾에서의 원력이다. 경의 의리에 따라 강설한다면, 미타께서 홀로 만드신 것이다. 중생의 성불은 결코 모두 삼대아승지겁을 거치는 것은 아니며, 상승의 예리한 근기(上乘利根)를 가진 사람은 역시 돈초(頓超)할 수 있지만, 〔이는〕 희유하고 얻기 어려워 보편적인 것이 아니다. 3. 부처님과 부처님의 도는 동일한데 선교방편은 어찌 차이가 있어서 오직 미타의 인지(因地)에서의 발원만 수승하고, 그러므로 과지에서 중생을 이롭게 하는 것이 특수한가 하는 것이다. 고덕께서 이르시길 : 「시방삼세불 중에서 아미타가 제일이다」라고 하셨다. 〔질문의 내용 중 다른 부처님들이 아미타불에 미치지 못한다〕는 뜻은 혹시 여기에 있는 것 아니겠는가?

제138조

문: 염불할 때 손으로 돌려 염주알을 셉니다. 다 돌리고 완성하면 108알이고, 돌리는 것이 불두주(佛頭珠)에 이릅니다. 장차 〔계속〕 알을 세기 위해서는 〔염주를〕 뒤집어 방향을 바꾸어 다시 셉니다. 그 뜻은 손으로 돌리면서 알을 세어 불두주를 넘지 않게 하고, 아울러 또 염원을 타고 다시 오라는 뜻입니다. 또 일반인이 염불하면, 대다수는 입으로 미타를 염하는데, 손으로 돌려 알을 세는 것은 늘 불두주

---

62) = 인지(因地)

를 넘어가며 돌리는 것을 계속합니다. 이상 두 가지 중에서 도대체 누가 옳고 누가 옳지 않습니까? (陳澤)

답: 존귀한 질문은 세 가지를 열거하였지만 실은 한 가지 질문이다. 알을 세는 염불이 불두에 도달하게 되면, 염주 끈은 반드시 작은 공간이 있다. 다시 반대방향으로 돌리면서, 처음에 알을 누르고 다시 지나간다. 만약 일을 덜고자 하여 불두를 넘으면, 저쪽 끝의 알이 이미 불두와 밀착되어 있는데, 공간이 없으면, 알을 잡기가 어렵다. 이러한 편리함을 위하여 오히려 주두(珠頭)[63]를 반대방향으로 돌리는 것이 좋은데, 염원을 타고 이 일구는 이와 같은 관념을 품는 것이 불가능한 것은 아니지만, 단 기록이 있는 것을 보지 못하였다.

제139조

문: 석가모니불의 명호를 염하고, 석가모니불의 명호를 들으면, 얼마의 공덕을 얻고, 얼마의 생사중죄를 감하는지요. 무상도에 있어 퇴전할 수 있는지요. 만약 석가모니불을 전념하면 역시 왕생할 수 있습니까? (王金陀)

답: 이 공덕이 얼마인지는 알 수 없다. 대개 이 사바세계 중생이 불법(佛法)을 들을 수 있고, 불명(佛名)을 들을 수 있는 것은 모두 본사 석가모니의 은택이다. 경전에 어떤 불명을 염하는 것을 기재하든, 얼마의 공덕이 있다. 방편으로 석가모니불의 명호를 염하도록 설하는 것도 곧 얼마의 공덕이 있다. 다른 부처님을 염한 공덕을 얻는 바가 모두 석가모니로부터 나왔기 때문이다. 얼마의 공덕을 증가시키면, 곧 얼마의 중죄를 감소시키는데, 무상도의 인(無上道因)에 있어, 역시 불퇴전이다. 오직 왕생 하나의 일은 모름지기 가르침에 의거하여 미타를 염하면, 바야흐로 법에 합치한다.

제140조

문: 제자는 염불하는 외에, 아울러 주(呪)를 지송하고 경전을 암송하며

---

63) = 불두주

아울러 매일 금강경의 일부를 수지하는데, 행이 전일하지 않다고 느낍니다. 이것은 걷고 앉아 있을 때 하는 한 마디 아미타불과 얻는 이익이 똑같습니까? (龐乾善)

답: 주(咒)와 금강경은 이미 그것을 오래 하였다면 버릴 필요가 없고, 단지 매일 적당한 때에 1편을 송지(誦持)하는 것은 가능하다. 명호를 집지하는 것은 오히려 응당 하루 종일 끊이지 않아야 깨끗한 염불이 계속 이어진다(淨念相繼)라고 한다. 전일하게 구하면 당연히 이익이 있고, 여러 가지를 수행하는 것(雜修)은 자연히 마음이 산만해 진다.

제141조

문: 좌선할 때 몸 주위가 진동합니다. 어떤 사부가 말하길, 이것은 외도(外道)로 응당 스스로 제어하고, 열심히 공부해야 한다고 하였습니다. 그러나 온몸의 피가 흐르며 진율(震栗)하는데, 일심염불이 곧 가능합니까? (龐乾善)

답: 〔질문자는〕 전조(前條)에서 정(淨)을 수행하는 것을 말하고, 이곳에서는 또 선(禪)을 이야기 하는데, 정(淨: 정토)이니 선(禪)이니 어찌 아직 정해지지 않았는가? 선(禪)에 스승(師)이 있어 비록 이어짐(承)을 이야기 하더라도, 두 배에 발을 걸치면 물에 빠지지 않을 수 없다. 이른바 선(禪)도 아니고 정(淨)도 아니어서, 두 문을 충분히 파괴할 수 있다. 만약 사승(師承)이 없다면, 눈을 감고 고목처럼 앉아서, 흑산귀굴에 떨어질 염려가 있다. 온몸이 진동하는 것은 오히려 가벼운 병이지만, 그저 맹수할련(盲修瞎煉)[64] 하는 것은 더욱 큰 마의 경지에 있을지도 모른다.

제142조

문: 정좌염불(靜坐念佛)하면 미미하게 두통을 느끼는데, 뇌신경쇠약으로 인한 것인지, 병업(病業)이 감응한 것인지요. 혹 일의전념(一意專念) 하여 무시해도 되는 것인지요? (龐乾善)

---

64) 맹인의 수행과 눈먼 자의 단련

답: 나타난 상태는 병과 업이 겸하여 있거나, 혹은 다시 여법(如法)하지 않은 염(念)이 있거나, 증상(增上: 자만심)을 지어서 그런 것인지 아직 알 수 없다. 만약 염(念)할 때 마음이 평온하고 기(氣)가 온화할 수 없다면, 과하게 긴장한 것으로, 역시 이 병을 발생시킬 수 있다. 거사가 말한 「일의전념(一意專念), 무시한다(不予理會)」는 것이 이것이다. 그러나 필수적으로 지념조식(止念調息)하여야 하며, 느리지도 급하지도 않게, 아주 면밀하게, 깊은 못에 흐르는 물처럼, 작은 파장도 일으키지 않으면, 저절로 질병을 치유할 수 있다.

제143조

문: 병으로 인해 몸이 허약해지면, 거짓된 몸은 허환(虛幻)하고 실재하는 것이 아니다라고 항상 생각하는 것(常思)으로 대치하고 있는데, 돌이켜 본성을 관하여도 얻을 수 없습니다. 이 방법은 곧 제자가 정좌(靜坐)와 평시 행지(行持)를 함에 있어 중간에 지명염불로 회향하는 것이 마땅합니까? (龐乾善)

답: 정좌(靜坐)는 즉 항상 생각함(常思)이 불가능하다. 만약 항상 생각하면 몸은 고요(靜)한데 마음은 고요하지 않은 것이다. 정좌(靜坐)할 때는 단지 지관(止觀)으로, 염(念)이 일어나지 않아야 이를 지(止)라 이른다 ; 염이 '알아차림이 곧 망이다'라는 것을 일으킨다면(念若起隨覺是妄), 이를 관조(觀照)라 이른다 ; 자성이 얻을 수 없는 것임을 분명히 알 수 있으면(能了自性無得), 망념이 어디에 있겠는가. 이를 조파(照破)라 이른다. 그러나 이것은 도리어 항상 생각함(常思)이 아니다. 이것은 호리천리(毫釐千里)로 분별하지 않을 수 없다. 오히려 지(止)하는 것이 불가능하다면, 즉 염불로 그것을 대신하여, 스스로 염하고 스스로 들으면(自念自聽), 지(止)가 있고 관(觀)이 있는 것이다. 만약 회향을 더한다면 그것은 발원을 위한 것으로, 원이 헛되이 발하여지지 않은 것이어서, 분명히 반드시 이루어지는 바가 있다.

제144조

문: 아미타경에서 설하시길, 사람이 임종할 때 만약 1일 내지 7일 동안 염불할 수 있어 염이 일심불란에 이르면, 즉 부처님의 접인을 받는 것이 가능하다고 하였습니다. 그러나 몸이 병고의 핍박을 받으면, 바른 염불(正念)소리를 낼 수가 없고, 심지어 마음은 염불할 능력이 부족한데, 억불상불(憶佛想佛)[65]로 바꾸어도 역시 부처님께서 자비를 드리워 주셔서 접인을 받는 것이 가능합니까? (陳灶)

답: 7일을 기한으로 한 것은 곧 평소 건강할 때를 가리키는 것으로, 임종 때를 말하는 것이 아니다. 죽음에 이르러서는 한 치도 기다리기 어려운데 어떻게 7일이 가능하겠는가. **임종할 때에 만약 억불상불(憶佛想佛)할 수 있으면, 곧 마음이 전도되지 않아 반드시 부처님의 출현을 감득할 수 있다.** 그렇지 않으면 설사 입으로 염할 수 있어도 마음에는 부처가 없으니 역시 헛됨에 속한다.

제145조

문: 사람이 죽을 때 반드시 불호(佛號)를 지념(持念)하면 분명히 곧 왕생을 할 수 있습니다. 그렇지 않으면 설사 일생동안 염불하여도 역시 필히 삼악도에 떨어져, 오랜 바람(夙願)을 크게 어기게 됩니다. 〔저는〕 불교사원에서 마땅히 보편적으로 연우(蓮友)[66]가 임종할 때에 수용하여 대기하는 방을 설치해야 한다고 살짝 건의였습니다. 〔이러한 방법은〕 화상(和尙)이나 귀의도사(皈依導師)가 그때 봉사활동으로 조념하여, 그 〔임종자〕가 서방에 왕생하도록 재촉하고, 즉 스스로를 제도하고 다른 사람을 제도하는 대승의 교의(敎義)를 마땅히 더욱 쉽게 보급하여 그 혜택을 입게 합니다. 현재 불교화된 가정은 매우 드물어 심지어 가정의 각 구성원 간에 다른 종교신앙을 지니고 있는데, 후자는 임종할 때에 더욱 영향을 받습니다. 대덕께서 창도하고, 주관할 수 있는 불교기구를 계획하고 실시할 수 있으십니까? (桂向

---

65) 부처님을 그리워하고 부처님을 생각함
66) 정토수행을 하는 도반

元)

답: 이것은 두 가지 뜻으로 구분할 수 있는데, 전자는 논의를 하는 것이고, 후자는 방법이다. 먼저 첫 번째를 말하자면, 정념(正念)이 분명하면, 바야흐로 왕생할 수 있다. 불분명할 것 같으면 역시 반드시 그 식전(識田)의 선악종자(善惡種子)를 논해야 하는데, 어떤 것이 현행을 일으키는지 단정하여 삼악도에 떨어진다고 바로 말할 수는 없다. 다시 두 번째를 말하면, 정토법문에는 고덕께 일찍이 조념(助念)의 법이 있는데 각지에서 행하는 자가 많이 있다. 즉 지금 대만 각지에서 정업을 닦는 자(修淨者)는 역시 조념단의 조직이 있다. 단지 장차 임종하는 사람의 집에서만 행해지고 있는데, 때로는 확실히 저항이 생기니 오히려 전적으로 이 일을 전적으로 행할 공공장소가 없는 것이 실제로 유감스럽다.

제146조

문: 선도(善導)대사께서는 염불을 한 번 하면 즉 한 분의 부처님께서 입에서 출현하셨는데, 이것은 신통입니까? 단지 감응입니까? (高添丁)

답: 대사의 경계는 구구하게 모르지만, 이(理)로 말하자면, 신통의 발현은 정력(定力)으로 말미암음이고, 감응에 도달함 역시 정력(定力)으로 말미암음이다. 대사의 덕은 신통과 감응을 필히 겸하고 있다. 또 감(感)이 있으면 곧 통(通)이고, 통(通)할 수 있으면 즉 감(感)할 수 있어 확실히 연대관계에 있다. 염불하여 입에서 부처님이 나오는 것은, 시현하시어 중생을 거두어 교화(示現攝化)하는 것과 관련되어 나타난 것으로, 감응이라고 말하는 것도 당연히 가능하지만, 신통을 말하는 것은 역시 불가능하지 않다.

제147조

문: 정토법문의 귀함은 염불로 정토왕생을 구함에 있습니다. 아미타불을 염하면 곧 부처님께서 오셔 접인하시어 서방정토에 왕생하는 것처럼, 약사불을 염하면 동방불께서 오셔서 접인하시어 동방정토에 왕

생합니다. 단지 어떤 사람은 염불을 하지 않고, 대비주를 염불과 마찬가지로 전적으로 염(全念)하여, 입으로 염하고 귀로 듣고 집지(執持)하고 지념(持念)하는데, 이 사람이 죽을 때에는 누가 와서 접인합니까? 어느 곳에 왕생합니까? 대덕의 지시를 구하옵니다! (孫妙松)

답: 미타를 염하면, 아미타불께서 오셔 맞이하시는데 미타경[67]에 이러한 기재가 있다. 약사를 염하면, 약사불께서 오시어 맞이하신다는 것은 약사경에 이러한 기재가 없다. 대비주를 염하는 것은 대비주의 공덕이 있는데, 어느 곳에 왕생하게 되는지는 모름지기 원력에 의지한다. 원력이 없을 것 같으면 약간의 미혹만 끊고 동서의 양 불국토에 왕생하지 못할까 염려된다. 고덕께서 이르시길, 왕생 여부는 전부 믿음과 발원의 유무에 있다고 하셨는데, 그러므로 원력이 없으면 동과 서 정토에 왕생하지 못함을 알아야 한다.

제148조

문: 아미타불은 법계장신(法界藏身)으로 바로 법신이 허공에 충만합니다. 그런데 또 육방에 항하사 제불께서 계시다고 설하는데, 이렇게 해석하는 것이 맞습니까? 만약 맞는 말이라면 기왕 미타의 법신이 있어 이미 꽉 차있는데, 육방의 항하사 수량의 부처님께서는 어느 곳에 자리하고 계신 것입니까? (張營林)

답: 부처님께는 삼신이 있는데, 질문한 바 두 구[68]는 곧 법신을 가리키는 말이다. 법신은 상(相)이 없어 오히려 허공과 같아 공(空)으로 공에 들어가니 어찌 방애되는 바가 있겠는가. 옛 철인(前哲)께서는 등빛(燈光)을 비유로 삼으셨는데, 매우 철저하다. 하나의 방에 천 가지 종류의 빛들이 서로 들어오고, 설사 하나의 방에 만 개의 등이 있어도 역시 서로 방애하지 않음을 주의 깊게 음미할 수 있다.

---

67) 불설아미타경의 줄임말
68) 아미타불은 법계장신으로(阿彌陀佛是法界藏身), 바로 법신이 허공에 충만한데(就是法身充滿虛空)

제149조

문: 서방은 연화화신(蓮花化身)[69]이어서 부모가 없다고 말씀하시는데, 만약 연화가 피어나 태어난 이후에는 누구를 의지하여 자라납니까? (張營林)

답: 꽃이 피어 태어나면 저절로 그 국토의 중생과 몸의 형태가 똑같다. 이 국토의 대나무 죽순이 땅에서 나오는 것은 하룻밤이면 족하고, 아울러 수년을 계속하는 것이 아니다. 또 [극락세계에 태어난 이는] 모두 금색의 상호(相好)로 신통이 자재하고, 모름지기 다른 사람의 부양을 받지 않는다.

제150조

문: 극락과 사바는 같은 불토입니다. 어찌하여 저곳에 이르러 태어나면 곧 모두 불퇴전이고, 이곳에 이르러 태어나면 곧 모두 퇴전하는데, 이것은 어떤 이유입니까? (張營林)

답: 이 질문은 고덕께서 경문(經文) 뒤에, 일찍이 상세한 주석을 하신 것이 있는데, 검사하고 열람하여 스스로 이해하기 바란다. 여기에서 다시 그 뜻을 간략하게 보충하면, 염불이 전일하지 않으면 극락에 태어나지 못하고(念不一不生極樂), 애정이 중하지 않으면 사바세계에 태어나지 않는데(愛不重不生娑婆), 이것은 초월하는 과(超果)를 얻으면 가고, 타락하는 과(墮果)를 얻으면 오는 것으로, 이것이 이유의 하나이다. 저곳은 정토(淨土)로 순수하게 정업의 연분(淨緣)이어서 전진하지 못하게 하는 인연이 없어 불퇴전을 얻는다 ; 이곳은 예토(穢土)로 타락하지 않도록 인도하는 인연이 이미 없어 대다수가 [수행에서] 물러나는데, 이것이 두 번째 이유이다. 저 국토에 태어나는 자는 모두 정업(淨業)이 성숙한 사람으로 깨달아 물러서지 않는다 ; 이 국토에 태어나는 자는 대다수가 얼연(孽緣)[70]이 현행한 사람으로, 그러므로 미혹하여 나아가지 못하며, 이것이 세 번째 이유이다.

---

69) 연꽃 속에서 변화하여 생긴 몸
70) 죄악의 연분

간략하게 말하면 이와 같으나 상세한 것은 만 마디 말로도 다할 수 없다.

제151조

문: 이전에 지금의 깊은 믿음을 가진 때가 아니었는데, 눈을 감고 나무 아미타불을 염할 때 매일 백의(白衣)를 입고 석장(錫杖)을 지닌 존귀한 화상 한 분이 눈앞에 나타났습니다. 혹은 꿈속에서 두려움에 떨 때, 이 진귀한 백의화상이 모두 반드시 구하러 오셨습니다. 그러나 지금은 이런 경계는 생각조차 할 수 없는데, 이전에 비하여 지금 게을러서 그런 것인지, 아니면 그런 경계가 부당한 것인지요. 제가 비록 정토법문을 닦는다고는 하나, 어찌된 일인지 마음속에 극락국토의 경계에 대한 생각을 반연(攀緣)[71]할 수 없습니다. 비록 남편이 늘 저에게 서방국토의 장엄을 생각해야 곧 왕생할 수 있다고 제시해 주기는 하는데, 이러한 종류의 수지(修持)방법은 어느 곳이 잘못된 것인지, 어디가 문제인지요? 항상 가르침을 청하오니, 저로 하여금 정당한 수행방법에 이르게 해주십시오. (陳慈容)

답: 전에 본 상(像)을 지금은 못 본다고 하니, 모두 집착하지 말고, 마땅히 일심지명(一心持名)으로 그에게 관심을 두지 않아야 한다. 만약 그것에 집착하면 오히려 병이다! 정업을 닦는 도(道)는 이에 네 가지 법이 있는데, 곧 실상(實相), 관상(觀像), 관상(觀想), 지명(持名) 이것이다. 전자는 잠시 이야기하지 않기로 하고, 관상(觀想)과 지명(持名)을 함께 수행하는 방법은 연지대사 이후에는 대다수가 채용하지 않는다. **오직 전지명호(專持名號)를 주로 하는데 단도직입적이며, 비교적 온당하다. 대략 관상(觀想)은 모름지기 십육관경[72]에 의거하여 수행하는 것으로, 현대인들의 마음이 조악(心粗)하여 세밀한 경계(細境)에 들어가기 어렵다. 경에서 이르길 만약 다르게 관하는 것(他觀者)은 이를 삿된 관(邪觀)이라 한다. 명확하지 않게 관을 하는 방법은**

---

71) 원인을 도와 결과를 맺게 하는 일(출전: 네이버 한자사전)
72) 관무량수경

혹 착오를 초래한다 ; 마음에서 염을 일으켜, 입으로 소리가 나오고, 귀로 소리를 들어, 세 곳에서 회전하는 것(三處輪轉)만 한 것이 없다. 깊은 믿음(深信)과 간절한 발원(切願)으로서, 단지 일심을 획득하는 것을 구하는데, 반드시 경계를 관(觀)하는 것이 필요한 것은 아니다.

제152조

문: 저는 이미 늙어서, 이 사대로 이루어진 헛된 앞잡이(四大幻驅)[73]는 항상 병마의 침습을 받아 견디기 어렵습니다. 그렇지만 아침저녁 두 공과(早晚二課)와 성호(聖號)를 염하는 것을 끊이지 않습니다. 전날에 고승전(高僧傳)을 보았는데, 어떤 법사가 병이 났고, 꿈에 불조(佛祖)께서 그분에게 열반경(涅槃經)을 송(誦)하라고 지시하여 병이 좋아졌는데, 제자가 열반경 지송(誦持)[74]을 모방해도 되겠습니까? 아니면 다른 방법이 있습니까? 사람들은 노거사께서 의약에 대하여도 상당한 성취가 있다고 말하지만, 저는 오랫동안 간질환을 앓고 있으며, 오른쪽 옆구리가 항상 아프고, 등 뒤를 통해 근육도 약간 부었습니다. 저는 저의 업이 중하다는 것을 믿고, 저는 의술을 원하지 않고, (행동이 자유스럽지 못하여, 발이 아프면 발작합니다), 경건한 마음으로 성호를 지념(持念)하여 치료하는데, 그러나 공력이 효과가 없습니다. 노거사님께 저의 병을 치료할 방법을 주시기를 공경하게 청하옵니다! (陳慈容)

답: 수행하는 법은 전일(專一)한 것이 귀하며, 가장 두려워할 것은 조삼모사하는 것과 두 배에 다리를 걸치는 것이다. 모름지기 불법은 모두 원만하게 사용할 수 있는데, 다시 생소한 것을 익숙하게 하는데 있다. 육자홍명은 아가타약[75]으로 만병을 모두 고친다. 또 경에서 명백하게 가르치시기를, 지심으로 아미타불 한 마디를 염하면, 능히 80억겁의 생사중죄를 소멸시킬 수 있다고 하였다. 자기가 보배를 가

---

73) = 몸
74) 원문은 송지(誦持)이나, 통상 지송(持誦)이란 말을 많이 쓰는 까닭에 지송으로 옮김
75) 아미타불 명호를 만병통치약에 비유한 것

지고 있으면서, 하필 다른 것을 구할 필요가 있겠는가. 다시 거사는 이미 노년이고, 또 오랫동안 병환 중이라고 말하였으나, 「신견(身見)」은 오히려 더 중하다. 사바의 흥취(興趣)를 너무 연모하여 버리지 못하면 왕생에 장애가 크다. 비록 병을 고칠 수 있으나, 오히려 장애를 고칠 수 없으니, 삼가 몇 말씀을 드리자면, 왕생을 구하든, 마를 제거하든, 병을 물리치든, 모두 주지를 단단히 세워(立定主旨) 흔들리지 말아야 하고, 단지 미타성호 일법(一法)을 견지해야 한다. 다른 것은 모두 또 다른 문제를 파생시킨다.

제153조

문: 미타경 중에 :「광장설상(廣長舌相)이 대천세계를 덮는다」라고 하였는데, 어떻게 혀의 모습(舌相)이 대천세계를 덮을 수 있습니까? (陳淨願)

답: 소리의 모습(聲相)이 미치는 바가 곧 혀의 모습(舌相) 미치는 바와 같은 것일 따름이다.

제154조

문: 〈불법도론(佛法導論)〉 책 중에 지불명호(持佛名號)를 함에는 16자가 염불법문의 일대강종(一大綱宗)이라 말씀하셨는데, 이 16자를 보여주시길 청하옵니다! (陸玄智)

답: 〈불법도론〉의 마지막 쪽의 끝 1행 괄호 안을 살펴보면, 기재되어 있는 것이 극히 분명하다. 즉 「진실로 생사를 위해서(眞爲生死), 보리심을 내어(發菩提心), 깊은 믿음과 발원으로(以深信願), 지불명호하라(持佛名號)」[76] 등 16자이고, 별도로 가리키는 바가 있는 것이 아니다.

제155조

문: 서방삼성(西方三聖)인 부처님, 관세음, 그리고 지장보살의 근원과 아

---

76) 정토종 제12대 조사이신 철오대사께서 하신 말씀임

울러 세 보살께서 성불하기 전에 속가의 성씨와 그 시대를 보여주시길 청하옵니다! (芮春榮)

답: 이것은 모두 구원겁(久遠劫) 전에 수행하여 과(果)를 이룬 바로, 현재 역사는 겨우 오천 년에 불과하니, 어떻게 시대를 논하겠는가. 단지 불경에서 말씀하신 바대로만, 우리들은 바야흐로 대강을 알 수 있을 뿐이다. 서방삼성은 곧 미타, 관음, 세지 삼존(三尊)의 총칭인데, 결코 한 분의 보살이 아니어서 삼성(三聖)이라 이름하는 것이니, 오해해서는 안 된다. 무량수경에 따르면, 미타는 과거세에 한 나라의 왕으로 출가하여, 법장비구라 이름하고, 수행하여 불과를 이루었다. 대비심다라니경(大悲心陀羅尼經)에 따르면, 다겁 이전에, 정법명왕여래(正法明如來)가 있어, 중생을 제도하기 위하여, 자항(慈航)을 거꾸로 몰아, 서방세계에 도착하여 잠시 보살이 되어, 미타를 보좌하니 곧 관세음이다. 지장본원경에 따르면, 구원겁 중에 한 나라의 왕이, 영원히 죄고중생(罪苦眾生)을 제도하기를 발원하니, 지장보살이다. 다시 부처님과 보살은, 모두 다겁에 걸쳐 수행을 하였고, 그 몸이 하나가 아니며, 경에서는 단지 관계가 있는 일만 기록하며, 자질구레한 작은 내용은 기재를 감당할 수 없으므로 생략한다. 예를 들면 중국 역사의 반고씨, 유소씨 등은 불경에서 거론하고 있는 다겁(多劫) 전의 사람과 비교하면, 곧 최근 일이고 또 〔그들의 성만 있고〕 이름도 기재되어 있지 않았는데, 하물며 가장 먼 이들이겠는가.

제156조
문: 염불은 6자를 염하거나 4자를 염하거나 혹은 빠르게 혹은 느리게 하는 것은 어떤 관계가 있습니까? (周慧前)

답: 6자는 공경이고, 4자는 방편인데, 너무 빠르거나 너무 느린 것은 적합하지 않다. 모름지기 마음이 평온하고 기가 화평하여, 빠르지도 않고 느리지도 않아 경안(輕安)할 수 있는 것이 좋다.

제157조

문: 일찍이 인광 조사께서 여러 제자들의 모든 서신에 대하여 답신한 것을 열독하였는데 그 속에서 이르기를 :「염불은 글자마다 분명하고, 면면히 끊어지지 않고, 만 번 소리 내어 염불하고, 모름지기 오천 번 관세음보살을 염해야 하는데, 염불은 어느 정도 해야 하는지 유추할 수 있다.」라고 하였습니다. 어리석은 소인은 삼보에 귀의하기 이전에, 관세음보살에게 공봉(供奉)하지 않았는데, 그래서 현재는 매일 아침저녁으로 예불 후에 먼저 염불을 5천 번 하고, 다음에 관세음보살을 염하는 것을 2천 번 하는데, 괜찮습니까. 이미 오계(五戒)를 받았는데, 삼성상(三聖像)을 공양하면서, 나무아미타불 성호만 전념할 수 있겠습니까? (周慧前)

답: 인조(印祖)의 이 일단의 가르침의 말씀은 마땅히 다른 뜻이 있는데, 만약 그 서신의 전문을 읽을 수 있다면, 그 취지가 자명하다. 귀의 이후에 미타를 전념(專念)하려는 것은 역시 매우 좋다. 단 염불 이후에 관세음과 대세지, 대해중보살에 대한 여러 예송(禮誦)의 규정을 준수하지 않을 수 없다.[77]

제158조

문: 정토삼경(淨土三經)은 오시설교(五時說教)에서 어느 때에 해당합니까? (蔡世芳)

답: 정토삼경은 대승일 뿐만 아니라, 자연이 방등시에 들어간다. 단지 정토교법은 즉 이러한 제한을 받지 않는다. 화엄시를 시작하면서 이미 극락을 설하고, 최후 법화시에 또 극락을 설하였기 때문에, 이른바 천 가지 경전과 만 가지 논서가 곳곳에서 〔정토법문으로〕 돌아가도록 가리킨다. 이 삼경은 정법(淨法)의 전서(專書)인데, 정법(淨法)이란 불교의 통론(通論)이기도 하다. 능히 전저(專著)와 통론(通論)에 구별이 있음을 안다면, 자연히 낙소와 제호(酪酥醍醐)[78], 반자와 만자

---

77) 인광대사님께서 정하신 염불 순서의 마지막에 관세음보살 (3번), 대세지보살 (3번), 일체정정대해중보살 (3번)을 하게 되어 있다. 화두 놓고 염불하세, 2002, 불광출판사, 121~123, 129~130쪽 염불왕생, 2024, 바른북스, 202쪽 참조

(半字滿字)79)를 가지고 경중(輕重)의 마음을 일으키지 않을 것이다.

제159조

문: 「기로지귀(歧路指歸)」의 35쪽 12란에 「걷고 앉고 잠을 잘 때나 대소변을 볼 때에, 모두 염불할 수 있다」는 한 구절이 있습니다. 부처님에 대하여 예의가 없는 것이 아닌지요? (廖增龍)

답: 염불은 계속하는 것을 중시하기 때문에, 언제라도 모두 중단되지 않게 해야 한다. 그러나 염은 소리를 내는 것과 「마음속으로 돌리는 것(心轉)」을 분별하는데, 화장실에 들어갈 때 「심전」이 무방하고, 입에서 〔소리가〕 나올 필요가 없다.

제160조

문: 스스로 염불하는 어떤 때에, 처음에 마음으로 염(心念)하다가, 홀연 머릿속으로 염을 하는데, 두뇌가 띵함을 느낍니다. 저는 불길한 조짐으로 여겨 곧 마음으로 염하는 것을 거두는데, 시간이 지나도, 아직 미세한 감각이 있습니다. 제가 「우주만유본체론(宇宙萬有本體論)」 53쪽의 성심무지장(聖心無知章)을 열독하니, 「머리에서 머리를 편안하게 하고(頭上安頭), 장차 마음으로 마음을 깨닫는다(將心覺心)」이 있는데, 곧 이것을 말하는 것이 아닌지요? (魯開智)

답: 거사의 학불(學佛)은 누가 전수(傳授)하였는가. 마땅히 그에게 염불의 도를 자세하게 묻거나, 혹은 먼저 〈정종입문(淨宗入門)〉 소책자를 보아 먼저 이해를 구하라. 그렇지 않으면 의혹으로 인해 잘못된 길로 들어가고, 마사(魔事)를 초래하게 된다. 「우주만유본체론」은 초근기가 마땅히 읽어야할 책은 아니고, 읽어도 역시 이해하지 못한다. 무릇 일체 학문은 모두 차례가 있는데, 순서를 뛰어넘어 나아가면 손해만 있고 이익은 없다.

---

78) 열반경에서 우유가 숙성되어 가는 5가지 단계 중 2가지를 이르는 말

79) 범서(梵書)의 반체자(半體字)를 소승에 비유하고 성자(成字)를 대승에 비유하여, 소승을 반자교(半字敎), 대승을 만자교(滿字敎)로 부르는 구분법(의심 끊고 염불하세, 2005, 불광출판사, 139쪽 각주)

제161조

문: 염불할 때, 염이 허공에 있고 혹은 염이 몸에 있고, 어떤 때는 염이 허공에 있으면서 염이 역시 몸에 있습니다. 좋은 것인지 나쁜 것인지 알지 못하겠습니다. 만약 흉한 것이라면 응당 어떻게 고쳐야 합니까? (魯開智)

답: 염불은 몸에 있지 않고, 역시 허공에 있지 않다. 장차 함부로 이것 저것 의심하는 것, 환망(幻妄)의 생각 등을 일률적으로 없애기를 권한다. 염불은 극락세계 왕생을 구하는 것, 이것이 본지(本旨)이다. 염은 마음을 따라 일어나고, 소리는 입을 따라 나오고, 다시 귀를 사용하여 자세하게 듣는다. 급하거나 느리지 않으면서, 호흡을 가다듬고, 한 마디 불호를 제외하고, 일체의 망념(妄念)을 모두 내려놓아야 한다(放下). 오히려 살생, 도둑질, 사음, 망어를 엄하게 금하며, 자선(慈善)과 공익(公益)을 많이 지어(선을 짓고 공익을 짓는 것은, 결코 오직 금전만을 가리키는 것이 아니니, 오해하지 말아야 한다) 마장(魔障)의 소멸을 구하여야 한다. 소책자는 먼저 「기로지귀(歧路指歸)」, 「정업초기지남(淨業初機指南)」, 「암로명등(暗路明燈)」, 「불법도론(佛法導論)」 등을 보라. 이것을 명백하게 이해한 후에 다시 간경(看經)을 배워라.

제162조

문: (1) 재가에서 수행하는 거사(居士)는 정수(精修)이든 아니든 임종을 당할 때 항상 「병(病)」이라는 글자를 피하는 것이 불가능합니까? (2) 또 재가에서 정수하는 대거사(大居士)는 임종에 있어 출가 고승의 원적(圓寂)과 비교하면 신색(神色)에 차별이 있습니까? (3) 재가에서 수행하는 거사는 모름지기 어떤 종파를 수행하고, 얼마의 시간이 지나야 임종시에 바야흐로 서상(瑞相)과 이속(異俗)이 있습니까? (卓忠振)

답: 이 질문은 3단락인데, 첫째, 체한대사(諦閑大師)와 태허대사(太虛大師)는 출가 고승으로 원적(圓寂) 이전에 모두 병고를 보였고, 송나라 왕용서(王龍舒) 재가거사도 선 채로 염불하면서 마쳤으니, 병의 유무

와 출가 여부는 무관하다. 두 번째, 이것은 단지 공부를 어떻게 하는가를 논할 뿐이며, 역시 출가 여부에 있는 것이 아니다. 세 번째, 불법은 군생(群生)에 널리 미치는데, 〔정업〕제자는 비록 출가와 재가의 구별이 있으나, 다시 도를 닦는 방법은 단지 근기(根器)를 논할 뿐이며, 사람의 선택에 맡긴다. 결코 출가하여 어떤 법문을 닦든지 재가자가 어떤 법문을 닦든지 제한이 없다. 시간과 서상에 대하여 말하자면, 어찌 예상할 수 있겠는가. 이것은 전적으로 부지런하고 나태한 작태와 돈점의 근기(頓漸之機)에 달려 있다.

제163조

문: 정토법문은 원래 서방삼성을 숭경(崇敬)합니다. 아미타경은 또 정토종의 필수 경전으로, 또 반드시 일과(日課)로 삼습니다. 그런데 왜 경 중에서 관세음과 대세지보살을 언급함이 없습니까? (金雲)

답: 정토삼경은 교상(教相)에서는 비록 하나이나, 행지(行持)에서는 오히려 각각 같지 않다. 다른 것은 곧 각각 그 중심이 있는데, 알지 못하면 안 된다. 대본(大本)80)은 육도만행(六度萬行)을 중시하므로 널리 공(功)과 죄(罪)를 설명하고, 오수(五受)·오통(五痛)·오소(五燒)를 모두 들고 있다. 관경(觀經)81)은 관상(觀想)에 중점을 두므로 의정의 미묘(依正微妙)함을 상세히 언급하고, 관세음과 대세지, 구품중생을 열거한다. 소본(小本)82)은 하나의 명호를 지념하는 것을 중시하므로 오직 미타를 언급하고, 기타는 〔언급〕하지 않는다.

제164조

문: 정토종은 연지대사 이래, 전적으로 지명(持名)〔염불〕에 주력하고, 관상(觀想)을 가르치지 않습니다. 극락세계에는 네 가지 색의 연꽃이 있는데, 장래에 왕생하여 어떤 색의 연꽃에 태어납니까? (金雲)

답: 법화경의 네 가지 꽃은 네 가지 인위(因位)83)를 대표한다. 곧 주행

---

80) 무량수경
81) 관무량수경
82) 불설아미타경

향지(住行向地)[84]의 네 종류이다. 이것에 근거하여 수행인이 어떤 인지(因地)에 있는가에 따라서 즉 어떤 색의 꽃에 태어나는 것임을 알아야 한다.

제165조

문: 항상 노사께서 강설하는 것을 들었는데, 경은 비록 도(道)이고, 문자도 아름답지만, 초근기의 사람은, 필수적으로 먼저 문리를 명확히 해야, 바야흐로 도를 구할 수 있습니다. 저는 아미타경의 육방불(六方佛) 일단에 대하여 매우 많은 의혹이 있습니다. 어째서 사방에서 먼저 동방을 설하고, 북방을 위에 두지 않으며, 도리어 가장 뒤에 둡니까? 상하(上下) 양 방향은 자연 위에서 아래로 내려오는데, 어째서 또 먼저 하방을 설합니까? (金雲)

답: 불경은 진실어(真實語)이고, 수순어(隨順語)인데, 오히려 다른 종류 등등이 있어 같지 않다. 사방상하(四方上下)는 모두 가상의 이름으로 어찌 그 실재함이 있겠는가. 부처 역시 이러하다. 이것은 때를 따르고 곳에 따르는 수순어이다. 이 지구에 거주하는 사람은 해를 가리켜 표준을 삼아 사방을 정하는데, 그러므로 바야흐로 가상이라 이름한다. 문장을 짓는 것은 모름지기 차례와 순서가 있어야 한다. 해가 동쪽에서 떠 하루가 시작되고, 봄은 동쪽에서부터 와서 1년의 시작이 되기 때문에 사방은 바야흐로 먼저 동방을 거론한다. 초목은 끝이 있는데, 근본은 아래에 있고, 가지 끝은 위에 있기 때문에 상하는 우선 하방을 언급한다.

제166조

문: 미타경에 「저 국토에(於彼國土), 이미 생겨났거나(若已生) 지금 태어나거나(若今生) 미래에 태어날 것이다(若當生)」라는 내용이 있는데, 몇 마디 뜻은 비록 분명하지만, 글의 뜻에 따라 말하자면, 말문이

---

83) 불과(佛果)를 얻기 위해 수행하는 지위
84) = 십주, 십행, 십회향, 십지

막히는 것을 심하게 느낍니다. 어떠한 강설법에 의해야 쉽게 알 수 있겠습니까? (金雲)

답: 중국의 글자는 한 자에 여러 가지 설명이 있다. 이곳에 있는, 「어(於)」는 발어사(發語辭)로 「~에(對於)」의 뜻으로 설명할 수 있다. 「어피국토(於彼國土)」를 합하여 설명하면 곧 '미타의 국토에(對於彌陀之國土)'를 이르는 것이다. 이것은 상구(上句)에 불과한 것이고, 오히려 아래 삼구(三句)가 있는데, 필히 단숨에 꿰뚫어야 바야흐로 충실하고 원활할 수 있다. 단지 아래쪽으로 강설한다면, 반드시 앞 문장(前文)을 개사(介詞)로 덧붙여야 바야흐로 말이 잘 통한다. 응당 「이미 발원한 자는(已發願者)」, 「이미 태어났거나(若已生)」를 추가해야 한다. 여기에 있는 「약(若)」을 백화(白話)문으로 바꾸어 강설할 것 같으면, 이것은 「저 모양과 비슷한(像那樣)」의 뜻이다. 합하여 이 구절을 해석하면 이른바 '이미 발원을 마친 사람은 일찍이 왕생하였다'이다. 아래 2구 역시 필히 문장 앞(前文)에 개사(介辭)를 추가하여야, 바야흐로 강해를 좋게 한다. '현재 발원자(現今發願者) 한 구를 추가하면, 또 그들이 저렇게 이미 발원하여 이미 왕생한 것과 마찬가지로 현재 왕생이 가능하다는 것이 된다. 후구(後句)를 유추하면, 다시 아래 2구의 「약(若)」자는 곧 「능能」 자로 설명할 수 있다. 오히려 단도직입적으로 말한다면, 현재 발원한 자는 현재 왕생할 수 있고, 미래에 발원한 자는 미래에 왕생할 수 있다고 이르는 것이다.

제167조

문: 서방 미타불께서는 삼신(법法, 보報, 화化) 중에 어떤 신(身)에 속합니까? (林火壽)

답: 서방은 이미 사토(四土)를 구족하였고, 그 국토는 삼신(三身)을 구족하였다. 중생이 태어나면 어떤 국토라도 증입(證入)할 수 있고, 곧 어떤 신(身)이라도 볼 수 있다.

제168조

문: 어떤 사람은 저에게 서방도(西方圖)를 언급하였는데, 불보살 등 상(像)은 어느 곳을 근거로 하여 인쇄되었습니까? 이미 어떤 사람이 일찍이 서방, 불보살 등을 본 것입니까? (李寬觀)

답: 어떤 사람은 서방의 불보살을 본 일이 역시 있는데, 왕생전(往生傳)과 정토성현록(淨土聖賢錄)에 모두 기재되어 있다. 오직 도상(圖像)을 그리는 것은 십육관경에 근거한 것으로 단지 간략한 것에 불과하다. 글은 일의 설명이며, 그림(圖)은 글의 표본일 뿐이니, 각 사람이 본 것을 증명으로 의지하는 것은 불필요하다.

제169조

문: 태어나면서 귀가 먹은 자라도 그 임종에 마땅히 옆 사람이 그를 위해 염불을 한다면, 이익을 얻을 수 있습니까?

답: 맹인, 귀머거리, 벙어리는 팔난(八難)의 하나로 불법을 받아들이는데 장애가 있다. 단 불법은 불가사의하여 죄업이 소멸하는 이익을 얻을 수 있다. 만약 평소에 그 안근(眼根)을 통해 염불을 가르치면, 선교방편(善巧方便) 중에 능히 왕생의 이익을 알게 할 수 있다. 임종할 때 불상을 걸고 전단향을 태우면, 그 안(眼)과 비(鼻) 두 근(二根)으로부터 정념(正念)을 이끌어 일으키거나 혹은 역시 특별한 이익을 얻을 수가 있다.

제170조

문: 거처에 있거나 불상 앞에 있는 것을 제외하고, 그가 길을 걸을 때, 일을 할 때, 일심염불하면, 공덕이 있는지요. 혹은 직접 불조(佛祖)의 감응을 얻게 되는지요? (唐桂蘭)

답: 행주좌와에 모두 염불이 가능하다. 단지 **진성(真誠)과 공경(恭敬)을 구하면, 부처님의 법신이 허공에 두루 차고 부처님의 광명이 시방국토를 비추니, 중생이 어디에서 부처와 마주 향하지 않겠는가.** 이른바 「좁은 기슭의 복숭아꽃에 새로 비가 온 뒤이니(夾岸桃花新雨後), 말발굽은 남아 있는 붉은 색을 피하지 못한다(馬蹄無處避殘紅)[85]」이

다.

제171조

문: 염불할 때 출성념(出聲念)과 소리를 내지 않는 마음속의 묵념(默念), 두 가지는 모두 동등한 공덕을 가지는지 아니면 차별이 있는지요? (唐桂蘭)

답: 염불공덕은 정(定)을 구하는데 있는데, 경에서는 일심불란(一心不亂)이라 이른다. 염하는 법에는 어떠한 종류의 제한도 없고, 개인의 사정(槪)에 계합하는가에 따라 판단한다. 계합하는 것은 공덕이 곧 크고, 계합하지 않는 것은 공덕이 곧 적다.

제172조

문: 「불설아미타경」은 어떤 부처님께서 설하였습니까? (唐桂蘭)

답: 이 세계 이 겁의 경전은 모두 본사 석가모니불의 말씀하신 것으로 비단 이 하나의 경전만이 아니다.

제173조

문: 만학(晚學)이 스스로 삼보에 귀의한 이래, 이미 7년의 시간입니다. 염불을 시작한 이래 1년 정도 후에, 곧 한번 염불할 때마다, 마음이 그것을 따라 한번 회전하였습니다. 이 때문에 일찍이 대덕(大德)께 가르침을 청하였더니, 계속 염하여 부동(不動)에 이르면 좋다는 가르치셨습니다. 이후로 매일 지념(持念)하여 지금에 이르렀습니다. 마음은 마침내 부동한데, 그러나 탐진치의 염이 일어나면, 마음은 오히려 동란(動亂)하여 그치지 않습니다. 오직 정념(正念)을 세워 그것을 바로 잡으면, 마음이 움직이는 것이 바야흐로 그칩니다. 수행인이 평소 때에 잘 마음을 거둘(攝心) 수 있어 탐진치의 염이 일어나지 않도록 하면, 임종할 때에 이르러 마음이 전도되지 않을 수 있어 (心不顚倒), 일심염불로 부처님의 접인을 받아 극락에 왕생할 수 있

---

85) 이 시에 대하여는, 의심 끊고 염불하세(철오선사어록), 141쪽 참조

습니까? (陳非林)

답: 탐진치는 삼독(三毒)인데, 일어나지 않도록 경계하는 것이 스스로 바른 길(正路)이다. 만약 조복하고 단절할 수 있을 것 같으면, 임종시에 마땅히 전도되지 않고, 오직 마음을 거두는 것(攝心)만이 상(相)에 집착하지 않을 수 있는데, 마음이 삼독(三毒)을 조복하고 단절하는데 있을 것 같으면 오히려 또 더 많은 망념이 있을 뿐이다. 부처님을 향하여 마음을 거두는 것 만한 것이 없으니, 끊이지 않게 하여야 한다. 어떤 경계인지 불문하고, 혹 좋든 혹 나쁘든 일체 관여하지 않고, 단지 한 마디 불호(佛號)만을 제기(提起)하는 것이 곧 정념(正念)이다. 마음과 불호가 상응하지 않을 때에는 곧 전도된다.

제174조

문: 만학(晚學)은 작년 여름 이래, 언제나 눈앞의 먼 곳과 가까운 곳에서 모두 번쩍이는 백금광(白金光)을 보고, 머리를 들어 허공을 관찰하면 무릇 시력(眼力)이 미치는 곳에, 곧 갑자기 나타났다 갑자기 사라지는 백금광을 보는데, 당구공만한 크기입니다. 독서를 할 때는 책 위에 역시 다수의 미세한 점의 백금광을 보는데, 눈썹과 이마 사이에서 나오는 것 같고, 하얀 벽을 마주할 때는, 눈썹 위에 번쩍이는 광영(光影)이 있는 것을 스스로 느낍니다. 어두운 방에 들어갈 때에 역시 이 감각은 같으며, 또 이마 중의 피부는 역시 항상 조이는 이상한 상태에 있습니다. 또 지심으로 염불할 때면, 광명은 필히 증강되며, 나태하면 즉 약하게 바뀝니다. 이와 같은 광명은 도대체 만학의 몸 중의 광명인지, 아니면 외부경계의 광명인지요? (陳非林)

답: 경계는 마음에서 유래되니, 이것은 곧 마음의 작용으로, 광명이 비록 악상(惡相)은 아니지만, 오직 이마 중에서 조임이 발생하고, 번쩍거림이 일정하지 않으므로, 역시 서상(瑞相)도 아니다. 더욱이 무릇 상을 가진 것은(凡所有相) 모두 허망하다(皆是虛妄)는 것을 응당 알아서, 오히려 마땅히 다른 것에 관계하지 말고, 섭심염불(攝心念佛)을 바른 것으로 삼아야 한다. 만약 항상 이 광명 속에 있으면, 오히려

정념(淨念)이 없어지니, 대착오이다.

제175조

문: 위에서 말한 백금광은 확실히 만학의 몸 중의 광명 같은데, 앞의 질문의 상태에 추가하여, 종합하여 그것을 관찰하면 곧 견성(見性)의 일종이 아닌지요? (陳非林)

답: 지성(智性)과 망식(妄識), 번뇌와 보리는 단지 일전지간(一轉之間)에 있는데, 집착(著)하면 즉 망상(妄)이 생기고, 버리면(捨) 즉 진여(眞)가 나타난다. 거사는 오히려 「깨끗한 생각이 계속 이어짐(淨念相繼)」에 주의를 기울이고, 기타 수월경화(水月鏡花)[86]에는 일체 관심을 두지 않는 것이 좋다.

제176조

문: 부처님께서 설하신 화엄은 오시판교(五時判教) 중, 제일시(第一時)에 속하는데, 당시 부처님께서 아미타경을 설하신 것은 어느 시에 속합니까? (朱幼)

답: 이 경은 그 성질 때문에 방등(方等)에 열거되니, 제3시교(第三時教)로 보인다. 대개 이 오시(五時)의 가르침은, 앞의 두 시(二時)는 경명(經名)으로 정한 것이고, 뒤의 두 시(二時)도 역시 그와 같다. 오직 중간의 이름〔방등〕하나만 유명(類名)[87]으로 경명(經名)이 아닌데, 단지 이 시(時)에 열거했을 뿐이다. 사실 즉 화엄을 시작하고, 법회를 마치려면 이 법문을 설하지 않을 수 없다. 무릇 이와 같다면, 즉 이 경은 대(代)를 구분할 수는 있으나, 이 법은 즉 시(時)를 획정할 수는 없다.

---

86) 물에 뜬 달과 거울에 비친 꽃이라는 뜻으로 진실이 아닌 것을 비유
87) 기준에 따라 분류한 이름

나무아미타불

아가타법약 阿伽陀法藥

부처님은 대의왕이시다.
중생에게 무량한 질병이 있음을 아시고
중생에게 무량한 약을 주셨다. 특별히
정토법문이라는 묘한 법문을 아가타약으로 주셔서
많은 병을 치료해 주시고 중생을 널리 이롭게 하셨다.
무릇 염불은 실로 시방삼세의 모든 부처님께서
위로는 성불하는 도道이자 아래로는 중생을
교화함에 있어 처음과 끝이 되는 원돈법문이다. (古德)
— <염불수행대전>(주세규 회집) 중에서

제177조

문: 학인(學人)은 먼저 채식을 한 달 하고, 귀의 후에는 오랫동안 채식을 하였습니다. 가정의 생계를 짊어져 사단(社團)[88]의 염불에 항상 참가할 수 없습니다. 또 불교경전이 매우 많고 매 부(每部)의 경전이 모두 보배창고이지만, 단지 저의 생명이 짧아 매 부 모두를 수지(受持)하려 생각은 해도 실로 하기는 어렸습니다. 학인은 단지 묘법연화경 관세음보살보문품과 불설아미타경을 선택하는 것을 좋아하니, 믿음과 발원으로 평생 아침저녁 과송(早晚課誦)을 합니다. 매일 새벽 5, 6시 사이에 보문품을 읽고, 밤 11시에 미타경을 읽으며, 읽기를 마치면 아울러 불호 1,000성을 염합니다. 이 시간과 이 수지(受持)는 괜찮습니까? 법기(法器)를 치지 않아도 되는지요? (林錦生)

답: 염불은 정(定)을 구함에 있는데, 공부가 좋을 때는 곧 일심불란이다. 이와 같은 경계이면 오히려 개인의 집에서, 아침저녁 두 과(朝暮二課) 때에 능히 사단(社團)에 나아가 염불하는 정도에 이를 수 있다. 〔사단에 나가 염불하는 것은〕 연을 맺고 기꺼이 참가하는 것에 불과하니, 공(公)[89]이 항상 참가하는 것이 불가능하여도 역시 방애가 없지만, 단지 집에서 아침저녁 두 과는 절대 중단할 수 없다. 아침에 보문품을 독송하고, 저녁에 미타경과 불호를 독송하는 것은 오히려 안 될 것이 없다. 공부는 정일(精)함에 있고 여러 가지를 하는 것에 있지 않다. 탐욕이 많으면 정일(精)하지 않고 반대로 효력이 없다. 선가(禪家)에서 한 마디 화두를 종신토록 참구함을 보지 못했는가?

제178조

문: 염불은 지혜를 증장시킬 수 있고, 배불(拜佛)[90]은 업장을 소멸시킬 수 있습니다. 전자인 염불은 망념의 (의식)이 적을 때에 확실히 이런 감각이 있지만, 후자인 배불은 어떻게 업장을 소멸하는 체험에 도달

---

88) 이병남 거사님이 이끄는 대북연사 등의 단체를 말하는 듯함
89) = 질문자
90) 부처님께 절하는 것

할 수 있습니까? (사람 신체가 간장肝臟의 화기火를 평정하게 하고 마음을 고요하게 하며 기를 화평하게 한다는 뜻을 가리키는 것이 아닌지요) (紀禹)

답: 중생은 몸을 가지고 있는데 손을 들고 발을 올리는 것이 죄가 아님이 없다. 가장 두드러진 것은 살생·투도·사음으로 악업(惡業)이 있으면 반드시 악보(惡報)가 정해진다. 잠시 배불하면 잠시 살생·투도·사음을 짓지 않고, 하루 배불하면 하루 살생·투도·사음을 짓지 않는다. 새로 악업을 짓지 않는데 어찌 새로 악보를 받는단 말인가. 또 악연(惡緣)이 일어나지 않으니, 예전에 지은 업(舊業)은 증상연(增上緣)이 없고, 역시 쉽게 현행(現行)을 일으키지 않는다. 이 이치에 대하여 명확히 아는 것이 곧 체험이다. 그 마음을 반성하고(省其心), 제행을 살피며(察諸行), 부끄러워할 것(慚愧)이 없을 때가 바로 업 소멸의 소식이다.

제179조

문: 「염불 한 마디가 80억겁의 생사중죄를 소멸시킨다」는 경문이 있습니다. 그럼 우리들이 죄를 짓는 것을 방해하지 않습니다. 〔죄를 지은〕 이후에 바로 염불을 하면, 말씀하신 것처럼 구업(舊業)을 소멸합니다. 새로운 재앙을 짓지 않는다면, 죄를 지은 이후에는 구업(舊業)을 이루지 않는 것입니까? (白癡)

답: 이 질문은 두 가지 일에 속하는데, 나누어 답변한다. 일찍이 갑(甲)이 비상(砒霜)을 지녀 지나치게 삼키니, 을(乙)이 보고 놀라 이르기를, '군은 어찌하여 자살하려는가'라고 말하였다. 갑은 '자살이 아니야, 내가 지금 어떤 점포에 비상의 독을 해독하는 영약(靈藥)이 있다는 것을 듣고, 내가 그것을 복용하고 싶어, 우선 이 비상을 먹는다'라고 말하였다. 선생이 질문한 바는, 바로 이와 같은 것이다. 다시, 과거·현재·미래가 계속 흐르는 것은 찰나도 멈추지 않는데, 〔죄를〕 지은 이후를, 곧 과거라 칭하는 것은 논한 바와 같다. 그러나 이 두 구[91]는, 본래 한계가 있는데, 〔어찌하여〕 좋은 업을 짓고자

하는 사람은 논하지 않는 것인가? 혹 학불(學佛)하고자 하는가? 발심한 날로부터 시작하는가? 전자[92]는 거짓으로 구(舊)라 이름하여 부르고, 후자[93]는 거짓으로 신(新)이라 이름하여 부를 뿐이다.

제180조

문: 「유리왕이 석가종족을 멸하자, 석존께서는 두통을 3일 앓은」 사실이 있습니다. 성불 이후에도 역시 인과에서 벗어나는 것이 불가능한데, 염불이 어찌 죄업을 소멸시킬 수 있습니까? (白癡)

답: 인과는 가감이 있어 천차만별인데, 사람을 죽이면 목숨으로 보상하고, 빚을 졌으면 돈으로 반환하는 것이 원칙이다. 그러나 저당이 있고 할인이 있으며, 흥정이 있고 해결이 있어, 필히 일로서 일을 논해야지, 한 가지를 고집할 수 없다. 그러나 선생이 질문한 바는 이 범위에 속하지 않는다. 업이 다하고 감정이 비는 것(業盡情空)이 바야흐로 원만한 불과(佛果)임을 알아야 한다. 어찌 성불한 이후에도 오히려 대업(帶業)의 도리가 있겠는가. 보름달과 같이 흠결이 없는 것을 바야흐로 원(圓)이라 칭하여 이르는데, 이미 원(圓)이라 이름하였기 때문에, 곧 흠결이 없다. 이 단락 경문은 인과가 허망하지 않음을 명확히 한 현신설법(現身說法)으로, 세존께서 진실로 과보를 받은 것이 아니고, 팔상성도(八相成道)와 마찬가지로, 역시 고불(古佛)께서 자취를 보이고 법을 연설하신 것에 불과하다.

제181조

문: 사람이 만약 서방에 왕생하였다면, 그 자손이 대신 경을 읽어 공덕을 짓는 것은 왕생하는 사람이 얻는 것인지요. 혹은 자손이 얻는 것인지요. (寬觀)

답: 왕생자의 연품은 더욱 높아지고, 자손은 효를 다하고 또 부처님을

---

91) 새로운 재앙을 짓지 않는다면, 죄를 지은 이후에는 구업을 이루지 않음(不造新殃 , 造罪以後 不是成舊業)을 말씀하시는 듯함
92) 악업을 짓는 것
93) 선업을 짓는 것

받들어 믿으니 역시 막대한 공덕이 있다. 사람의 자식이 부모가 여행할 때 혹은 마차를 부리고 혹은 배를 띄우면 부모는 노고를 줄이는데 이것이 이익의 과(果)이고, 자손은 효를 행하니 이것이 이익의 인(因)이다. 인(因)이 있으면 마침내 그 과(果)를 얻는다.

무량광명無量光明으로 질병 재난 예방하는 법

첫째도 둘째도, 마음을 안정하고 기도하여
불보살님의 가피를 얻는 것이 가장 중요하고 확실한 방법입니다.
부처님께서는 몸과 마음의 병을 치료하는
가장 좋은 약을 아가타약이라 하셨는데,
그것은 돈도 안 들고 아주 간단한 나무아미타불 염불입니다.
일정한 시간, 혹은 시시때때로 한 번이라도 나무아미타불 하시면
전염병뿐만 아니라 어떠한 질병이나 사고 액란도 침범하지 못하고,
앓고있는 중병도 씻은 듯이 사라집니다.
우리 모두 코로나 핑계 삼아 나무아미타불 염불로 건강도 지키고
왕생극락 혹은 천국행 티켓도 따놓읍시다.
나무아미타불 나무아미타불 나무아미타불!
-광원환성 큰스님(세종 영평사)

제182조

문: 정토종 신자는 모름지기 외종(外宗)의 경전을 연구해야 합니까? (莊慶賢)

답: '법문이 무량하나 배우길 원하옵니다(法門無量誓願學)'는 사홍서원의 하나로 대승을 배우는 사람의 원칙인데, 정토종이 어찌 예외로 할 수 있겠는가. 그러나 학문을 하는 것은 응당 모름지기 그 본말(本末)을 알아야 하고, 그 선후를 명확히 해야 한다. 본(本)이라는 것은 본종의 경전을 마땅히 먼저 통해야 하고, 말(末)이라는 것은 타종의 경은 계속하여 뒤에 배워야 한다. 본(本)에 불통하고 다른 항목에 힘쓰면, 한단(邯鄲)에서 걸음걸이를 배우는 것처럼, 그가 미처 이루지도 못하고 그 소행을 잃을 염려가 있다. 본(本)이 이미 명료하나 박학하지 않으면, 즉 고루(孤陋)하고 과문(寡聞)하여 한 가지 일에 집착하여 그 원만한 이해(圓理)에 방애가 될 수 있다.

제183조

문: 아미타불은 세자재왕불께서 그에게 수기(授記)를 주셨습니까? 관세음보살은 어떤 부처님께서 수기하였습니까? (周羅漢)

답: 흔적에 따라 말하자면, 미타의 수기는 세자재왕불(世自在王佛)로부터인데, 이는 무량수경에 실려 있다. 관음의 수기는 고관음여래(古觀音如來)로부터인데, 이는 수능엄경에 실려 있다. 그러나 무릇 성인의 성취는 모두 일찍이 일불(一佛) 이불(二佛) 삼사오불(三四五佛)에 대하여 공양한 것이 아니고, 여러 천억불(千億佛)을 시봉하지 않음이 없는 것이고, 수기라는 것도 역시 일불에서 그치는 것이 아니다.

제184조

문: 관음과 세지, 이 양존(兩尊) 보살은, 만약 곧 아미타불의 자비와 지혜 두 덕을 드러내는 것으로 이해하면 이와 같은 해석이 가능합니까? (周羅漢)

답: 서방삼성, 즉 관음과 세지는 미타의 두 협사(脅士)로, 〔미타를〕 보필

하고 중생을 제도한다. 관음은 자비를 표현하고, 세지는 지혜를 표현하는데, 이른바 지혜와 자비 양쪽을 운용한다.

제185조

문: 어린아이가 불교이치를 이해하지 못하는데, 그에게 염불을 가르치면 어떤 이익이 있습니까? 부모가 그에게 귀의를 받게 하였다고 주장하는데 그가 성장하여 퇴전하면 이것은 누가 부담해야할 잘못(過錯)입니까? (張寬心)

답: 고개를 숙여 1배를 하면 멸해지는 죄가 항하의 모래알 같고, 염불한 마디는 80억겁의 중죄를 멸하니, 비록 이해를 못해도 이미 선근을 심은 것으로, 어떻게 이익이 없다고 말할 수 있겠는가. 성장하여 퇴전하는 것은 곧 별도로 악연을 만난 것으로, 그러나 이전의 종자는 금강과 같이 견고하게, 식전(識田)에 잠복해 있다. 마침내 소멸하지 않으며 여전히 유익하다. 또 그 귀의(皈依)시에, 다시 퇴전을 미리 염려할 수 없다. 만약 이런 생각이라면, 즉 선(善)을 하도록 다른 사람을 끌어들일 이유가 없다. 유가(儒家)에서 이르길 : 전진과 함께 하고, 퇴전과 함께 하지 말라고 하였다.

제186조

문: 중생이 만약 난을 당할 때, 학인이 대신 왕생주(往生咒)를 염하여 베풀어주면, 확실하게 서방에 왕생합니까? (龔文泰)

답: 난을 당하는 것을 볼 때 구할 수 있으면 구하고, 만약 할 수 없다면 법보시를 하는 것이 자연히 자비보리이다. 서방에 왕생하는 것은 반드시 각종 인연을 갖추어야 하고 적은 선근과 복덕으로는 이룰 수 없다. 단 불법은 해와 같아 비추는 곳에 저절로 광명이 있어, 설사 서방에 왕생하지 못해도, 역시 죄업을 소멸시킬 수 있다.

제187조

문: 자기 집에서 염불만 한다면 중생을 제도할 수 없는데, 그래도 임종

할 때 서방에 왕생할 수 있습니까? (朝新班蓮友)

답: 중생을 제도할 수 없는 것은 홍법(弘法)의 재능이 없는 것이다 ; 중생을 제도하지 않으려는 것은 보리심이 없는 마음이다. 비록 재능은 억지로 할 수 없는 것이지만, 보리심을 발하지 않을 수는 없다. 만약 모두 할 수 없더라도, 진정으로 외부의 어떠한 영향도 받지 않고 온 마음 온 뜻으로(死心踏地) 염불한다면, 역시 왕생할 수 있는데, 단지 품위가 높지 않을 따름입니다.

제188조

문: 불경에서 이르길 「믿음(信)·발원(願)·수행(行)」으로 저 국토에 태어날 수 있습니다. 그러나 세속적인 불량한 취미를 통렬하게 고칠 수 없더라도, 서방에 왕생할 수 있습니까? (衡鈺)

답: 믿음(信)·발원(願)·수행(行)에서, 행(行)자는 정(正)과 조(助) 두 가지 행을 가리키는 것이다. 정행(正行)은 만덕홍명 선근(洪名善根)의 정인(正因)이고, 조행(助行)은 뭇 선과 복덕(眾善福德)의 조연(助緣)으로, 새의 양 날개처럼 하나가 부족하면 날기 어렵다. 경에서 명백하게 가르치시길, 「적은 선근과 복덕의 인연으로는 저 국토에 태어날 수 없다」라고 하였다. 과실이 있어도 고치지 않는다면, 저절로 복덕이 적고 조연이 부족하니, 행(行)이 하나 부족하다. 그러면 삼자량이 분명히 준비되지 않았는데, 어떻게 원만한 결과를 얻을 수 있겠는가? 또 취미가 마음속에 있으면, 임종할 때에 역시 장애를 일으킨다!

제189조

문: 강경설법으로 온갖 공덕을 행하여도, 모두 서방에 왕생하는 것이 불가능합니까? 그렇다면 밖에 나가 불법을 홍양(弘揚)할 필요가 없는데, 어찌 문을 닫고 수레를 만드는 것(閉門造車)[94]이 아니겠습니까?

---

94) 본래는 폐문조차(閉門造車) 출문합철(出門合轍)의 문장으로, '문을 닫고 세상 밖으로 나가지 않고 집에 틀어박혀 자기 생각으로 대팔차를 만들었다. 다 된 뒤 그 대팔차를 문 앞길로 끌

(衡鈺)

답: 말한 바가 편파적인 것보다도 못하다. 하나의 법문(法門), 한 종류의 수법(修法)도 참외를 심으면 콩이 생길 수 없다. 정토법문의 정인(正因)은 전적으로 염불에 있는데, 강경(講經)의 갖가지 공덕은 모두 조연(助緣)에 불과하다. 연(緣)은 확실히 적지 않지만, 그러나 정인(正因)이 없어, 종자가 없는 것과 같은데, 어디에서 나겠는가? 염불은 자기를 이롭게 하는 것이고, 강설은 타인을 이롭게 하는 것으로 두 가지는 반드시 함께 나가야 한다. 만약 조연(助緣)만 홀로 취하여, 정인(正因)을 소홀히 하고 간략하게 하면 왕생을 할 수 없다.

제190조

문: 서방극락국에 간 사람은 자기의 권속(眷屬)[95]을 기억합니까? (衡鈺)

답: 저 국토에 왕생한 사람은 신통을 갖추어, 스스로 숙명(宿命)을 안다. 오직 자기 권속이란 한 마디 말은 혼란하여 분명하지 않으니, 말한 사람에게 묻는데, 자기는 무엇인가? 도대체 어느 것이 자기인가?

제191조

문: 《무량수경》에서 설하길 서방에는 악인이 없다고 하였습니다. 정종(淨宗)을 닦는 것은 대업왕생(帶業往生)[96]으로, 마땅히 악한 습기가 있는데, 어찌 악인이 없는 것입니까? (池慧霖)

답: 선과 악은 중생이 무명을 끊지 못했을 때에 사용하는 명사로, 스스로 가정을 하는 한계가 있다. 그 팔식전(八識田) 중에 소장된 악업의

어내 보니 앞서 가던 차의 바퀴 자국과 잘 맞았다'는 뜻이다. 오로지 자기를 추구하고 좌선 수행에 종사할 때는 세상과는 일절 무관했다. 지금 수행이 완성되어 조사의 어록을 읽으면 자신이 도달한 깨달음의 경지는 조사들이 보여주는 깨달음의 경지와 딱 들어맞았다는 기쁨의 말이다(출전: http://www.rinnou.net/iroha_uta/45-mo.html). 예전에는 길에 수레바퀴 자국이 패어 있어 수레의 바퀴를 그 패인 자국에 맞게 하여야 수레를 끌 수 있었는데, 집안에서 수레를 만들다 보면 길 위의 패인 자국과 맞지 않기 십상이었다. 여기 본문에서 '문을 닫고 수레를 만드는 것'의 의미는 자기 염불에만 힘쓰고 불법을 홍양하지 않는 것을 비유적으로 말하는 것으로 보인다.

95) 한 집에 거느리고 사는 식구들
96) 업을 가지고 왕생함. 정토법문의 핵심 종지

종자가 현행을 일으켜 신·구·의의 십악(十惡)을 발동시킬 때를 악인(惡人)이라 하고, 사(使)[97]를 제어함으로써 조복하거나 끊을 수 있어, 신·구·의가 십악을 일으키지 않는 것을 선인(善人)이라 한다. 반드시 무명이 다할 때를, 바야흐로 선인(善人)이라 칭하는 것은 아니고, 칠지(七地) 이전의 보살은 무명을 다하지 않아도 또 성인(聖人)이라 칭한다. 역시 반드시 습기가 다한 후에 바야흐로 선인(善人)이라 칭하는 것은 아니다. 아라한은 습기가 다하지 않았어도, 역시 성과(聖果)라 칭한다. 대업왕생을 하는 자는 모두 세 가지 불퇴전[98]을 얻는데, 악업의 종자를 조복하든 끊든 다시 일으키지 않으므로 서방에는 악인이 없다고 이르는 것이다.

제192조

문: 《무량수경》 중에서 이르시기를 : 「정심정의(正心正意)로 재계를 청정(齋戒淸淨)히 하여 ; 하루 밤낮이면, 무량수국에서 백세 동안 선을 행하는 것보다 수승하다」고 하였습니다. 또 이르시길: 「이곳[99]에서 열흘 밤낮 선을 닦는 것은 타방 제불국토 중에서 천세 동안 선을 닦는 것보다 수승하다」고 하였습니다. 만약 이 견주는 예에 비추어 보면, 극락과 타방 불토는 결코 수승함이 없는데, 극락이 어찌 타방 불토보다 수승합니까? (佛文)

답: 극락은 순선(純善)으로, 다시 가행(加行)의 선(善)을 일으키니, 비록 백세라도 어렵지 않다 ; 이곳은 악이 많아, 작은 선을 짓는 것도 이미 어려운데, 온전히 하루의 선을 짓는 것은 즉 더욱 어렵다. 오히려 그것을 할 수 있으면, 하루에 한 노력은 곧 극락의 백세동안의 노력과 같고, 그 얻은 공덕 역시 저절로 그와 같다. 단지 그 부족함이 염려되므로, 정심(正心)·정의(正意)·재계(齋戒)를 추가하여, 조연(助緣)을 짓는다. 극락은 오히려 차가 가볍고 도로가 평탄하여 마력(馬力)[100]을 십분 사용하면 곧 백세를 행한다. 이곳은 차와 몸이 극

---

97) = 번뇌
98) 위(位)불퇴, 행(行)불퇴, 염(念)불퇴
99) = 사바세계

히 무겁고 도로 또한 평평함이 적고 험한 것이 많아, 만약 마력을 십분 사용하면, 겨우 하루 행하는 것도 오히려 부족하므로, 모름지기 연료와 전기를 추가해야 한다. 다른 세계는 선이 많고 악이 적은데, 백세의 선을 짓는 것이 극락의 쉬움에는 미치지 못하지만, 그러나 이곳과 비교하면 수승하다. 이곳에서 만약 하루 동안 선을 짓는 것은 정심(正心)·재계(齋戒)가 추가되지 않으면, 확실히 극락의 백세의 힘과 공덕에 미치지 못하지만, 그러나 다른 부처님 세계의 백세의 노력과 공덕을 따라잡을 수 있다. 비유하자면 다른 세계의 차는 매우 무겁지는 않고, 〔길은〕 평평함이 많고 험한 것이 적어, 만약 백세를 행함에 있어 마력이 십분이어야 하는데, 스스로 충족하지 못하니, 필수적으로 몇 분(數分)을 더욱 추가하여야 한다. 이 땅은 마력을 십분 사용하여 이미 하루를 행할 수 있는데, 만약 십분을 사용하고 몇 분(數分)의 마력을 더하여 차를 움직인다면, 다시 기름과 전기를 추가하는 것이 불필요하고, 곧 하루를 행하는 것에도 여력이 있다.

제193조

문: 음력(夏曆) 11월 17일은 아미타불의 성탄일인데, 반드시 그 유래와 응화(應化)한 사적이 있을 것이니, 상세한 설명을 청하옵니다. (李榮棠)

답: 미타는 본래 인지(本因)에서 법장 비구였고, 구원겁(久遠劫)에 강생(降生)하셨다. 역법은 고금중외(古今中外)에 서로 같지 않은데, 어떻게 중국의 음력으로 그 탄신일을 정하겠는가? 이것은 후인이 미타를 흠모하고 숭경하여, 임시로 하루를 정하고, 기념한 것에 불과하다. 송나라 때 영명대사의 탄생일이 이것이라고 전해 들었다. 대사가 정종(淨宗)을 홍양하고, 중생을 제도함이 매우 광범위하므로, 대사를 존경하는 의미로써 고적을 숭경하는 것이다.

---

100) 차량의 힘

제194조

문: 찬불게 중에 「백호완전오수미(白毫宛轉五須彌), 감목징청사대해(紺目澄淸四大海)」가 있는데, 이 단락은 불신(佛身)의 어떤 모양을 찬탄하는 것입니까? 난해하니 상세한 해석을 기대하옵니다! (李榮棠)

답: 이것은 부처님의 몸이 크다는 것을 형용한 것이다. 부처님의 모습에서 양미간 사이에 백호 일반(一盤)이 있는데, 속칭 불정주(佛頂珠)로 그 크기는 다섯 개의 수미산(五座須彌山)과 같다. 부처님 눈의 광명은 감색(紺色)으로, 눈 하나의 크기가 사해(四海)처럼 넓으니, 직접 본다면 몸의 크기를 곧 알 수 있을 것이다. 만약 상세한 것을 구한다면, 〈이과합해(二課合解)〉를 참고할 수 있다.

제195조

문: 이곳에서 10만억 불국토를 지나면, 한 세계가 있어 극락이라 이름합니다. 구경에는 누가 먼저 갔습니까? 근거가 있습니까? (蓮雲班蓮友)

답: 삼량(三量)으로 논하자면, 성언량(聖言量)이 곧 근거이다. 경에서 이미 발원하였거나, 지금 발원하거나, 장차 발원하면 ; 이미 태어났거나, 지금 태어나거나, 장차 태어난다고 일렀다. 이와 같을 뿐이고 이름을 말하지 않았는데, 누구란 말인가? 내가 어찌 거론할 수 있겠는가.

제196조

문: 일찍이 감응록(感應錄)을 보았는데, 왕왕 지장경을 송지(誦持)하면 이미 돌아가신 부모가 극락에 초생(超生)함을 얻으며, 회향게에는 역시 「원하옵건대 저의 과거 및 현재의 모든 부모 .... 접인하여 안락국(安樂國)에 왕생할지어다」의 문장이 있습니다. 가만히 생각해 보면 저의 염불은 일심에 미치지 못하여, 왕생은 오히려 확실하지 않은데, 어찌 돌아가신 양친을 위해 송념(誦念)할 수 있겠습니까? 또 왕

생은 반드시 먼저 믿음과 발원을 갖추어야 하는데, 망자처럼 믿음과 발원이 부족할 때는 장차 어떻겠습니까? (鍾觀靖)

답: 경은 곧 성교량(聖教量)이고, 감응록은 신자(信者)의 견문을 수록한 바이다. 고훈(古訓)의 「법에 의지하고 사람에 의지하지 마라(依法不依人), 요의경에 의지하고 불요의경에 의지하지 마라(依了義經不依不了義經)」등 네 구를, 마땅히 나침반으로 삼아야 한다. 존귀한 질문 두 가지에 대하여는 나는 성교량을 따른다.

제197조

문: 선(禪)은 자력(自力)에 의지하고, 정(淨)은 타방(他方)에 의지하는데, 또 자타불이(自他不二)입니다. 마침내 선(禪)과 정(淨)은 응당 하나입니까? 둘입니까? (鍾觀靖)

답: 선(禪)도 역시 경전의 가르침을 떠나지 않는데, 이것은 타력(他力)이 있는 것이다 ; 정(淨)은 모름지기 믿음(信)·발원(願)·염불(念佛)인데, 이것은 자력(自力)이 있는 것이다. 두 가지는 오히려 경중(輕重)의 구별이 있을 뿐이다. 타력이 없으면 자력도 생기지 않고, 자력이 없으면 타력이 응하지 않는데, 이것이 자타불이(自他不二)이다.

제198조

문: 일반 염불을 하는 노부인이 유심(唯心)의 취지를 밝힐 수 있는 사람은 도대체 몇 명이며, 이것과 마음 밖에 법이 있다(心外有法)는 외도(外道)와는 어떤 차이가 있습니까? (鍾觀靖)

답: 노부인은 유식(唯識)을 이해하지 못하나, 단지 믿음·발원·지명염불을 갖출 수 있고 성심(誠心)은 곧 이미 분별을 일으키지 않으니, 어찌 내외(內外)가 있겠는가. 그러므로 많은 성취자를 가볍게 여길 수 없다.

제199조

문: 외도(外道)를 믿는 사람이 역시 불호를 칭념하고, 나중에 극락에 왕

생하는 발원이 있으면, 부처님의 접인을 받을 수 있습니까? (鍾觀靖)

답: 법을 구하는 것은 모름지기 삿된 견해를 떠나야 한다. 공덕을 성취하는 것은 전일함에 있다. 기왕 불문에 귀의하였으면, 마땅히 외도(外道)를 떠나야 한다. 사(邪)와 정(正)이 혼잡하면 즉 법이 진실하지 못하여, 법이 기왕 잡란하면, 즉 염(念)이 어찌 하나가 되겠는가. 비록 왕생의 발원이 있으나, 여기저기 떠도는 방탕한 마음일까 염려된다. 자량이 부족하면 왕생은 어찌 그 몫이 있겠는가. 그러나 사람의 종교에 대한 것에는 여전히 믿음과 귀의에 약간의 구별이 있다. 귀의와 믿음이 일치하는 자, 믿지만 귀의하지 않은 자, 귀의하였지만 믿지 않는 자가 있다. 이른바 외도(外道)라도 만약 이름은 외도(外道)에 있으나 그것을 믿지 않고, 마음이 불법에 있지만 여전히 〔불법에〕 귀의하지 않는 자라도, 만약 간절한 발원을 하면 역시 왕생할 수 있는데, 온 힘을 다하여 그것을 이루는 것이다.

제200조

문: 부처님께서 극락세계를 설하신 것은 일부 집착하여 버리지 못하고 오욕에 탐연(貪戀)하는 중생에 순응하여 설하신 일종의 방편인지요. 아니면 실제로 극락세계가 있는 것인지요. (鄧長林)

답: 거사의 이 질문은 바로 불법에 대한 이해의 길(理路)이 분명하지 않고, 스스로 집착을 내는 것이다. 마땅히 우리 부처님의 설법은 권과 실로 중도를 얻을 수 있고(權實得中), 사와 이가 서로 어긋나시 않는다(事理不背). 우리들 초근기는 단지 성언량에 의지하여 믿고 받들어 봉행하여야 한다. 만약 극락세계가 방편으로 임시로 세운 것이라면, 즉 정토삼경은 모두 망어이다.

제201조

문: 염불의 염이 일심불란에 이르면 곧 밖으로 구하는 바가 없고 안으로 번뇌가 없습니다. 이때 곧 극락세계에 있는 것이고, 귀가 듣는 것은 모두 미타의 법음이고, 눈이 관하는 것은 모두 보살의 화현입

니다. 여전히 이 몸이 죽은 후에 실제로 정토에 왕생하여 부처님을 보고 법을 들을 수 있습니까? (鄧長林)

답: 이 몸은 여관과 같은데, 투숙객이 이 여관 속에 앉아 미국에 가는 것을 생각하면, 이때 미국의 경계에 있게 되는데, 이미 역력하고 분명하다. 이 투숙객은 이때 이미 미국에 와있는 것일까? 여전히 이 여관에서 배나 비행기로 가야 하는 것일까?

제202조

문: 염불은 자심불(自心佛)을 염하는 것인지, 아니면 심외불(心外佛)을 염하는 것인지요? 염불할 때, 염불하는 주체인 마음(能念之心)과 염불의 대상인 부처(所念之佛)를, 융회하여 하나를 이룰 수 있으면, 심불무이(心佛無二), 즉심즉불(即心即佛), 염불즉시염심(念佛即是念心)입니다. 이렇게 염하는 것이 착오가 있는지 없는지 알 수 없습니다. (鄧長林)

답: 거사의 이 단락 매우 높은 논의는 다른 책의 서술에 의거한 것인데, 오직 무엇이 자심(自心)이고, 무엇이 심외(心外)이고, 무엇이 심불무이(心佛無二), 즉심즉불(即心即佛)을 이루는지, 그 뜻을 진실로 이해할 수 없을 것이다. 만약 조금이라도 차이가 있으면 그르침(謬)은 천리이다. 〔나는〕 얼마 되지 않은 40년 이래, 곧 약간의 「심내(心內)」를 깨달을 수 있었지만, 도리어 「심외(心外)」는 여전히 아직 증명할 수 없었다. 어리석은 견해를 가지고 논하자면, 일체를 상관하지 않는 것보다는 못하지만, 단지 **집중전력하여 스스로 염하고 스스로 들으면(自念自聽)** 곧 진실힌 수용(真實受用)을 얻는다. 응당 이 「당전일념(當前一念)」은 즉 현묘하여 말로 하는 것이 어려우니, 〔굳이〕 격외(格外)의 구태의연한 말로 지나치게 번거로움을 찾을 필요가 없다.

제203조

문: 인광대사님의 저술을 열람하면, 거가사녀학불정식(居家士女學佛程式)101)에서 이르길: 선정(禪定)을 닦아 익히는 것은 곧 지관(止觀)을

닦는 것이라고 하였습니다. 염불은 곧 지관을 닦아 익히는 일종의 방편입니다. 어찌 매우 많은 책에서 다시 선(禪)과 정(淨: 정토)은 함께 수행할 수 없다고 이르고 있습니까. (鄧長林)

답: 「선(禪)이 있고 정(淨)이 있으면, 오히려 뿔 달린 호랑이(戴角虎)와 대각호
같다.」 어찌 선과 정을 함께 수행하는 것(禪淨雙修)을 불허하겠는가? 선정쌍수
그러나 모름지기 선(禪)과 정(淨) 두 가지를 깊게 이해하는 자는 그 것을 행할 수 있어, 바야흐로 심한 차이가 있지 아니하다. 만약 사 (事)와 이(理)가 분명하지 않으면, 갈림길 중에서 갈림길을 추가하는 것으로, 즉 선(禪)이 선(禪)이 아니고, 정(淨)이 정(淨)이 아니어서, 두 가지 문이 모두 깨진다. 「거가사녀학불정식(居家士女學佛程式)」에서, 이 단락의 문자가 말하는 것은 곧 선(禪)과 정(淨)이 모두 「지관(止 觀)」이라 이른 것으로, 사람들에게 함께 선(禪)과 정(淨)을 수행하도 록 가르치는 것이 아닌데, 어찌 오해할 수 있겠는가!

제204조

문: 미타경 속에서 이르길 :「아미타불께서 성불하여 오늘날에 이르기까 지 10겁(劫)이다」라고 하였습니다. 겁을 살펴보면 소(小)·중(中)·대 (大) 3종이 있습니다. 아미타불 성불은 10겁이라는데, 도대체 어떤 겁을 가리키는지요? 소(小)·중(中)·대(大) 삼겁은 매 겁마다 몇 년 씩입니까? 또 서방 불국토에 계신 아미타불께서 성불하기 전에, 다 른 부처님께서 계셨는지요. 아미타불 성불보다 먼저였습니까? (卓忠 振)

답: 사람의 수명을 10세로부터 기산을 해서, 백년이 지날 때마다 1세씩 증가하여 84,000세까지 증가하면 멈추고 ; 백년마다 1세씩 감소하 여, 10세까지 감소하면 멈춘다. 이 증가하고 감소하는 양 극수(極 數)를 합하여 1소겁을 이른다. 20소겁이 1중겁을 이루고, 4중겁이 1대겁을 이룬다. 미타경 속에서 말씀하신 10겁에 대하여는 전인(前 人)께서 이미 10대겁이라 지적하는 말씀을 하셨다.

---

101) 태허대사(太虛大師)의 저서로 보인다.

제205조

문: 극락국토는 뭇 고통이 없고, 단지 여러 즐거움을 받으며, 중생이 왕생하면 모두 아비발치입니다. 그러나 불교는 사람들에게 고집멸도를 가르치고, 유가(儒家)에서는 역시 국가를 흥하게 하는 것에 대한 근심과 안락하면 몸을 망친다는 교훈이 있습니다. 대업왕생하는 사람은 팔식심전(八識心田)에 습기가 제거되지 않은 상태로, 일단 안양에 왕생하여 도달하면, 여러 즐거움을 향수하는데, 어떻게 정진불퇴할 수 있습니까? 그 이치를 보여주시길 청하옵니다. (鍾觀靖)

답: 즐거움은 둘로 나뉘는데, 욕락(欲樂)과 법락(法樂)이다. 세 곳에 칠보가 있어 갖가지가 장엄인데 이것이 욕락이다. 곧 사바중생에 대하여 말씀하신 바로, 그 습성에 따라, 부러운 마음을 내어 왕생을 구하게 하는 것이다. 그러나 저 국토의 이 갖가지 장엄의 진(塵)은 실제로 설법의 도구로서 저 국토에 왕생하면 견문각지(見聞知覺)[102]가 오진(五塵)의 설법 때문에 결정코 변모(改觀)한다. 경에서 이르길 :「저절로 모두 염불(念佛)·염법(念法)·염승(念僧)하는 마음이 생겨난다」라고 하였는데, 이미 자연스럽게 삼보(三寶)를 생각한다. 이 마음이 이미 도와 합치하니, 이것이 법락을 이루는 것이다. 이것이 하나의 법을 짓지 않으면서 하나의 법을 쓰는 것으로(一法不作一法用), 바로 선교방편(善巧方便)의 점이다.

제206조

문: 능엄경 대세지보살 원통장에 「부처님을 그리워하고 부처님을 생각하면(憶佛念佛), 현재나 미래에(現前當來) 반드시 부처님을 뵙는다(必定見佛)」는 내용이 있는데, (1) 그리워하는 것(憶)과 생각(念)하는 이 양 방법은 여전히 하나의 방법입니까? (2) 이 염(念)은 입을 사용하는 염(口念)인지 아니면 마음을 사용하는 염(心念)인지요? (3) 부처님을 뵙는 것은 화신불(化佛)인지요. 아니면 자성불(自性佛)인지요. (4) 만약 마음이 그리워하고 마음이 생각하는 것이면, 선가(禪家)의

---

102) 육근(六根)의 작용, 곧 객관적 세계에 접촉하는 모든 작용을 총칭하는 말

간화두(看話頭) 참화두(參話頭)와는 다름이 있는지요? (鍾觀靖)

답: 이것은 문법(文法)과 관계가 있는데, 중국어는 쌍자(雙字)를 전용하는 한 부류들이 있는데, 원통장의 문장이 곧 이런 부류(類)이다. 이와 같은 것은 매우 많은데, 예를 들면 「언어(言語)」, 「사상(思想)」, 「행동(行動)」, 「환희(歡喜)」 등이다. 본래는 모두 한 뜻(一義)으로 말할 수 있어, 만약 한 글자로 나누어 말한다고 해도, 못할 것도 없다. 그리워하고 생각함(憶念) 두 자는 바로 위에서와 같이, 억(憶)은 만약 분명하게 기억하여 잊지 않는 것이라면, 염(念)은 생각이 여기에 있는 것이다. (2) 이것은 마음으로 하는 염을 사용하는 것이다. (3) 이것은 당연히 자성불이다. 더욱이 내가 염불에 의지하여, 설사 보신과 화신이 나타나더라도, 역시 자성(自性)이 나타난 것이 아니라는 것을 응당 알아야 한다. (4) 경은 구애(拘泥)받을 수 없다는 말씀과 같이, 경문인 원통장 일체는, 종파로 범위를 획정하는 것이 불필요하다. 만약 법문을 집지하는 것을 말한다면, 자연히 구별이 있는데, 선(禪)은 화두를 참구하고 그 종취(旨)는 개오(開悟)에 있으며, 정(淨)은 염불을 일으키는 것으로 그 종취(旨)는 왕생에 있다.

제207조

문: 경에서 이르길 : 「만약 중생이 나의 국토에 태어나고자 하여, 지심으로 믿고 즐거워하거나 10번 염불하여도 만약 태어나지 못하는 자가 있다면, 정각을 성취하지 않겠습니다」고 하였고, 또 1일 내시 7일 명호를 집지하여 일심불란하면 곧 극락국토에 왕생할 수 있다고 이르셨습니다. 두 가지 말은 어찌하여 다릅니까? (鍾觀靖)

답: 지심(至心)이라는 것은 마음이 잡념이 없고 철저하게 집에 도착하였음(徹底到家)을 이르는 것이다. 믿음(信)이라는 것은 깊이 믿어 의혹이 없음이고, 발원(願)은 즐겁게 왕생하는 것을 이르는 것이다. 이러한 공부에 도달할 수 있으면, 임종일념을 곧 성취할 수 있는데, 어찌 10번 염불을 기다리겠는가. 1일에서 7일까지라는 것은 곧 이 경지에 이르기를 기다리는 상태이다.

무엇을 작불作佛 이라고 하는가?
즉 부처님 명호를 지송하며
부처님의 의보依報와 정보正報의 공덕을
마음속으로 깊이 관조觀照하면
그 순간순간 마다 바로
부처님이 되어가는 것을 말합니다.
그래서 작불作佛이 쉽다고 하는 것입니다.
관무량수불경觀無量壽佛經에 "그대들이
지극한 마음으로 부처님을 생각할 때
이 지극하게 생각하는 그 마음이
바로 부처님의 32상과 80종호가 된다
(汝等心想佛時 是心卽是 三十二相八十種好)"
고 하셨습니다. 그러니 부처님을
간절하게 생각想念하면 어찌
부처님이 되지 않을 수 있겠습니까?
- 철오선사어록(비움과소통)

무량수여래회 근본도량
영주 용두사 아미타대불

제208조

문: 정토법문은 만인이 닦아 만인이 간다(萬修萬人去)라고 칭하는데, 어찌하여 염불하는 사람은 여전히 왕생하지 못하는 사람이 허다합니까? 인지(因地)가 바르지 않아서 입니까? 수지(修持)가 그 법(法)을 얻지 못해서입니까? 아니면 말씀하신 뜻이 우선 욕망의 갈고리로 삼고자(先以欲鉤牽) 하는 것입니까? (鍾觀靖)

답: 「먼저 욕망으로 갈고리로 삼고자」의 뜻은 해석하는 것보다 못하니, 여기서는 잠시 논하지 않는다. 이른바 왕생하지 못함은 그 인연이 하나가 아닌데, 앞에서 말한 두 가지 말이 곧 가장 주된 원인이다.

제209조

문: 영명연수 선사께서는 「선(禪)도 있고 정토(淨土)도 있으면, 뿔 달린 호랑이(戴角虎)와 같다.」라고 하셨습니다. 선정쌍수(禪淨雙修)는 〔정토를〕 전수(專修)하는 것보다 수승합니까? (鍾觀靖)

답: 이것은 선(禪)을 닦는 자를 권고하는 것이고, 정(淨)을 닦는 자를 권고하는 것이 아니다. 선(禪)의 경지가 높기 때문에 정법(淨法)이 안온한데, 높음이 다시 안온을 얻는 것이니, 왕생에 막힘이 없다. 만약 안온한 자가 높음을 구하면, 반드시 사람마다 가능한 것은 아닌데, 불가능하다면 두 가지 문을 모두 파괴하고, 도리어 그 공(功)을 손상시킬까 염려된다. 네 구의 게송(四偈)[103]을 합하여 관찰하여, 마땅히 영명선사의 가르침의 뜻이 있는 곳을 알아야 한다.

제210조

문: 염불은 마음으로 염하고 마음으로 듣는(心念心聽) 법을 사용하는데, 소리의 모습은 매우 세밀합니다(聲相甚細). 이것과 관세음보살의 이근원통이 성품을 비추는 공용(照性功用)으로 흘러 들어가는 것은 서로 같아, 실상불(實相佛)을 염하는 것이라 칭할 수 있습니까? 또 이 능념(能念)의 마음과 능청(能聽)의 마음은 하나입니까, 둘입니까?

---

103) 영명연수 선사의 사료간(四料簡)

(鍾觀靖)

답: 마음으로 염하고 마음으로 듣는 것(心念心聽)과 망소(亡所)에 흘러 들어가 실상염불에 이르는 것은 매우 다르다. 오직 염하고 듣는 마음인 것이다(惟念聽之心). 이(理)에서는 둘이 아니고, 듣는 **때가 곧 염하는 때이다.** 사(事)에서는 둘을 말할 수 있는데, 염(念)하고 듣는 것(聽)은 오히려 또 매우 분명하다. 해가 공중에서 비추는 것같이 비추면 저절로 빛이 있는데, 이 비춤과 광명은 하나라고 말할 수 있고, 역시 하나가 아니라고 말할 수도 있다.

제211조

문: 고덕께서 이르시길 : 왕생을 할 수 있는지 여부는 믿음과 발원의 유무를 보고 ; 품제(品第)[104]의 고하는 지명(持名)의 깊고 얕음에 있다고 하셨습니다. 오늘날 어떤 사람은 믿음·발원·염불을 구족하였지만, 광대한 마음을 발할 수 없어서, 단지 극락국토에 왕생하여 여러 즐거움을 향수하는 것만 돕습니다. 이와 같다면 마땅히 아미타불의 비원(悲願)과 상응할 수 없는데, 만약 그 사람의 믿음과 발원이 깊고 간절하면, 역시 왕생할 수 있습니까? (鍾觀靖)

답: 역시 왕생을 얻지만, 단지 저 〔극락〕국토의 인간, 천인, 혹은 성문일 따름이다. 대심(大心)을 발하지 않아 일생보처를 얻기가 어렵다.

제212조

문: 극락국토의 사람들은 수명이 무량하여, 그 〔사람들의〕숫자는 스스로 시간에 따라 모두 증가할 것입니다. 어찌하여 사바로 돌아와 중생을 제도하는 보살은 말세에 보기 드뭅니까. 어찌 각 사람의 인연에는 수승함과 열등함이 있는 것입니까? (鍾觀靖)

답: 이 지구는 사바세계의 몇 분의 일로, 다시 중국으로 논하자면, 역시 이 지구의 몇 분의 일이다. 불과 1,000여 년 사이에 정종(淨宗)의 여러 조사들이 있었고, 정토성현록(淨土聖賢錄) 중에 열거된 여러 거

---

104) = 품위

사들이 있는데, 어찌 보는 것이 드물다고 이를 수 있겠는가? 지금 역시 각지에 많은 사람들이 있다. 그렇지 않으면 정종(淨宗)은 곧 삼계교(三階教)[105]처럼 소멸할 것이다.

제213조

문: 일찍이 한 거사가 말하길, '사바세계의 사람은 서방세계에 왕생을 생각하고, 서방세계의 사람은 사바세계에 왕생하는 것을 생각한다. 마음을 구하는 것이 곧 구경을 이루는 것으로(求心乃為究竟), 마음이 곧 부처이고, 곧 정토이기 때문이다'라고 하였습니다. 그렇다면, 우리들 정종(淨宗)을 닦는 사람은 또 어찌하여 모름지기 서방에 왕생하는 것을 구하는지, 이것에 대하여 어떻게 해설을 하십니까? (蕭金榮)

답: 그럴듯하지만 그렇지 않은 말이, 가장 해가 되는 일이고, 이런 것이 그렇다. 특히 사바인이 서방에 왕생하려고 생각하는 것은 생사를 마치려는 것임을 모르고 있는 것이다 ; 서방인이 사바에 왕생하는 것은 배움을 성취하려는 것으로 원을 타고 와서 중생을 제도한다. 범부와 성인이 각각이 구별이 있고, 왕생을 구하는 뜻이 같지 않은데, 어찌 서로를 혼동할 수 있는가. 마음을 구하는 것(求心)에 대하여 말하자면, 초근기의 사람이 마음을 알 수 있다는 것이 무엇인가? 이것을 안다면 어떻게 법을 구하는가? 빈 말 한마디로 끝나는 것이 아니다. 마음이 부처이고, 정토인데, 말은 틀림이 없지만, 그는 마음을 가지고 있는가? 그가 마음이 있다면 그가 부처가 아닌가?

제214조

문: 아미타경에 「…… 가릉빈가 공명조 이러한 여러 무리의 새들이 주야로 화평하고 아름다운 소리……」 라는 답구가 있어 서방 불국토 역시 밤낮의 구분이 있음을 충분히 볼 수 있습니다. 그 불국은 야간에

---

105) 삼계교란 북제의 신행(540년~594년)이 연 불교의 새로운 교파다.
(출전: https://ja.wikipedia.org/wiki/三階教, 2023, 6, 19. 확인)

새들이 쉬고 꽃이 오므라듭니까? 아니면 혹시 진세(塵世)106)와 같이 야간에 어두컴컴합니까? (卓忠振)

답: 실제로 밤낮이 없는데, 꽃이 오므라들고 새가 쉬는 것으로, 시간을 기억할 뿐이다. 이 세계의 광명은 전부 해가 비춤에 의지하는데, 저 세계 사람과 물건 양자는 모두 광명이 있어 절대로 어두운 시간이 없다.

제215조

문: 염불하는 사람은 어떤 방법을 사용하여 「미래와 과거」를 알 수 있습니까? (李永青)

답: 과거와 미래를 아는 것은 곧 신통으로, 정(定)을 얻은 이후에 있을 수 있다. 그러나 생사를 마치는 것과는 무관하고, 망령되게 〔신통을〕 구하는 것은 마를 초래할 수 있다. 모름지기 염불은 서방에 왕생을 구하기 위한 것임을 알아야 하는데, 그 결과 서방에 태어나면, 즉 여섯 가지 종류의 신통을 갖추는 것이 어렵지 않다.

제216조

문: 어떤 경을 독송해야 돌아가신 부친과 모친께서 서방극락세계에 왕생할 수 있습니까? 어떻게 접인이 있었음을 알 수 있습니까? (李永青)

답: 비로나자불대관정광명주사법(毘盧遮那佛大灌頂光明咒沙法)이 있어 채택할 수 있는데, 대장경의 비밀부(祕密部)에 실려 있다.

제217조

문: 염불을 마치고 하는 회향은 하루에 회향을 1차례 하는 것인지, 혹은 1개월에 회향을 1차례 하는 것인지요? 제가 이전에 염하던 부처님에 대하여 회향하는 것을 잊어버렸는데, 지금 회향한다면 공덕의 효과가 있겠습니까? (陳聯生)

---

106) 티끌이 많은 세계라는 뜻으로 우리가 사는 세계를 말함

답: 염을 1차례 하고 회향(回向)을 1차례 하는 것이 좋은데, 나중에는 마땅히 그렇게 해야 한다. 이전에 염한 것은 현재 회향해도 역시 공덕의 효과가 있다. 한 마디 불호는 한 과(顆)의 금강종자(金剛種子)로 천겁만생에 역량이 오히려 소멸하지 않는데, 회향을 하는 것이 무엇 때문에 효과가 없다고 의심하는가?

제218조
문: 아내가 출산한지 며칠 안 되었는데, 갑자기 연우(蓮友)가 임종할 때 불호를 조념하는 것에 참가할 수 있을지 여부를 모르겠습니다. (鄧義郎)
답: 출산한지 얼마 안 된 사람은 기혈이 모두 부족하니 조념하는 것은 적당하지 않다. 기를 심하게 상하게 하기 때문이지, 그것이 불결하기 때문에 염불할 수 없는 것은 아니다. 부처님께서는 중생을 자식과 같이 보며, 자녀가 위급할 때 부모를 부르면 비록 불결하더라도 부모는 역시 싫어하거나 혐오하거나 버리지 않고 돌본다.

제219조
문: 어떤 사람이 「아미타불의 부친은 누구인가?」라고 묻습니다. 그가 '당신이 만약 나에게 대답을 한다면, 내가 즉시 부처님을 믿을 것이다'라고 말했습니다. (洪環)
답: 예전에 법명화상(法明和尙)이 대주선사(大珠禪師)를 향하여 일찍이 이런 질문을 하였다. 선사께서 답하길 : 「아미타의 성은 **교시가(憍尸迦)**이고, 아버지 이름은 **월상(月上)**이며, 어머니 이름은 **수승묘안(殊勝妙顔)**이다. 다라니집(陀羅尼集)에 나온다. 또 고음왕경(鼓音王經)에서 이르길 : 과거 구원겁 중에, 묘희(妙喜)라는 국토가 있었는데, 왕의 이름은 교시가(憍尸迦)였고, 할아버지는 청태(淸泰) 국왕이었으며, 아버지는 월상전륜(月上轉輪王)왕이고, 어머니는 수승묘안(殊勝妙顔) 왕후였는데, 아들을 3명 낳았고, 장자는 월명(月明)이라 이르고, 둘째는 교시가(憍尸迦)라 이르고, 셋째는 제중(帝衆)이라 일렀다.」이

단락의 기재는, 위로 조부에 미치고, 옆으로는 형제에 미치는데, 더욱 상세하니, 질문한 사람에게 전할 수 있다. 단 부처님을 믿는 것은 스스로 믿는 인연을 일으키는 것이 있어야 하는데, 겨우 이것을 아는 것을 가지고, 곧 부처님을 믿는 조건으로 삼는다는 것은, 지성(至誠)에서 나온 것이 아닐 수 있다. 다시 상대방에게 전달해 주시기를 바라는데, 불법은 중생을 구제하고 고통을 떠나 안락을 얻는 일이고, 삼보는 곧 위없는 복전(無上福田)이니, 절대로 아이들 장난이 될 수 없으며, 농지거리를 하면 허물을 자초하는 것이다.

제220조

문: 어떤 사람이 묻기를 : 너희들 염불에는 어떤 좋은 점이 있는가 라고 하였습니다. 어떻게 답변해야 하는지에 대해 거사님의 상세한 해석을 청하옵니다. 대답이 적당하면 이것으로 그 사람을 접인하여 불지견(佛知見)에 들어가게 할 수 있고 ; 대답이 적당하지 않으면, 역시 그 사람을 선근에서 물러나 잃게 할 수 있습니다. (愚居士)

답: 염불의 좋은 점은 만 마디 말로도 다하기 어렵다. 오직 중생을 제도하려는 마음을 가지고, 갖가지로 답법(答法)을 말하여, 상대방을 접인하려는 방편으로 하는 것, 자체가 보살심이다. 단 설법은 계합(契合)하는 것이 귀한데, 앞으로 누가 물을 지는 아직 알 수 없고, 또 장삼(張三)은 장삼의 심리가 있고, 이사(李四)는 이사의 심리가 있는데, 만약 미리 틀에 박힌 언어에 의지하여 임시로 암송하면, 고지식함을 면할 수 없다. 이것은 실로 근기(機)에 따라 임기응변하는 일이다. 단지 몇 가지를 열거하여 참고할 따름이다. 예를 들면 **죄를 소멸하고 복을 증가하고, 지혜를 열고 제불의 가피로 위험에 처하여서 오랑캐를 교화하고, 정신을 집중하여 병이 길어지는 것을 막고 수명을 연장하며, 망념을 바로 고치면 범부를 바꿔 성인을 이루고, 목숨이 다할 때 극락에 왕생하며, 성불의 과위인 불생불멸을 증득하는 것** 등이다.

옛날에 왕중회가 양무위에게 물었다.
"염불을 어떻게 해야만 끊어지지 않습니까?"
"한번 믿고 나서 다시는 의심하지 않는 것이
곧 끊어지지 않게 하는 것이다."

無間修 念佛

원효성사를 형상화했다는
아미타부처님 성상聖像

제221조

문: 미타경에서 말씀하는 : 염불인이 1일에서 7일에 이르러, 일심불란에 이르면, 임종할 때 곧 정토에 왕생하는 등의 구절이 있습니다. 7일의 시간을 논하자면, 매우 짧습니다. 그러나 보통 속인의 염불은 단지 7일을 염하면, 목숨을 마칠 때 정토에 왕생할 수 있는지요. 모름지기 염불을 매일 하여 죽을 때까지 할 필요가 있는지요? (卓忠振)

답: 7일은 분명하게 일심불란을 가리키는 것이다. 이 경계를 얻지 못했더라도 자연히 선근(善根)을 깊게 심는다. 만약 이 경계를 얻었을 것 같으면, 오히려 모름지기 날마다 염불하니 임종할 때 부처님께서 바야흐로 오셔서 맞이하신다. 만약 중단하면 즉 바로 퇴전하여 왕생의 몫이 없다.

제222조

문: 어떤 사람이, '살아서 걱정이 없고, 죽어서 거리낌이 없어, 진짜 세간에서 제1등이니, 마땅히 염불해야 한다. 힘은 적게 들고 얻는 공은 배이다.'라고 말합니다. 그 뜻은 어떤 것입니까? (朱幼)

답: 일체를 내려놓을 수 있으면, 곧 평소에 안심할 수 있고, 죽을 때 아무런 구속도 없는데, 자연히 상대방은 그런 과위(果位)이다. 만약 공부가 상당함이 없으면, 어떻게 할 수 있겠는가. 단 염불인이 평소에 일심(一心)이 되어 임종에 전도되지 않아 이 경계에 있다면 어찌 비슷하지 않겠는가. 말하자면 만약 기꺼이 염불한다면 이 공(功)은 다른 공에 비하여 두 배가 더하다. 시작이 있으면 사업은 이미 절반이 성취된 것이다.

제223조

문: 제불보살은 모두 원력이 넓고 깊으며(宏深), 명호는 매우 많습니다. 만약 두루 예념(禮念)을 하고자 하면 곧 번잡함을 느끼고(다신교에 가깝다), 만약 하나에 전념하면 두 부처님 명호의 그 공덕을 잃을 수도 있고, 혹은 다른 부처님께 공경을 잃고 태만한 것이 아니겠습

니까? (洪榮保)

답: 아미타불 성호(聖號)는 곧 무량불(無量佛)의 뜻이고, 또 미타를 바로 법계장신(法界藏身)이라 말한다. 고덕께서 늘 이르시길, '미타 명호 하나를 지니는 것은 곧 변법계의 무량한 제불의 명호를 지니는 것이 다'라고 하였다. 또 공과를 짓고 회향을 마칠 때에, 항상 「시방삼세 일체불(十方三世一切佛), 일체보살마하살(一切菩薩摩訶薩)」등의 구절 을 독송하는데 역시 심히 원융하다.

제224조

문: 서방극락세계는 지구의 범위 안에 있는 것입니까? (廖春英)

답: 경에서 분명하게 밝히길, 이곳에서 서방으로 십만억 불국토를 지난 다라고 했으니, 이것은 이 지구의 범위에 있지 않다.

제225조

문: 정토법문은 대업왕생인데, 가지고 간 모든 선악의 업종자(業種子)는 장래에 여전히 과보를 받아야 하는지요? (賴慧繁)

답: 법은 연(緣)이 없으면 생기지 않는다. 서방은 악연이 없고, 단지 무 루(無漏)의 법연(法緣)이 있을 뿐이다. 이로 인하여 도심(道心)이 증장 하고 제 미혹이 점점 끊어진다. 과보 역시 출세간의 과위를 증득하 는 과보이며, 다시 세간 삼고(三苦)의 과보가 아니다.

제226조

문: 정토를 닦는 것은 믿음(信)·발원(願)·수행(行)을 중시합니다. 발원 과 수행이 믿는 힘에 미치지 못하는 것을 스스로 인정하고, 임종할 때 부처님의 자력(慈力)에 의지하여 접인받는 것을 스스로 믿지만, 자력(自力)이 견실함(鍥)과 불력(佛力)이 크다는 것을 알지 못하니, 하나로(合一)[합일] 서방에 태어나는 것을 반조(返照)[107]하여 확실한 모습 (確定觀)[확정관]을 짓는 것을 기대하는 것이 가능하겠습니까? (顏寬文)

---

107) 임종 직전에 돌연히 분명하게 의식을 되찾는 것

답: 만약 서방에 태어나는 확실한 모습(確定觀)을 지을 수 있다면 곧 원력이 간절한 것이다. 다시 염불을 추가하기를 바란다면 즉 삼요소를 갖춘 것이다.

제227조

문: 만일에 금생에 서방에 왕생하려는 원을 이루지 못하면, 다음 생에 미도(迷途)에 태어나는 것이 심히 염려됩니다. 혹 부처님과 막힌 곳에 뛰어 들어가면, 어찌 금생의 수지(修持)를 낭비하는 것이 아니겠습니까. 대덕(大德)의 가르침을 바라는 바입니다! (顏寬文)

답: 이러한 생각은 곧 전조(前條)와 모순이다. 거사에게 권고하니, 여전히 온 마음 온 뜻으로, 진실하고 간절한 믿음과 발원을 가지고, 부지런히 명호를 더욱 지송(持名)하는 것이 타당하다. 서방에 태어나지 못하면, 금생의 수지(修持)가 확실하게 헛되지는 않으나, 몇 생이 지나서야 바야흐로 연(緣)을 만나 다시 닦을 수 있을지 큰 문제가 된다.

제228조

문: 현재 저는 가장 기쁘게 염불합니다. 염할 때 청정하기 때문에, 크게 쾌락함을 느낍니다. 이로 인하여 열독(閱讀)에 대하여는, 항상 번뇌를 싫어하는 느낌이 들어, 심체(心體)와 관련한 읽을거리 외에는, 저는 모두 흥취를 느끼지 못합니다. 이러한 심정(心情)은 적정한 것입니까? (章普明)

답: 일문에 깊이 들어감(一門深入)은 매우 좋은데, 단 모름지기 서원(誓願)을 확실하게 세워, 외부의 유혹에 동요되지 않는 것이, 바야흐로 귀한 것이다.

제229조

문: 염불법문은 이론상으로 비록 만인이 닦아 만인이 간다고 이르고, 또 기록상 고덕이 서방에 왕생한 예가 적지 않지만, 단 전체 염불중생

의 입장에서 보면, 오히려 만에 하나도 없는데, 그 중점은 「일심(一心)」에 있기 때문입니다. 그러나 말법시대의 중생은 근기가 둔하고 지혜가 얕아, 「미혹」은 중하고 「집착」은 완고하여, 「일심(一心)」에 도달하고자 하나, 실제로 쉽지 않습니다. 사실상은 절대다수의 염불 중생은 겨우 염불로 선근을 심는데 불과하니, 여전히 윤회의 가르침을 피하기 어렵지 않습니까? 이와 같은 것은 기타의 법문을 닦아 곧 육도(六道)에서 벗어나는 것이 불가능한 자들과 서로 유사하지 않은 지요? (趙澤宇)

답: 일심은 잠시와 영구의 구별이 있는데, 경계가 영구적인 자는 상품에 왕생하고, 경계가 잠시인 자라도 역시 중품, 하품을 놓치지 않는다. 비록 이러한 경계는 얻기 어렵지만, 과연 깊은 믿음(深信)과 간절한 발원(切願)이면 얻을 수 있다. 정념(淨念)이 항상 나타나 임종에 놓치지 않으면 곧 마음이 거꾸로 뒤바뀌지 않아 결정코 왕생이 가능하다. 경에서 이르길 : 「일심불란(一心不亂)」, 이것은 사람들에게 높은(上) 법을 취하는 것을 가르쳐, 확실한 곳으로 향하여 가도록 한다. 많은 사람이 왕생하지 못한다는 것은 믿음이 진실하지 못하고 발원이 간절하지 않아 정념이 있는 것 같기도 하고 없는 것 같기도 하여, 항상 나타날 수 없기 때문인데, 이렇게 하면 곧 마음이 없는 것이다 ; 이럭저럭 하는 사람은 왕생에 있어 스스로 그 몫이 없다. 다른 법문을 닦는 것은 필수적으로 제 미혹을 모두 끊고 명심견성하여야 바야흐로 성취가 있는데, 그러므로 난행도(難行道)라 한다. 정토를 닦아 단지 미혹을 조복시킬 수 있으면 곧 감응도교할 수 있어 대업왕생하는데, 그래서 이행도(難行道)라 한다. 고덕께서 게(偈)로 이르길 : 「삼아승지겁의 복덕과 지혜를 닦을 필요 없이 단지 여섯 자로 건곤을 벗어난다」고 하였다. 거사는 어찌 서로 유사하다고 말할 수 있는가?

제230조
문: 부처님을 배우고 사리(事理)를 배우는데, 염불일문(念佛一門)은 무엇

이 사(事)이고 무엇이 이(理)인지 매우 명철하지 않습니다. 지시를 간청합니다! (吳倫炳)

답: 이(理)는 교리와 경전의 뜻을 가리키는 것이고, 이것이 반드시 투철해야, 바야흐로 어둡(盲昧)지 않다. 사(事)는 일체 방법과 율의(律儀)를 가리키는데, 당연히 그것에 의지하고 행하여야 바야흐로 성취가 있다.

제231조

문: 《미타경》 중에서 이른바 : 적은 선근과 복덕의 인연으로는 저 국토에 왕생할 수 없다는 구절이 있습니다. 십념왕생(十念往生)의 구절과 더불어 난이와 차별이 매우 심하므로, 배우는 사람은 많은 의혹을 내고 수행에 어려움을 겪습니다. 「대선근과 복덕을 반드시 닦아야 한다고 말하는 것이 어려운 것입니까?」 (吳倫炳)

답: 많은 선근과 복덕을 심는 것은 곧 정토문 가운데 공통된 길(通途)이고 가장 온당한데, 이른바 만인이 닦아 만인이 간다. 십념왕생하는 자는 반드시 숙근(宿根)이 깊고 두텁거나, 혹은 예리한 근기와 상근기의 자로, 일념은 곧 망상(妄想)이 일어날 수 없고, 오직 정일(精一)하다. 이른바 지심으로 염불 한 마디를 하면 능히 80억겁의 생사중죄를 없앨 수 있는데, 하물며 십념이겠는가? 그러나 이와 같은 사람은 백천 중의 하나도 없다.

제232조

문: 나무청정대해중보살은 허공의 무량무변한 보살을 총칭하는 명호를 가리키는 것입니까? 아니면 한 분 보살의 명호를 가리키는 것입니까? (顔寬文)

답: 서방극락의 일체보살을 가리키고, 진허공을 가리키는 것이 아니며, 역시 한 분을 가리키는 것이 아니다.

염불하는 그대가 아미타불 입니다

염불하며 교화하고 제도하면
현생現生에 곧 아미타라,
자비구름을 널리 펴서
서로서로 권면勸勉하며
이 자비와 서원誓願으로
정토의 청정한 인연 두루 맺어서
애정의 강(愛河)에 빠져 있는
사람들을 구제하고
윤회하는 고해苦海를 벗어나게 하며,
모두가 다 안락安樂국토에 올라가서
부처님 은혜를 함께 보답할 것이니라
 -성불의 가장 쉽고 빠른 길(徑中徑又徑徵義)

정토법문을 전하는
당래하생 미륵존불

무량수여래회
근본 도량인
영주 용두사

제233조

문: 아미타경에서 이르길 「…… 그 국토의 중생은, 항상 새벽까지…… 타방의 십만억불에게 공양하고, 바로 식사 때까지 본국으로 돌아와……」인데, 어째서 석가모니부처님께서 세상에 계실 때, 아미타국토의 사람이 와서 공양하지 않았습니까? (李孟泉)

답: 법화회상의 관세음, 능엄회상의 대세지는 어떤 국토에서 와서 질문을 하였는가? 이는 명성이 자자하여 배우는 자는 모두 아는 것이다. 석가모니부처님께서 설법할 때, 왕왕 백천만억 타방세계의 보살이 있었는데, 어떤 보살이 서방이 아닌 곳에서 왔는지, 일일이 지적할 수 있는가?

제234조

문: 미타께서 성불한지 지금 10겁이 되었습니다. 이 기간에 왕생자는 이미 적지 않고, 또 모두 신통이 있습니다. 그런데 우리들에게 실제로 서방이 있음을 증명할 수 있도록 어째서 한 사람이라도 이곳에 돌아온 사람을 볼 수 없습니까? (李孟泉)

답: 이곳에 오는 것은 정말로 적지 않은데, 우리들이 육안(肉眼)으로 스스로 알아보지 못할 뿐이다. 풍간(豊幹)이 곧 그 1인이다. 서방의 경계는 석가모니부처님께서 금구(金口)로 말씀하신 바로, 여러 조사께서 모두 증명하는 말씀을 하시는 소리가 우뢰와 같은데도, 거사는 아직 듣지 못했는가?

제235조

문: 경에서 이르길 :「이곳에서 서방으로 십만억 불국토를 지나가면, 한 세계가 있어 극락이라 이름한다」고 하였습니다. 어찌 크게 막연하고 모순되지 않겠습니까? 또 부처님은 만덕만능을 갖추고 신통이 무량한데, 어찌 삼계육도를 변화하여 정토로 만들지 않고, 무엇 때문에 반드시 중생은 염불에 의지해야만 곧 왕생이 가능한 것입니까? 부처님께서 무연대자(無緣大慈)가 있으신데, 어찌하여 사람이 그의 명호

를 염해야 곧 기꺼이 접인하시는 것입니까? (李永白)

답: 태양계는 8대 행성이 있는데, 다시 약간의 태양을 이르니, 나는 역시 더욱 막연하다. 「모순」은 어떤 일을 지적하지 않았으므로, 대답할 방법이 없다! 경에서 이르길, 마음(心)·부처(佛)·중생(衆生) 세 가지는 차별이 없다(三無差別)고 하였다. 그런데 부처님의 만덕만능을 알면서, 어찌 마음 역시 만덕만능임을 알지 못하는가? 세계가 본래 깨끗함(淨)과 더러움(穢)이 있는지 없는지 관계없이, 실제로 모든 세계 역시 공공(空空)에 속한다! 모름지기 깨끗함과 더러움의 유무를 아는 것은 모두 심상(心相)으로, 부처와 중생은 각 그 상(相)을 나타낸다. 마음이 염불하면 바야흐로 부처님을 볼 수 있고, 염불하지 않으면 볼 수 없다. 마치 미혹되어 도망친 자식처럼, 어머니가 비록 매일 생각해도, 자식이 마음을 돌리지 않으면, 더 멀리 도망갈수록 더 멀어진다. 만약 아들이 어머니를 생각하면, 바야흐로 서로 만날 수 있다.

제236조

문: 정토법문은 당생성취(當生成就)의 불법이고, 또 쉬운 수행입니다. 당시 세존께서는 어째서 이 법문을 찬탄하고 홍양(弘揚)하지 않으셨습니까? 무엇 때문에 단지 삼경일론(三經一論)뿐이며, 그리고 또 정법(正法)시대와 상법(像法)시대의 사람은 다수가 별도의 법문을 수행하였는데, 이 말법시대에 와서는 곧 이 법문을 일으키는 것입니까? 이 어찌 말법시대의 사람이 정법시대 및 상법시대의 사람에 비하여 복이 큰 것이 아니겠습니까? 예를 들면 불경(佛經)은 무엇 때문에 불전불후(佛前佛後)를 팔난(八難)의 하나로 삼습니까? (李永白)

답: 최초는 화엄(華嚴)이고, 종국에는 법화(法華)로, 양대 경왕(兩大經王)은 모두 정토를 찬탄하고, 기타 경론(經論)이 정토를 찬탄한 것은 누누이 헤아리기가 어렵다. 이른바 천경만론이 곳곳에서 돌아갈 곳으로 가리키니, 오히려 얼마나 찬양이 필요한지 모르겠다. 설마 다른 법을 모두 폐지하고, 오직 정토만을 설하는 것이, 바야흐로 더 찬양

하는 것이라 이를 수 있는가? 정법·상법·말법의 시기에 사람들의 근기가 예리함과 둔함의 변화가 있는데, 어떤 시기에 비로소 어떤 법을 배우는 것을 지적하는 것이 아니라, 「말법시대에 곧 정법(淨法)을 일으킨다」라고 질문하는 것은, 크게 잘못 이해하는 것이다. 그러나 다른 법문이 미혹을 끊는 것은 예리한 근기(利根)만이 행할 수 있고, 정법(淨法)은 대업(帶業)으로 둔한 근기(鈍根)도 역시 이룰 수 있다. 여기서 다시 끝 구절의 의문에 대하여 답하자면, 부처님 이전에는 경이 없었고, 부처님 후에는 경의 뜻이 어둡고 숨겨져 여러 사람이 투쟁을 시작하고 중생은 갈림길이 많으니, 그러므로 난(難)의 하나라고 이른다.

제237조

문: 임종할 때 부처님에 대한 관(觀)이 이루어지지 않으면, 서방을 관하는 것도 역시 관이 이루어지지 않습니다. 노사께서는 '만약 수계(受戒)하는 계단(戒壇)을 관(觀)하면 매우 좋은 곳이 될 것이다'라고 말씀하셨는데, 좋은 곳은 삼선도나 서방극락세계입니까? (寬觀)

답: 임종할 때에는 사대(四大)가 분리되는데, 관상(觀想)하는 것은 어려우며 항상 염불이 온당하다. 계단(戒壇)이 좋은 상(好相)이라고 말하는 것은, 사람들에게 하나의 깨끗한 그림자(淨影)를 각인하도록 가르쳐, 때때로 세속의 진상(塵相)이 나타나거나, 나쁜 버릇(毛病)이 발생하는 것을 면하게 하기 위함이다. 정업(淨業)을 닦는 자는 비록 이 좋은 상을 각인하였더라도 여전히 있는 힘을 다해 염불하고, 서방에 왕생하기를 갈망해야 한다.

제238조

문: 타불칠(打佛七)[108]로 7일에 일심불란을 얻은 사람은 반드시 왕생할 수 있습니다. 그러나 평시에 일이 바빠서 공과(功課)를 계속할 수 없

---

108) 불칠(佛七)을 하는 것. 도량을 설립하여 7일 주기로 불사를 하는데, 아미타불을 염하면 염불칠, 관세음보살을 염하면 관음칠, 선좌하면 선칠, 그 밖에 능엄칠, 대비칠 등의 설법을 통칭하여 불칠이라 한다. 〔출전: https://baike.baidu.com/item/佛七, 2021. 7. 10. 확인〕

어도 극락세계에 왕생할 수 있습니까? (寬觀)

답: 이 일은 필수적으로 항상(恒)하여야 하는데, 일이 바쁘면 십구기념법(十口氣念法)109)을 채택할 수 있으며, 다시 행주좌와에 마음속으로 묵념(默念)을 하면, 역시 왕생할 수 있다.

제239조

문: 아미타경은 처음에 부처님께서 말씀하심(佛說)을 언급하였는데, 어찌하여 그 뒤로는 불(佛)자를 추가하지 않습니까? (胡正臨)

답: 정종분(正宗分) 처음에, 이미 「이때 부처님께서 사리불에게 이르시기를(爾時佛告舍利弗)」라고 일렀다. 서분(序分)에서는 부처님께서 이 경을 설하셨기 때문에 경가(經家)110)들이 불(佛)이라는 글자를 서술하였다. 경에서 다시 말하지 않은 것은, 이 경전은 다른 사람이 아니고, 세존께서 말씀하신 대로이니, 그러므로 다시 불(佛)자를 추가하는 것이 불필요하다.

제240조

문: 청년이 염불하면 청년시기에 왕생이 가능합니까? 예를 들어주시길 청하옵니다! (林良柱)

답: 어떤 공부를 닦든지, 여전히 청년시기에 배우는 것은 좋다. 나무를 심는 것같이 어릴 때부터 곧게 자라야 한다. 왕생은 수명이 다한 후를 가리키며, 결코 염불은 빨리 죽는 것을 구하는 것이 아니다. 오직 황천길에는 노소(老少)가 없으니 항상 즉시 알아서 즉시 행하는 것이 타당하다.

제241조

문: 믿음·발원·수행이 견고하고 확정적이라면, 단지 공덕을 이루는 것을 원하지 않고, 도리어 악구(惡口)를 지어도 서방왕생이 가능합니

---

109) 각주 5) 참조
110) 부처님의 가르침을 읊고 결집하여 경전으로 만든 불제자들(출전: 佛學大辭典)

까? (衡鈺)

답: 경에서 이르길 :「적은 선근과 복덕의 인연으로는 저 국토에 왕생할
수 없다」고 하였다. 선근과 복덕이 적으면 오히려 왕생이 불가능하
거늘, 하물며 뜻으로 악을 지음이겠는가!

제242조

문: 염불이 어떤 공덕도 이루지 못한다면, 서방정토에 왕생할 수 있습니
까? (衡鈺)

답: 정토는 대승법문이고, 공덕은 이타(利他)의 일로, 새의 양 날개처럼
일제히 올려야 비로소 날 수 있다. 이른바 공덕이라는 것은 반드시
금전을 필요로 하는 것은 아니고 청정한 업(業)과 같은 것인데, 사람
들에게 염불을 권하는 것이 모두 진실한 공덕이다.

제243조

문: 우리들은 염불하는 사람입니다. 평시에 공부에 힘쓰는 것이 매우 좋
습니다. 만일 성냄(瞋恚)을 일으켜, 다른 사람과 충돌하고, 이 원한
의 마음을 임종할 때까지 여전히 버릴 수 없으면, 이 같은 사람은
한편 염불을 하고, 다른 한편 무명(無明)을 발하는 것인데 여전히 불
보살의 위력에 의지하여 대업왕생(帶業往生)할 수 있습니까? (謝智遠)

답: 생각이 일어나는 것을 두렵지 않지만(不怕念起), 늦게 알아차리는
것이 두렵고(就怕覺遲), 계속되는 것은 더욱 두렵다(更怕相續). 기왕에
성냄이 해로운 일임을 알았으면 어째서 바로 버리지 못하는가. 또
하필 임종할 때까지 계속하는가. 사람은 단지 당장의 일념뿐인데,
성냄을 생각하면 즉 부처를 장애한다. 염불은 곧 감불(感佛)이다. 성
냄이 부처를 장애 할 수 있음을 안다면, 곧 왕생에 이르지 못한다고
말할 수 있다.

제244조

문: 임종할 때, 마(魔)의 화신이 미타로 되어 왕생하는 사람을 유인한다

면, 진짜 미타상은 어떤 특별한 모습을 증거로 삼아야만, 곧 왕생의 큰일을 그르치지 않겠습니까? (謝智遠)

답: 이것은 염려할 필요가 없다. 만약 평소에 마음이 미타를 연(緣)하면, 결코 마(魔)의 경계가 없다. 이른바 이와 같은 인(因)이면 이와 같은 과(果)인 것이다. 만약 늘 잡수(雜修)를 하여 전일하지 않으면, 마음은 더 반연(攀緣)하게 되어, 임종시에 정념(正念)을 잃고 곧 [왕생의] 확신이 없다. 이때에 이르러 찰나의 짧은 순간에 비록 나쁜 경지(惡境)임을 안다고 하더라도, 어찌 머물면서 [따라]가지 않을 수 있겠는가? 그래서 임종의 조념(助念)은 무시할 수 없는 일(一擧)이다.

제245조

문: 일본불교에 법화종(法華宗)이라는 종파가 있는데 전문적으로 「나무묘법연화경」을 지념(持念)하는 것은 어떤 뜻입니까? 일생동안 지념하면 돌아갈 데(歸宿)는 어느 곳입니까? (朱幼)

답: 지념의 방법은 본래 많은 종류의 뜻을 가진다. 예를 들면 선가(禪家)는 화두를 염하여 개오(開悟)를 구하고, 정가(淨家)는 염불하여 왕생을 구하는 등이다. 중국 역시 법화종이 있는데, 그 수지의 방법은 이와 같은 것만이 아니다. 일본 법화종의 내용이 구구하게 상세하지 않은데, 경의 제목이나 그 여러 법 중의 하나를 지념할 것으로 생각이 된다. 그러나 이것을 염하는 것은 역시 선가의 염의(念義)와 서로 같고, 「돌아갈 장소」는 시간적으로 멀고 가까움의 구별이 있으며, [돌아갈 데가] 「어느 곳」인가는 반드시 수행자의 서원이 어디에 있는지 보아야 한다.

제246조

문: 아미타불께서 48원을 발하셨는데, 그중에 「지심으로 발원하여, 나의 국토에 태어나고자 하는 자는 나의 명호를 10번 소리 내어 염하여, 이제 중생이 만약 나의 국토에 태어나지 못하면, 저는 성불하지 못함을 서원합니다」 등의 구절이 있습니다. 만약 이와 같다면 즉 죄가

크고 악이 심한 자가 역시 겨우 명호를 10번 소리 내어 염하면, 곧 왕생이 가능합니까? 또 이 불호를 10번 소리 내는 것, 이것은 인생의 과정 중에 어느 시기에나 염하는 것이 곧 가능합니까? 아니면 혹시 임종할 때까지 기다렸다가 비로소 염하는 것입니까? 동시에 이와 같이 쉬운 왕생이라면, 어찌 사바의 중생이 여전히 증가하고 감소함이 없는 것입니까? (張椿萱)

답: 대악(大惡)을 지은 자도 숙생(宿生)의 대선근(大善根)이 있는 자는 왕생할 수 있다 ; 선근이 없으므로 결국 지심으로 발원하지 못한다. 십념왕생(十念往生)은 바로 그 과(果)를 가리키는 것인데, 임종시에 중요하나 평소에 하는 십성(十聲)은 역시 원인의 종자(因種)로 팔식의 밭(八識田)에 저장되어, 연분을 만나면 자연 현행을 일으킨다. 단지 [현행을 일으키는 것이] 몇 생 몇 겁 뒤일지는 모른다. 사바세계의 중생이 늘어남이 끝이 없는 것에 대하여, 이전에 누누이 답하였으니 앞의 「문답」을 살펴보면 스스로 알 것이므로, 여기서 다시 번거롭게 [설명]하지 않는다.

제247조

문: 염불로 연방(蓮邦)[111]의 구품에 왕생하여 화생하면, 사성과(四聖果) 중 왕생자는 어떤 과위(果位)를 얻을 수 있습니까? (黎明時)

답: 사성과(四聖果)는 원래 같지 않고, [왕생자의] 발원과 행지(行持)가 또 다른데 어떻게 고정하는 [설명하는] 것이 가능하겠는가.

제248조

문: 임종에 미타를 일념(一念)하면, 즉 극락세계에 왕생합니다 ; 일념의 자(慈)는 곧 천상에 태어나고 ; 일념의 진(瞋)은 곧 독사로 떨어집니다. 이와 같은 이치로 일념이 생겨나지 않으면(一念無生) 응당 곧 열반입니까? (黎明時)

답: 앞의 세 가지 예는 다시 태어나는 것에 한정하고 있다. 일념이 생겨

---

111) = 극락

나지 않으면(一念無生) 바로 곧 열반이다. 만약 이 일념도 없다면, 더욱 상응할 것이다.

제249조

문: 정토법문은 대소승이 겸유하는데, 어떻게 분별하여 설명하는지, 스승님의 가르침을 공경히 청하옵니다. (呂慧良)

답: 정토법문은 본래 대승에 속한다. 대개 부처님은 소승에 대하여 다른 불국토의 일을 말씀하지 않으신다. 또 왕생을 구하는 자는 증과(證果)·발원(發願)·재래(再來)가 중요하다. 그리고 중생을 제도하는 것으로, 낙업(樂業)에 편안히 머물고 청복(淸福)을 스스로 향유하는 것이 아니다. 그러므로 경에서 가르치시길, '보리심을 발하는 것이 왕생의 정인(正因)이다'라고 하였다. 오직 이 법문은 세 가지 근기를 두루 가피하고(三根普被), 소기자료(小機自了)[112]의 사람도 역시 능히 염불왕생하나 그 가까운 행적(近跡)은 소승(小乘)과 비슷하다.

제250조

문: 정법(淨法) 네 가지 종류[113]에서, 지명(持名)을 제외한, 나머지 세 가지 종류는 가로로 초월하는 것(橫超)에 속합니까, 아니면 세로로 초월하는 것(豎超)에 속합니까? (曾福吟)

답: 가로로 초월하는 것은 일반적으로 정업(淨業)을 가리킨다 ; 비록 네 가지 법(四法)이 있으나, 그것은 가로로 초월하는 것과 둘이 아니다.

제251조

문: 꿈속에서 항상 사람들에게, '이 세계는 너무 악하고 탁하며, 저 거짓된 몸(假身)은 고통의 근본으로, 하필 그것에 연연해할 필요가 있는가. 여러분께서 빨리 염불하여, 고통을 떠나 즐거움을 얻기를 청하니, 여러분께서 듣고자 하면, 나는 몸을 팔아서 당신에게 줄 것인

---

112) 소기(小機)는 근기가 작은 사람을 말하고, 자료(自了)는 단지 자기만 고려하고 대국(大局)은 고려하지 않는 사람을 말한다.
113) 실상(實相)염불, 관상(觀相)염불, 관상(觀像)염불, 지명(持名)염불

데, 단 당신들은 염불을 성취해야만 한다.'고 말합니다. 이것은 어떤 경계인지요. 상에 집착하는 것입니까? (詹金枝)

답: 무릇 꿈은 모두 생각(念頭)의 반영과 관련이 있는데, 종자가 현행을 일으키는 것과 같다. 등각 이전의 보살은 모두 꿈이 없을 수가 없다. 꿈은 역시 염(念)의 정망(淨妄), 공부의 진퇴를 나타내는 것이다. 거사는 꿈같은 것이 있고, 그러나 또 항시 이와 같은데, 곧 상구하화(上求下化) 용맹정진(勇猛精進)의 보리심의 경지로 대단히 좋은 것이다. 꿈이 이와 같으면 깨달음 역시 이와 같은데, 정업(淨業)을 반드시 속히 성취한다! 비록 자리이타를 할 수 있어, 내가 존재하지 않고 자타 모두를 이익하게 하는 마음이 있으면, 곧 상(相)에 집착하는 것이 아니니, 이른바 삼륜체공(三輪體空)이다!

제252조

문: 정좌(靜坐)시에 불호를 묵념하는 것을 겸하면 방애가 있습니까! (黃涵)

답: 묵념(默念)은 정(定)에 들어가는 것이 쉬워 대단히 좋다. 그러나 누워서 하는 염불은 마땅히 묵지(默持)114)를 해야 하며, 소리를 내면 공경심을 잃는다.

제253조

문: 많은 염불과 송경(誦經)을 매일 얼마씩 하나 하나 기록하는 것, 이것은 곧 불필요한 일입니까? (黃涵)

답: 송념(誦念)을 기록하는 방법은 곧 오로지 하나의 원(願)만을 발하기 위해서이다 ; 그 횟수를 기록하는 것은 원을 만족할 때까지이다. 그런데 오래 수행하고 있는 사람이 매일 몇 권의 경전을 염송하고, 약간의 염불을 하는 것을 규정하였다면, 전진이 있고 물러남이 없으면 된다.

---

114) = 묵념

南無阿彌陀佛！

八萬四千法門

六字全收

唯六字當中完全具足所有的功德

팔만사천 법문을
나무아미타불 6자가
모두 거두어 들인다
이 육자 홍명弘名에
완전한 공덕功德이
구족具足되어 있다

제254조

문: 참선과 염불은 한가지의 공덕으로 같은데, 매번 과송(課誦)이 끝날 때마다 회향(回向)해야 하는지요. 또 행주좌와에 역시 염불할 수 있고 온종일 이와 같은데 그러면 회향은 어느 때 합니까? (黃涵)

답: 염불은 반드시 정과(定課)와 산과(散課)로 구분하는데, 정과는 혹 아침저녁 두 때이고 혹 다시 어느 때라도 추가할 수 있다. 이 과를 할 때에는 앉아서 하는 것이 좋고, 반드시 심정불란(心定不亂)을 구해야 하며, 과를 마치면 곧 그것을 회향해야 한다.

제255조

문: 저술 중에서 대미타경과 소미타경의 글을 본 적이 있는데, 어찌하여 대미타 소미타를 말합니까? 항상 과송하는 불설아미타경은 대미타입니까? 소미타입니까? (黎明時)

답: 미타경으로 현재 통행(通行)되는 것은? 구마라십 대사가 번역한 것인데, 오히려 현장법사의 번역한 것이 있어 모두 소본(小本)이라 칭한다. 으뜸으로 번역된 것은 문자가 번다한데 대미타경이라 칭한다.[115] 이 무량수경은 소본에 대비하여 말하기를 역시 대본(大本)이라 칭한다.

제256조

문: 극락세계를 어째서 부처님께서는 서방이라고 한 것입니까? 사실 우리들의 서방은 또 미국의 동방입니다. 또 부처님께서 인천계(人天界) 중에 왕과 왕자의 말씀을 자주 하시는데 시대정신의 색채가 농후합니다. 부처님의 설법은 의리(義理)가 원융(圓融)한데, 유독 이러한 면에서 시간과 공간의 제한을 받는 것을 어떻게 해석해야 합니까? (黎

---

115) 오(吳)나라 지겸(支謙) 옮김. 대정장(大正藏) 제12권에 수록되어 있다. 송, 원, 명의 세 권의 머리말에는 모두 아미타경이라는 네 글자가 있고, 여본(麗本)은 권의 머리말에는 「아미타삼야삼불살루불단과도인도경(阿彌陀三耶三佛薩樓佛檀過度人道經)」, 권의 끝말에는 아미타경이라는 제목이 있다. 또 옛날부터 구마라십이 번역한 아미타경과 구별하여 이 경을 대아미타경이라고 불렀다. (출전: 佛光大辭典)

明時)

답: 「우리나라의 서방이 또 미국의 동방이라는 것은」, 곧 단지 하나의 작은 원구(圓球)에 구속되어 말하는 것이다. 이 작은 원구는 대천세계의 몇만 분의 일이다. 경에서 말하는 바는 곧 십만억 개의 대천세계의 서쪽으로, 실제로 개미가 수박에 반연하는 것처럼 이 작은 원구 위를 더듬는 것이 아니다. 오직 허공은 무진(無盡)한데, 어찌 방향이 있겠는가. 동이니 서니 말하는 것 역시 방편의 말이다. 경에서 말하는 서방이라는 것은, 그 사용하는 의미가 깊으니, 잠시 논외로 한다. 문자적으로 말하면, 「이곳으로부터(從是)」 두 자가 있는데, 원근을 가리키는 것으로, 모두 어폐가 없다. 아래 단락의 문자는 명확함이 부족한데, 천도(天道)는 나는 알지 못하고, 인간계는 지금까지 오히려 황제를 칭하고 왕을 칭한다. 세상에 그것이 있어, 부처님께서 그것을 말하는데, 어찌 색채가 있다고 책망할 수 있겠는가? 그때는 총통이나 주석의 이름이 없었는데, 결국 미리 그것을 이름한다면, 당시 사람들이 놀라고 괴이하게 여길 수 있지 않겠는가?

제257조

문: 미타경 중에 있는 구절에는 : 「아미타불께서 성불한 이래 지금까지 10겁이다」는 내용이 있습니다. 그러나 아미타불의 수명은 무량무변 아승지겁으로, 바로 시작도 없고 끝이 없습니다. 이 10겁 이전을 살펴보면 서방극락세계가 있었습니까? (靜修精舍)

답: 이 단락 경문은 보신불(報身佛)을 가리켜 말씀하시는 것이다. 이른바 보신은 당연히 시작이 있고 끝이 없으니, 그러므로 「성불한 이래」라고 말한다. 무량수경에 기재된 바를 살펴보면, 극락은 미타의 원력이 성취된 것으로 10겁 이전에는 당연히 이 세계가 없었다.

제258조

문: 지명염불은 목적이 잡념을 제거함에 있습니다. 마음에 장애가 없음으로 이와 같이 곧 왕생의 가능성이 있습니다. 그러나 군인의 처지

에서는 평안하고 고요할 시간이 없습니다. 단지 저의 바람은, 왕생에 있지 않고, 내생을 구함으로써 부처님을 대신하여 중생을 제도하고자 하는데, 이와 같은 뜻이 가능한 것인지 모르겠습니다. (無名氏)

답: 중생을 제도하는 것은 반드시 지혜와 학문, 갖가지 조건이 있어야 한다. 아울러 이 같은 생각이 헛되지 않아야 곧 중생을 제도할 수 있다. 왕생의 뜻은 바로 배움을 구하는 것인데 빨리 성취를 얻어서 원을 타고 다시 [사바세계로] 와서 널리 일체중생을 제도하는 것이다. 예를 들어 물에 빠진 사람을 구하려는 자는 반드시 먼저 물에서 헤엄치는 것을 배워야 한다.

제259조
문: 칠염불(七念佛)을 결심하여 지정(止靜)할 때에, 마음속에 불호를 묵념해야 하는지요. 아니면 마음속에 어떤 염도 일으키는 것이 불필요한지요. (洪環)

답: 정종(淨宗)의 공부는 스스로 정종의 방법(辦法)이 있다. 전대 조사께서 이르시는 것을 들었는데, 불칠(佛七)에서 지정(止靜)할 때에는, 소리를 그치고 내지 않을 뿐만 아니라, 마음속에 오히려 한 마디 성호(聖號)를, 묵묵하게 계속 이어지게 하는 것, 이것이 이른바 깨끗한 염불이 계속 이어지게 하는 것(淨念相繼)이다. 만약 일념이 일어나지 않도록(一念不起) 하거나, 염하지 않으면서 염하거나(不念而念), 염하면서 염하지 않는 것(念而不念) 등은 모두 초근기가 할 수 있는 바가 아니다. 만약 할 수 없는데도, 강제로 억제한다면, 비단 이러한 종류의 강제로 억제하는 것은 또 망념이니, 역시 병이 증가할까 염려된다. 만약 상등 근기의 사람을 위한 것이라면 능히 일지(一止)로써 곧 정(靜)인데, 역시 계속해서 그 정(靜)을 들을(聽) 수 있고, 아울러 하나의 법에 구애되지 않는다.

제260조
문: 서방극락세계에는 하늘음악이 허공에 울리고 하늘에서 묘화(妙華)가

내리는데, 하늘은 이 세계의 사왕천(四王天)과 같은 것인지, 아니면 서방은 별도로 있는 다른 하늘인지 심히 명백하지 않습니다. (余萍)

답: 이른바 세계라는 것은 환주(環周)와 상하(上下)를 들어 말하는 것이다. 매 하나의 대천세계(一大千)는 고르게 각기 그 환주상하를 가지고 있는데, 동서 두 하늘이 자연스럽게 분계(分界)를 이룬다.

제261조

문: 미타경의 한 구절인, '일곱 겹 난간, 칠보로 된 줄지어 선 나무들, 칠보로 된 연못' 등은 무엇 때문에 모두 칠(七)자를 쓰는 것입니까? (余萍)

답: 불가에서 공덕을 표현하는 일은 칠로 된 것이 가장 많다. 예를 들면, 칠방편(七方便), 칠가행(七加行), 칠과도품(七科道品), 칠성재(七聖財), 칠각지(七覺支), 칠최승(七最勝), 칠종무상(七種無上), 칠성칠현(七聖七賢) 등이다. 서방의 갖가지 장엄은 칠이라는 숫자를 채택한 것이 많은데, 곧 저 세계의 일체 모두가 공덕을 구족하였음을 나타내는 것이다.

제262조

문: 군인이 만약 전장에서 죽으면, 단지 일찰나 간에 다시 염불할 겨를이 없습니다. 이 사람의 신식(神識)은 역시 서방의 희망이 있습니까? (李仕仁)

답: 국민을 보호하는 작전시에 바로 마땅히 마음속으로 염불을 해야 하며, 무외보시의 신념을 증장시키고 또 불력의 가피를 희망해야 한다. 정말로 수명이 다했으면 이 신념에 의지하여 결정코 왕생한다.

제263조

문: 아미타불은 지금까지 몇 년의 역사를 가지고 있습니까? 관음과 세지 모두 동시에 성취한 불과입니까? 혹은 전후의 차별이 있습니까? (詹金枝)

답: 경(經)중에 이르기를 : 미타의 성불은 지금 10겁이 되었다고 하였다. 겁은 수 단위의 이름인데, 그 연산법은 곧 사람의 수명이 10세에서 백년이 지날 때마나 1세씩 증가하여 팔만사천세가 지나면 그친다 ; 다시 백년이 지날 때마다 1세씩 감소하여, 감소가 10세에 이르면 그친다. 이 하나의 증감이 1겁을 이룬다. 관음과 세지 두 존성(二尊)은 모두 미타 뒤에 증과(證果)한다. 만약 두 존성(二尊)의 극락세계 보불(補佛)116)에 대하여 묻는다면, 경에 그것이 있는데, 즉 먼저 관음이고 뒤에 세지이다.

제264조

문: 석가모니불께서는 어떠한 인연으로, 서방정토가 미타께서 왕생을 권하고 찬탄하는 곳임을 알 수 있습니까? (詹金枝)

답: 부처님은 무량한 신통이 있는데, 그 천안통은 곧 철저하게 보고 철저하게 아신다.

제265조

문: 아미타경에서 이르길 :「그 불국토는 오히려 악도(惡道)의 이름(名)조차 없는데, 하물며 실제(實)로 있겠는가.」는 어떤 뜻입니까? 또 가릉빈가와 공명조 등의 부류는 이 세계에도 같이 있는 것입니까? 혹은 서방에만 오로지 있는 것입니까? (詹金枝)

답:「실(實)」이라는 것은 그 일이 실제로 있다는 것이다.「명(名)」은 겨우 그 이름만 있을 뿐이라는 것이다. 악도(惡道)라는 것은 축생·아귀·지옥으로 이것은 서방에 비단 이 사실이 없을 뿐만 아니라, 곧 이것은 허명이고, 아울러 역시 그것이 없다는 것을 말한다. 하단의 질문은 곧 서방을 가리키는데, 본경에 따르면 '뭇 고통이 없고, 단지 모든 즐거움을 받는다'는 구절로부터 시작하여, '모든 상선인들이 한 곳에 모여 있다'는 구까지 모두 서방을 설명하는 것이다.

---

116) 부처자리에 보(補)해짐

무량수여래회 근본도량
영주시 용두사(옹특사)

念佛三昧

염불삼매
체득하면

위없는 깨달음을 향한 마음을 일으키면
모든 부처님의 가르침 안에 태어나
일체의 집착을 떠날 것입니다.
일체의 집착을 떠날 수 있으면
깊고 청정한 마음을 얻을 수 있으며
모든 보살행을 실천하고
대승大乘의 법을 갖추게 될 것입니다.
대승의 법을 갖추면
모든 부처님에게 공양하고
염불삼매念佛三昧가
끊이지 않을 것입니다.
염불삼매를 체득하면
항상 시방의 부처님을 볼 수 있으며
부처님의 세계에 항상 안주安住함을
알 수 있을 것입니다.
부처님의 세계에 안주하게 되면
스스로 불법을 체득하게 되어
한없는 변재辯才를 갖고
무량한 불법을 설할 수 있을 것입니다.
무량한 불법을 설할 수 있으면
모든 중생을 해탈시킬 수가 있고
대비심大悲心은 확립될 것입니다.
-화엄경 현수보살품

제266조

문: 무량수경에서 부처님께서 아난에게 이르시기를, '그 중생이 저 국토에 태어나 …… 그 둔한 근기의 자(鈍根者)는 이인(二忍)을 성취하고 ; 그 예리한 근기의 자(利根者)는 헤아릴 수 없는 무생법인(無生法忍)을 얻는다'라고 하였습니다. 이와 같은 설법은 우리들이 서방에 왕생한 후의 성취가 오히려 둔근(鈍)과 이근(利)의 구별이 있다는 것입니까? (胡正臨)

답: 둔근과 이근(鈍利)이 없을 것 같으면, 연화는 어찌 구품(九品)으로 나뉘고 정토는 어찌 사상(四相)으로 구분되겠으며, 단지 일생보처(一生補處)가 많다고 말할 뿐이고, 어찌 모두가 일생보처라고 말하지 않았겠는가.

제267조

문: 또 같은 경에서 : 아난이 극락세계의 장엄을 본 후에, 부처님께서 아난에게 묻기를 …… 저 나라 사람들은 태생인 자가 있는데, 너는 다시 볼 수 있느냐?고 하셨고, 대답하여 이르길: 이미 보았습니다라고 하였습니다. 극락세계 태생인 사람은 연화화생자(蓮花化生者)가 아니라고 말할 수 있습니까? 아니라면 즉 사바의 태생인 중생들과 어떤 다름이 있는 것입니까? (胡正臨)

답: 저 국토는 이미 여인의 모습이 없는데, 어찌 배태(胚胎)가 있겠는가. 이것은 그 둔근(鈍根)의 무지(無智)가 태에 든 것처럼 사리에 어두운 것을 말한 것에 불과하다.

제268조

문: 임종의 염불이 만약 정심(定心)을 할 수 없는 때에는, 왕생은 희망이 없다고 말할 수 있습니까? (胡正臨)

답: 임종의 찰나가 가장 절박한데, 경전에서 이르길 : 마음이 거꾸로 뒤바뀌지 않고(心不顚倒), 곧 왕생할 수 있다고 하였다 ; 정심(定心)을 할 수는 없어도 단지 정념(正念)을 잃지 않을 수 있다면 역시 왕생

의 희망이 있다.

제269조

문: (행주좌와에 하는) 산심염불(散心念佛)이 일단락될 때 똑같이 회향문(回向文)을 읽어야 합니까? (胡正臨)

답: 오히려 회향은 좋은 것으로 그 원력이 때때로 강화될 수 있다.

제270조

문: 인광노사의 가언록(嘉言錄) 중의 가르침을 삼가 읽어보면 :「청년들은 마땅히 먼저 착실하게 염불공부하고, 그 업이 소멸하고 지혜가 밝으며, 장애가 다하고 복이 높아질 때를 기다려, 다시 발휘하여, 스스로 부처님의 뜻을 천명할 수 있으니, 우주에 선전 ……」이라는 내용이 있습니다. 숙업이 깊고 중하고 세속에 얽매임으로써 청년들이 염불할 때 망념이 일어날 때와 잠잠할 때에, 망상을 항복받는 것, 이와 같은 것은 어떻게 가능하겠습니까? (傅愚之)

답: 이것은 시간의 길고 짧음의 문제로 공부가 때에 이르면, 망념은 저절로 소멸한다. 오직 마음·입·귀 삼륜(三輪)이 순차적으로 돌아가는 방법을 사용하여, 때에 따라 염하고, 중단하지 않고 게으르지 않으면, 물이 흘러 자연히 개천을 이루는 듯이 효과를 저절로 얻게 된다.

제271조

문: 몇 달 전에 꿈속에서 노닐다가, 오십 정도 되는 부인을 만났습니다. 곧 절을 하고 내가 섰을 때 두통으로, 빙빙 돌아 쓰러질 것 같아서, 마(魔)라는 것을 알고, 염불을 여러 번 하였더니, 그 마가 서 있다가 땅에 넘어져, 땅 위에서 빙글빙글 돌았습니다. 또 마의 자손 4, 5인이 동시에 역시 넘어져 엎치락뒤치락하다가, 저의 염불 소리가 그치자, 저 마 등이 일어나고 저도 역시 깨었습니다. 어떻게 가르침을 청해야 할지 모르겠습니다! (林成)

답: 중생은 육도(六道)를 윤회함에 있어, 많은 악업을 지어 육도 안에는 많은 원수가 있다. 마음이 삿되면 악업이 견인하는데, 즉 그것을 느끼고 부른다. 마음이 바른 때에 광명이 활짝 드러나면, 즉 그것을 쫓아 멀리 벗어날 수 있다. 염불할 때의 마음이 곧 부처인데(念佛時心卽是佛), 원수와 마가 어찌 가까이 올 수 있겠는가.

제272조

문: 정토에 태어난 자는 신통과 지혜가 통달하여, 만약 피차 서로 전에 지은 악업을 볼 수 있다면, 어찌 부끄럽지 않겠습니까? (楊德榮)

답: 신통과 지혜에 통달하였다는 것은 즉 정식(情識)이 이미 공(空)한 것이다. 또 묻겠는데 「부끄럽지 않다」는 것은 어디서 일어난 것인가?

제273조

문: 삼매라는 것은 정(定)입니다. 이 해석에 의하면 선정과 염불을 막론하고 그 삼매는 하나입니다. 단 선을 수행하는 것은 성덕에서 하는 것이고(禪修在性), 염불은 상에 집착하는 것인데(念佛著相), 그 삼매가 경계의 이동을 드러냅니까? 염불삼매는 모름지기 「색(色)」「무색(無色)」계를 지나야 합니까? 아니면 바로 서천(西天)의 정토를 드러냅니까? (羅德彰)

답: 만약 상(相)에 대한 집착을 말한다면, 염불은 이와 같고(念如是), 참선 역시 이와 같다(參亦如是) : 만약 성덕(性)에 있음을 말한다면, 참선은 이와 같고(參如是), 염불 역시 이와 같다(念亦如是). 삼매는 깊고 얕음이 있어 이것이 다른 점인데, 깊고 얕음은 공부(功夫)에 있는 것이고, 선(禪)과 정(淨)을 논하지 않는다. 염불은 횡으로 초월하는 법문(橫超法門)으로 천계(天界)를 거칠 필요가 없다.

제274조

문: 미타경에서는 육방불이 나와서 중생에게 믿음이 생기도록 증명합니다. 출현하셨을 때 육방, 아니면 현재 사바세계의 허공에서 광장설

상(廣長舌相)을 내신 것을 증명할 수 있습니까? (郭金針)

답: 경(經) 중에서 확실하게 이미 분명히 말씀하셨는데, '각자 그 국토에서' 운운이다. 그 국토는 곧 제불의 각 개별 국토를 가리키는데, 이것은 비록 사바는 아니지만, 역시 통달한 자와 부처님이 가피한 자는 모두 보고 들을 수 있다 ; 예를 들면 관경(觀經)에서 위제희가 극락을 본 것으로 미루어 알 수 있다.

제275조

문: 서방극락세계는 모든 무리의 새가 설법을 하는데, 사람들이 듣고 모두 염불(念佛)·염법(念法)·염승(念僧)의 마음을 생기게 합니다. 단지 서방에 왕생하여 연화화생인데 다시 삼보(三寶)의 이름을 염하는 것이 필요합니까? (洪環)

답: 이것은 모든 미혹을 아직 끊지 못한 대업왕생한 자를 말하는 것이다. 이러한 사람은 미혹을 가지고서 곧 망념을 일으키므로, 반드시 항상 법을 들어야, 바야흐로 마음과 삼보가 계합(契合)할 수 있어, 더러움을 떠나 진여를 드러낸다. 만약 더러움을 떠나지 않으면, 어찌 일생보처의 과위를 증득할 수 있겠는가?

제276조

문: 정토종을 배우는 사람은 아침저녁 두 공과(早晩二課)에 응당 어떤 경을 염송(誦)해야 합니까? 혹은 오직 염불하는 것이 좋습니까? 그런데 너무 간단하게 여겨집니다. (王阿金)

답: 정업공과(淨業功課)를 함에 있어 아미타경, 왕생주, 육자홍명, 이것은 그 법 중의 하나이다. 만약 번거로운 것도 괜찮다면, 대중연사(台中蓮社)에서 정한 과송본(課誦本)에 따라 하는 것이 가능하다. 다시 간단한 것이 싫으면 통상의 아침저녁 두 공과(朝暮二課)에 의거하여 하는 것이 가능하다. 말은 비록 이와 같은데, 기실은 정(精)은 전일(專一)함에 있고, 많이 하는 것은 귀하게 여기지 않는다.

제277조

문: 육도중생이 살면서 지은 업은, 이미 지옥에서 확실하게 갚아서, 비로소 왕생할 수 있는 것입니까. 대업왕생의 사정이 있는 것입니까? (胡正臨)

답: 대업왕생은 곧 정업(淨業)을 수지(修持)하는 자가 얻는 성취를 전적으로 수사(專辭)하는 것으로 역시 서방에 왕생을 발원한 자가 독자적으로 얻은 결과이다. 결코 수행하지 않고 스스로 이를 수 있는 것이 아니다! 이것을 알면 육도중생이 올라가고 떨어지는 여하와 일단의 업이 깨끗이 갚아졌는지 여부를 불문하고, 모두 왕생의 일과는 털끝만큼도 관계가 없다.

제278조

문: 〈수간(樹刊)〉 25, 26기 합간본 내에, 융희대덕(融熙大德)이 찬술한 〈정토요의(淨土要義)〉에서 서방정토를 제외하고 오히려 도솔정토, 유리정토, 향적, 묘희세계 등 정토를 간략하게 이르고 있습니다. 대덕께 청하여 묻사온데, 기왕 이와 같이 많은 정토가 있는데, 그것은 서방정토와 어떻게 다른 것입니까? 우리들은 무엇 때문에 염불하여 오직 서방만 구하는 것입니까. 기타 정토에 왕생을 구하지 않는 것은, 난행도인 기타 정토에 쉽게 갈 수 없기 때문입니까? (胡正臨)

답: 정토가 어찌 융희대사가 거론한 수에서 그치겠는가? 극락정토는 곧 법장보살이 210억의 정묘(淨妙)한 불토의 정화(精華)를 섭취하여 이루어진 것으로, 그 왕생은 물은 바와 같이 진실로 난이(難易)가 있다. 미타께서 이미 48원을 발하여 구품에 접인하시는데, 이것은 자력에 타력을 겸한 것으로 어떤 이가 길 가는 것을 인도하는 것같이, 앞길(前途)에 쉽게 도달할 수 있다.

제279조

문: 정토법문이 비록 수승하다고 말하나, 그러나 모름지기 임종시에 정념(正念)을 잃지 않고 일심칭명(一心稱名)하여야 비로소 감응도교하여

부처님의 접인을 받을 수 있습니다. 그러나 만약 수지(修持)하는 자가 전선(前線)에서 적의 포탄을 맞아 죽거나, 후방에서 폭탄으로 폭사하거나, 기타 또 하늘의 재앙 등을 만나거나, 이러한 정황에 처하면 생명과 호흡이 바로 끝나는데, 만덕홍명을 염하지 못하면 왕생에 방애가 있습니까? (胡正臨)

답: 염려하는 세 가지 문제는, 곧 진실한 믿음(真信) 간절한 발원(切願) 실다운 수행(實修)이 없는 사람을 위한 말이다. 이러한 사람들은 설사 〔질문자가 거론한〕 위 세 가지 문제가 없더라도 그 마음이 원래 도(道)에 있지 않아 역시 왕생의 희망이 없다. 진(陣)의 앞에서는 승부를 결정하고, 후방에서는 공습을 방어하고, 천재(天災)로 위험에 처하는데, 모두 생명과 호흡 사이로, 더욱이 염불하지 않는다면, 그것은 평소에 방일하였음을 가히 알 수 있다. 만약 질문한 바가 갑자기 방비하지 못하는 것에 관한 것이라면, 이 세 가지를 세심하게 생각해 본다면 모두 갑자기 닥치는 것이 아니어서, 산이 붕괴하여 묻히거나 발을 헛디뎌 물에 빠지는 것과는 완전히 다르다.

제280조

문: 염불인이 임종에 만약 악념을 일으키면 곧 삼악도에 떨어집니다. 만약 염불을 잊거나 혹 조념(助念)하는 사람이 없으면 곧 왕생할 수 없습니다. 이와 같으면 평시에 염불하지 않는 자와 어떤 분별이 있습니까? 임종에 악념을 일으키면 삼악도에 떨어지는 원인이 되는데, 즉 평시에 악념을 일으키는 것은 바로 모두 삼악도에 떨어지는 원인입니까? 만약 악념을 끊지 않으면 바로 장차 무한하게 삼악도에 떨어집니까? (胡正臨)

답: 일념이 십법계이고, 일념이 한 알의 종자이다. 염불인이 임종시에 만약 악념을 일으키면 확실하게 모름지기 타락하지만, 오직 평시의 염불종자가 결코 소멸되지 않아 뒤에 연분을 만나면 현행을 일으켜 비록 서방에 왕생할 수 없더라도 확실하게 다시 선도(善道)에 올라가도록 이끌 수 있다. 염불하지 않은 자는 즉 이러한 이익이 없다. 만

약 악념이 계속 이어져 끊어지지 않는 자는 자연히 나고 죽을 때마다 계속하여 타락하게 된다.

제281조

문: 마음속에 느릿느릿 〔아미타불〕 사자(四字) 명호를 묵념하여, 마음속에 바로 청초하게 들을 수 있습니다. 더하여 빨리 다시 염을 하는데, 오직 처음과 끝의 「아(阿)」와 「불(佛)」 양자를 미세하게 들을 수 있고, 「타(陀)」자의 음은 가장 분명하며, 「미(彌)」자의 음은 가장 미세합니다. 만약 다시 속도를 내어 염하면 즉 「아(阿)」 「타(陀)」 양자를 들음으로서, 「미(彌)」 「불(佛)」 양자가 극히 작게 들립니다. 이와 같이 속도를 내는 염법(念法)은 정당한 것인지 가르침을 청하옵니다. (蔣俊義)

답: 사자(四字)와 육자(六字)를 불문하고, 항상 글자마다 귀로 들어가도록 하여 마음에 새기면 묘(妙)를 이룬다.

제282조

문: 불성(佛性)은 광대하여 포함하지 않은 것이 없고, 그것은 법상(法相)을 드러나게 하는 바로, 마땅히 인도(人道)에 한정되지 않습니다. 사람들이 염불왕생 후에 보게 되는 법상(法象)은 연(緣)을 따라 변화를 나타내는 것입니다. 만약 그렇다면, 상(相)이 있는 것을 볼 수 있다는 것인데, 아직도 구경(究竟)이 아닌 것인지요. 구경에 이른 후의 경계는 당연히 상(相)이라 말할 수 없는 것으로, 하나의 상이 없는 영명묘체(靈明妙體)를 이루어, 스스로 역시 동방 서방의 구별을 말할 수 없습니다. 이러한 종류의 사유(思維)는 합리적인 것입니까? (周家麟)

답: 정토는 네 가지가 있는데 가장 수승한 것은 상적광토이다. 부처님의 몸은 세 가지가 있는데 가장 수승한 것은 무상(無相)의 법성(法性)이다. 적광(寂光)과 법성(法性)은 곧 거사가 사유를 운운한 것과 같다.

제283조

문: 염불은 공경의 일심을 요구하는데, 스스로 모름지기 글자마다 착실하고 청초해야 합니다. 그렇다면 그 속도는 마땅히 과하게 빠르면 안 될 것 같습니다. 그러나 〔이는〕 염불은 횟수가 많으면 많을수록 좋다는 요구와 충돌하는 것 같습니다. 어떤 것이 더 좋은 것인지, 해설하여 주시길 간절하게 바라옵니다! (周家麟)

답: 글자마다 청초한 것은 무념법(無念法) 요건의 하나이다 ; 정일하고 부지런하게 염을 많이 하는 것은 역시 염법(念法)의 요건의 하나이다. 만약 청초하면서 더욱 부지런히 하고 많이 염하면서 청초하면, 이미 최고의 선(善)이고 또 최고의 미(美)이다.

제284조

문: 세존께서는 72세에 이르러 곧 '법화경은 진실법(眞實法)이고, 이전에 설하신 것은 모두 권설(權說)이다'라고 설하셨습니다. 그러나 정토법문은 팔만사천법문 중의 특별법문인데, 일념불법계(一念佛法界)의 대승법(大乘法) 역시 권설이라 이를 수 있는지요? (顧鳳英)

답: 이 국토에서의 수행은 일념불법계(一念佛法界)로 인지(因地)가 진실하면 왕생 후 일생보처의 과지(果地)도 진실한데, 이 법문을 어찌 권(權)이라 이를 수 있겠는가! 오직 권(權)과 실(實)이 비록 두 가지 명칭이 있지만, 반드시 두 가지로 나누려고 한다면 역시 불가능한 점이 있다. 큰 바다에 비유하면, 물이 곧 파도이고 파도가 곧 물이다. 세존께서 〔법화경을 설하시기〕 40년 전에 설하신 것은 모두 실(實)을 드러내어 세운 것으로, 결코 겨우 권(權)에만 미치는 것은 아니다.

제285조

문: 아미타불께서 성불 이래 지금까지 10겁이 되었습니다. 성불하여 10겁 중에 사바세계의 고뇌하는 중생을 제도하였습니까? 설사 10겁에 제도하였다면, 기간은 이와 같이 긴데, 무엇 때문에 중생이 오히려

많은 것인지 심히 명백하지 않습니다. (余萍)

답: 허공은 무진하고 세계도 무진하고 중생도 무진하다. 이 제 중생의 오르내림과 오고감은 결코 이 세계중생이 오직 이 세계에 태어나고, 다른 세계의 중생은 겨우 다른 세계의 한정되는 것은 아니다! 비유 하면 선착장의 연극은 매일 매일 공연하고 매일 매일 보는 사람이 있다. 이렇게 보는 자는 모두 동서남북의 사람으로 가고 오는데 끊임이 없다. 사바세계 역시 선착장의 극장일 뿐으로 그러므로 사람이 적지 않은 것이다.

제286조

문: 어떤 사람이 아미타경 한 구에 대하여 묻기를 : 「이곳으로부터 서쪽으로 십만억 불국토를 지나면 극락이라 이름하는 세계가 있다」가 있고, 회향문의 한 구는 : 「팔을 굽혔다 폈다 하는 사이에 연못에 이른다」가 있다고 하였습니다. 어떻게 이렇게 빨리 갈 수 있는지 청해 묻습니다. (余萍)

답: 서방에 태어나는 것은 곧 마음이 가는 것이고, 임시로 이루어진 (假合) 몸이 가는 것이 아니다. 진허공 변법계가 모두 심량(心量) 속에 있는데, 생각을 일으키는 것이 곧 이것이다. 팔을 굽혔다 폈다 하는 사이는 오히려 지체되는 말이다.

제287조

문: 아미타경 한 구는 : 「아미타불은 성불 이래 지금까지 10겁이다」라고 하였습니다. 사바세계에 한 분의 존귀한 부처님이 출현하시는 것은 삼대아승지겁이 걸립니다. 석가모니불 이전의 부처님께서도 정토 법문을 돌아갈 곳(指歸)로 설하셨습니까? 그때 이후의 중생은 서방에 태어났습니까? (寬湛)

답: 경전의 기록을 보지 못하였으니, 망령되이 답을 할 필요가 없을 것 같으나, 단지 질문자를 만족시키기 위하여, 오직 이치에 근거하여 추측을 할 뿐이다. 미타 성불 전에는 극락(蓮邦)이 없었다. 사바세계

의 고불(古佛)은 자연히 서방왕생의 이치를 권하지 않았다. 미타께서 성불하여 극락을 완성한 후에 사바세계 석가불 이전의 부처님께서는 당연히 역시 극락을 닦는 것을 권하셨다. 미타경에서 이른 「이미 발원하였거나」「만약 이미 태어났다」는 것은 석가 이전 대의 수행중생을 가리키는 말씀이고, 다시 부처님과 부처님의 도는 같기 때문에 (佛佛道同), 석존이 이와 같이 말을 하신 것은 앞의 부처님께서도 역시 반드시 이와 같이 말씀하신 것이다.

제288조

문: 서방에 왕생한 이후에 다시 미타의 설법을 들을 수 있으며, 현재와 비슷한지 모르겠습니다. (蕭慧心)

답: 부처님과 부처님의 도는 같아(佛佛道同), 결코 둘이 아니다. 왕생하지 못하면 즉 범부로서 왕생한 성중(侶聖)의 경계와 같지 않은데, 법을 듣는 것, 깨달아 들어가는 것은 자연히 이것과 차이가 있다.

제289조

문: 일반적으로 불교를 믿지 않는 사람은 항상 염불은 형식이고, 왕생은 가설(假設)이라고 말합니다. 만약 이러한 말을 듣는다면 어떻게 해답을 해야 합니까? (蕭慧心)

답: 염불하는 사람은 형식으로 하는 자가 있고, 형식으로 하지 않는 자가 있어, 이것을 일률적으로 말살할 수는 없다. 만약 왕생이 가설이라 말한다면, 모름지기 이 말을 한 사람이 어떤 사람인가 알아내야 한다. 만약 천신(天神)종교를 믿는 자라면, 그에게 천신도 역시 가설이냐고 반문할 수 있다. 종교를 믿지 않고 선조(祖先)가 있다고 믿는 집에는 선조도 역시 가설이냐고 물을 수 있다. 두 가지를 모두 믿지 않은 사람은, 단멸공(斷滅空)의 사견(邪見)으로, 부처님도 오히려 구제하기 어려운데, 하물며 구구한 말을 하겠는가?

제290조

문: 정토법문은 사후에 육도(六道)를 벗어나는 것이 가능한데, 그러면 서방세계에 가서 수행하면 곧 성불할 수 있습니까? (無名)

답: 사실은 이와 같다. 왕생하여 저곳에 이르면, 수행하지 않은 자가 있지 아니하고, 또 일생보처를 이루는 시간은 가장 짧다. 이 세상의 많은 악연이 그 수행을 가로막고, 수행 역시 모름지기 아승지겁의 장구한 세월이어야 하는 것과는 다르다.

제291조

문: 아미타불께서 발하신 원이 동방세계 중생과 연분(緣)이 있다는 증명이 있습니까? (無名)

답: 미타와 연이 있음은 실제로 동방에 한정되지 않는다. 그 원이 무엇인지는 무량수경에 상세하게 기재되어 있다.

제292조

문: 〈정토생무생론(淨土生無生論)〉 책, 제1절 진법계문(眞法界門) 속에 「일진법성(一眞法性) 중에, 십법계를 구족하고, 의보(依)와 정보(正)가 본래 융통하니, 중생과 부처는 차이가 없다」는 내용이 있습니다. 이 한 마디는 심히 이해가 되지 않는데, 분명하게 보여주시길 간절히 원하옵니다! (林國棟)

답: 이 네 구를 만약 상세하게 해석한다면, 장황하게 되는데, 본란에서 다루는 바가 아니니 여기서 겨우 그 대략을 말한다. 진여본성(眞如本性)이라 이르는 것 중에는, 자연히 사성육범((四聖六凡)의 십계(十界)를 구족하여, 이 중에 태어난 몸인 정보와 땅이나 물건인 의보는 모두 일념(一念)을 따라 나타나 전전한다. 그러나 이 진여는 중생과 부처가 본래 함께 갖추어 평등하고, 지금은 비록 미혹과 깨달음의 구별이 있지만 본래 원칙적으로 둘이 없다.

제293조

문: 극락세계는 통일된 언어가 있습니까? 만약 없다면, 그 속에 태어나

면 어떻게 연락을 합니까? 또 아미타불의 설법은 어떠한 종류의 언어를 사용합니까? 우리들이 사용하는 이곳 말로 경건하고 정성스럽게 염불(念佛), 염경(念經), 기도하는 것은 어떠합니까? (童心)

답: 극락에 한번 태어나면, 자연히 신통과 무애변재(無礙辯才)를 구족한다. 그 무애변재는 네 가지가 있는데, 모든 방언들을 통달하는 것이 그 중 하나이다. 비단 이것뿐 아니라, 새소리와 나무소리도 오히려 그 뜻을 통달할 수 있는데, 하물며 사람의 말이겠는가. 부처님의 언어는 더욱 기특(奇特)하여, 오직 한 음성으로 설법을 해도 중생은 부류에 따라 각자 그 이해를 얻을 수 있다. 본 질문의 앞부분을 이해하면, 즉 중생이 어떤 언어를 사용하든지 염불(念佛)과 송경(誦經)은 부처님께서 모두 다 들으시며, 마음이 간절하면 감응하지 않음이 없다는 것을 알게 된다.

제294조

문: 정토종을 수행하는 사람은 타종에서 불상(佛像)에 봉사(奉祀)하는 것과 서로 같습니까? (魏伯勳)

답: 각 종파는 많은 본존(本尊)이 있는데, 필수적으로 의지하고 받들어야 하는 분들로, 예를 들면 정종(淨宗)에서 서방삼성(西方三聖)을 공(供)하는 것, 화엄(華嚴)에서 화엄삼성(華嚴三聖)을 공봉(供奉)하는 것, 홍밀(紅密)[117]에서 연화생[118]조사를 공봉하는 것, 황밀(黃密)[119]에서 종가파[120] 조사 등을 공봉하는 것은 다르다. 그러나 석가세존을 공봉(供奉)하는 것은 다름이 없다.

제295조

문: 가정의 염불당에 갖가지 신상(神像)을 거는 것은 적당한 것입니까? 정토수행을 하는 것과 관계가 있습니까? (魏伯勳)

---

117) 밀교의 영마파(寧瑪巴)파
118) 파드마삼바바
119) 밀교의 황모파(黃帽派)
120) 황모파의 창시자

답: 부처님은 존귀하고 신은 낮기 때문에 같이 열거할 수 없다. 또 삼보(三寶)에 귀의하는 자는 오직 불상에 공봉(供奉)하는 것만 허용되니, 그 전일(專一)함은 명백하다 ; 그렇지 않으면 마음속에 새겨진 여러 신이 있어, 자연히 공덕을 닦는데 영향을 준다. 만약 기타 신상(神像)이 있으면, 기타 신묘(神廟)에 공송(恭送)할 수 있는데, 불법은 평등하다. 비록 공봉(供奉)을 하지 않을지라도 결코 경멸은 아니며, 이따금 마주치면 마땅히 공경해야 한다. 예를 들면 집안의 부모는 의당 효로써 봉양해야 하며, 만약 외부의 손님이 오면, 역시 마땅히 그에 대하여 더욱 예의를 갖추어야 한다.

제296조

문: 염불과 지주(持呪)[121]는 반드시 큰 감응이 있고 업장을 소멸한다고 들었습니다. 그러나 과거의 업을 소멸하는지 혹은 현세의 업을 소멸하는지 모르겠습니다. (鍾林招)

답: 과거와 현재를 불문하고 일률적으로 모두 소멸한다. 비유하자면 한 겨울의 두꺼운 얼음은 마땅히 하루에 만들어진 것이 아니다 ; 그러나 춘풍이 한번 불면 곧 녹아버린다. 녹는 것에 대하여 묻는다면, 새로 만들어진 것인가. 아니면 예전에 만들어진 것인가? 녹을 때는 얕은 것에서 깊은 것으로 점차적인 모습을 따르는 것에 불과하다.

제297조

문: 학불(學佛)을 하기 전에는 업이 비록 있기는 하였지만 많지 않았는데, 학불 후에는 현재 업장이 더욱 많고, 증가하되 감소하지 않습니다. 어떤 연고인지 모르겠습니다. 호사다마(好事多魔), 촌도척마(寸道尺魔)라 했는데, 이것이 그 원인입니까? 아니면 여러 생(世)의 응보의 업을 이 생(世)에 저로 하여금 갚아 없애고, 비로소 서방에 태어날 수 있도록 하는 것입니까? (鍾林招)

답: 최후에 제기한 의문이 그 [연고]이다.

---

121) 주문(呪文)을 염송(念誦)하고 지니는 것. 주문 = 진언 = 다라니

제298조

문: 어떠한 업장에도 불구하고, 아침저녁 양 과(課)를 단연코 계속하여, 평시에 과송(課誦)을 하는 것을 중단하지 않지만, 업장이 얽어매어서 몸과 마음이 고요(靜)할 수 없습니다. 비록 염불 중에 그 생각(念頭)이 늘 물러간다면, 이것은 효과가 있는 것입니까? (鍾林招)

답: 백반(白礬)을 탁한 물에 던지면 물이 맑아지는데, 이것은 사람들이 모두 아는 것이다. 그러나 십곡(十斛)[122]의 물은 백반 한 줌을 던져도 스스로 맑아질 수 없는데 힘이 미약하기 때문이다. 만약 계속해서 백반을 더 넣어 상당한 양에 이르면, 물은 반드시 맑아진다. 마지막 한 줌의 백반의 효력은 처음 한 줌의 백반과 계속 넣은 한 줌의 백반의 효력에서 나온다는 것을 알아야 한다.

제299조

문: 서방의 연못(蓮池), 연태(蓮台), 연화화신(蓮花化身), 혹은 갖가지 부처님, 보살은 모두 연꽃을 밟습니다. 결국 연꽃은 어떤 묘한 점이 있습니까? 불문(佛門)과 어떤 관계가 있습니까? (李俊)

답: 불법은 권(權)이 있고 실(實)이 있다. 혹은 실을 위해 권을 베풀고, 혹은 권을 열어 실을 드러내며, 혹은 권을 폐지하여 실을 세우는데, 반드시 권실(權實)을 함께 제시하여야 바야흐로 중도원융(中道圓融)이다. 연(蓮)은 마음속의 특별한 품류로 일생 동안 꽃과 열매가 동시에 달려, 권과 실이 서로 즉(即)하여, 중도(中道)의 편중되지 않은 상(相)으로, 서방정토의 절실원융(切實圓融)을 드러내 보인다. 이것이 제일의(第一義)이다. 사바는 예(穢)를 이루고, 서방은 정(淨)을 이루는데, 연화는 청련(清漣)을 표출하여 한 티끌에도 물들지 않아 서방이 정(淨)하고 탁(濁)하지 않음을 드러내 보이는데, 이것이 제이의(第二義)이다. 연(蓮)은 비록 청정하나 실제로는 진흙으로부터 나와 보리가 번뇌로부터 변화한 것임을 드러내 보이는데, 불법은 세간을 떠나지 않는 깨달음으로, 이것이 제3의(第三義)이다. 연(蓮)은 비록 우뚝

---

122) 곡(斛)은 부피의 단위이다.

높이 솟은 깨끗한 식물이지만, 여전히 진흙 모래를 떠나지 않아, 서방이 확실하게 청정에 속하는 것을 드러내 보이는데, 항상 더러운 중생(穢衆)을 버리지 않으므로, 〔깨달은 후에〕 원(願)을 타고 다시 〔중생제도를 위해 사바세계에〕 오는 광대한 서원을 가지는데, 이것이 제4의(第四義)이다.

제300조

문: 믿음(信)·발원(願)·염불(行) 세 가지 자량(三資糧)을 구족하여도, 임종시의 일찰나 간의 염두(念頭)가 요긴합니다. 예를 들면 물이나 불의 재액 혹은 교통사고로 죽는 것 같이 염불에 대한 예비가 가능하지 않은 이러한 참사에서도 왕생할 수 있습니까? (李俊)

답: 염이 숙성될 때, 자연히 입으로 나온다. 세상 사람들이 고통을 겪는 것을 보면, 번번이 하늘을 부르고 어머니를 부르지만, 그러나 숙성되도록 익힌 불호는 어떤가? 설사 입으로 염을 할 수 없어도, 마음속에 분명하면, 이것은 입으로 하는 염송(口誦)에 비하여 더욱 힘이 있다.

제301조

문: 우리들이 왕생하여 서방극락세계에 도달할 때 보이는 부처님과 보살님 그리고 일체 부처님께서 말씀하신 보물장구(寶貝)는, 우리들 사바세계의 물건처럼 보고 쓰다듬고 접촉할 수 있습니까? 아니면 영화처럼 보기는 하되 만질 것이 없습니까? (陳萬漳)

답: 보는 것이 역시 있으면 만질 것이 역시 있다. 경에서 말씀하시길 보배연못에서 목욕하고, 옷과 입으로 부처님께 공양하는데, 만약 손으로 만질 것이 없다면 어떻게 목욕을 하고 어떻게 공양할 수 있겠는가.

제302조

문: 항상 노사께서 말씀하시는, '구품왕생의 하품하생은 연태(蓮胎)에서

매우 오래 있어야 하고, 반드시 꽃이 피어야 부처님을 뵙는다'라고 하시는 것을 듣습니다. 그러나 피지 않을 때에도 자유롭게 행동할 수 있는 것입니까? (慧香)

답: 꽃 하나의 크기는 수십 리에서 수십만 리로 어찌 행동을 구속할 수 있겠는가. 그러나 장엄을 보지 못하고, 법음(法音)을 듣지 못하고, 침울함을 면하지 못한다. 단 이것은 십악을 지은 무리가 우연히 선지식을 만나 임종시에 염불하여 왕생한 것이다. 우리들은 오역을 짓지 않았고 또 종일 수지(修持)하니, 만약 왕생을 한다면 반드시 하품이 아니다.

제303조

문: 평시에 관세음보살을 신앙하여 오로지 보살의 성호만 염한다면, 임종시에 관세음보살께서 오셔서 접인하여 왕생할 수 있습니까? (寬萍)

답: 미타를 염하여 왕생하는 것은 미타의 본원에 의한 것이다. 즉 접인하여 왕생하는 것으로 그렇기 때문에 역시 회향할 필요가 없는데, 법이 전일하기 때문이다. 관세음의 지혜는 많은 방편이 있어 두루 고난을 구제하시는데, 반드시 접인하여 왕생하게 하는 것은 아니다. 설사 중생이 관음을 염하여 오롯이 왕생을 구하여도 역시 화신(化身)을 따라 그 소원을 만족할 수 있다. 그러나 정토삼경은 미타를 염하는 것을 가르치시니 그것을 의지하여 봉행하는 것만 못한데, 이것이 성언량에 합치하는 것이다.

제304조

문: 경에서 말씀하시길 :「이곳으로부터 서쪽으로 십만억 불국토를 지나, 어떤 세계가 있어 극락이라 이름한다」라고 하였습니다. 이 극락세계는 우주 사이의 하나의 별(星球)입니까? 만약 어떤 하나의 행성이어서 십만억 불국토를 지나가야 하기 때문에 우리 세계에서 이렇게 멀리 떨어져 있다면, 현대 천문학자들의 말에 의하면 :「광속으로 매초 당 3억 미터를 날아간다」고 하는데, 별빛이 우리들의 세계

에 도달하려면 몇십 혹은 몇억 광년이 지나야 합니다. 그럼 우리들이 만약 극락세계에 태어난다면, 우리들의 정식(情識)이 저 광속도보다 빠른 것입니까? 만약 우주 사이의 하나의 별이 아니라면, 어떻게 그 세계가 있음을 실제로 증명할 수 있겠습니까? (白永居)

답: 극락에 왕생하는 것은 곧 마음이 가는 것으로, 우리들의 심량(心量)은 넓어 끝이 있지 아니하고 허공과 같아, 경(經) 중에서 비록 극락과 사바가 십만억 불토만큼 떨어져 있다고 이르셨더라도 실제로는 즉 심량 속에서 도맡아 한다. 이것은 마음이 한번 움직이는 일에 불과하고 결코 손가락 튕기는 시간도 낭비하지 않는다. 여기서 하나의 비유를 들면, 이가 나의 오른손에서 왼손으로 옮겨 가려고 한다면, 상당한 시간이 걸리지만, 나의 양손이 모두 나의 몸에 있기에 만약 오른손을 왼손에 합치면 〔이가 옮겨가는 것이〕 어찌 순식간에 이루어지지 않겠는가?

제305조

문: 현재 석가모니불은 어느 세계에 계십니까? 우리 이 사바세계에서와 같이, 부처님의 자비원력은 모두 평등한데, 우리들은 어찌하여 정토 왕생을 구해야 합니까? 이 세계가 더럽고 악하다고 말한다면, 삼악도를 제외하고 시방의 제불국토 혹은 제천(諸天)은 모두 청정하고 쾌락한데, 어찌하여 유독 우리들 세계만 더럽고 악한 것입니까? (白永居)

답: 이것은 모름지기 단락을 나누어 풀어야 한다. 첫째, 부처님은 확실하게 자비가 평등하신데, 땅은 오히려 깨끗함(淨)과 더러움(穢)의 구별이 있어, 깨끗한 것은 즐거움이고, 더러운 것은 고통이니 이고득락(離苦得樂)하기 위해 그러므로 서방에 왕생을 구한다. 둘째, 부처에게는 세 가지 몸이 있는데, 법신은 허공에 두루 가득하나 범부의 눈으로 알 수 있는 바가 아니고, 응신은 연분을 따라 나타나는데, 세존의 멸도(滅度)시부터 이 세상은 부처가 없다고 이를 수 있다. 셋째, 원력은 부처님과 부처님이 같지 않은데, 예를 들면 석가모니불

의 원력은 오롯이 사바의 고통세계 중생을 제도하는 것으로, 마치 지장보살이 오롯이 지옥을 향하여 중생을 구제하는 것과 같다. 넷째, 제천(諸天)은 결코 구경의 쾌락이 아니고, 욕계천은 오쇠(五衰)가 있고, 색계천은 삼대재(三大災)가 있으며, 무색계천은 생사윤회가 있는데, 어떻게 청정이라 할 수 있는가. 다섯째, 중생이 거주하는 땅의 깨끗함과 더러움은 숙업(宿業)이 감응하여 생겨난 것이다.

제306조

문: 염불 후에 반드시 회향문을 읽어야 합니까? 제가 임종시에 팔고(八苦)가 번갈아 지지고, 사대(四大)가 분산되고 신식(神識)이 혼침하여 염할 수 없을지 두려운데, 어떻게 해야 할지 모르겠습니다. (李永茂)

답: 회향문은 곧 평소에 발하는 일종의 원력으로 임종시에는 스스로 읽을 필요가 없다. 그때는 오직 깨끗한 염불이 계속 이어지기만 하면 (淨念相繼) 믿음·발원·염불 세 가지가 곧 구족된다.

제307조

문: 하품의 왕생은 연꽃이 피기 전에 연꽃 속에 싸여 있는데 이것은 곧 궁하게 움츠려 있는 것이고 자유스럽지 못한 것이 아닙니까? (李永茂)

답: 역시 육도를 돌고 돌아 고통을 받은 것이 멈추지 않는 것과 비교한다면, 자유롭게 노니는 것임을 확실하게 알 수 있다.

제308조

문: 권교(權教)와 실교(實教)의 의사(意思)는 어떤 것입니까? 미타경은 권교입니까? 아니면 실교입니까? (李永茂)

답: 실(實)은 진실불허이고, 권(權)은 선교방편이다. 미타경은 사람들에게 염불왕생, 만인이 수행하여 만인이 가는 것, 극락이 확실하게 있음, 미타께서 현재 계심, 마음으로 부처를 구하는 것, 부처를 마음에 새기는 것, 마음과 부처가 하나임, 사와 이가 매우 분명함을 가르치는

데, 곧 진실하고 또 진실한 가르침이다.

제309조

문: 돌아가신 부모님께서 생전에 장기간 채식 염불을 하면서, 관음을 공봉(敬奉)하시다가, 74세에 돌아가셨는데, 서방에 왕생할 수 있겠는지요. 천도(超度)하고자 하면 마땅히 어떤 방법이 좋겠습니까? (譚成章)

답: 반드시 정토법문을 이해하고, 그 원인(因)을 닦아 그 후에 그 과(果)를 얻는다. 만약 채식하면서 염불을 할 수 있기는 하나, 전적으로 복보를 구하는 자는 겨우 인천(人天)의 과(果)를 얻을 수 있으며, 이른바 이와 같은 인(因)으로 이와 같은 과(果)이다. 거사가 만약 돌아가신 분을 제도(超薦)하고자 한다면, 오로지 정법을 전수(專修淨法)하여야 한다. 만약 아버님과 어머님의 과(果)가 인천에 있다면 마땅히 그것에 의지하여 극락에 왕생하고, 만약 이미 극락에 태어났다면 역시 그것에 의지하여 연품(蓮品)이 더욱 높아질 수 있다.

제310조

문: 매 과송마다 염불 600번, 관음성호 200번, 대세지보살 200번, 청정해중보살 3번, 대비주 7편, 왕생주 7편을 합니다. 노사님께 적당한지를 여쭈옵니다. (寬珠)

답: 이것은 역시 불가하다고 말할 수 없으나, 오히려 염불 수를 증가시키는 것이 더욱 좋다. 만약 시간이 없을 것 같으면 보살을 염하는 시간을 감하여 염불로 고치는 것도 괜찮다.

제311조

문: 멸법(滅法)의 때에 모든 경상(經相)이 계속 멸진하는데, 단지 여섯 자 나무아미타불이 허공에 나타나 중생이 만약 기꺼이 염하면 곧 왕생할 수 있으니,[123] 실로 매우 편리합니다. 그때도 사람이고 현재도 역시 사람으로 부처님께서는 곧 대자대비로 중생을 구도(救度)하시는

---

123) 이는 《대아미타경》의 말씀이다(염불왕생, 2024, 바른북스, 142쪽 참조).

데, 어찌하여 지금 바로 허공에 사람들이 염념(念念)하여 서방에 왕생하도록 하지 않는 것입니까? 어찌하여 유독 멸법시대의 중생을 우대하는 것입니까? (慧香)

답: 나무아미타불 여섯 자는 현재 각 절에서 써서 벽에 걸어 놔 남녀노소 거의 모든 사람이 알고 있는데, 허공에 나타난 것과 같지 않은가. 영명(永明)조사께서 일찍이 만인이 닦아 만인이 간다고 이르셨는데, 부처님께서 어찌 일찍이 현재 사람들을 박대하였다는 것인가. 또 매우 많은 경전이 이 이치를 해석하여, 나의 바른 믿음(正信)을 증가시키는데, 나는 여전히 현재가 장래에 비하여 편리하다고 본다. 오직 일반 중생들이 기꺼이 염하지 않을 뿐이다.

제312조

문: 매우 많은 정진(精進)과 전수(專修)를 하는 정업행자(淨業行者)가 있는데, 임종에 왕생을 얻지 못하는 것은 아래에 열거한 정형(情形)이 아닙니까 : 첫째, 정해진 업을 옮기기 어려움 ; 둘째 계를 지킴에 신중하지 못하여 우연히 훼범(毀犯)하고도 스스로 알지 못하고, 또 일깨워 주는 사람이 없어, 참회를 할 수 없음 ; 셋째, 모화(募化), 판촉(推銷), 증여(贈送)의 일에 신중하지 못하여, 여러 악인(惡因)의 지장을 받음 ; 넷째, 임종시에 악인(惡因)이 장애를 반연함. 해답을 간절하게 구하옵니다! 만약 누락이 있으면 또한 보충을 구하옵니다. (邵育荃)

답: 이 질문은 비록 네 구이나, 귀납하여 두 가지로 구분할 수 있는데, 하나는 정해진 업을 옮기기 어려움이고, 하나는 계행에 부족함이 있어 장애를 생기게 함이다. 모름지기 이 두 가지는 본래 해가 됨을 알아야 하는데, 그 주요원인은 오직 「정수(正)와 조수(助)」 두 가지 공부에 모두 정진(精進)하지 못하기 때문이다. 만약 능히 모든 악을 짓지 않고, 뭇 선을 봉행하고, 삼가 계율을 지킨다면, 오히려 어떤 악연이 생길 수 있겠는가. 만약 능히 행주좌와에 한 마디 만덕홍명을 염념하여 끊이지 않으면, 오히려 어떤 정해진 업이 있어 변화시

킬 수 없겠는가. 만약 이와 같이 할 수 있다면, 자기 수행으로 힘이 생기는데, 하물며 또 타력인 미타의 대원이 있고, 육방 불타의 호념이 있지 않은가. 그 왕생하지 못한 자는 믿음·발원·염불이 모두 불충분하다고 예상할 따름이다!

제313조

문: 정토를 닦는 것은 가로로 네 가지 국토(四土)를 초월할 수 있는 것으로, 이렇게 하면 쉽습니다. 그러나 염불일법(念佛一法)은 망념(妄念)이 없는 때는 진전이 있는 것 같으나, 망념이 있는 때에는 퇴전하는 것 같은데, 어떤 가장 좋은 방법이 있겠습니까? (周慧德)

답: 정념(淨念)을 계속할 수 있으면 망념이 저절로 없다. 이것은 반드시 상당한 공부가 있어야 비로소 도달할 수 있다. 이후에는 망(妄)과 불망(不妄)에 대하여 묻는 것은 불필요하며, 단지 일을 하지 않을 때나 마음을 쓰지 않는 일을 할 때에, 여섯 자 만덕홍명을 내려놓지 않게 하는 것이 곧 정진이고 불퇴이다.

제314조

문: 염불법문 중의 반주삼매(般舟三昧)는 이른바 「기한을 정하여 증득을 얻는다」는 자가 있습니다. 이것은 상(相)에 집착하는 것을 혐오하는 것이 아니지만, 알묘조장(揠苗助長: 곡식의 싹이 자라지 않는 것을 걱정하여 싹을 뽑아 올리는 어리석음)의 위험이 있는 것 아닙니까? (歐陽曼)

답: 이것은 석존의 철저한 비심(悲心)이고, 부사의하며 가장 미묘한 법문으로, 일대장경(一大藏經) 곳곳에서 이것을 홍양(弘)하지 않음이 없다. 이 법은 팔면이 영롱하고, 지극히 원만하며 지극한 돈초(至圓至頓)로, 실제로 범부가 망령되이 추측할 수 있는 것이 아니다. 만약 상에 집착하는 것이라면 어찌 원(圓)이고, 알묘조장이라면 어찌 돈(頓: 단박에 성취됨)이겠는가?

[夏蓮居老居士]

老實念佛
진실한 염불

염불의 요지는 오직 일념의
참되고 성실함(眞誠)에 있다.
다만 중단하지 않고
분별하지 않을 뿐이다.
미래를 기다리지도 말고
과거에 머물지도 말며,
오로지 눈앞의 한 마디
글자마다(아-미-타-불)
분명해야 한다.
24시 일용 중에 잊지 말고
본래 자기를 불러깨우라.
한 소리 불호佛號 안에
귀한 자구字句가 분명하도록.
- 하련거 거사

제315조

문: 아미타불은 부처님 중의 왕(佛中之王)이고, 역시 주문 중의 왕(咒中之王)이신데, 이 말씀은 어느 경에서 나온 것입니까? (賴棟梁)

답: 미타의 몸은 법계장(法界藏)으로, 광명·수명·자비·지혜가 모두 끝이 없고, 광대한 원 48가지는 중생을 제도하여 남김이 없으며, 공덕은 제불을 초월하므로, 원왕(願王)이라 칭해 이른다 ; 아미타는 번역하지 않은 비밀한 주(祕咒)로, 오직 하나의 아(阿)자는 곧 일체 발음의 어머니로, 팔만사천 다라니가 나오고, 삼장십이수다라(三藏十二修多羅)가 설해지므로, 역시 왕이라 이른다. 경전을 고집할 필요가 없다.

제316조

문: 甲과 乙 두 사람이 함께 정토를 수행하여, 甲이 발원하기를 :「저는 임종시에 반드시 상품을 구하오며, 만약 동대(銅台)가 맞으러 오면, 왕생하지 않기를 서원하오며, 다시 사바에 태어나기를 원하옵니다」, 그 이유는 이 땅에서 1일을 수행하는 것이 극락에서 1년을 수행하는 것보다 뛰어나기 때문입니다. 乙이 발원하여 이르길 :「저는 품위(品位)의 고저를 구하지 않고, 눈앞에 만약 왕생할 수 있으면 곧 먼저 왕생합니다」, 그 이유는 보살은 오히려 음양지미(陰陽之迷)가 있어, 먼저 생사를 마치는 것이 곧 만온지계(萬穩之計)이기 때문입니다. 이 두 원(願)은 어느 것이 가장 취할 만한 것인지 청하여 묻습니다. (樓永譽)

답: 乙이 가장 효과적인 법이 될 수 있는데, 甲은 거창한 말을 좋아하지만, 오히려 정토의 뜻에는 어둡다. 단 甲의 착각은 다시 사바에 와서, 금대(金台)를 얻기를 기다린다는 것인데, 〔이는〕한번 서방에 태어나면, 불퇴전을 얻고 일생보처라는 것을 모르는 것으로, 또 어찌 금대를 염려할 것인가? 만약 회옥대사(懷玉大師)〔의 일화〕[124]를 구실로 삼는다면, 대사가 금대를 취하길 희망한 것은, 오히려 '당생(當生)

---

124) 왕생집, 2012, 호미, 90~91쪽 참조

에서'였다는 것을 모르는 것이다.

제317조

문: 정업을 닦는 사람이 염불삼매를 성취하고, 왕생의 품위를 높이기 위하여 수명을 연장하고자, 매일 정과(定課) 중에서 관세음보살 및 소재연수약사불 성호(聖號)를 염하는 것을 추가하여, 조용히 가피를 구하면, 원(願)과 같이 할 수 있는지요. 이러한 종류의 희구는 역시 불법에 부합하는지요. (鍾鈞梁)

답: 오직 마땅히 정진하여, 그 일심을 구하면 태어나는 것은 곧 상품이다. 거사가 하려고 하는 바는, 비단 「신견(身見)」에 떨어지는 것일 뿐만 아니라, 「수자상(壽者相)」에 집착하는 것으로, 실제로 역시 두 가지 세 가지의 마음이다.

제318조

문: 정업(淨業)을 닦는 사람이 이생에 양친에게 보은하지 못하였음을 심히 부끄러워하여, 매일 정과(定課) 중에 지장왕보살의 성호를 염하는 것을 추가하여, 조용히 양친의 초승(超升)[125]에 대한 가피를 구한다면 합당합니까? 만약 회향시에 이미 「원하옵건데 과거와 현재의 모든 부모 …… 함께 여래의 자비력에 의지하여, 접인되어 안락국(安樂國)에 왕생할지어다」의 회향문을 칭념하였다면, 역시 이럴 필요가 있습니까? (鍾鈞梁)

답: 정업(淨業)은 원래 오롯이 자기만을 위하는 것이 아니니, 회향은 반드시 널리 해야 한다 ; 부모의 은혜는 하늘처럼 끝이 없고 넓으니, 어찌 보답을 다할 도리가 있겠는가. 회향하여 초승하도록 하는 일은 스스로 마땅히 할 일이다! 단 질문의 칠언문(七言文)은 매우 주도면밀하다. 꼭 지장보살을 구해야 할 것 같으면 마땅히 과를 마친 후에 따로 별도의 원을 발해야 한다.

---

125) 불교에서 사람의 사후에 속세를 벗어나, 극락세상으로 천도하는 것을 가리킨다, 《후한서 · 위표전》에서 나왔다. (출전: https://baike.baidu.com/item/超升/2095342, 2023. 4. 11.확인)

제319조

문: 경전의 게송 중에 「설사 백천겁이라도 지어 놓은 업은 없어지지 않으니, 인연을 만날 때 과보를 역시 스스로 받는다.」는 구가 있는데 (가지고 다니는 상자에 책이 없어서 착오가 있는지 모르겠습니다), 또 이르길 「염불 일성은 80억겁의 생사의 중죄를 소멸시킬 수 있다.」고 합니다. 두 설은 같지 않은데, 도대체 범부의 지위에서 업장 역시 소멸할 수 있습니까? (鍾鈞梁)

답: 앞의 게(偈)는 업인(業因)이 없어지지 않아, 연(緣)을 만나 그 보(報)를 받은 것으로, 스스로 방일하고 운에 맡기어, 그 과(果)를 먹는 것이다. 뒷문장의 염불일구가 다겁의 죄를 소멸시킴은 바로 그 흐름을 반전시켜 이숙(異熟)126)을 변화시킬 수 있는 것이다. 뒤 문장의 뜻은 각자 관건(關鍵)을 가지고 있어, 결코 서로 어긋나지 않는다. 범부가 학불을 하면 곧 성인을 향하는 것인데, 오히려 업장을 소멸시킬 수 없다면, 역시 어찌 성인의 계위(聖階)로 나아갈 수 있다는 말인가?

제320조

문: 매일 염불에 상응하는 회향을 제외하고, 나머지 관세음보살과 지장보살 수백 번을 염(念)하고, 또 금강경과 〔관세음보살〕보문품 각 1편을 송(誦)하고 있습니다. 역시 상응하는 회향을 해야 합니까? (桂引杴)

답: 계(戒), 해(解), 행(行), 향(向)의 네 가지 뜻은 학인이 마땅히 갖추어야 할 조건으로, 작은 선이라도 또한 보리에 회향하고, 과(課) 외의 성호(聖號)와 경품(經品)도 여전히 회향함으로써 원융(圓融)을 이룬다.

---

126) 이숙(異熟: 다르게 익음)은 선인락과(善因樂果) 악인고과(惡因苦果)의 불교의 인과사상 또는 교의를 말한다. 다르게 익는다는 것은 선(善)이 쌓여서 그 결과 무기의 낙(樂)으로 성숙(成熟) 또는 변환되고, 불선 즉 악(惡)이 쌓여서 그 결과 무기의 고(苦)로 성숙 또는 변환되는 것을 말한다. 〔출전: https://ko.wikipedia.org/wiki/이숙_(불교), 2023. 4. 12.확인〕

제321조

문: 우리들은 하루에 불호를 몇천만 편을 칭념합니다. 그 속에서 1년에 한 번 천공(天公)이나 신(神)의 생일에 절하지 않으면, 공경하지 못함에 대하여 미안해해야 하지 않겠습니까? (隱名)

답: 불호를 칭념하는 것은 오롯이 스스로 그 마음을 깨끗하게 하여, 부처님과 감응도교하고, 임종시에 왕생에 대비하는 것으로, 불퇴전의 일생보처가 되어 바로 불과를 증득하기 위한 것이다. 천공, 신, 귀신의 생일은 본래 그 신자가 예를 차리러 가니, 불교도들이 끼어들 필요는 없는 것 같다. 만약 마음속에 미안함이 있어도 역시 절대 살생하여 제사를 지내지 말고, 마땅히 채식으로 공양하고, 묵묵히 염불하여, 그들의 왕생극락을 축원하는 것이 즉 불가(佛家)의 평등과 자비의 뜻에 합치한다.

제322조

문: 서천(西天)의 길로 떠나는 사람은 학불(學佛)하지 않는 사람들이 볼 수 있는 〔왕생의〕 증거를 가지고 있습니까? (隱名)

답: 임종시에 종종 서상(瑞相)이 있고, 왕생전(往生傳)에서 많이 고증할 수 있는데, 오히려 어떤 의심이 있단 말인가?

제323조

문: 서방 공중에 항상 하늘음악이 연주되고, 아울러 밤낮 여섯 때(晝夜六時)에 하늘의 만다라화 꽃비가 내립니다. 이 세계의 하늘은 하늘음악이 연주되지 않고, 하늘 꽃이 내리지 않습니다. 그럼 이 세계의 하늘은 서방극락세계의 하늘과 다른 것입니까? (慧香)

답: 저 국토의 땅과 물은 지극히 장엄하여, 이미 이 세계와 다르며, 공중의 장엄 역시 스스로 이 세계와 다르다. 거사는 천체가 두루 덮고 있는 것을 오해하지 말아야 한다. 다른 모양이 없는 것 같으나, 실제로는 즉 각 땅이 모두 다른데, 어찌 극락에만 그치겠는가. 예를 들면 지구의 각 하늘은 갑(甲)처는 비가 내리고, 을(乙)처는 눈이 날

리고, 병(丙)처는 즉 밝고 밝은 맑은 날이고, 정(丁)처는 시커멓고 시커먼 광풍이 분다. 일주일시(一洲一時)가 오히려 차이가 있는데 또 어찌하여 저 하늘이 이 하늘과 같지 않은 것을 의심하는가?

제324조

문: 아미타경에서 이르길 : 만약 1일 2일, 내지 7일 동안, 일심불란(一心不亂)하면 곧 왕생을 얻는다고 하였습니다. 일심(一心)을 할 수 없는 사람이 왕생할 수 있습니까? (寬湛)

답: 일심을 할 수 없는 자는 임종에 마땅히 다른 사람의 조념(助念)의 힘을 빌려야 한다. 만약 조념하는 사람이 없다면, 마음을 거두어 염불로 세상의 감정에 계념(繫念)하지 않을 수 있는 자는 역시 왕생할 수 있다.

제325조

문: 아미타경 일구는 :「그 중에 많은 일생보처(一生補處)가 있다」고 하였습니다. 노사께서는 이것이 보불위(補佛位)라 설하셨습니다. 서방 또는 타방의 불위(佛位)에 보(補)하는 것인지 모르겠습니다. (寬珠)

답: 허공은 무진하고 세계도 무진하니, 곳에 따라 보(補)함이 가능하고 극락에 한정되지 않는다.

제326조

문: 미타경 일구는 중생으로 왕생한 자는 모두 「아비발치(阿鞞跋致)」라 하는데, 심히 이해하지 못하겠습니다. (陳雲)

답: 아비발치는 범어인데, 중국어로 번역하여 말하자면 : 불퇴전(不退轉)이다. 이 세계 사람은 근기가 이미 열악하고, 환경이 역시 나쁘며, 수행의 진보와 퇴전이 일정하지 않으므로 성취가 적다. 설사 적게나마 성취한 자가 있더라도, 순역경(順逆境)을 만나면, 그 마음이 동요되고, 또 그 과(果)를 잃는다. 남에게 수행을 권하는 자도 다른 사람의 비웃음을 받거나 곤란을 당하면 역시 그 행에서 물러난다. 극락

에 태어나면 즉 진보는 있고 퇴전은 없어 성취하지 않는 자가 없다.

제327조

문: 염불하고 회향하지 않으면 죄업소멸이 가능합니까? (李永茂)

답: 역시 죄를 없앨 수 있는데, 단 회향하여 법에 합치하는 것에는 미치지 못할 따름이다.

제328조

문: 소리 내어 염불하면 즉 사람과 귀신을 제도하고, 억묵념(憶默念)하면 즉 자신의 신식을 제도한다고 들었는데 확실합니까? 관세음보살의 성스러운 명호와 부처님 명호를 염하는 것은 동등한 효과가 있습니까? (潘思旭)

답: 자기를 제도하고 다른 이를 제도하는 것이나, 혹은 자기와 다른 이를 모두 제도하는 것은 전적으로 개인의 원력에서 비롯되며, 고성(高聲)과 묵지(默持)와는 관련이 없다. 염불과 염관음의 이동에 대하여는 개괄적으로 동등하다고 할 수 있으나, 왕생을 구하는 자는 마땅히 염불을 바름으로 삼고 경전의 가르침에 따라 봉행해야 한다.

제329조

문: 아미타경의 육방불 중 하방세계는 바로 사바세계의 땅 아래입니까? (德碧)

답: 비록 이 세계의 아래에 있으나, 오히려 허공 중이고, 아울러 땅의 아래층에 있는 것이 아니다. 허공의 각 별(星)을 관찰하면 가히 그 이치를 알 수 있는데, 별은 공중에 있고 상하좌우에 중중무진하다. 별(星球)은 곧 세계이고, 방향은 곧 한 별의 본래 위치(本位)에 의한 것이니, 가정(假定)의 명사일 따름이다.

제330조

문: 또 사람들이 말하는 것을 들으면 정토를 닦는 것은 갖가지 선근(善

根)에 불과한데, 이 말이 맞습니까? (史春)

답: 이 말을 극히 맞는 말로 나무는 뿌리 없이 자랄 수 없는데, 어찌하여 꽃이 피고 과실을 맺는 것을 바랄 수 있는가. 염불은 인근(因根)이고 왕생은 과실(果實)이다. 경에서 이르길 「적은 『선근』과 복덕의 인연으로는 저 국토에 태어날 수 없다」고 하였다. 오로지 어떤 사람의 이 말의 결점은 ; 「불과하다(不過是)」이 세 자에 있다. 그 선의 악의는 모두 상관하지 않는다 ; 「법에 의지하고 사람에 의지하지 않는다」의 교훈을 마땅히 모범으로 삼아 받들어야 할 따름이다!

제331조

문: 어떤 사람이 정토법문은 하근기(下根器)와 노인을 제도하는 것이라 말합니다. 만약 학문이 있는 사람은 더 경전을 연구하고 싶지 않겠습니까? (史春)

답: 이 말은 맞는데, 고덕께서 이르시길 : 정법(正法)시기에는 계율로 성취하고, 상법(像法)시기에는 선(禪)으로 성취하고, 말법(末法)시기에는 염불로 성취한다고 하셨다. 지금은 말법시기가 아닌가. 이 시기의 중생은 다수가 하근기가 아닌가. 정(淨)을 닦는 것이 바로 근기에 계합하는 것이다. 관경은 위제희를 위해 설한 것이 아닌가. 위제희는 곧 노파였다. 그러나 의심하고 있는 것은 학식이 있는 자는 더 경전을 연구해야 하는가이다. 설마 정토를 닦는 자는 모두 경전 연구가 허용되지 않는단 말인가. 문수, 보현, 마명, 용수, 제대보살은 아주 뚜렷하게, 모두 정토를 닦았는데, 저분들이 모두 경전을 몰랐다는 것인가. 유유민(劉遺民), 백거이(白居易), 소동파(蘇東坡), 문언박(文彥博) 등은 모두 한 시대의 위대한 유학자로 모두 정토를 닦았는데, 설마 모두 문맹이란 말인가. 아니면 대학문을 가진 사람은 단지 삼장(三藏)을 깊이 연구하고 붓을 날리고 문장을 입 밖에 내기만 하고, 예를 들어 수지(修持)를 배척해야 하는가. 내가 이해하지 못한 것인가.

제332조

문: 정업(淨業)을 닦는 사람은 임종시에 정념(正念)이 현전하면 곧 서방에 왕생할 수 있습니다 ; 갑작스런 화(禍)나 급박한 병에 심신(心神)이 산란해지는 것은 어떻습니까? (阿雲)

답: 임종시에 정념(正念)이 분명함은 오롯이 평소에 수지(修持)를 얻을 수 있느냐에 달려 있다. 과연 얻었다면 비록 갑작스런 화를 만나거나 급박한 병을 얻어도 심신은 역시 산란하지 않다. 그러나 만일을 방비하기 위하여 그래서 조념단(助念團)의 조직이 있는 것이다.

제333조

문: 어떤 사람이 저에게 육조단경의 한 구를 묻기를 : 동방인은 염불하여 서방에 왕생을 구하는데, 서방인은 염불하여 어디에 왕생함을 구합니까 라고 하였습니다. (金針)

답: 이것은 조사께서 선(禪)을 선양하여 집착을 파괴하는 말씀이다. 오히려 교상(敎相)을 원만하게 이해하지 못한 자들은 입에 넣기는 하나 먹어 소화시키지 못할 염려가 있다. 내가 일전어(一轉語)를 하는 것이 필요한데, 곧 말하자면 :「꽃이 피어 부처님을 뵙고, 무생법인을 깨닫는데, 아직 태어날 어떤 곳을 구하는가!」이다. 이 일착(一著)이 이해되지 않을 것 같으면, 다시 한 구「화신이 만억으로 모래알 같은 세계에 두루 하며, 널리 중생을 제도한다!」가 있다.

제334조

문: 어떤 사람이 관세음보살 두정상(頭頂上)의 일존 화불(一尊化佛)과 대세지보살의 두(頭)상에 있는 보병(寶甁)이 어떤 의미냐고 묻습니다. (寬喜)

답: 관음 정상(頂上)의 입불(立佛)은 자비를 상징하는데, 세지 정상의 보병은 치성한 모든 광명으로 지혜를 표시한다. 두 성인께서 미타를 협보(脅輔)하는 것은 곧 지혜와 자비를 함께 운용한다는 뜻으로 널리 군중(群衆)을 제도할 목적이다.

제335조

문: 정토법문은 바로 부처님께서 팔만사천 법문 외의 특별법문을 설하신 것으로, 세 가지 근기를 두루 가피하고 뛰어난 근기와 어리석은 근기를 모두 거두는데, 당생에 성취하는 …… 세존의 성불은 삼대 아승지겁이고, 아미타불의 성불도 역시 삼대 아승지겁입니다. 그럼 세존과 아미타불이 수행할 그때에는 수행할 만한 정토법문이 없었습니까? (杜粉)

답: 제불은 모두 정토가 있는데, 단 법장 비구가 성불하기 이전에 극락 정토가 없었을 따름이다.

제336조

문: 정토법문은 이미 수승한데, 세존께서 보은하심에 있어 어찌하여 부모님께 이 법을 함께 닦도록 권하지 않으셨습니까? (三木)

답: 부처님의 모친은 마야부인이신데 이미 일찍이 도리천에 태어났고, 부처님의 양육은 이모의 큰 사랑으로 된 것으로, 이미 출가 비구니가 되어 무생법인의 과를 증득하였으니, 자연 별도로 논해야 한다. 부처님께서는 부처님의 부친 정반왕(淨飯王)과 육만의 석가종족에게 고르게 정토에 왕생하기를 권하셨다. 이것은 《대보적경(大寶積經)》에 기재되어 있으니 찾아서 읽을 수 있다. 오직 부처님께서 세상에 계실 때에는 근기를 자세히 살피고 하는 설법(鑑機說法)으로 모두 해탈을 얻었다. 바로 오롯이 정토를 설하는 것이 불필요하였다. 그때 중생은 근기가 뛰어났고 또 부처님의 가르침을 친히 받았다.

제337조

문: 서방극락세계의 연못은 매우 많은데, 또 크기는 10유순 또는 20, 30유순에서 100유순 또는 1,000유순에 이른다고 운운합니다 ; 그러나 연꽃도 100유순 또는 1,000유순이 있습니다. 이 두 가지는 크기로 인하여 연꽃은 볼 수 있지만, 못은 못 볼 것 같습니다. (善德)

답: 서방의 연꽃은 비록 얼마의 유순이라 말하더라도, 크기는 뜻에 따라 나오는 것으로 못도 역시 이와 같다. 연꽃이 연못에 가득 찬 것을 보고자 하거나 드물거나 빽빽하거나, 뜻에 따라 즉 바뀌는 것이니 진흙을 건널 필요가 없다.

제338조

문: 염불일법은 죄업을 소멸시킬 수 있고, 병고의 장애를 소멸시킬 수 있고, 왕생하게 할 수 있는데, 무엇 때문에 여전히 밀주(密咒)의 소재(消災) 등 주법(咒法)을 가르칩니까? (湯善福)

답: 사람의 근기(根器)가 같지 않아 각자 기뻐하는 바가 있다. 그러므로 중생에 수순하여, 법에는 여러 가지 문이 있다. 그러나 여섯 자 만덕홍명은 곧 비밀(祕密)에 속한다. 고덕께서 이르길 : 오직 하나의 아(阿)자는 곧 팔만사천 다라니의 어머니이다. 지명(持名)〔염불〕하는 자는 실제로는 역시 현(顯)이고 밀(密)이라고 하였다.

제339조

문: 경에서 이르길, 시심시불(是心是佛)이고 시심작불(是心作佛)이라고 하였습니다. 어찌 다시 염불하여 부처를 구하는 것입니까? 어찌 다시 중생을 제도합니까? (吳福麗)

답: 이 마음이 곧 부처라는 것은 곧 「본각(本覺)」을 말한다. 이것은 이 성품이 본래 청정하지만, 한 생각(一念)으로 인하여 무명(無明)이 있게 되어 즉 중생으로 변하니, 이것이 「불각(不覺)」임을 말하는 것이다. 불각은 즉 부처가 아닌데, 「염불」이 각념(覺念)을 일으키니, 이것을 또 「시각(始覺)」이라 말한다. 즉 미혹으로부터 다시 각(覺)으로 전환하는 것을 개시(開始)하는 것이다. 공부가 일보(一步) 깊어지면, 각(覺)이 즉 일분(一分) 드러나는데, 이것을 「수분각(隨分覺)」이라 이름한다. 이와 같이 하여 **만연(萬緣)이 모두 공(空)함에 도달하면, 한 티끌도 물들지 않고, 염이무념(念而無念)이고, 무념이념(無念而念)이며, 성동원경(性同圓鏡)이고, 광명철조(光明徹照)로, 이것이 「구경각**

(究竟覺)」이다. 깨달음이 구경각에 이르면, 곧 이것이 부처이다. 각(覺)과 불각(不覺)은 모두 마음에서 나온다. 그러므로 시심작불(是心作佛)이라 말한다. 오직 불각으로부터 다시 바꾸어 각(覺)을 이루는 것인데, 어찌 우연이 있겠는가. 즉 염불의 힘에 의지하는 것이다. 자성중생(自性衆生)을 마땅히 이와 같이 제도하며, 다시 본래의 동체대비(同體大悲)의 마음으로, 무변중생 역시 응당 이와 같이 제도한다.

제340조

문: 재물을 탐하고 명예를 탐하는 사람은 임종시에 서방에 왕생할 수 없습니까? (黃母)

답: 임종에 왕생하는 것은 일체를 놓아버려야(放下一切) 정념(正念)이 분명하다. 재물과 명예를 탐하는 자가 만약 임종시에 선지식을 만나 임종자에게 조념(助念)을 해주거나 가르쳐서, 만약 정념(正念)을 일으켜 계속하여 잃지 않으면, 마땅히 왕생할 수 있다. 그렇지 않으면 탐업(貪業)에 이끌려 아래로 떨어지는 것을 받아야 한다.

제341조

문: 미타경에서 이르길 :「아미타불께서 성불한 이래 지금까지 10겁이다」고 하였습니다. 사바세계의 10겁은 겨우 극락세계의 10일이라는 말을 들었는데, 만약 이처럼 계산한다면 극락세계는 현재까지 곧 10일 동안 있었다고 말할 수 있습니까? (陳招治)

답: 부득이 이와 같은 주장은 만불명경(萬佛名經) 내에서 이른 것을 살피지 않을 수 없다 ; 사바 1겁은 극락의 1일이다. 역시 두 국토의 시간의 길이를 비교한 것에 불과하다. 미타경 중의 두 구는 실제로 겨우 사바만을 말하여, 법장보살이 이 세계에서 성불한 것이 오래되었다는 것을 표명한 것으로, 이에 구애되어 극락을 계산할 필요가 없을 것 같다. 대본경(大本經)[127]에 실려 있는 것에 따르면, 극락은 해 달 별이 빛나는 모습이 없어 역시 겁수의 이름이 없다. 이에 근

---

127) 무량수경

- 163 -

거하면, 즉 극락의 시간은 실제 계산을 할 수가 없다.

제342조
문: 염불인은 삼정육을 먹는데, 만약 살계를 범하면 서방에 왕생할 수 있습니까? (簡實夫)

문: 일부러 그런 것이 아닌 자라면 가볍지만 일부러 범한 자는 무겁다. 가벼운 자는 혹 해를 입지 않지만, 무거운 자는 반드시 장애가 생긴다. 만약 지성으로 참회하고, 스승에게 다시 〔계를〕 받을 수 있다면, 곧 이것이 보충하고 구제하는 법이다. 범한 자라도 마땅히 스스로 포기해서는 안 된다.

제343조
문: 집안사람이 현재 도살업으로 생활합니다. 지금 비록 이미 염불하기는 하나, 단지 또 업을 바꿀 수 없는데, 임종시에 이르러 왕생이 가능합니까? 가족에게 영향이 있습니까? (邱福來)

답: 염불하는 사람은 결코 다시 살생을 짓는 직업을 하지 않는데, 임시적인 신명(身命)[128]으로 인하여, 영구적인 혜명(慧命)을 해치게 이끌 수 없다. 만약 가족 중에 이러한 직업을 영위하는 자가 있으면, 마땅히 고치도록 권해야 한다. 일시에 바꿀 수 없으면, 또 모름지기 천천히 방법을 마련하여, 직업을 바꾸도록 하는 것이 옳다. 아직 직업을 바꾸기 전이면, 염불참회를 대신해 줄 수 있다. 만약 자기가 갖가지 살생을 짓지 않으면 왕생에 장애가 없으니, 공업공수(共業共受)이고, 각업각수(各業各受)이다.

제344조
문: 「선화와 정화(禪話與淨話)」를 읽은 후에 문득 크게 깨달아, 결정코 정토를 닦고, 겸하여 불가의 선(禪)을 배웁니다. 오직 후학은 전에 일찍이 ××도에 나아가 중대한 서원을 세웠습니다 :「…… 도를 배

---

128) 직업으로 생계를 유지하는 육신의 생명

반하고 스승을 떠나면 다섯 번의 벼락이 몸을 쪼개……」등입니다. 여기서 만약 석가의 가르침에 귀의한다면, 즉 전에 제가 세운 서원 때문에 보복을 받겠습니까? (樓永譽)

답: 외도(外道)가 서원을 하게 하는 것은 모두 어리석은 중생들을 속이는 것으로, 이왕 그것이 옳지 않음을 알았으면, 스스로 마땅히 사(邪)를 바꿔 정(正)으로 돌아와야 한다. 전에 세운 서원은 곧 삿된 서원이고, 지금 돌아오는 길이니 곧 바른 길이다. 마(魔)를 버리고 부처를 향하며, 사(邪)를 고쳐 정(正)으로 돌아감에, 악보(惡報)를 받은 자가 있다는 것을 아직 듣지 못했다. 그 삿된 서원을 믿고 감히 고치지 않으면, 불법 중에서는 「계취견(戒取見)129)」이라 이름하는데, 이것은 사견(邪見)의 일종이다. 부처님의 덕능을 믿고, 의연하게 귀의함에 있어, 전에 했던 서원이 만약 영험하다면, 부처님께서 대신 그것을 받을 것이다.

제345조

문: 우주는 크니, 저는 지구를 제외하고 기타 별(星球)에는 반드시 비슷한 동물이 있으므로, 서방극락세계도 반드시 기타의 것이 있음을 믿습니다. 제가 처음 서방에 태어날 때 만약 선공(禪功)이 없다면, 즉 반드시 정(淨)과 염(染)을 구비할 것이고, 혹은 비록 정(淨)이 많고 염(染)이 적더라도, 서방은 부유하기 때문에 극락이고, 또 남녀가 고르게 있어, 즉 배가 부르고 따뜻함으로 인하여, 잡염(雜染)의 종자가 계속 출현할 위험이 있지 않습니까? (樓永譽)

답: 서방에 태어나는 중생은 식전(識田)에 비록 오염을 가지고 있어도, 서방은 결코 남녀의 모습과 악연이 없어, 오염의 종자는 단지 소멸되고 절대 다시 현행을 일으키는 도리가 없다. 정토삼경을 읽어 스스로 명료하게 이해할 수 있기를 바란다.

---

129) 계금취견이라고도 하며, 인(因)이 아닌 것을 인(因)으로 잘못 생각하는 견해(염불왕생, 2024, 바른북스, 301쪽 참조)

제346조

문: 우리는 팔식전(八識田) 중에 이미 십법계의 종자를 갖추었습니다. 또 모두 숙성하여 외연(外緣)이 이끌기를 기다려 발현되는데, 결정코 현행을 일으킵니다. 만약 대선인(大善人)이 있어 종신토록 기독교를 신봉하고, 염념이 지옥에 들어가지 않고, 천당에 나아가는 것을 구하면, 그 사람은 식전(識田) 중에 이미 십악의 종자가 없는 까닭에, 장래에 임종시에 스스로 지옥이 현행함이 없습니다. 그러나 천당이 없고 상제(上帝)도 없으면, 아미타불께서 그를 불쌍히 여겨 서방에 인도하여 왕생하게 하는 것입니까? (樓永譽)

답: 콩 종자를 뿌렸는데 갑자기 오이가 생기는 것은 도리가 통하지 않는 것이다. 서방에 태어나는 조건은 모름지기 「믿음(信)·발원(願)·염불(行)」 세 가지 요소를 갖추어야 한다. 그 하나가 결여될 것 같으면 곧 감응하지 않는다. 부처님께서는 비록 자비로우시나, 그 사람은 발원이 없어 감응도교하지 않으니(道既不交), 어떻게 접인이 가능하겠는가.

제347조

문: 아미타불 미간은 항상 백호광(白毫光)을 놓는데, 석존과 일체제불은 역시 호광(毫光)을 놓습니까? 그 놓은 광명은 어떤 색입니까? (大寬)

답: 석존 미간의 호(毫)는 역시 백색이고, 각 경에 모두 설명이 있다 ; 지금 하나를 들면 법화경 서품 중에 기재된 것이다. 이미 미타와 석존은 모두 백호로 제불 미간의 호는 무릇 특별한 기재가 없다면, 모두 이 예에 의할 수 있다.

제348조

문: 「자운정토문(慈雲淨土文)」[130]에 「원하옵건대 청정한 광명으로 저를 비춰주시고」의 말씀이 있는데, 이 청정한 광명은 어떤 색입니까? 그

---

130) 각주 5) 참조. 송나라 자운참주께서 지으신 정토문(염불왕생, 2024, 바른북스, 327쪽 참조)

현상(景象)은 어떠합니까? 찬불게 중에 「광명중에 화불이 무수억이다」의 구절이 있는데, 이 광명은 「관경(觀經)」 제8관에서 설한 「그 광명은 금색이다」와 같습니까? (大寬)

답: 불신(佛身)의 광명은 하나가 아닌데, 미간의 호가 백광인지를 불문하고, 몸과 팔은 금광이고, 혹은 기타 광명이다. 오로지 부처님의 광명만을 곧 청정광이라 칭하는데, 하필이면 하나의 색에 반드시 구애받을 필요가 있겠는가.

제349조

문: 석존이 시현하신 형상은 예를 들면 「관경」에서 보이신 자금색(紫金色)입니까? 아니면 역시 염부단금색(閻浮檀金色)입니까? (大寬)

답: 중생의 감응한 바에 따라 나타나므로, 결코 일정하지 않다. 이상의 여러 질문은 실상 큰 종지(宏旨)와는 무관하니, 독경을 함에 있어 여기에 집착할 필요가 없을 것 같다.

제350조

문: 「관경(觀經)」 제7관의 연꽃의 태(台)는 「그 광명이 칠보로 합성된 덮개와 같다」의 마니주(摩尼珠) 광명의 태입니까? 아니면 이 보배꽃의 태를 받은 것입니까? 아니면 두 가지 모두 아니고 별도의 해석이 있습니까? (大寬)

답: 이 관(觀)은 우선 연꽃를 설하는데, 다음에 설하는 것은 연꽃 내의 태로, 순서가 분명하니, 서로 혼동할 수 없다. 그 꽃을 말할 때에 연꽃의 잎(즉 꽃잎) 사이를 말하는데, 마니주가 있어 천 가지 광명을 놓는다. 그 광명은 오히려 산개(傘蓋)와 같아, 다시 연화의 위를 덮는다. 꽃을 말하는 것은 여기까지고, 태를 말하는 것은 곧 아래 문장이다.

제351조

문: 「미타경」 내에 극락국토는 일곱 겹으로 된 난순(七重欄楯) …… 모

두 네 가지 보배로 둘러싸여 있습니다. 이 네 가지 보배는 아래 문장의 금·은·유리(琉璃)·파리(玻璃)입니까? 또 난순(欄楯)은 무엇입니까? (大寬)

답: 네 가지 보석은 곧 말한 바와 같고, 난순은 곧 난간이다. 가로로 된 것을 난(欄)이라 칭하고, 세로로 된 것을 순(楯)이라 이른다.

제352조

문: 극락세계에 태어난 사람은 이미 실상(實相)이지만, 필시 사대(四大)가 화합하는데, 어찌 공(空)이 아니고, 여전히 무량수를 누릴 수 있습니까? (施好學)

답: 질문한 다섯 구와 중간의 세 구는, 명구(名句)의 오해를 피하지 못한 곳이 있다. 질문한 바를 꼼꼼히 따져보면, 혹은 극락에 태어나는 것을 의심하거나, 여전히 사대(四大)가 거짓으로 화합한 몸인데, 어찌 무량한 수명을 누릴 수 있겠는가이다. 투생(投生)[131]하는 일을 살펴보면, 모두 신식(神識: 아뢰야식)과 관련이 있으며, 태란습화(胎卵濕化) 네 가지 종류가 있다. **극락에 태어난 자는 곧 신식이 가서 저 연(蓮)에 화생(化生)하는 것이다.** 저곳에 태어난 이후에 이 신식의 화신(化身)은 점점 미혹을 바꾸어 깨달음을 이루고, 대원경(大圓鏡)을 증득하는데 이르게 된다. 이 지혜가 바로 진여(真如)로 불생불멸이므로, 수명이 무량하다.

제353조

문: 극락세계에 태어나는 사람은 연꽃이 한번 피면 어른의 모습이 됩니까? 여전히 어린아이를 지나 차츰 성년이 될 수 있습니까? 또 극락세계에 태어나는 사람의 면모는 사람이 사는 세상과 서로 같습니까? (施好學)

답: 꽃이 피어 나타나는 것은 곧 32상이다. 광대한 금신(金身)으로, 결코 나이가 들면서 점점 성장하는 이 세계와 같지 않다. 역시 이 비

---

131) = 투태(投胎). 영혼이 모태에 들어가 다시 태어남을 의미한다.

열하고 추한 이 세계의 용태(態)와 같지 않다.

제354조

문: 일체법은 뭇 연(衆緣)이 화합하여 이루어진 것인데, 서방 극락국토의 장엄은 예외로 할 수 있습니까? 만약 예외로 하는 것이 불가능하다면, 일체법은 무상(無常)인데, 어찌 무량한 수의 여러 상선인(上善人)들이 왕생하여 갈 수 있습니까? (施好學)

답: 만법은 중생심에 의지하여 환(幻)이 일으킨 가상(假相)이고, 본래 자성(自性)이 없으므로 생멸이 무상한 것이다(生滅無常). 각심(覺心)은 곧 여래장(如來藏)이 증득한 진공(眞空)으로 여여부동(如如不動)하므로 항상 불변한다. 사바예토(娑婆穢土)는 곧 중생의 망심(妄心)이 환(幻)하여 생겨난 것으로 성주괴공(成住壞空)을 면할 수 없다. 극락정토는 곧 미타의 진심(眞心)·신통(神通)·광원(宏願)으로 이루어진 것이므로 겁수가 무량하다. 중생심을 연(緣)하면 생멸이 있고 나타나는 국토가 있으며 역시 생멸을 따른다. 미타심은 오로지 항상(恒常)하여, 이루어진 국토는 역시 항상을 따른다.

제355조

문: 소인은 매일 아미타경, 반야심경(心經), 대비주 각 1편, 왕생주 여러 편을 송(誦)하고, 염주를 가지고 천 번 염불합니다. 이렇게 줄곧 하면 서천(西天)에 왕생을 구할 수 있을까요? (桂引㫬)

답: 왕생주를 지송하는 것은 혹 3편, 7편, 21편 숫자를 정해 놓는 것은 좋다. 다른 과(課)에 합치하지 않음이 없다면, 이렇게 줄곧 염을 하여, 쉬지 않고 중단하지 않으면, 결정코 서방에 왕생한다.

제356조

문: 소인과 처는 모두 어려움 속에서 곧 매일 불호(佛號)를 기도로 염(禱念)하면서 간절하게 보우(保佑)를 구합니다. 불법의 두루 구제하는(普救) 취지에 어긋나는 것입니까? (桂引㫬)

답: 사람이 어려움 속에서, 〔극락왕생을 구하는〕 대신 기도하는 것은 결코 이치에 위배되지 않는다. 단 널리 대중에게 회향할 수 있으면 공덕의 이익이 크다. 등불 하나의 빛은 한 사람을 비추지만 백 사람을 비추어도 빛은 줄어듦이 없다. 그러나 이익을 받는 사람은 즉 광협(廣狹)의 구별이 있다.

제357조

문: 정토종 중에서는 (부처님의 힘에 의지하여) 업을 가지고 정토왕생이 역시 가능하다(亦可)고 들었습니다. 정토가 업을 가지는 곳이라면 정토는 부정(不淨)하고 유루(有漏)한 것인데, 언젠가는 역시 반드시 파괴될 것입니다. 그렇지 않습니까? (支世榮)

답: 대업왕생은 곧 정토종이 전유(專有)하는 법이다. 〔질문한 것과 같이〕 「역시 가능하다(亦可)」라고 말할 수 없다. 업(業)은 미혹을 일으키고 미혹을 조성한 과(果)이고, 다시 과보(報)를 받는 이숙(異熟)의 인(因)이다. 만약 업이 다하고 정이 공함(業盡情空)에 도달하면 곧 성불이다. 업(業)과 정(情)이 다하지 않으면 곧 범부이다. 다시 미혹을 일으키는 연유를 살피면, 주로 환경이 열악하여 그렇게 하도록 시키기 때문으로, 이른바 「마음은 본래 생겨남이 없으나, 경계로 인하여 있는 것이다(心本不生因境有)」인데, 서방의 장엄청정은 업을 조성하고 고통을 받을 기회가 없으며, 부처님을 뵙고 법을 들어, 깨달음을 열고(開悟) 미혹을 끊을(斷惑) 조연(助緣)이 있다. 혹업(惑業)은 병과 같고 서방은 의원과 같아, 입원하면 질병을 치료할 수 있고, 서방에 태어나면 혹업을 끊을 수 있다. 만약 더러움을 감추고 오염을 받아들이는 것을 도망갈 수 있는 수라고 생각한다면 큰 오산이다.

제358조

문: 석존께서 출세하여 중생을 제도하기 이전, 그때의 중생은 죽으면 왕생이 불가능하였습니까. (施湘痕)

답: 부처님 전후에 태어나는 것은 즉 난(難)을 만나는 것인데, 불법을

듣지 못하므로 해탈할 길이 없다. 오직 석존께서 이 사바세계에 오셔서 중생을 제도하신 것이, 이미 7, 8천 번이니, 만약 저번에 응화(應化)하셔서 정토법문을 설한 적이 있다면, 경교(經敎)가 아직 소멸하지 않을 때에는, 그때 중생은 마땅히 왕생할 수 있었을 것이다. 그렇지 않다면 법문도 오히려 일찍이 듣지 못하였는데, 어찌 왕생의 도리가 있었겠는가.

제359조

문: 〈대승기신론(大乘起信論)〉을 듣고서, 정토를 닦는 것이 온당하다는 것을 확실하게 알았습니다. 그러나 염불에서 가장 중요한 것이 마음과 부처가 합치하여 곧 생사를 마칠 수 있는 것입니다. 업장이 심히 중하여 망념(妄念)이 불념(佛念)보다 수승하면 어떤 방법이 있습니까? (周慧德)

답: 항상 몸은 모든 고통을 받고 있으며, 목숨은 호흡에 있다는 것을 관하면, 망념은 스스로 감소할 수 있다.

제360조

문: 인광노사의 문초(文鈔) 안에 하나의 단(段)이 있는데 : 「범성동거정토(同生淨土)에 이르러서는, 대원지경(大圓智鏡)을 사용하여 저 연지해(蓮池海)의 그림자를 거두어, 널리 고해(苦海)의 동포에게 주노라.」입니다. 그러나 스스로 경을 들은 이래 이러한 말을 듣지 못했는데, 스승님의 지시를 청하옵니다! (周慧德)

답: 이것은 인광노사께서, 일반 고뇌중생을 가엾이 여기시어, 업장이 중하고 장애가 깊고, 정토법문을 알지 못하며, 설사 아는 자라도 역시 깊이 믿지 못하기 때문에, 이러한 원을 발한 것이다. 자기의 원만한 지혜(圓智)의 거울을 사용하여, 모습을 찍는 기구로 삼아, 극락세계를 비추고 찍어서, 이 사진을 가지고 널리 중생에게 주어, 그가 보고 믿음을 일으키기를 희망하는 것이다.

제361조

문: 정토문에서「구품연화를 부모로 삼는다」를 볼 수 있는데, 이것이 연꽃 속에 출생하는 진짜 이유입니까? 아니면 혹시 우리 불문제자들의 청고(淸高)함에 견주어 연꽃이 더러움에서 물들지 않는 청고함을 비유한 것입니까? (鄭至善)

답: 두 가지를 겸한다.

제362조

문: 연종(蓮宗) 여러 조사의 법어 요지를 모아 합쳐서 편찬한 책 중 하나인 성암대사의 〈권발보리심문(勸發菩提心文)〉 중에 선도화상의 전수법문(專修法門)이 있어 이르길 :「혹시 염불로 정토에 태어나느냐고 묻는다면, 선도대사께서 말씀하시길, 그대가 생각하는 바와 같이, 그대의 발원을 따라, 곧 스스로 일성(一聲)을 염하면, 일광(一光)이 있는데, 그 입에서부터 나오고, 10에서 100의 광명도 역시 그것과 같다」라고 하셨습니다. 이 일절의 뜻은 염불하는 매 사람마다 모두 광명이 입에서 나온다는 것입니까? 단지 마음속에 상념(想念)하는 사람에게 그 광명이 있다는 것입니까? (李永茂)

답: 이것은 공부의 문제인데, 아무나 할 수 있는 것도 아니고, 아무나 할 수 없는 것도 아니다.

제363조

문: 지장왕보살 발원에서 이르길 :「지옥은 비지 않으면 성불하지 않기를 서원합니다」라고 하였습니다. 만약 지옥이 비게 되는 날에는 육도중생이 전부가 왕생합니까? (黃媽惜)

답: 지옥은 곧 육도 중의 일도(一道)인데, 만약 비게 될 때 저절로 그 일도가 비게 될 따름이다. 저 오도(五道)와 무슨 상관인가? 지옥을 초출(超出)[132]한 중생이 역시 갑자기 극락에 태어나는 것은 아니다.

---

132) = 초월. 뛰어넘어 벗어남

제364조

문: 석가모니불의 홍명(洪名)은 역사적으로 모두 기록이 있습니다. 어찌하여 아미타불의 홍명은 여러분 모두가 칭명을 해야 하며, 유독 역사적 기록이 없는 것입니까? (林景星)

답: 하나의 국가가 성립하면, 직관(職官)이 국가의 일을 기록하고, 후인은 다시 그것에 근거하여 역사를 편찬한다. 세계 각국에서 중국이 최고이지만 사서(史書)가 기록된 것도 역시 4,000여 년에 불과하다. 석존이 세상에 내려오신지 지금으로부터 겨우 2,500여 년이어서, 역사에 기재가 있는 것이다. 미타의 성불은 지금 10겁이 되었는데 사서가 어떻게 그 사실을 알겠는가?

제365조

문: 미타경 상에 :「이곳에서 서방으로(從是西方) ……」의 「이곳(시是)」자는 세계를 가리켜서 말하는 것인데, 즉 천문학에서 이르길 :「태양은 항성이어서 영원히 이동하지 않고 지구는 태양을 돌면서 자전을 한다」고 합니다. 만약 이와 같다면 즉 아침저녁으로 어떻게 서방을 판별합니까? (樓永譽)

답: 서방의 지명은 본래 거처하는 곳에 따라 가정한 것이다. 이것은 언설(言說)에 있어 방편으로 실제로 있는 것이 아니다. 경의 뜻은 원래 이것을 빌어 사람들로 하여금 산란한 마음을 한 곳에 거두도록 하는 데 있다. 만약 마음을 한 곳에 제어하면(制心一處) 이루지 못할 일이 없다(無事不辦). 이것을 잘 알아서 마땅히 경의 가르침에 의지하여 해가 지는 곳을 서쪽으로 삼아 분별을 일으키지 않으면, 곧 수용(受用)을 얻는데, 경교(經教)에 대해 점차 알게 되는 것을 기다려서, 공부가 점차 깊어지면, 이러한 문제들은 곧 결말이 있게 된다.

제366조

문: 서방에 대업왕생 후에 51계급의 보살을 이룹니까? 혹은 계급 외의 범부보살입니까? (奚子為)

답: 이미 보살이라 일렀는데, 어찌 계급 외란 말인가? 경에서 이르길 : 태어나면 곧 불퇴이고 일생보처라고 하였다. 단지 왕생을 할 수 있다면 보살을 이루지 못하는 것을 걱정할 필요가 없다.

제367조

문: 이미 염불로 서방에 태어나기를 구하면, 바로 생사고(生死苦)를 받지 않는 것을 구하는 것입니다. 만약 행선(行善), 보시(布施), 경불(敬佛), 경신(敬神)을 행하면서, 염불하지 않아도, 서방에 태어날 수 있습니까? (慧貴)

답: 행선(行善)에서 경신(敬神)까지 네 가지 일은 오직 유루선업(有漏善業)으로 겨우 복보를 얻을 따름이다. 염불 없이 서방에 태어날 수 있느냐 하는 것에 대하여는, 인(因)을 뿌리지 않고 과(果)를 얻기를 희망하는 것이 옳은 일인가?

제368조

문: 염불은 바로 염심(念心)입니다. 경불(敬佛)과 경신(敬神)은 바로 경의(敬意)를 표하는 것으로, 이와 같이 〔마음이 곧 불신(佛神)이라면 절의 불상과 신상에 경의를 표하기 위해 모인 사람이 곧 불신(佛神)일진데〕 어찌 〔이러한〕 불신(佛神)들께서 시시각각 절(寺廟)의 불상(佛像)과 신상(神像)의 앞에 있는 것입니까? 어떤 분이 6일을 1기로 삼아 모여서 예배와 송경을 하도록 규정하였는데, 어찌 단체로 신나게 노는 것이 아니겠습니까? 이와 같다면 어떤 공덕이 있겠습니까? 또 재앙을 소멸할 수 있겠습니까? (慧貴)

답: 부처님의 법신(法身)은 허공에 충만하여 절(廟)에 한정되지 않는다 ; 시작도 없고 끝도 없어 '감'함에 '응'하심은 시간에 제한이 없다. 신(神)은 즉 법신을 증하지 못하였고, 당연히 한 곳에 매이니, 부처님과 동시에 아울러 논하는 것은 불가능하다. 6일에 모여 송경을 한 차례 하는 것은 하루라도 경을 염하지 않는 사람에 비하면 낫다. 재앙을 소멸시킬 수 있는지 여부는, 다시 모름지기 정성과 공경이 어

떠한지에 따라 달려 있다.

제369조

문: 배불(拜佛)과 배신(拜神)을 많이 하는 공덕이 더 큽니까? 혹시 많이
법문을 듣고 염불을 하는 공덕이 더 큽니까? (慧貴)

답: 이 네 가지 중에서 **염불공덕이 가장 큰데 무루(無漏)의 정도(正道)를**
이루어 열반을 증득할 수 있다. 배신(拜神)의 공덕이 가장 작은데,
그것은 타방에 대한 일종의 공경에 불과하여 이익되는 것이 없다.

제370조

문: 미타의 성불은 지금까지 10겁이므로, 사서(史書)는 그 홍명(洪名)을
기록할 수 없습니다. 그럼 세상 사람들은 어찌하여 아미타불의 생일
을 압니까? (葉慶春)

답 : 송나라 때의 영명(永明)대사께서는 미타의 화신(化身)이란 호칭이
있었는데, 후세 사람들이 곧 대사의 탄신일을 취하여 미타를 기념
하면서 이것을 차용한 것이다.

제371조

문: 인류 가운데 머무르면 좋은 것과 나쁜 것 중에 여섯 가지 나쁜 것
이 있습니다. 과연 성심(誠心)으로 염불하면 죄장의 소진이 가능하여
서방에 왕생할 수 있겠습니까? (戰覺力)

답: 뜻이 있는 자는 죄가 많고(有意者多為罪), 뜻이 없는 자는 허물이 많
으며(無意者多為過), 가는 자는 간언할 수 없고(往者不可諫), 오는 자
는 오히려 추적할 수 있다(來者猶可追). 오직 새로운 업을 짓지 않
는 것을 구하면, 다시 역시 아주 좋은데 설령 전생의 죄와 원한
(夙業)을 소진하지 못하였을지라도, 역시 부처님의 원력에 의지하여,
업을 가지고 왕생할 수 있다(帶業往生).

제372조

문: 정(定), 꿈의 경계, 눈을 감은 좌정(坐定), 대비주를 염송하는 것, 눈 앞의 관상(觀想) 속에 많은 대화상들이 앞에 계시는데, 어떻게 해야 할까요. 또 수면 중에 꿈에서 많은 노선생님을 뵙는데, 그 속에서 두 분이 좌우에 계셔, 입으로 설법을 하고 연극을 하여(口說演戲), 제1막 2막, 최후 1막에서는, 관음과 지장보살께서, 설법을 마치고 여러분께서 각자 흩어지십니다. 꿈이 생생한데, 좋은 것인지 나쁜 것인지 어떻게 지시를 청해야 할까요? (戰覺力)

답: 이것은 모두 망경(妄境)이니, 마땅히 급히 물리치고 버려야 한다. 염 불은 일심불란을 중시하는데, 마땅히 미타경의 주석을 취하여 상세 하게 연구함이 타당하다. 이 경은 지명염불의 근본교전(教典)이니, 모르면 안 된다.

제373조

문: 매일 아침저녁으로 각 염불 200성을 하고, 아울러 미타경, 대비주, 반야심경을 각 1편하고(집안일과 아이들이 너무 많아 많이 염불할 수 없음), 일할 때 외 산념(散念)을 추가하면 왕생할 수 있습니까? (鄭蘭蓀)

답: 오로지 정성과 공경을 낼 수 있으면 왕생하지 않을 수 없는데, 말한 규정은 대체로 괜찮다.

제374조

문: 아직 귀의하지 않은 불교인이, 팔덕(八德)을 실행하고 십악(十惡)을 범하지 않으면, 이 사람은 임종시에 서방에 이를 수 있을까요? (柯仙江)

답: 이러한 선인(善人)은 오로지 하늘에 오를 수 있어, 유한한 일시적 즐거움을 누릴 뿐으로, 결코 서방에 왕생할 수 없다. 이런 인(因)을 심지 않고, 이런 과(果)를 맺기를 희망하는 것을 어찌 납득할 수 있 겠는가.

제375조

문: 학불(學佛)하고 염경(念經)하는 사람이 만약 신구의(身口意)의 십선업도(十善業道)를 닦지 않으면 염불이 효과가 있는지 모르겠습니다. (魏柏勳)

답: 염불은 정행(正行)이고, 청정하게 삼업을 닦는 것은 조행(助行)이다. 정행과 조행을 함께 수행하면 새의 양 날개처럼 비상하여 전진할 수 있다. 이 뜻에 근거하여 논하자면, 오히려 십선을 닦는 것을 추가하는 것이 타당하다. 만약 염불자의 염(念)이 만연(萬緣)을 내려놓고 일심불란에 이른다면, 곧 별도의 십선을 닦는 것은 불필요하다. 대략 이미 일심을 얻었으면 삼업이 모두 청정함에 이른다.

제376조

문: 학불 이후에도, 세속인의 비웃는 말을 들으면 진한심(瞋恨心)을 일으키는 것을 면하지 못합니다. 또 이 마음이 지옥의 종자임을 압니다. 그러나 공부가 부족하여 허튼 소리를 듣고 나면 자신을 제어할 수 없습니다. 스승님께서 좋은 방법을 지시해주시길 청하옵니다. (周慧德)

답: 자기를 생각해보면, 내가 보살인데 응당 각조(覺照)를 일으켜 마땅히 인욕을 행해야 한다. 다른 이를 생각해보면, 어리석은 자에 가까우니 응당 비심(悲心)을 일으켜 용서하라! 다시 급하게 한 마디 만덕홍명(洪名: 나무아미타불)을 사용하여, 금방패로 삼고, 면면히 염하여서, 화내는 마음을 억제해야 한다. 그렇지 않으면 그의 어리석음과 나의 화내는 마음이 같이 추락할 것이다.

제377조

문: 염불은 부처님을 뵙고자 하는 것으로 이것은 :「약이색견아(若以色見我), 이음성구아(以音聲求我), 시인행사도(是人行邪道), 불능견여래(不能見如來)」라는 세존의 금구성언에 저촉되는 것 아닙니까? (李永茂)

답: 이것은 선(禪)과 정(淨)의 공부를 닦는 방법이 같지 않음이다. 선(禪)은 명심견성을 하면 심성(心性)을 볼 수 있어, 곧 견불(見佛)하는 것이다. 그러나 심성(心性)은 무상(無相)이니 만약 상(相)으로 구하면 저절로 삿된 착각이다. 정(淨)은 경교(經敎)에 의지하는데 마음으로 부처를 짓기 때문에 상(相)으로 구하는 것에 지장이 없다. 그러나 부처님께는 세 가지 몸(三身)이 있고, 경계는 네 가지 국토(四土)가 있어, 법신(法身)과 곧 상적광토는 역시 모두 무상(無相)이다. 이것은 근본에 있어 또 같지 않음이 없다.

제378조

문: 염불왕생 여부는, 전적으로 임종시의 일념 여하에 달려 있습니다. 그러나 철오선사의 염불법어는 「마땅히 은밀하게 스스로 날마다 일으키는 생각이 어떤 경계와 상응하는 것이 많은지 어떤 경계와 상응하는 것이 맹렬한지 점검한다면, 즉 다른 날 안심입명(安身立命)의 장소를 다른 사람에게 물을 필요가 없다」고 말씀하십니다. 어떤 것이 사실인지 모르겠습니다. (李永茂)

답: 임종에 일으키는 생각은 전부가 평소에 쌓은 습관이 이루어진 것으로, 〔두 가지〕 일이 다르지 않다.

제379조

문: 상품상생은 대업왕생입니까? 만약 일체의 죄업을 모두 소멸시킬 수 있어 깨끗함을 얻은 이후에는 어떤 과위를 증득합니까? (李永茂)

답: 극락사토는 각 구품으로 나누어진다. 상적광토의 상품상생은 결코 대업이 아니다. 고덕께서 이르시길 : '이혹(二惑)을 끊지 않으면 범성동거토에 태어난다 ; 이혹을 만약 끊으면 방편유여토에 태어난다 ; 진사(塵沙)와 무명을 만약 끊으면 실보장엄토에 태어난다 ; 생상무명(生相無明)을 만약 끊으면 상적광토에 태어난다'고 하셨다.

제380조

문: 십육관경 중에서 이르신 것을 기억하면 : 상품에서 꽃이 피는 즉시 부처님을 볼 수 있는 것을 제외하고, 중품과 하품은 모두 연꽃 속에 앉아 상당 시간 심지어 12대겁이 지나야 연꽃이 곧 핍니다. 어찌 미타경 중에서는, 이미 저 국토에 태어난 중생은 공명조 등이 법을 연설하는 것을 들을 수 있으며, 극락세계의 각종 장엄을 볼 수 있으며, 여러 가지의 미묘한 꽃으로 타방의 부처님께 공양을 한다고 하는 것입니까? 이러한 중생은 이와 같이 이미 성인을 증득하였는데, 어찌하여 여전히 범성동거토의 명칭이 있습니까? (舒淑婉)

답: 소본(小本)[133]은 간략하고, 관경은 상세하다. 간략함과 상세함은 비록 차이가 있으나, 그 이치는 둘이 아니다. 소본에서 '보는 자나 듣는 자'를 말씀하신 것은, 모두 꽃이 피어 부처님을 뵌 이후의 일이다. 그 꽃이 핀 후에는 결코 언제나 성인(聖人)만을 말하는 것이 아니라, 이 성(聖)자는 과(果)를 증득한 자를 말하는 것이다. 예를 들어 상품중생은 경에서와 같이 7일이 경과하면, 무상정정각(無上正正覺)을 얻으며, 하품상생은 12겁이 경과하여야 초지(初地)에 들어갈 수 있으며, 정등각 초지(正等覺初地)는 모두 증과한 것이다. 7일 기간 중이거나 12소겁(小劫) 이전에는 즉 여전히 범부이다. 하품의 중생과 하생 두 생은 오로지 무상도심(無上道心)과 보리심(菩提心)을 발한 것을 말한 것으로, 다시 증과(證果)를 기다려야 하는데, 그래서 범성동거토가 있는 것이다.

제381조

문: 부처님께서는 망어(妄語)를 하지 않으십니다. 경에서 극락세계장엄은 미묘하고 소리와 색이 생생하며, 완전하게 갖추어져 있다고 설합니다. 해당 국토의 누대·땅·정자, 꽃·나무·새는 전부가 정신활동으로 색진(色塵)의 경계가 아니고, 예를 들면 장자의 꿈속의 나비처럼 실제가 아니지 않습니까? (瑞錫)

답: 극락에 대해 의심하는 바는 〔극락이〕 색진(色塵)의 경계가 아니고

---

133) 불설아미타경

꿈속의 경계로서 실제가 아니라는 것이다. 이것은 불학(佛學)의 명상(名相)에 관한 것인데, [질문자는] 그 뜻을 모르는 것이다. 무릇 눈으로 취하는 상은 모두 색진이고 공(空)으로 즉 만법이 모두 그러한데, 어찌 홀로 장자만이 나비꿈을 꾸겠는가. 즉 이 근신(根身)과 기계(器界)는 역시 여러 인연이 화합한 것으로, 환(幻)이 출현한 상(相)이며, 결코 실체가 없으나, 유상(有相)이 곧 작용을 일으키는 것일 따름이다. 먼저 경계를 판명하여 말한다면 스스로 오해가 감소할 것이다. 극락세계는 국토를 네 가지로 분류한다. 진실이 있고, 방편이 있는데, 모름지기 배우는 이의 공부분증(功夫分證)[134]에 따라 사람들을 향해 강해(講解)를 하는 것이다. 역시 모름지기 상대방을 관찰하여 근기에 따라 설하는 것이다. 그렇지 않고 한 마디라도 틀리면 양쪽에 이익되는 바가 없다. 거사는 이미 부처님께서 망어를 하지 않으심을 아는데, 또 어찌 극락이 실제가 아니라고 의심한단 말인가?

제382조

문: 부처님께서 아미타경을 설하실 때, 문수와 미륵 등 제대보살은 모두 자리하여 경청하였습니다. 대략 보살의 신상(身相)은 수승장엄하지만, 범부의 신체 형상은 작고 조악하고 누추하니, 확실히 같지 않습니다. 그런데 당시 보살은 범부의 몸으로 나타나 자리하여 법을 들은 것인지 모르겠습니다. 아니면 본래 보살의 신상(身相)이었습니까? 또 당시에 범부중생들은 모두 보살의 성상(聖相)을 보았는지, 아니면 인연이 있는 자만 바야흐로 보았는지요. 혹시 오직 세존께서 금구(金口)로 말씀하신 것에 따라 [이러한 사실을] 아는 것인지요. 또 천인과 세인(世人)은 같지 않은데, 우리들의 신량身量(7, 8척의 높이)으로 나타난 것인지 모르겠습니다. 아니면 본래 천인의 신량身量(여러 유순)으로 나타난 것입니까? 앉아 있는 대중은 천인입니까? 아니면 모르는 이들입니까? (邱炳輝)

답: 불보살 천인 등의 몸의 수승함과 하열함은 중생의 인연에 따라 각

---

134) 수행공부가 부분적으로 증득에 이름

그 상의 차이가 있다. 하나의 계곡물을 천인은 유리로 보고, 인간은 물로 보고, 용과 물고기는 구름으로 보고, 아귀는 불꽃으로 보는데, 그 이치와 같다. 만약 범부의 몸으로 나타난 자라면 즉 범부가 스스로 그것을 보는데, 그렇지 않으면 천안(天眼)을 뜬 자가 바야흐로 그것을 볼 수 있을 따름이다.

제383조

문: 중생을 제도하지 않으면서 문을 닫고 스스로 닦는 자는 자료한 (自了漢)이고, 나가서 중생을 제도하면서 여러 시비를 일으키면 즉 둘 다 전일하지 않은 것입니다. 〔이는〕 노파의 규칙을 따르는 염불 (規矩念佛)보다 못한 것인데, 〔서로〕 비교할 수 있겠습니까? (蕭慧心)

답: 이렇게 소극적이어서는 안 되는데, 주혜덕(周慧德)의 질문에 대한 답을 참조하여 볼 수 있다. 번뇌가 없이 어찌 보리가 있겠는가? 양자는 잠깐 사이(一轉移間)에 있음이다.

제384조

문: 범부와 성인은 함께 거주하지 않는다고 항상 들었습니다. 또 서방은 범부와 성인의 구분이 없다고 설합니다. 이 의의는 오히려 명백하지 않습니다. 가르침을 청하옵니다! (蕭慧心)

답: 대업왕생은 제 혹(惑)을 끊지 않았지만, 상선인과 함께 한곳에 모여 있을 수 있다. 이것이 곧 극락정토의 수승한 점이고, 이것이 곧 미타의 위덕이 끝이 없음이다. 그러나 이것은 오로지 서방사토의 하나 〔인 범성동거토에서 있는 일〕일 따름이다.

제385조

문: 하늘 밖에 하늘이 있다고 들었는데 이것은 서방을 가리키는 것입니까? 땅 밖에 땅이 있으면 이것은 지옥을 가리키는 것입니까? (蕭慧心)

답: 세계는 무변하여 이 세계의 위에 오히려 세계가 있고, 저기에 스스

로 하늘이 있으니 하늘 밖의 하늘이라고 할 수 있다. 이 세계의 아래에 또 세계가 있고, 저기에 스스로 땅이 있으니 그러므로 땅 밖의 땅이라 할 수 있다. 서방과 지옥과는 관계가 없다.

제386조

문: 누의 아래층에서 도박을 하거나 반점을 열어 살생 등을 하면 업이 되지만, 누의 위에서 도량을 하면 염불인에게 손해가 있습니까? (蕭慧心)

답: 초학자는 상(相)을 없앨 수 없으므로 멀리하는 것이 마땅하다. 사실상 잠시로라도 떨어질 수 없을 것 같으면, 오로지 마음을 거두고 뜻을 지키면서 각자의 일을 하면, 각자 방애되지 않으니 역시 해가 없다.

제387조

문: 부처님께서는 사바는 고(苦)이고, 서방극락보다 나은 것이 없다고 말씀하셨는데, 중생은 어찌하여 고를 취하고 즐거운 일을 버리는 것입니까? (蕭慧心)

답: 오욕에 탐착하여 고통을 낙으로 삼으니 영겁의 습기를 일시에 제거하기 어렵다. 저것은 부처님의 말씀에 대하여 기왕 믿음을 일으키지 않고, 극락의 수승한 경계에 대하여 또 일찍이 본 적이 없기 때문이다. 비유하자면 파리의 성질은 냄새를 좋아하여, 전단(栴檀)과 용뇌(龍腦) 등의 곳에 가는 것을 늘 좋아하지 않는다.

제388조

문: 아미타불은 본래 극락교주이신데, 저 형상은 어찌하여 이 국토에 전래하였습니까? 현재 전해진 형상은 진실입니까? (王權)

답: 무량수경과 관무량수경에 모두 저 부처님의 덕상(德相)이 실려 있어 이 세계에 전해진 바는 본래 근거가 있다.

제389조

문: 임종시에 나타나는 갖가지 서상(瑞相)으로 볼 때 서방에 태어남을 의심 없이 단정할 수 있습니다. 그런데 유족이나 지인의 꿈에 또는 무당의 말에 의해 또는 주술로, 음간지옥(陰間地獄)에서 고통을 받고 있는 것을 보거나, 혹은 그 유족에게 초도(超度)135)를 요청하기도 합니다. 일단 극락세계에 이르면 모두 불퇴전인데, 어찌하여 다시 지옥에 있는 도리가 있겠습니까? (王權)

답: 불길한 꿈(噩夢)은 원래 근거가 없고, 무당은 더욱 허망하니 믿을 수 없다.

제390조

문: 선종은 모두 상(相)에 집착하지 않습니다. 정토에서 초근기(初機)이기 때문에, 상(相)에 집착하여 시작하는데, 방편이어서, 마침내는 상(相)을 깨뜨려야 합니까? 아니면 어느 때 상(相)을 깨뜨리는 것을 학습합니까? (智恒)

답: 초학(初學)의 사람은 교상(教相)을 이해하지 못하여, 곧 공(空)에 집착하고 유(有)에 집착하는 병이 있다. 만약 유견(有見)을 모름지기 깨뜨려야 함을 안다면, 공견(空見) 역시 모름지기 깨뜨려야 한다. 두 가지는 모두 원만하거나 진실(圓實)하지 않다. 기왕 배움이 깊은 조예에 이르렀다면, 곧 진공(真空)은 묘유(妙有)를 떠나지 않음을 안다. 묘유는 즉 진공이고, 공(空)과 유(有)는 다르지 않다. 역시 유도 아니고 공도 아니다(非有非空). 만약 이 경지에 이르렀다면, 여전히 어떤 것을 깨뜨린다는 말인가?

제391조

문: 염불인이 만약 자비희사의 대원을 발하지 않으면 왕생이 어렵습니다. 그렇지 않습니까? (智恒)

답: 염불은 대승법문으로, 보리심을 발하는 것을 정인(正因)으로 삼는다.

---

135) = 천도

보리심이라는 것은 상구보리와 하화중생 이것이다. 오로지 자기의 왕생을 바라면서, 만약 정조쌍수(正助雙修)136)를 하여, 공부에 정진하면 역시 왕생할 수 있다. 정토일법은 두루 근기를 섭수하지만, 〔다만 이런 경우에는〕단지 품위가 높지 않을 따름이다.

제392조

문: 이미 바르게 믿고 염불(正信念佛)하여, 염념이 계속 이어져(念念相繼) 끊어지지 않는다고 하더라도, 만약 일부러 오계(五戒)를 범하고 십악(十惡)을 짓는 자라면 왕생할 수 있습니까? (智恒)

답: 염불은 마음과 부처의 덕상(德相)이 합해짐을 귀하게 여기는데, 계를 범하고 악을 짓는 마음은 정념(淨念)이 곧 계속 이어지는 것이 아니다. 왕생 여부를 어찌 이때 예단할 수 있겠는가, 어떤 종자가 먼저 익는지는 모름지기 임종시에 어떤 연(緣)을 만나는가에 따라 정해진다. 흑백의 두 가지 업은 연(緣)을 따라 각기 현행할 따름이다.

제393조

문: 아미타경 중에 세존께서 「사리불아, 적은 선근과 복덕의 인연으로는 저 국토에 태어날 수 없다」라고 말씀하셨습니다. 주석(註釋)에서는 「만약 오로지 자기만을 닦는 것을 좋아하고, 보리심을 발하여서 중생을 도탈(度脫)시키지 않는 것이 소승이고 바로 적은 선근이므로, 부모에 효양하고, 염경(念經), 배불(拜佛)하고, 육바라밀(六度), 십선(十善)을 닦고, 금계(禁戒)를 수지하는 등의 조행(助行)을 해야, 바야흐로 극락에 태어날 수 있다」고 말씀하였습니다. 만약 이와 같다면 경에서 이른 대업왕생은 어떻게 된 것입니까? 또 앵무새137)와 돼지를 도살하는 업을 하는 자138) 등은 잠시 염불을 하고, 염불을 듣고, 업장을 소멸하여 극락에 대업왕생이 가능합니다. 그들 죄업이 중하

---

136) 정수(正修)와 조수(助修)를 함께 닦음
137) 염불, 모든 것을 이루는 힘, 불광출판사, 74쪽 참조. 왕생집, 2012, 호미, 327쪽 참조
138) 염불, 모든 것을 이루는 힘, 불광출판사, 70~71쪽 참조. 소를 잡는 백정의 왕생에 관하여는, 왕생집, 2012, 호미, 311쪽 참조

고 중한 무리들은 적은 선근도 없다는 것을 증명할 수 있는데, 어찌 조행(助行)의 육바라밀(六度), 십선, 오계를 닦을 수 있겠습니까? 제자는 무명 때문에 이해를 할 수 없으니 명확하게 보여주시길 바라옵니다! (吳倫炳)

답: 누구의 주(註)를 가리키는지 아직 설명하지 않아 찾아볼 수 없다. 또 질문을 하기 위해 이 주(註)를 채록하였을 때, 오히려 누락(遺漏)이 있었을까 염려된다. 정토삼경은 모두 정행과 조행의 두 가지 수행(正助雙修)을 중요시하는데, 이것이 바로 통의(通義)이다. 법을 취하는 것이 상(上)이면 겨우 중(中)을 얻는다 ; 만약 법을 취하는 것이 하(下)이면 어떤 것을 얻겠는가? 이것은 고인께서는 반드시 수행자가 상승(上乘)을 노력하도록 책려(策勵)하는 고심이다. 관무량수경은 왕생에 구품을 열거하지만, 무량수경은 오히려 변지(邊地)를 설한다. 앵무새나, 도살업을 하는 자는 오로지 정행(正行)이 있으면 비록 왕생을 하기는 하나, 품위는 높지 않을 따름이다.

제394조

문: 〈기로지귀(歧路指歸)〉 등의 책의 차례에 의하여 염불 후에 회향게를 염하고 완전히 예를 마친 (과정완료) 후에, 바로 지장보살 명호를 100성, 혹은 관세음보살 명호를 100성 염하는 것은, 병고나 복리를 기도하기 위한 것인지, 그 가부를 알지 못하겠습니다. (吳倫炳)

답: 과외(課外)의 별도의 발원이 어찌 불가하겠는가.

제395조

문: 아미타경 끝에 있는 진언(咒語)은, 경을 읽은 후에 반드시 한번 읽어야 하는지 알지 못하고, 그 주(咒)로 어떠한 대영험을 얻을 수 있는지 모르겠습니다. 몇 번 읽어야 응험(應驗)할 수 있습니까? 그 읽는 것이 경을 읽은 후가 아니고, 다른 곳에서 별도로 읽을 수 있습니까? (吳倫炳)

답: 만약 왕생주라면 당연히 모름지기 읽어야 한다. 그 염송의 차례는

〈기로지귀〉에서 상세하게 열거하고 있다. 〈지주통례(持咒通例)〉에 따르면, 십만 편을 성취라 이르고, 그 후에는 과(課)를 할 때, 3편 7편 21편 등 모두 바쁘고 한가함에 따라 정하는 것이 가능하다. 만약 응험을 묻는다면 바로 성심(誠心)에 달려 있으며, 또 횟수를 가지고 표준을 만드는 것은 불가능하다.

제396조

문: 아미타경의 해석에 이르길 : 제1종의 회향게인 「원하옵나니 이 공덕으로, 불정토를 장엄하고 …… 」를 염해야 하는데, 불국토는 매우 많아 염려가 있을 것 같으면, 모름지기 제2종의 회향 「원하옵건데 서방정토 가운데 왕생하여(願生西方淨土中), 구품연화를 부모로 삼아(九品蓮花為父母), 꽃이 피어 부처님을 뵙고 무생법인을 깨달으니(華開見佛悟無生), 보리에서 물러나지 않음을 반려로 삼는다(不退菩薩為伴侶)」를 읽어야 온당한지 어떤지 모르겠습니다. 혹은 두 종류를 일시에 동시에 읽을 수 있습니까? (吳倫炳)

답: 마음이 곧 서방정토에 있으니, 미타는 자연히 그것을 안다. 어찌 종을 치는데 두드리는 것만으로 홀로 소리를 내는 이치가 있겠는가? 이 두 게(偈)는 전자가 가장 원만한데, 거사가 모두를 읽고 싶다면 역시 안 될 것이 없다.

제397조

문: 염불의 십념불은 인광대사께서는 10념만이 가능할 따름이지, 10념 20념 30념의 방법을 사용할 수 없다는 것을 들었는데, 사실인지 모르겠습니다. 10념을 사용하여 수를 기억할 필요가 없기 때문에, 20념 30념 40념의 수를 기억하는 것이 쉬운데, 가능할지 모르겠습니다? (吳倫炳)

답: 십념일 뿐이라는 것은 열 호흡에 염(念十口氣之法)[139]하는 법을 가리키는 것이다. 십념의 수를 기억하는 것[140]은 또 별도로 하나의

---

139) 자운참주의 십념법. 각주 5) 참조

〔염불〕방법이다. 서로 혼동하지 말아야 한다. 대사의 말씀이 어찌 사실이 아니겠는가? 세심하게 그것을 읽으면, 착오가 없다!

제398조

문: 극락세계에 태어나기를 원하는 것은 필수적으로 중생을 도탈(度脫)시키려는 대원을 발해야 즉 가능 운운합니다. 그 대원을 발하는 것이 때때로 마음으로 생각(心念)하는 바인지, 아니면 염두(念頭)이면 되는지요. 혹 때때로 불전(佛前)에서 서원을 해야 가능한지요. 단지 대소 공덕을 막론하고 모두 회향게를 염해야 하는지요. 그 게는 제1종을 사용해야 하는지, 혹은 어떤 것을 사용해야 하는지요. 게를 염하는 것은 불전(佛前)이어야 하는지요. 혹은 어떠한 공덕을 성취한 것을 막론하고, 동시에 성공한 후에는 수시로 염해야 하는지요. (吳倫炳)

답: 마음은 항상 이 일에 있어야 하며, 더욱이 이 일을 실행하는 것을 귀하게 여겨야 바야흐로 원을 헛되이 발하는 것이 아니다. 회향은 제1게(第一偈)로써 공덕을 이루는 것이 보편적이다. 집에서는 불전(佛前)을 향할 수 있고, 밖에서는 마음으로 1편을 염하면 제불이 모두 안다.

제399조

문: 무량수경 48원은 별도로 간략하게 풀이하면, 제2의 불갱악도원은 '만약 나의 불국토 가운데 천인의 수명이 다한 후에 다시 삼악도에 들어가는 자가 있다면, 정각(正覺)을 이루지 않겠다'는 것입니다. '국토 가운데'는 서방극락세계를 가리키고, 극락세계에 태어나면 수명이 무량무변인데, 어찌하여 다시 수명이 있습니까? (慧性)

답: 이것은 모름지기 제15원과 합하여 바라보아야 하는데, 제15원의 대의는 수명이 무량한 것을 원칙으로 삼는다. 그러나 혹 길고 혹 짧은 것은 각자 그 원에 따른다. 만약 중생을 제도하기를 원하여, 오탁악

---

140) 인광대사의 십념기수법

세에 뛰어 들어가면 곧 극락의 수명이 끝나는 때이다.

제400조

문: 선도(善導)화상은 미타의 화신으로 사람들에게 수지(修持)방법을 가르치셨습니다. 이는 전념하여 서방에 왕생하는 것으로 만에 하나도 빠뜨리지 않습니다 ; 잡수는 겸수라 이르는 갖가지 법문인데 마음이 불순하여 백중의 하나 둘 얻는 것도 드물다는 것입니다. 이 겸수의 종류는 어떤 것입니까? (陸玄智)

답: 불법은 비록 10종이 있으나, 그것을 귀납하면 연교(研教)와 행지(行持) 양문으로 구분할 수 있다. 선(禪)·정(淨)·밀(密) 삼종은 모두 행문에 속한다. 선도 조사의 가르침은 오로지 정종 범위 내의 법을 가리키는 것이다 ; 겸하는 것은 선(禪)을 섞고 밀(密)을 섞는 등의 행이다.

제401조

문: 정토법문을 닦는 것은 대업왕생 하나라고 할 수 있는데, 제자는 삼귀의(三皈依) 이전에 지은 악한 일들은 구업(舊業)에 속한다고 생각합니다 ; 삼귀의 이후에 만약 악한 일들을 지으면, 곧 신업(新業)에 속합니다. 신구업은 모두 대업왕생이 가능합니까? (陸玄智)

답: 이미 삼보에 귀의하였으면 곧 다시는 악업을 짓지 말아야 한다. 만약 한편 염불하고 한편 업을 짓는다면, 이것은 염(染)과 정(淨) 두 가지 힘이 서로 훈(熏)하는 것인데, 구경에 누가 이기겠는가. 어찌 예상할 수 있겠는가. 염(染)이 이기면 삼도(三途)에 몫이 있고, 〔극락에〕 태어나지 않는 것이 곧바로 태어나지 않음이다(不生卽是不生) ; 요행으로 정력(淨力)이 이기면, 이기는 것이 곧 〔극락에〕 태어남을 얻는 것이고, 곧 이미 태어났는데, 업을 가지고 가지 않는다면 〔그 업을〕 어디에 두겠는가.

제402조

문: 시방에 모두 삼천대천세계가 있는데, 서방 역시 이 삼천대천세계입니까? (詹秀)

답: 경에서 '서방은 무량수불이 있고, 이와 같이 항하사수 제불께서 광장설상을 내시어 두루 삼천대천세계 등'의 구절을 이르는데, 바로 서방도 결코 예외가 아님을 알 수 있다.

제403조

문: 어떤 사람이 아미타불 탄신은 11월 17일이라고 이르는데, 어찌하여 그것을 아는지요. 어떤 경에 나오는지요. (王成一)

답: 미타는 이미 이 세계 이 국토의 부처님이 아니고, 또 역법은 종종 같지 않으니, 어찌 그 탄신을 알 수 있겠는가. 전하는 말에 따르면 이날은 영명(永明)대사의 탄신일로 대사께서 정종(淨宗)을 홍양(弘揚)하시어 '소 미타'의 칭호가 있었으므로 그날을 미타의 기념일로 차용한 것이다.

제404조

문: 2월 19일, 6월 19일, 9월 19일은 관세음보살의 어떤 기념일입니까? (王成一)

답: 전하는 말에 따르면 2월은 탄신이고 ; 6월은 성도일이고 ; 9월은 출가일인데 ; 이것 역시 날을 차용하여 기념하는 것일 따름이다.

제405조

문: 사람의 재앙을 소멸시키기 위해 아미타경을 송(誦)하고 나무아미타불 여섯 자를 500편 이상 염(念)하는 것이 가능합니까? 단지 이때 회향문을 사용해야 하는지 가르침을 청하옵니다! (陸天養)

답: 회향문 역시 「원소삼장제번뇌(願消三障諸煩惱)」 네 구를 염하는 것이 가능하다 ; 혹은 「원이차공행(願以此功行), 장엄불정토(願以此功行) …… 」 등 여덟 구를 염한다. 단 불호는 「나무아미타불」을 직접 염하면 된다. 아미타 세 자에는 무량광명, 무량수명, 무량자비, 무량지

혜 등을 포함하지 않음이 없다.

제406조

문: 정종은 오로지 염불과 배불을 왕생의 자량으로 삼습니다. 반야종(般若宗) (금강경)에서 「약이색견아(若以色見我), 이음성구아(以音聲求我), 시인행사도(是人行邪道), 불능견여래(不能見如來)」의 사구로 수행자를 꾸짖는 것, 이것은 어찌 정종의 교리와 완전히 서로 위배되는 것이 아니겠습니까? 석존께 어떤 밀의(密意)가 있는 것입니까? 가르침을 청하옵니다! (方明)

답: 하나의 법문은 하나의 수행방법이다. 자물쇠를 열면 열쇠를 던지는 것처럼 그 이치는 바로 같다. 사람의 손이 모두 같을 수는 없어, 〔설사 각자 다른 손으로 지었어도〕 매듭(結處)은 같지 않음이 없다. 서로 위배되는 것을 들자면, 단지 인지(因地)상의 분별일 따름이다. 이른바 본원으로 돌아가면 두 가지 길이 없는데(歸元無二路), 방편에는 많은 문이 있는 것이다(方便有多門也). 다시 하나의 예를 들면 : 사방 각지의 사람이 대중(台中)에 가고자 하여, 떠날 때 길을 물으면, 답하는 자는 대북에서 오는 자에게는 즉 남쪽을 향해 가라고 이를 것이고, 병동에서 오는 자에게는 북쪽을 향해 가라고 이를 것이며, 대동에서 오는 자에게는 즉 서쪽을 향해 가라고 이를 것이고, 청수나 대갑 등지에서 오는 자에게는 즉 동쪽을 향해 가라고 이를 것이다. 갑자기 들으면 서로 위배되는 것 같지만, 사실은 그 입장을 관찰하여 자질에 따라 가르침을 베푼 것이다(應機施教). 만약 모든 사람이 의혹을 일으키지 않는다면, 모두 대중(台中)에 도달할 수 있다. 만약 답하는 자의 말이 서로 위배된다고 믿고 따르지 않는다면, 필히 모두 한 방향으로 나가니, 반드시 세 사람은 대중(台中)을 떠나 멀리 돌아서게 될 것이다.

제407조

문: 미타경 중에 육방제불께서 〔극락〕정토를 찬탄하는데, 이것은 바로

석존께서 이 경을 설할 때, 육방제불께서 동시에 찬탄하신 것입니까? (陳淨願)

답: 그렇다.

제408조

문: 아미타불 48원 중 제22원 중에 이르길 :「보통의 행인의 지위를 초월하여(超出常倫諸地之行), 곧바로 보현대사의 덕을 닦고 익힌다(現前修習普賢之德)」라는 구절이 있는데,[141] 「보현」은 현재 보현보살입니까? 만약 현재의 보현보살이라면, 어찌하여 아미타불께서 인지(因地) 가운데에서 즉시 보현의 덕을 닦고 익힐 것을 발원하였는지 그 뜻은 어떠합니까? (陳淨願)

답: 미타께서는 과거에 전륜왕이었다. 제8왕자를 민도(泯圖)라 이름하였는데, 보장왕(寶藏王)의 거소에서 이미 대원을 발하여 저 불호는 보현이다. 22원은 타방보살이 나의 국토에 와서 중생이 된다는 것을 이른 것으로, 〔그들이〕 여러 불국토를 다니면서 지금 보현의 덕을 닦는 것이지, 미타가 스스로 보현을 본받는 것이 아니다. 그리고 현재의 보현 역시 즉 그때의 민도왕자가 전전(展轉)하여 나타난 것이다.

제409조

문: 무량수경에서는 「이 국토에서 1일을 수행하는 것이 무량수국에서 100세 동안 선을 행하는 것보다 수승하다」고 이르셨습니다. 이와

---

141) 만일 제가 부처가 될 때 다른 모든 불국토의 보살들이 저의 국토에 와서 태어난다면 반드시 일생보처(一生補處)의 지위에 이르게 될 것입니다. 다만 그들의 소원에 따라 중생들을 위하여 큰 서원을 세우고 선근 공덕을 쌓아 일체중생을 제도하거나 또는 모든 불국토를 노닐며 보살의 행을 닦고, 시방세계의 여러 부처님들을 공양하고, 항하의 모래알처럼 한량없는 중생들을 교화하여 위없는 바르고 참된 부처님의 도를 세우고자 하는 이는 제외할 뿐입니다. 그 이외의 사람들은 **보통 행인의 지위**(상륜제위지행常倫諸地之行)를 초월하여 곧바로 보현보살의 10대원을 닦도록 하고자 합니다. 만약 그렇게 하지 못한다면, 저는 차라리 부처가 되지 않겠나이다(출전: 佛說無量壽經, 강승개 한역, 최봉수 번역). 위 상륜제지지행(常倫諸地之行)을 '**예사롭고 순탄한 수행**'이라 번역하기도 한다(출전: 무량수경, 2000, 불교시대사. 55쪽)

- 191 -

같다면 즉 하필이면 서방에 태어남을 구하는 것입니까? (陳淨願)

답: 이곳은 생사의 언덕(生死岸)이고, 저곳은 열반의 언덕(涅槃岸)이다. 성취에는 어렵고 쉬움이 있는데 그러므로 반드시 가야 한다.

제410조

문: 아미타경의 서방극락세계의 갖가지 공덕장엄은 실상입니까? 혹은 환상입니까? 만약 환상이 실제로 거기에 있다고 설하거나, 만약 실상은 볼 수 있는 실제 경계가 없다고 설한다면, 이와 같은 것을 심상(心相)이라고 말할 수 있습니까? (智幻)

답: 이미 그곳이 실제로 있다고 믿으니, 왕생 이후에 저절로 실제 경계를 볼 수 있다.

제411조

문: 아미타불께서 구품으로 중생을 제도하는데, 이것은 중생이 구품왕생하는 것을 말씀하신 것입니다. 만약 서방극락세계에 이르면 오히려 구품의 경계가 있는 것입니까? (廖武卿)

답: 왕생 이후에 꽃이 피고 깨달음을 증득(悟證)하는 것은 모두 빠르고 느림이 있기 때문에, 곧 품위가 같지 않다.

제412조

문: 〈미타경 의온주석(義蘊註釋)〉의 「옷을 구하면 옷을 얻고, 식사를 구하면 식사를 얻는다」는 한 구절이 결국 어떤 의미인지 모르겠습니다 : 만약 극락세계가 의식이 필요하다고 이른다면 어찌 극락이라 말하며, 최근에 「극락세계는 의식이 불필요한 경지가 아닙니까?」라고 생각했습니다. 만약 불필요하다고 말한다면, 하필 옷을 구하고 음식을 구하는 생각(念頭)을 합니까? (林柳淋)

답: 이는 초근기(初機)여서 아직 의식(衣食)에 대한 견지(見)가 없어지지 않은 자를 위한 것으로 방편으로 상(相)을 보인 것일 따름이다.

제413조

문: 석가모니불은 모름지기 6년의 고된 수행을 하였습니다. 그런데 위제희 부인과 500명의 시녀들은 어찌하여 부처님의 설하신 바를 듣고, 때마침 바로 극락세계를 볼 수 있었습니까? (慧德)

답: 부처님의 신통과 위력의 가피를 받았기 때문이다.

제414조

문: 스스로 불법에 귀의하여, 열심히 서방에 태어나기를 염원하고, 항상 강설을 들었음에도, 임종시에 장애를 받아, 왕생하지 못하면 어찌 노력이 아깝지 않겠습니까? 사바세계에 있을 때 모름지기 먼저 스승과 어른(師長)이나 친한 친구가 이미 극락에 왕생하여 대신 증명을 하고 다시 와서 서방에 함께 가자고 초청을 하는 것이 비교적 온당하지 않겠습니까? (慧德)

답: 아미타불 48대원은 자비가 무량하고 신통이 무변하다. 항상 광명으로 시방국토를 비추어 염불중생을 섭취하여 잠시도 버리지 않으신다. 경전에서 아주 환하게 가르치시는데, 설마 여전히 믿기 어렵단 말인가. 거사의 뜻은 미타의 평등한 대자비가 오히려 사장(師長)이나 친한 친구의 사적 애정에 의지하는 것보다 못하다는 말인가. 이것은 겹겹이 도리어 오해에 해당한다.

제415조

문: 임종시에 전 집안사람들이 울지 않고, 한뜻으로 염불할 수 있으면, 확실하게 가장 이익이 있습니다. 별세 이후에 49일 동안 염불 이외에 어떤 경을 읽어야 망자에게 이익이 됩니까? 다시 49일 동안 어떤 방법을 사용하여 다시 천도(超度)할 수 있는지 묻습니다? (慧德)

답: 여러 분별이 필요 없다. 기왕 정종학인(淨宗學人)은 오로지 〔나무아미타불〕 육자홍명, 왕생주, 미타경을 염송하는 것이 곧 극히 적절하다. 괜찮다면, 비로자나불 대광명관정진언(大光明灌頂眞言), 혹 대비주를 염송할 수 있고, 혹 미타참(彌陀懺)에 예배하는 것으로 충분하

다.

제416조

문: 아침저녁 염불하는데, 낮에는 다른 일로 지념(持念)할 수 없습니다. 또 즉시 채식을 할 수 없어 항상 삼정육을 먹습니다. 정토수행에 어떤 방애가 있는지 모르겠습니다. (葛曉凡)

답: 처마의 물이 돌을 뚫는다. 새벽의 과는 하루의 훈습에 관련된 것이어서, 소홀히 할 수 없으니, 마땅히 30분 일찍 일어나서 하는 것이 좋다. 바쁘면 단지 십념법(十念法)[142]을 취하여, 불과 5분간이면 어렵지 않게 할 수 있다. 시간이 있으면 역시 산지(散持)할 수 있다. 현재 삼정육을 먹는 것 역시 방애되지 않는다. 단지 공(功)을 바라는 것과 자비(慈悲)가 함께 나아가 순수한 채식에 이르는 것이 좋다.

제417조

문: 〈아미타경적주접몽(阿彌陀經摘註接蒙)〉[143]에서 석제환인에 대하여 (소초힐疏鈔擷) 「이것은 천주로 곧 제석을 이른다. 가섭불이 멸도시에 한 여인이 탑을 장식하기(修塔)를 발심하여, 32인이 그것을 도왔고, 지금 도리천왕이 32천을 통치하므로 천주라 이른다」고 하였습니다. 이 가섭불은 응당 당시 자리에 앉아 경을 듣던 마하가섭인지요. 가섭불이 어느 시대 사람인지 가르침을 청하옵니다? (葛曉凡)

답: 가섭불은 곧 과거겁의 칠불 중 제6불로 결코 석가불의 제자 마하가섭이 아니다.

제418조

문: 정종(淨宗)은 전심염불을 왕생성불의 도문(道門)으로 삼고, 선종은 즉 난언절어(難言絶語)로 오롯이 향상일착(向上一著)을 구합니다. 아불(呵佛)인 마조(罵祖)스님의 '만약 한 마디 부처님을 염하게 되면, 3

---

142) 자운참주 십념법
143) 이병남 거사 저술

일 양치질한다'는 등의 일, 이것은 즉 모두 정종 염불의 취지와 어긋납니다. 단지 어느 것이 구경(究竟)의 정문(正門)입니까? 간절히 가르침을 구하옵니다. (方明)

답: 선가의 아불인 마조스님은 바로 중생에게 알맞는 설법을 하기 위해 부득이할 때의 우연한 일로 말씀하신 것으로, 결코 이것을 전문(專門)으로 한 것이 아니니, 절대 오해를 하지 말아야 한다! 선(禪)과 정토(淨) 양가의 법은 모두 대승요의(大乘了義)이다. 그러나 시작하는 방법이 약간 다르다. 정가(淨家)에서는 유상(有相)으로 쉽게 들어가고, 선가(禪家)에서는 상(相)을 떠나 어렵게 찾는데, 본원으로 돌아가면 결코 둘이 아니다.

제419조

문: 추정염불(追頂念佛)은 망상을 다스리는 가장 좋은 방법이라고 말하는데, 어떤 친구가 저에게 묻기를 「나의 망상이 치성한데, 네가 추정염불로 다스릴 수 있다고 말했다. 그럼 추정염불은 어떤 염인가!」라고 말하였습니다. 어떤 염법인지 모르겠습니다! 곧 어떤 경에 설함이 있습니까? 알려주시길 기원합니다! (呂順運)

답: 「추(追)」는 쫓아가서 버리지 않는다는 말이고, 「정(頂)」은 머리에 닿아 끊어지지 않는다는 말인데, 곧 앞 구의 끝자가 바야흐로, 급하게 〔뒤의〕 한 구를 쫓아서 잇는 것으로, 나무를 뚫어 불을 취하는 것과 같아 조금도 멈추게 할 수 없다. 또 음악을 연주하는 것과 같아, 반드시 하나하나 박자를 따르고, 빠르게 할 수 없다. 이 방법은 경(經) 중에서 말씀하신 것이 아니고, 곧 고덕의 경험상의 방법이다.

제420조

문: 명종시에 8시간이 지나면 〔죽은 몸을〕 이동하게 할 수 있다고 합니다. 만약 염불에 정통(精通)한 이들은 명종 후에 곧 부처님을 따라 왕생하는데, 하필 다시 8시간을 기다려서야 바야흐로 이동할 수 있는, 그 이치는 어떤 것입니까? (呂順運)

답: 중생의 명근(命根)은 제8식(第八識)과 관계되는데, 태에 들 때 먼저 오고 죽을 때에는 나중에 떠난다. 나머지 식(識)들이 〔몸을〕 버릴 때 곧 죽는 모습(死相)을 나타내지만, 〔제8식이 떠날 때까지는〕 실제로는 진짜 죽는 것이 아니다. 현재 의학계에서 이미 증명하였는데, 죽는 모습을 나타내는 것은 8시간 내이다. 누가 능히 그 제8식이 언제 떠날지 알겠는가. 이것은 만전을 기하기 위하여 취한 방법이다. (「칙종진량飭終津梁」[144] 책 안에 상세하다.)

제421조

문: 어찌하여 학불인(재가와 출가)은 매일 만날 때 손을 모아 :「아미타불」하는지요. 이는 아미타불을 세속적인 문안으로 사용하는 것입니까? 혹은 기타의 사용하는 뜻이 있는지 알려주시길 기원합니다! (呂順運)

답: 지심으로 아미타불 한마디를 염하면, 능히 80억겁의 생사중죄를 소멸시킬 수 있으니 이 말은 최고로 길상하다. 서로 만나 칭송하고 축복하는 뜻이고, 또 상대방으로 하여금 한번 이근(耳根)에 스쳐 팔식전(八識田)에 부처님의 종자(佛種)를 심도록 하기 위함이다.

제422조

문: 정상과 육계를 볼 수 없음(無見頂相與肉髻)[145]이라는 것은 어떤 것입니까? (大寬)

답: 불경을 보면 3일 차에 불정육계(佛頂肉髻)에서 만억 광명을 내고 광명과 광명은 차례로 시방 무량세계에 도달하여 제천(諸天)과 세인(世人)과 십지보살은 역시 볼 수 없었다. 이에 따르면, 정상을 볼 수 없다는 것(無見頂相)은 바로 정수리의 광명(頂光)을 가리키는 것이다.

---

144) 이원정(李圓淨) 거사(居士) 편(編)
145) 부처님의 정상에 육체 덩어리가 융기하여 상투 모양을 이루는데, 오슬이사 상이라 이르며, 정상육계상 등은 일체 사람과 천인은 볼 수 없는 정상이므로, 무견정상이라 이름한다.
   (출전: 佛學大辭典)

제423조

문: 불호(佛號)를 좌념(坐念)하는 것에는 가부(跏趺), 길상(吉祥), 항마(降魔)의 각 좌법(坐法)이 있습니다. 제자는 연령이 좀 많아서, 전가부 반가부 모두 불가능하여, 길상 이좌법(二坐法)을 채택하였습니다. 둘 중에 어떤 것이 좋은지 모르겠습니다. 그 좌법은 각각 어떻게 하는 것입니까? 상세하게 보여주시길 청하옵니다! (大寬)

답: 가부에는 단결(單結)과 쌍결(雙結)의 구별이 있고, 쌍단을 막론하고, 좌(左)를 우(右) 위에 놓는 것이 항마이고, 우(右)를 좌(左)위에 놓는 것이 길상이다. 앉을 때 양 손바닥을 위로 하여, 예를 들면 항마좌는 왼손을 곧 오른손의 위에 놓는다 ; 길상좌는 오른손을 곧 왼손 위에 놓는다. 양 엄지손가락 끝이 닿는데, 이를 정인(定印)이라 이름하고, 배꼽 밑에 안존시킨다. 머리와 척추는 똑바르게 하고, 코와 배꼽은 일직선이다. 각종 좌법은 임의로 스스로 택할 수 있으며, 오래 앉아 저리면 역시 다리를 바꿀 수 있다.

제424조

문: 관경의 관세음보살은 관의 뒷부분(項)에 원광(圓光)이 있고, 그 속에는 화불보살, 무량제천이 있으며, 몸의 광명을 발하여, 오도(五道) 중생이 모두 그 속에 나타납니다. 이미 오도 중생이 모두 극락에 이르렀는데, 무엇 때문에 일도를 남겨 섭수하지 않습니까? 어찌 자비와 평등에 위배되는 것이 아니겠습니까? (雙木)

답: 하늘, 사람, 축생, 귀신의 사도(四道)에는 모두 수라가 있는데, 오(五)를 말한 것은 즉 수라가 안에 포함되어 있는 것이다. 각 경 중에 역시 오도(五道)라는 말씀이 많은데, 만약 이해하기 쉽게 하려면 즉 또 육도(六道)를 말한다. 경문은 결코 일도(一道)를 남겨서 섭수하지 않은 것이 아니다.

제425조

문: 정토는 천태종의 교의에 의하면 사토(四土)로 나뉩니다. 말법시대 중

생으로 대업왕생하는 자는 어느 국토에 태어납니까? (雙木)

답: 사토왕생은 단 행지(行持)의 공부로 그 증득을 나눈 것이다. 결코 어떤 기간 동안 수행하여 어떤 국토를 증득하는가를 제한하는 것은 아니다.

제426조

문: 불면증에 시달려 잠자리에 들지 못할 때, 일어나 타좌(打坐)를 하고 싶은데, 단지 불교의 타좌의 요령을 모르겠습니다. (鄭敦)

답: 불면증이 있는 사람은 오른쪽으로 눕는 것이 가장 좋다(곧 몸 옆이 오른쪽이 아래로 향함). 두 발을 가지런히 접고, 오른손은 뺨을 바치고, 왼손은 사타구니에 걸치고, 눈을 감고 휴식을 취하며, 만연을 내려놓는다. 마음속에 묵묵히 「아미타불」 네 자를 돌리면서, 다시 귀를 사용하여 듣고(마음속으로 돌리면 자연히 소리의 모양이 있음), 수면에 들어갈 수 있으면 좋으나, 설사 수면에 들지 못해도 염은 하나로 돌아가니, 역시 휴양생식(息養)을 하는 것이다.

제427조

문: 월간지에서 연방국(蓮邦國)을 항상 보는데, 이것은 부처님이 교화한 국가연방(國家聯邦)의 칭호입니까? (鄭敦)

답: 아미타불 원력의 극락세계는 연화가 가장 미묘하고 특수하므로, 극락세계를 연방(蓮邦)이라 칭한다. 현재 중국은 매화를 국화로 삼고, 일본은 벚꽃을 국화로 삼음으로 말미암아 매화를 칭하고 벚꽃을 칭하는 것으로 곧 그 나라의 이름을 대신할 수 있는 것이다.

제428조

문: 아미타불을 염하는 소리는 길게 끄는 것이 좋습니까? 아니면 짧게 하는 것이 좋습니까? 매일 적어도 어느 정도 염해야 합니까? (鄭敦)

답: 길게 끄는 것과 짧게 하는 것은 모두 적당하지 않다. 마땅히 작은 계곡에 흐르는 물처럼 급하지 않고 느리지 않게 하여야 한다. 염을

많이 하고 염을 적게 하고는 모름지기 자기의 시간을 참작한다. 단 기왕 아미타경을 읽는다면 마친 후에는 마땅히 미타 성호를 몇백 성 내지 수천 성을 하는 것이 좋은데, 이것은 증정한 〈학불천설(學佛淺 說)〉과 〈기로지귀(歧路指歸)〉를 읽기 전에 자명한 대의이다.

제429조

문: 정종은 구품연화를 부모로 삼습니다. 다른 종은 어떤 것에 의탁하여 부모로 삼습니까? (陸天養)

답: 정종은 가로로 삼계를 벗어나, 업을 가진 식(識)이 저 극락에 왕생 하는데, 연화에 의탁하여 키워지고 태어난다. 무생(無生)을 깨닫기를 기다려 바로 불과(佛果)를 증득하는데, 즉 태어난다고 말할 것이 없 으며, 왕생과 성불은 2층의 계급이다. 다른 종은 세로로 삼계를 벗 어나는데, 여러 미혹을 모두 끊어 없애고 견성성불(見性成佛)이고 즉 즉성시불(即性是佛)인데 어찌 의탁이 있겠는가.

제430조

문: 아미타경에서 설하시길, 그 국토의 중생은 항상 새벽에 각자 바구니 에 미묘한 꽃을 가득 담아, 타방의 십만억 부처님께 공양한다고 합 니다. 서방극락세계의 중생은 무엇 때문에 타방의 부처님께 공양하 는 것입니까? (陸天養)

답: 부처님께 공양하여 공덕을 쌓고, 법을 듣는 것은 지혜를 증장시킨 다. 만약 공덕과 지혜가 원만하지 않으면, 어찌 능히 성불할 수 있 겠는가? 쌓지 않고 증장하지 않으면, 어찌 원만할 수 있는가? 석가 세존은 역시 일찍이 과거세에 무량제불께 공양하였고, 관세음보살 역시 이와 같다. 그러므로 원만하게 일체종지를 이루었다. 왕생하는 사람이 아직 증득하지 못하여 일생보처 이전의 경지라면, 반드시 위 로 보리를 구하고 아래로 중생을 교화하며, 깨달음과 수행 두 가지 가 원만하여야, 바야흐로 일생보처를 증득할 수 있을 따름이다.

제431조

문: 전일하게 부처님의 성호를 지니는 것과 왕생주를 지녀 성취하는 공덕은 차별이 있습니까? (鄧慧心)

답: 결코 차별이 없다. 단 일이 바쁜 사람에게는 지주(持呪)는 지명(持名)의 방편만 못하다 ; 임종시에 지주는 지명의 쉬움에 미치지 못한다.

제432조

문: 임종시에 능히 정념(正念)을 얻을 수 있으면, 도리어 서방 아미타불께서 접인하러 오시는 것입니까? 아니면 자기 마음의 부처님(心佛)께서 접인하러 오시는 것입니까? (慧貴)

답: 서방 극락세계 아미타불이 접인하러 오심은 경전에서 환하게 가르치신 것인데, 하필 의혹이 있는가. 단 서방의 미타는 곧 내가 평소 마음속에 생각하고 염하는 부처님이므로 또 나의 마음속의 부처님이라 말하는 것이니, 그대가 오해할까 염려된다. 현재 예를 하나 들면 : 나와 부모가 여러 해 동안 멀리 떨어져 있어도, 마음속에 밤낮 생각하고 염하여, 편지를 쓰고 전보를 쳐서, 와서 서로 만나는 것을 재촉하여, 어느 날 나의 부모가 마침내 나의 바람대로 오시면, 곧 나의 마음속의 부모가 오신다고 말할 수 있을 것이다. 그 이치는 이와 같다.

제433조

문: 염불인이 빚을 쌓았고, 임종시에 이르러 불행히도 여전히 청초하지 않다면, 능히 업을 가지고 왕생할 수 있습니까? 혹은 다시 윤회하여 여전히 빚을 갚습니까? (慧貴)

답: 진실로 〔빚을〕 상환할 수 없는 자라도 탐욕과 인색함의 악업이 없으면 혹 〔업을 가지고 왕생하는데〕 방애가 되지 않는다. 만약 한편으로 염불로 왕생을 구하여, 서방을 도피처로 삼는다거나 ; 한편으로 세상의 재물에 탐욕과 인색하여 빚지는 마음을 일으킨다면 염불

이 이미 상구보리 하화중생이 아니어서 이미 부정(不淨)하기 때문에, 다시 탐욕과 인색한 마음을 더한다. 이 두 알의 종자가 현행할 때에 어떤 결과이겠는가. 그러나 질문 중에 「불행」 두 자를 말한 것은 당연히 진실로 〔빚을 상환〕할 수 없음의 일종에 속하는 것이다.

제434조
문: 어느 밤 만과(晚課) 후에 보살께 세간법의 일을 기도하여 구하였는데, 그날 밤 수시로 노사(老師)께서 저에게 수명을 빌라는 말씀을 하는 꿈을 꾸었습니다. 이 수명은 지금 생의 수명입니까? 아니면 서방의 왕생을 구하는 수명입니까? (慧貴)

답: 꿈은 환망(幻妄)이 많아 본래 신빙성이 부족하다. 세법을 구하였기 때문에 다른 사람을 꿈꾼 것인지, 아니면 보살의 화현인지 역시 알 수 없다. 군에게 기도를 말씀한 것은 당연히 무량수명의 상락아정(常樂我淨)을 빌도록 가르치신 것이다. 구경이 아닌 오탁악세의 짧고 짧은 수명을 빌도록 가르치신 것은 아닌 것 같다.

제435조
문: 미타경에 「주야육시(晝夜六時)」가 있습니다. 서방에는 이미 밤낮이 없는데, 어찌 육시가 있습니까? (慧貴)

답: 꽃비 한 차례 내리면 그것을 일시(一時)라 이른다. 연꽃이 닫히는 것을 밤이라 이르며, 연꽃이 피는 것을 낮이라 한다. 그것으로 밤낮의 시간을 구분하는 것이다. 부처님께서는 이 세계〔의 관념〕에 따라서 설할 따름이다.146)

제436조
문: 「시방삼세불 중에 아미타불이 제일입니다」. 부처님의 과위는 평등한데, 어찌하여 또 등급이 있습니까? (慧貴)

답: 이것은 중생을 제도하는 원력을 말한 것이다. 부처님은 실지(實智)상

---

146) 주야육시에 대하여는 각주 8) 참조

에서 평등하지만, 권지(權智)상에서는 약간의 다름이 있는 것이다.

제437조

문: 정토종의 대업왕생(帶業往生)의 말씀은 인과의 이치와 서로 부합하지 않는 것 같습니다. 악업을 지은 사람이 단지 염불만 하면 곧 죄보를 받지 않고 오히려 극락에 태어난다는 것인데, 과연 그렇다면, 어떤 이가 자기의 각고의 노력으로 선한 일을 하겠습니까? (遊玉耀)

답: 일체 선악의 염두(念頭)와 선악의 조작(造作)을 총체적으로 업이라 이름한다. 바로 조작할 때 곧 한 알의 종자(습기習氣의 다른 이름)가 팔식전(八識田) 가운에 각인(印落)되어 있다가, 다른 날에 증상연을 만나면 작용을 발생시켜 능히 팔식을 끌어당겨서, 육도에 환생하게 한다. 통도법문(通途法門)의 수행은 오로지 이런 유(類)의 종자를 소멸시키는데, [이를] 단혹(斷惑)이라 이름한다. [업이] 끊어져 깨끗이 없어지면, 곧바로 열반이다. 염불법문은 선악의 생각과 조작을 쉽게 하여, 오직 한마디 불호를 제시하여서, 팔식전에 각인(印)하여서, 옛 [업의] 종자가 증상연을 만나지 않고 말미암아 작용을 일으키지 않는다. 불호 종자(염이 곧 마음에서 유래되는데, 이 마음이 곧 부처이다)를 쌓을수록 두터워지고, 때때로 증상연이 있어, 먼저 작용을 일으킬 수 있어, 업보가 다하면 서방에 태어난다. 오직 옛 [업의] 종자가 의연히 존재하므로 대업이라 이른다. 서방에 태어난 후에, 옛 [업의] 종자에 대하여는 여전히 끊어짐을 구해야 하는데, 이것은 통도(通途)의 법과 시작은 다르나 끝은 같다. 만약 오로지 악업을 지으면서, 불호(佛號)를 호신부적(護符)으로 삼는다는 것은 잘못 이해하는 것이다.

제438조

문: 일생 동안 악을 지어도, 임종에 십념을 하면 즉 왕생을 합니다. 이와 같으면 즉 오로지 악업을 짓는 것을 방해하지 않고, 임종을 기다려 오로지 10념이 가능할 것인데, 또 하필 하루하루 수고스럽게 닦

는단 말입니까? (遊玉耀)

답: 〔이러한 경우는〕 오랫동안 선근을 가지고 있다가, 일시적으로 미혹된 사람을 말하는 것이다. 만약 오랜 선근이 있지 않다면, 건강할 때도 오히려 불명(佛名)을 듣는 것을 좋아하지 않을 것인데, 하물며 사대(四大)가 분리되어 만 가지 고통이 번갈아 지질 때 염불을 할 수 있겠는가. 관경의 하품하생에서는 본디 임종십념이 반드시 「지심(至心)」 두 자에 있어야 함을 이르고 있다. 지심은 만연을 내려놓음(放下萬緣)으로, 철저하고 전일한 정진(專精)을 말하는 것이다. 속인은 임종할 때까지 모두들 애틋함(戀)이 많아 결코 염불하기 어려운데, 어찌 여전히 지심을 발할 수 있겠는가. 이때 능히 지심을 발하는 자는 반드시 오랜 선근이 깊고 두터운 사람에 속하니, 요행이라 말할 수 없다.

제439조

문: 염불할 때의 염은 :「나무아미타불」여섯 자입니다. 단 끝날 무렵에는 어찌하여 단지 「아미타불」네 자를 염하는지요. 어떤 관계가 있습니까? (慧霖)

답: 처음에는 느리게 염하고 후에는 급하게 염하는데, 급할 때는 네 자를 염하는 것이 쉽다.

제440조

문: 노사께서 설법하실 때 아미타불 네 자는 삼장십이부경(三藏十二部經)을 포함하고, 또 경왕(經王)과 주왕(咒王)이라고 말씀하시는 것을 들었습니다. 그럼 여전히 아마타불 이분은 있는 것입니까? 아니면 단지 하나의 경왕과 주왕의 대표명사입니까? (慧霖)

답: 이것은 모름지기 두 단락으로 답변해야 한다 : 첫째, 「아(阿)」자는 일체 범자(梵字)의 발음의 초성인데, 「아(阿)」자가 없으면 곧 일체 경이 없다 ; 또 팔만사천 다라니의 마음으로, 「아(阿)」가 없으면 팔만사천 다라니가 없다. 이 한 글자를 역시 경왕과 주왕이라 말할 수

있다. 현밀의 이교는 모두 이 한 글자를 떠나는 것이 불가능하다. 만약 네 글자의 수승한 뜻을 강설하자면 현교(顯教)의 각 대경(大經) 중에 곳곳에서 돌아가도록 가리키고, 많은 사람들이 알고 있으니, 군더더기 말이 필요 없다. 여기서 밀교의 말씀을 하자면, 「아(阿)」는 불부(佛部)를 총 대표하고, 이(理)와 지(智)가 불이(不二)라는 뜻을 가지고 있다. 「미(彌)」자는 연화부(連華部)를 총 대표하고, 중생과 법이 이공(二空)이라는 뜻을 가지고 있다. 「타(陀)」자는 금강부(金剛部)를 총 대표하고, 견고하여 무너지지 않는다는 뜻을 가지고 있다. 삼장 십이부를 포괄하고 있다는 말을 누가 맞지 않다고 한다는 것인가? 둘째, 위에서 네 자의 수승한 뜻을 해석하였는데, 어찌하여 그분이 없다고 의심할 수 있는가. 정토삼경에서 매우 상세하게 말씀하신 바, 미타는 곧 극락도사(極樂導師)이신데, 이 존귀한 도사의 홍명은 이미 이러한 불가사의한 공덕을 갖추고 있다.

제441조

문: 제자는 스스로 학불하여 지금에 이르렀는데, 왜 아미타불의 성탄에 대하여 듣지 못했을까요? (慧霖)

답: 아미타불은 곧 법장 비구가 닦아 이룬 것으로, 미타경에서 이르길 : 「아미타불은 성불 이래 지금까지 10겁이다」라고 하였다. 다시 법장 이 태어난 때에 대하여 설하자면, 무량수경에서 이르길 : 「과거 무량부사의무앙수겁(無量不思議無央數劫)에 …… 대국왕이 있어 세요왕 이라 이름하였고 …… 나라를 버리고 사문이 되어 법장이라 일렀다」 고 하였다. 이와 같이 오래되어, 연을 오히려 알 수 없는데, 어떻게 그 일월을 알겠는가. 지금 사람들이 음력 11월 17일을 미타의 성탄 일로 삼는 것은, 전해오는 영명대사의 탄신일을 빌려 미타를 기념하 는 것이다.

제442조

문: 젊어서부터 늙을 때까지 오직 염불하여 서방에 태어나길 구하는 것

과, 한가할 때 불리(佛理)를 약간 연구하는 것, 진력을 다하여 중생을 구탈(救脫)하게 하는 것은 어떤 방법이 좋은지요. 어떻게 다른지요. (慧性)

답: 보리심을 발하는 것이 정업(淨業)의 정인(正因)으로 염불은 위로 불도를 구하는 것(上求佛道)이고, 이치를 연구하는 것은 법문을 널리 배우는 것(廣學法門)이며, 중생을 구탈(救脫)하는 것은 아래로 중생을 제도하는 것(下度衆生)으로, 이 세 가지가 바로 보리심이다. 응당 함께 존중해야 하며 우열을 가늠할 수 없다.

제443조

문: 정과(定課) 염불시에 망상심이 계속 현출하는데, 마음은 부처님을 생각하지 않고, 귀는 부처님 명호를 듣지 않으며, 염을 하는 날이 오래가지 않고, 역시 염을 여러 번을 하지 않습니다(약 1,000성 정도를 염함). 많이 염하면 비로소 망념을 끊을 수 있는 것은 압니다. 단 시간이 없는 이와 같은 자는 단지 선연(善緣)만 심을 수 있을 것인데, 역시 서방에 왕생할 수 있습니까? 현재는 일이 매우 혼란하고 마음이 아주 무거우니, 잠시 일이 적어지기를 기다렸다가, 바로 정념(定念)을 개시(開始)하는 것이 좋습니까? (慧性)

답: 지심으로 10념을 해도 역시 왕생이 가능한데, 하물며 일과(日課)에 1,000성을 함이겠는가. 범부가 집에 머무르면 어찌 일이 없을 수 있겠는가. 만약 일이 적어지기를 기다려 다시 염한다면, 즉 영원히 염할 수 있을 때가 없을 것이다. 스스로 기회를 봐서 시간을 이용해야 하는데, 일을 할 때에는 몸과 손을 이용하고, 염불은 마음과 입을 이용한다. 정과(定課)는 단지 30분 일찍 일어나 곧 그대로 할 수 있고, 산과(散課)는 시간과 장소에 따라 모두 집행할 수 있으니, 마음이 산란하든 아니든 항상 계속 염해 가는 것이 좋다.

제444조

문: 또 보문품 중에 :「만약 여자가 아들을 구하고자 하여 관세음보살님

께 예배공양하면 곧 복덕과 지혜를 갖춘 아들이 생기고, 딸을 구하고자 하면 곧 단정하고 아름다운 여자가 생긴다」라고 하였습니다. 보살은 바로 중생을 제도하여 서방에 왕생하게 하시는데, 어찌 중생을 제도하여 사바세계에 태어나게 합니까? (陸天養)

답: 서방에 태어나는 것은 반드시 법을 듣고 믿고 닦아야 바야흐로 성취할 수 있다. 그 중생이 단지 인천(人天)의 복보만 닦고, 출세간의 대심(大心)을 발하지 않는 자는 스스로 사바를 벗어날 수 없다. 보살은 곧 이런 부류의 중생으로서 아들을 구하고 딸을 구하는 사람에게 주신다 ; 실제로 이 중생은 불연(佛緣)이 익지 않아 본래 사바에 있는데, 잠시 동안 권지(權智)를 행하여 구하는 사람의 심원(心願)을 만족시키는 것이지, 아울러 중생을 제도하여 사바세계를 벗어나도록 하는 것은 아니다.

제445조

문: 부처님께는 삼신이 있는데 : 1. 석가불, 2. 대일여래불, 3. 미타불입니다. 실제 한 부처님의 덕은 세 가지 체(三體)로부터 흘러나오는 바입니다. 대일은 석가의 법신이고 ; 석가는 대일의 화신입니다. 역시 나뉘어 : 석가교, 대일교, 미타교 3교입니다. 미타의 몸으로 삼는 것은 도대체 어떤 몸입니까? 석가교와 대일교는 어찌 이해해야 하는 바입니까? (管新盤)

답: 이것은 밀가(密家)의 설인데, 석가교는 곧 현종(顯宗)이고, 대일교는 곧 밀종(密宗)이며, 미타교는 곧 현밀쌍융(顯密雙融)의 정토종이다. 이미 대일은 법신이고, 석가는 화신이며, 미타는 스스로 보신이라 일렀다.

제446조

문: 정토종은 무량수경, 관무량수경, 아미타경의 삼경을 으뜸으로 삼고, 염불을 준수하여, 타력을 빌려 해탈을 구합니다. 우리들 어리석은 자들은 시간과 사무 관계 때문에 양종의 수경(壽經)을 독송할 수 없

어, 소미타경147)과 염불에 전념합니다. 임종시에 만약 일심불란하더라도 무량수경을 읽지 않은 것에 위배되는 것입니까? 정토에 왕생할 수 있습니까? (管新盤)

답: 정토삼경은 각자 그 용도가 있다. 무량수경은 주로 육도만행을 널리 닦고, 관무량수경은 주로 마음으로 관상(觀想)을 지으며, 아미타경은 주로 일심으로 지명(持名)한다. 교리를 연구할 때 널리 배우는 것도 무방하고, 법을 닦을 때는 전일(專一)한 것이 귀하다. 만약 미타경에 의지하여 항상 지명을 하면 결정코 왕생한다. 하물며 일심에 도달하도록 지닐 수 있으면, 다시 천 번 타당하고 백 번 온당하다.

제447조

문: 일반 거사들은 현재 국가를 위해 복무하는데, 부처님의 교시(佛示)에 대하여 해탈법문을 구하는 것은 세속의 자질구레한 일이 몸을 얽어매어 봉행하지 못합니다. 매일 염불 후 미타경을 염송하는 외에 시종 부처님께서 교시한 법문을 봉행할 수 없습니다. 정토에 왕생할 수 있겠습니까? 〔이것은〕 거사계(居士戒)를 범하는 것입니까? (管新盤)

답: 매일 미타경을 염송하고 염불하는 것은 곧 불법을 봉행하는 것이다. 몸이 함원전에 있는데, 하필 다시 장안을 묻는 것인가. 거사계를 말하자면, 곧 별도의 일로 모름지기 다른 이를 의지하여 바로 받아야 한다. 현재 비록 수계를 받지 않았더라도 무릇 불자라면 살생, 도둑질, 사음, 음주는 반드시 발심하여 스스로 경계해야 할 따름이다.

제448조

문: 염불인은 의심을 끊어 없애지 못하였기 때문에 믿음이 견고하지 못하여서 변성(邊城)에 왕생합니다. 만약 변성에 왕생한다면, 부처님의 접인이 있습니까? 아니면 자기가 왕생하는 것입니까? (智梁)

답: 화불(化佛)이 접인하지만, 연꽃이 피지 않았을 따름이다.

---

147) 불설아미타경을 소아미타경이라 칭하기도 한다.

제449조

문: 고덕께서는 항상 정업(淨業)의 공(功)을 이루어, 평시나 임종시에 매번 미타를 보거나, 관음, 세지 혹 제 보살을 보았습니다. 우리들이 항상 보지 못한 이의 이름을 알 수 있는 자가 누가 있겠습니까? 반드시 소개하는 사람이 있어야 곧 인식할 수 있습니다. 만약 부처님과 보살님이 갑자기 오셔도 결코 소개하는 사람이 없고, 역시 자기 소개도 없다면 어떻게 인식할 수 있겠습니까? 착오하지 않는다고 보증할 수 있습니까? (智梁)

답: 삼성(三聖)은 곧 자신의 평소 의념(意念)이 이미 오래되어 이룬 상(相)으로, 그때 당연히 생각처럼 나타나지만, 더욱 장엄할 따름이다. 다시 하나의 비유를 들자면, 꿈속에서 본 사람은 결코 소개가 없어도 가끔 그 이름을 아는데, 이유는 이것과 동일하다.

제450조

문: 제 벗이 종교적 신앙을 일깨워 주었는데, 자심(自心)으로 신념(信念), 지행(持行), 학불(學佛), 염불(念佛)할 때에, 마음은 원숭이처럼, 뜻은 말처럼 보리과(菩提果)의 뜰을 침범하여 어지럽힙니다. 이것은 장애가 깊고 업이 중한 것입니까? (黃重富)

답: 장애가 깊고 업이 중한 사바의 사람은 대체로 모두 그러하며 거사뿐만이 아니다. 염불심이 산란한 것은 공부가 역시 아직 얕기 때문이다. 마땅히 합리적이어야 하며, 빠른 효과를 구함으로써 조급해서는 안 된다. 오직 마땅히 염할 때 한 자 한 자 청초하게 하여 스스로 한 자 한 자 청초하게 들어야 한다. 다시 1에서 10에 이르기까지(한 호흡에, 3번·다시 3번·후에 4번) 수를 세는 것이 청초하여, 오래오래 하면 스스로 능히 일심이 될 수 있다.

제451조

문: 동토에 태어나기 어렵고(東土難生), 사람으로 태어나기 어려우며, 불

법을 듣기 어렵고, 고명한 스승을 만나기 어렵습니다. 저는 동토에 이미 태어났고, 사람 몸을 이미 얻었고, 불법을 약간 들었는데, 고명한 스승은 아직 만나지 못했습니다. 석문(釋門)에 들어와[148] 진리를 닦고, 육도윤회의 고통을 멀리 여의려 하는데, 집안 형편이 곤궁하고, 집안일이 몸을 얽매입니다. 납복(納福)의 연은 없는 것입니까? (黃榮富)

답: 동토(東土) 두 자는 잘못 기억하는 것으로, 곧 「중국난생(中國難生)」이고, 중국은 한 국가의 중심을 가리키며 변방과 구별된다. 정토법문은 스승이 있으면 확실히 좋지만, 스승이 없어도 역시 책을 보고 스스로 수행하면 성공은 출가자에 한정되지 않는다. 단 기꺼이 발심한다면 모름지기 장소를 택할 필요가 없다.

제452조

문: 밤에 잠을 잘 때 망상이 갑자기 생겨, 생각하면서 생각하지 않고, 생각하지 않으면서 생각합니다. 왕왕 마군이 언제 어디서나 영산의 장소를 공격하는데, 창졸간에, 부처를 잡았다가 물러나고, 쉬었다가 다시 오는데, 정신쇠약입니까? 혹은 계(戒)와 정(定)을 아직 수지(持)하지 못한 것입니까? (黃榮富)

답: 이것은 오히려 공부가 얕은 현상으로 정신쇠약이고, 역시 계정에 힘이 없는 것이다. 잠잘 때 마땅히 ('나무'를 염하지 않고 아미타불) 사자홍명(四字洪名)을 묵지(默持)해야 하며, 마가 있거나 없거나 상관하지 말고, 오직 깨어 있을 때 곧 수지(持)한다.

제453조

문: 아미타경에서 이르시길 : 「그 국토의 중생은 항상 새벽에 각자 바구니에 미묘한 꽃을 가득 담아 타방의 십만억 부처님께 공양하고, 곧 식사 때까지 본국으로 돌아와 식사 때 경행을 한다」고 하였습니다. 극락세계는 삼계를 벗어난 성역인데, 어찌 식사의 욕구가 있습니까?

---

148) 출가하여

부처님께서도 항상 식사를 하고자 하는 욕구가 있습니까? 그 의문을 풀어주시기 바랍니다! (葉普開)

답: 범부의 세계인 색공(色空)[149] 두 가지 하늘(天천)도 항상 식욕이 없는데, 어찌 부처님께 여전히 식욕의 이치가 있겠는가. 극락세계의 음식은 첫째는 대업왕생하여 습기가 끊어지지 않은 중생에게 나타난 것으로, 그러나 역시 의식(意食)이다. 둘째는 육진설법(六塵說法)으로서 이 땅의 중생들에게 〔극락세계에 대하여〕극히 기뻐하고 〔사바세계에 대하여〕극히 싫어하는 마음을 일으키게 함이다.

제454조

문: 혹 금강경은 무상(無相)이고, 정토는 유상(有相)이라는 두 가지 법은 어떻게 서로 융합할 수 있습니까? (林夢丁)

답: 겨우 수행법을 시작하는 것만 다를 뿐이고, 단 정토의 적광은 역시 무상(無相)이다. 이것은 모두 일진법계(一眞法界)인데, 어찌하여 융합하지 못하는 점이 있겠는가?

제455조

문: 마술(魔術, 주음走陰의 부류와 같음)은 감히 지옥의 모습을 관하는데, 어찌하여 감히 극락세계의 모습은 관하지 못하는 것입니까? (呂慧良)

답: 외도(外道)의 지혜는 오로지 높은 것이 천당이고, 낮은 것은 지옥이라고 안다. 높은 것은 스스로 갈 수 없음을 알기에, 오로지 이러한 지옥 귀신들의 이야기를 말하는 것을 좋아하고, 어리석은 사람들을 속이는 것이다. 극락세계를 관할 수 없는 것은 그가 불경에 대하여 조금도 이해하지 못한 것이다. 또 어찌 말로써 도(道)를 취하겠는가.

제456조

문: 관경 중에 관세음보살께서는 육도에 광명을 놓아 육도중생의 고액

---

149) = 색계천과 무색계천

을 구하십니다. 그럼 삼악도의 중생에 대하여, 도대체 보살께서는 그들을 구하여 어느 곳에 머물게 하십니까? (呂慧良)

답: 모름지기 그 업력과 오래된 근(凤根)의 깊고 얕음에 따라 정해진다. 악업이 얕고 숙근이 두터운 자는 역시 단번에 윤회를 벗어나고, 그 반대의 경우에는 즉 차례로 점차 초월한다.

제457조

문: 지명염불은 염이 일심불란에 이르면 곧 부처님을 나타내는 것(現佛)을 할 수 있는데, 일심불란을 할 수 없으면 왕생은 불가능한 것입니까? (白潔卿)

답: 부처님을 나타내는 것 여부를 불문하고, 일심에 도달할 수 있으면 스스로 가장 좋은 경계이다. 설사 일심에 도달할 수 없어도 오로지 임종에 정념(正念)이 분명하다면 역시 왕생할 수 있는데 단 품위가 높지 않을 따름이다.

제458조

문: 지명염불 외에 필수적으로 부처님의 위덕과 상호, 갖가지 광명, 극락세계의 갖가지 장엄을 생각하고, 차례로 관상(觀想)하여 관(觀)이 성취될 때, 능히 서방에 왕생할 수 있습니다. 만약 관(觀)이 이루어지지 않거나, 단지 상호광명, 극락세계 팔공덕수, 혹은 여러 보배로 이루어진 줄지어 선 나무, 혹은 여러 새의 음성을 관(觀)한다면, 마찬가지로 관(觀)이 성공할 수 있습니까? 이러한 관법(觀法)은 합리적입니까? 왕생이 가능합니까? (白潔卿)

답: 지명(持名)과 관상(觀想)은 원래 다른 일이다. 고인께서 일찍이 같이 수행(兼修)할 것을 주장하였으나, 뒤로 오면서 점차 구분하여 수행할 것을 주장하셨다. 곧 지명을 하는 자는 관상을 겸하는 것이 불필요하다. 단지 상호광명 등을 생각하는 것은 역시 매우 합리적으로 곧 제13 잡상관(雜想觀)의 방법으로, 이사(理事)가 어긋나지 않는데, 어찌 왕생하지 못하겠는가.

제459조

문: 용서(龍舒)[150]의 정토문(淨土文) 중에 주(咒)를 지니는 것은 「12만 편을 채우면 곧 보리의 싹이 생기고, 13만 편을 채우면 곧 아미타불을 친견한다」라고 말하였는데, 이것은 염불로 입정(入定)하는 것과 한 가지 도리입니까? (許炎墩)

답: 이것은 역시 기한을 정해 놓고 증득을 구하는 한 방법인데, 지명의 1일에서 7일까지와 같은 뜻일 따름이다.

제460조

문: 아미타경 중 「지금 현재 설법하고 있다」는 일구가 있습니다. 이것은 언제 어디서나 생각 생각이 안정된 처지(寧靜地步)에서, 경중의 미묘한 경계를 관상(觀想)하는 것이 바로 법을 듣는 것입니까? (張廷榮)

답: 소미타경은 아직 관(觀)을 짓는 것을 가르치지 않았는데, 이와 같이 착상(著想)하는 것은 불필요하다. 이 구절은 오늘 미타 역시 바로 극락에서 설법하고 계심을 말씀하신 것에 불과하다.

제461조

문: 게(偈) 중에 「제가 지금 크게 귀의하여(我今大皈依)」 구절이 있습니다. 만약 단지 귀의(皈依) 두 자라 하더라도 즉 학인은 역시 그 뜻을 서툴게 알 뿐인데, 지금 「대(大)」 자를 추가한다면 그 뜻은 어떤 것입니까? (陳如德)

답: 이것은 세 가지 뜻이 있다. 하나는 부처님의 법신이 법계에 두루 가득하니, 나의 심원(心願) 역시 그것을 따라 법계에 두루 가득하다는 것이다. 무량수경우바제사원생게(無量壽經優婆提捨願生偈)[151]에서 이른 것같이, 「진시방에 귀명하옵니다(歸命盡十方)」, 이것이 그 하나의 예이다. 둘은 고덕께서 이르길 : 아미타불에 귀의하는 것은 곧 일체

---

150) 왕용서 거사(왕생집, 2012, 호미, 194~195쪽 참조)
151) 정토오경일론(비움과소통) 간에 번역문이 실려 있음

제불께 귀의하는 것이다고 하였다. 셋은 아미타경에서 이르시길 「저 부처님의 광명은 무량하여, 시방국토를 비춘다」고 하였다. 무량수경과 관경에서 모두 이르길 : 미타 광명 중에 화불이 무수하니, 내가 지금 모두 그것에 귀의한다고 하였다. 이 세 가지 뜻이 있어 대(大)라고 말한 것이다.

제462조

문: 이미 열람한 정토종 고덕의 어록 중에 이르시길 :「극락세계는 순전히 대승보살의 경계이다」라고 하였습니다. 그러면 관경의 상품상생장 중에, 고(苦)·공(空)·무아(無我)·사제(四諦) 등 법을 설하고 있는데, 또 왕생자는 다시 성문소과(聲聞小果)152)를 증득한 자가 있는 것입니다. 그 뜻은 어떠합니까? (陳如德)

답: 담란(曇鸞)대사가 주석하신 〈우바제사왕생게(優婆提捨願生偈)〉에서 이르길:「성문聲聞이 실제로 (삼덕三德 중 오직 낙열반樂涅槃을 증득) 한 것으로 따지면 응당 더욱 불도의 뿌리와 싹(佛道根芽)을 생기게 할 수 없다. 그러나 부처님(미타를 가리킴)께서 본원의 불가사의한 신력(神力)으로 섭수하시어 저곳에 태어나게 하는데, 반드시 응당 다시 신력으로 그 위없는 도심(無上道心)을 생기게 한다. 또 이르시길 :「안락국은 이승(二乘)의 종자를 생기게 하지 않는데, 역시 이승이 와서 태어난들 무슨 상관이 있겠는가」라고 하였다. 이것에 의거하면, 왕생하기 전에 인지(因地)에 있을 때 본래 소승을 닦았으나, 왕생한 후에 실제(實際)에 집착하지 않고, 마침내 작은 것을 돌려 큰 것으로 향할 수 있다. 그러므로 극락은 대승의 근본영역(大乘根界)이라 이른다. 관경을 세세하게 읽으면, 상삼품은 인지에서 모두 대승을 수행하였으므로 왕생 후의 증과가 모두 대승이고, 중삼품은 인지(因地)에서 소법(小法)을 듣고 닦아 왕생 후에 먼저 소승을 증득하고, 하삼품은 왕생 전에 비록 수행을 하지 않았더라도 단지 임종시에 대승을 설하는 선지식을 만나서 왕생 후에, 〔하품의〕 상생자(上生者)는

---

152) 소과성문이란 소승과위(小乘果位)를 증득한 사문(沙門)을 말한다.

초지(初地)에 들어갈 수 있고, 나머지 이발심(二發心)〔즉 하품의 중생과 하생〕도 모두 대승이다. 이 뜻을 알면 이러한 인(因)으로 이러한 과(果)이니 이치는 바야흐로 막힘이 없다. 앞의 뜻을 알면 극락은 필경에 대승계(大乘界)이다.

제463조

문: 미타경 중에 말씀하신 「광장설상(廣長舌相)을 내시어」는 표법(表法)입니까? 실제로 그 혀가 있어 대천세계를 덮습니까? (陳如德)

답: 이것은 두 가지 뜻이 있다. 하나는 부처님의 몸이 대천세계에 가득하여 혀의 모습(舌相)도 자연히 대천세계를 덮는다. 둘은 불음(佛音)이 퍼져 도달하는 곳은 곧 혀의 모습(舌相)이 덮이는 곳과 같다.

제464조

문: 관경 하품하생장에 이르길 :「연꽃이 12대겁(大劫)이 지나야 피는데」, 이 「겁(劫)」은 수가 서방의 일수(日數)입니까? 사바의 겁수(劫數)입니까? (陳如德)

답: 이것은 사바의 겁수를 가리키는 것이다. 경에서 이르시길 「저 불국토는 어둠, 불빛, 일, 월, 천체(星曜), 밤낮의 상(象)이 없어, 역시 세월이 없는 겁수의 이름이다」라고 하였다. 또 선도대사께서 관경사첩소(觀經四帖疏)의 상품중생은 7일에 곧 무생법인(無生)을 얻는다라는 한 단락에서 :「7일이라는 것은 이 세간의 7일을 가리키고 저 국토의 7일을 가리키는 것이 아닌 것 같다」고 말씀하셨다. 이것에 근거하여 사바를 가리키는 것임을 안다.

제465조

문: 노사께서 불칠(佛七)에서 가르치실 때 당부하시길 : 전심염불은 곧 일심불란을 얻을 수 없더라도 또 공덕과 좋은 점이 있다고 하였습니다. 이러한 심리 속에 있는 우리들 염불자는 공덕에 크게 집착하는 것 아닙니까? (王鎭芬)

답: 불칠 가운데 공덕을 말한 것은, 비록 일심에 이르지 못했으나, 역시 망념을 제거한 것이 적지 않다는 것이다. 불칠의 염불(七念佛)을 하지 않은 자와 비교하면, 경계를 얻은 것이 같다고 말할 수 없다. 지금 물건에 비유를 들자면, 일심을 얻은 자는 15일의 보름달과 같고, 일심을 얻지 못한 자는 혹 12~13일의 달과 같다. 초하루나 초이틀의 달과 비교하면 즉 서로 같지 않음이 크다. 이것을 가리켜 말한 바는 세간 유루(有漏)의 복보와 공덕을 말하는 것이 아니다.

제466조

문: 경을 들을 때 이미 부처님은 마음속에 있고, 서방은 곧 눈앞에 있다고 일찍이 말씀하신 것을 기억하고 있습니다. 마음을 한 곳에 모으면 볼 수가 있겠습니까? (慧霖)

답: 보고 못 보는 것은 별개이다. 만약 지심으로 염불하면 이 부처님은 늘 당신의 마음속에 있어 달이 물 위에 비출 수 있는 것과 같다. 만약 물이 탁할 때는 즉 달이 나타나지 않으나, 달이 비록 나타나지 않아도 달이 비추지 않는 것이 아니다.

제467조

문: 염불이 과연 만연(萬緣)을 내려놓는데 이르면 일심불란인데, 신통을 얻을 수 있습니까? (慧霖)

답: 이것은 오히려 일정하지 않은데, 사람마다 개인적 경계가 있다. 설사 신통을 얻더라도 또 염불의 본지(本旨)는 아니니, 이 마음을 절대 가져서는 안 된다.

제468조

문: 염불자가 출산하다 병들어 죽었는데, 왕생할 수 있습니까? (佚名)

답: 단지 정념(正念)이 분명하면 당연히 왕생한다. 질문을 세밀하게 헤아리면, 혹 산부의 몸이 깨끗하지 않기에 부처님께서 더러움을 싫어하여 접인하지 않을 수 있다는 것인데 ; 실은 즉 사람이 출산을 하지

않아도, 역시 깨끗하지 않음에 속한다. 몸의 아홉 가지 구멍에서 나오는 것은 어떤 물건인가? 곧 그 더러움을 알 수 있을 것이다. 단지 산부의 더러움이 나타남은 특별히 명백하게 드러난 모양일 뿐이다. 부처님이 접인하러 오심을 느끼는 것은 순전히 마음에 있는 것이다. 만약 연못의 물이 맑으면, 하늘의 달이 저절로 나타난다. 만약 사람의 몸만 말하자면, 원래 36가지 더러운 물체가 임시로 합쳐져서 이루어진 것으로(假合而成), 근본이 깨끗하지 않은 것이니, 평소에 부처님을 공경함에 목욕하고 향을 바르는 등 여전히 심리(心理)는 청결한 정성을 나타내지만, 몸속의 고름·피·분뇨는 어떻게 씻을 수 있는가.

제469조

문: 진(晉)나라와 당(唐)나라의 고승께서 경법(經法)[153]을 가지고 중국에 오셔서, 이후의 중생은 모두 경법을 볼 수 있기에, 곧 성불하고 왕생하는 것입니다 ; 그러나 시방삼세 일체불은 어떻게 성불하고 왕생하였는지 모르겠습니다. (普慧)

답: 이미 시방삼세 일체불이 계셨고, 시방삼세 일체법이 있었다.

제470조

문: 만약 삼보제자가 공부(工夫)와 경을 들음(聽經)이 없이, 단지 집에서 공과(功課)만 하면서 장기간 채식을 하고 오계를 지켜도 왕생할 수 있습니까? (普慧)

답: 정인(正因)인 일심염불과 조연(助緣)으로 오계를 능히 지킬 수 있으면, 결정코 왕생한다.

제471조

문: 불도(佛徒)가 서방에 초승(超升)[154]하는 발원을 하고, 뜻이 중생을

---

153) 경(經)은 경전으로 인생의 진상을 설명하는 것이며, 법(法)은 방법으로, 우리에게 어떻게 괴로움을 여의고 즐거움을 얻어 원만하게 불도를 이룰 수 있는지 가르치는 것이다.(무량수여래회 편역, 불설대승무량수장엄청정평등각경친문기, 2018, 584쪽)

구탈(救脫)하는 것에 있지 않다면, 자기의 사사로움이 아니겠습니까? 석존의 자비 종지(宗旨)에 어긋나는 것 아닙니까? (管新盤)

답: 이와 같이 마음이 작은 사람은 결코 보리심이 없는 것이다. 당연 석존의 자비 종지(宗旨)에 어긋나는 것이고, 설사 정진하여 왕생할 수 있다고 하더라도 품위는 높지 않을 것이다.

제472조

문: 저의 사부 숙(叔)공 그분의 평일 염불은 용맹정진 공부가 높고 깊었습니다. 다만 임종시에 그분의 부모가 모두 그분의 면전에 와서 곡읍(哭泣)을 하여, 비애(悲哀)가 깊었습니다. 이와 같은 경우에도 왕생이 가능하지 모르겠습니다. (呂順運)

답: 만약 정념(正念)이 산란하지 않으면, 왕생에 걸림이 없다. 단 이러한 환경을 만나 산란하지 않는 것은 진실한 공부가 없으면 도달할 수 없다.

제473조

문: 만약 평시에 가찬(歌贊)을 배울 틈이 있으면 확실히 매우 좋은데, 만약 틈이 없어서 오히려 염불을 하고 가찬을 배우지 않는 것도 역시 가능합니까? (呂順運)

답: 가찬은 곧 예의(禮儀)의 일종이고, 염불은 곧 수도(修道)의 주체이다. 가찬을 배우지 않아도 결코 안 될 것이 없다.

제474조

문: 삼십육만억일십일만구천오백 동명동호(同名同號) 아미타불과, 법계장신(法界藏身) 아미타불과, 극락국토 아미타불, 그것은 같은 아미타불입니까? 각자 어떤 인연인지 그것을 풀이해 주시길 바라옵니다! (呂順運)

답: 기왕 동명동호를 말씀하신 것은 당연히 한 분이 아니라는 것이다.

---

154) = 극락왕생

이것은 세존이 사람들에게 시간을 절약하면서 여러 부처님을 염하는 방법을 가르치신 것이다. 법계장신 미타는 곧 미타의 법신이 법계에 두루 미침을 말씀하신 것으로 감응(感應)에 따라 나타난다. 극락의 미타는 비록 별개의 일존(一尊)을 말씀하신 것이나, 만약 법계신 강설에 준거하여, 여러 가르침의 동명동호자(同名同號者)와 하나로서 다르지 않다고 설해도 또 부득이하다. 극락세계의 미타의 인연은 무량수경에 자세하게 실려 있는데, 문장이 많아 〔여기서〕 상세하게 서술할 수 없다.

제475조

문: 「유심정토(「唯心淨土)」 이것은 마음이 지옥이 될 수 있고, 천당이 되는 것을 나타내기 때문에 정토 역시 마음 밖으로 벗어나지 않는다는 것입니까? 「자성미타(自性彌陀)」는 자기의 불성(佛性)을 가리키는 것입니까? (呂順運)

답: 그렇고, 그렇다.

제476조

문: 재가거사가 불교의 교리에 밝지 못하고 또 교육을 받은 적이 없으며 성품이 우둔한데, 열반에 들어가려고 하면 어떤 방편의 법이 있겠습니까? (王慧錦)

답: 정토법문은 세 가지 근기를 두루 가피한다(三根普被). 한 마디 미타는 오로지 깊은 믿음(深信)과 간절한 발원(切願)이 있으면, 생각 생각이 떠나지 않아(念念不離), 서방에 왕생하니 곧 열반과 같다. 이것이 가장 지름길이고 다시 온당한 방법이다.

제477조

문: 서방에 왕생하는 것은 신체가 이미 화생(化生)이기 때문에 손으로 만질 수 있는지 모르겠는데, 형질(形質)이 있을 수 있습니까? (慧霖)

답: 경(經) 중에 팔공덕수에 목욕을 하고, 바구니에 미묘한 꽃을 가득

담고, 발은 연꽃을 깔고, 누각 위를 날아다닌다고 하는데, 어찌 모두 형색이 아니겠는가. 만지면 당연 형(形)이 있다. 꿈속에서 몸과 같이, 비록 뜻과 생각(意想)에 속하나 일어나고, 행동하고 닿고 만지니, 오히려 질감(質)이 있는 것과 비슷하여, 능히 작용을 일으킬 수 있음을 이해(思悟)할 수가 있다.

제478조

문: 미타를 염하는 것은 미타의 원력을 빌려 왕생을 하는 것인데, 자기의 이름을 염하는 것도 왕생이 가능합니까? (佚名)

답: 무량수경에 의거하면, 미타는 인지(因地)에서 법장 비구였을 때 이미 210억 불찰의 장엄한 모습을 뽑아, 5겁을 수행하여 닦아서, 바야흐로 극락정토를 이루었다. 다시 48대원을 발하여, 오로지 염불중생을 접인한다. 〔이러한 것은〕 모두 세자재왕불의 수기(授記)와 인가(印可)를 받았다. 질문을 하는 거사의 땅은 어디에 있는가? 어느 곳에 왕생하겠다는 것인가? 말한 바대로 역시 극락왕생을 희망하면서, 기왕 자기 이름을 염한다면, 이것과 미타의 원력은 관계가 없는데, 어찌 감응이 있겠는가. 이것은 콩씨를 뿌리고, 오이가 나기를 바라는 것이다.

제479조

문: 염불을 의심하는 사람은 변지(邊地)에 왕생하여 오백 년이 지나야 부처님을 뵐 수 있습니다. 만약 바로 깨달은 자는 수시로 부처님을 뵐 수 있습니까? (林慧蘭)

답: 오백 년이라는 것은 최장 시간을 언급한 것일 따름이다. 인생을 100년이라 이르지만, 실제로 1세 2세, 10년 20년에 모두 죽는 사람이 있다. 변지(邊地)에 처한 자가 만약 깨달음이 있으면, 수시로 〔연〕꽃이 피어 부처님을 뵐 수 있으며, 500의 수(數)를 기다리지 않는다.

제480조

문: 변지(邊地) 연화에 태어나는 태생(胎生)과 인류는 같은 것입니까? (林慧蘭)

답: 〔무량수경에서〕 태(胎)〔에 비유한 것〕은 부자유함에 대한 비유로, 실제로는 〔변지에 태어나는 것도〕 역시 연화화생일 따름이다.

제481조

문: 불가에서 중생은 평등합니다. 극락세계는 계급을 구분하여 각자 수도과(修道果)에 있어 차별이 있는데 어찌 평등하지 않습니까? (林慧蘭)

답: 중생은 모두 불성을 갖추고 있어, 인지(因地)에 있을 때와 구경과위에 있을 때에, 불평등이 없다. 단지 수증(修證) 과정 중에 인연을 만나는 것과 부지런하고 게으름에 따라 갖가지 다름이 있으므로, 과(果)를 취하는 등급의 돈점(頓漸)이 고르지 않음이 있다. 만약 정진(精進)을 추가한다면 모두 일생보처에 도달할 수 있는데, 어찌 차별이 있겠는가?

제482조

문: 아미타불 법문(삼장십이부경三藏十二部經을 포괄하여)은 대자대비가 어떤 것들을 포괄하는지 모르겠습니다. (周慧德)

답: 무릇 두루 중생의 고통을 뽑아버리고 두루 중생에게 즐거움을 주는 것이 곧 대자대비이다. 삼장의 경전은 구구절절 이것을 설하지 않음이 없다. 이것은 대자대비라고 말할 수 있는데, 세간과 출세간의 일체만법을 포괄한다. 삼장십이부는 경의 본체(體)이고 대자대비는 경의 작용(用)이다.

제483조

문: 육조(六祖)께서 이르시길:「동방인은 죄를 지어 염불로 서방에 왕생을 구하는데, 서방인은 죄를 지으면 염불로 어떤 국토에 태어나길

구하겠는가.」라고 하셨습니다. 이 점의 뜻이 어디에 있는지 모르겠습니다. (林夢丁)

답: 아미타경 중 분명하게 설하시길:「중생이 왕생하면 모두 아비발치이다」. 이것에 근거하면 서방인은 어찌 다시 중하게 죄를 지을 이치가 있겠는가? 육조께서 어찌 〔이것을〕 모르셨겠는가. 이것은 선가학인(禪家學人)들에 대한 방비로서, 자심(自心)을 구하지 않고 전수(專修)할 수 없음에 대한 방편의 언어일 따름이다. 정종학인들은 오해하면 안 된다.

제484조

문: 불가의 수행은 단지 염불만 하니 너무 소극적임을 면하지 못하는데, 만약 전세계가 모두 모두 염불만 하면 곧 갖가지 사업이 발달할 수 없지 않겠습니까? (張慶祝)

답: 염불은 심성(心性)을 수참(修參)하는 것으로 배움(學)에 속한다 ; 사업을 발달시키는 것은 바로 찰토(刹土)를 장엄케 하는 것으로 군생(群生)을 이익하게 하니, 행(行)에 속한다. 염불을 비유하자면 유가에서 격치정성(格致正誠)할 수 있는 것과 같고, 사업을 발달시키는 것은 수제치평(修齊治平)과 같다. 배움이 있어야 바야흐로 행을 시작할 수 있고, 마음이 단정해야 바야흐로 중생을 이익하게 할 수 있다. 극락정토는 법장 비구가 정근(精勤)으로 구하고 찾아, 공경하고 신중하게 닦고 익혀서, 5겁을 채워 성취한 바이다. 〔극락정토의〕 갖가지 장엄은 일체 불찰(佛刹)을 초과하고, 오로지 중생을 이익하게 한다. 염불이 곧 학불(學佛)이니, 불도들이 모두 법장 비구의 모범을 따른다면, 〔이것은〕 행이 소극적인 것인가 아닌가? 사업발달인 것인가, 아닌가?

제485조

문: 관세음보살은 서방삼성(西方三聖)의 한 분으로 아미타불께서 중생을 구도(救度)하심을 보조합니다. 어떤 사람이 일심으로 관세음보살 성

호를 칭하면 그 사람의 장래 왕생은 어떠합니까? (達文)

답: 만약 서방에 왕생을 구하는 것을 발원하고 관음 성호를 염한다면, 역시 왕생이 가능하지만 단 매우 법답지 못하다. 정토삼경은 모두 미타성호를 지념(持)할 것을 가르치기 때문이다. 서방왕생을 구하지 않고 별도의 원(願)으로 관음 성호를 염하는 자는 마땅히 왕생하지 못하는데, 〔극락왕생에 대한〕 원이 없기 때문이다.

제486조

문: 시작이 없는 무명(無明)은 곧 끝이 없는 무명입니다. 염불하여 서방에 태어나는 것은 영원히 윤회를 벗어날 수 있어 바로 무명의 끝입니다. 이것은 끝이 있는 것이 아니겠습니까? (李銘榮)

답: 무명은 오로지 시작이 없다라고 말할 수 있을 뿐 끝이 없다고는 이를 수 없다. 제 미혹을 모두 끊으면 곧 무명이 끝나는 때이다. 단 서방에 왕생하는 자는 끊어 없애는(斷盡) 자가 있고, 끊어 없애지 못한 자가 있다. 대업왕생이라 말한 것은 곧 끊지 못한 부류이므로, 서방왕생을 윤회에서 탈출하였다고 설할 수 있으나, 무명이 끝났다고 설할 수는 없다.

제487조

문: 부처님은 무가애(無罣礙)이신데, 아미타불께서는 중생제도를 발원하시어 저 부처님을 염하는 자를 접인하여 왕생하게 하십니다. 이것은 유가애(有罣礙)가 아닙니까? (李銘榮)

답: 아직 이혹(二惑)을 끊지 않았으면, 대비심을 발하여 중생을 구도하는 것을, 애견대비(愛見大悲)라 이름한다. 이것은 인아상(人我相)에 집착하여 일으키는 것으로 오히려 허망하고 부정(不淨)한 것에 속한다. 부처님의 지혜는 대원경(大圓鏡)과 같아, 비록 삼라만상이 오더라도 곧 응하여 나타내고, 실체가 곧 공으로 집착하는 바가 없는데 (實則空無所著), 어찌 유가애(有罣礙)이겠는가.

제488조

문: 염불인은 매일 정진, 실행하는데, 만일 장애가 있으면 사후에 변지 (邊地)에 왕생합니다. 변지에 이르면 마음이 염불을 알면 500년 후에 부처님을 뵐 수 있고, 법을 듣는 바가 성취됩니다. 만약 마음이 염불을 알지 못하면 500년 후에 어디로 갑니까? (鍾智)

답: 변지에 왕생하는 것은, 깊이 믿을 수 없어 의심이 있는 사람이다 ; 단 비록 변지에 태어났으나, 이미 사바의 갖가지 악연이 없고, 지혜가 저절로 세속인들에 비하여 백배나 높고 출중한데, 어찌 염불의 도리를 모르겠는가.

제489조

문: 선악업을 지으면 결정코 과를 얻습니다. 만약 바꾸어 옮기는 것 (轉移)이 불가능하다면, 어찌 사람이 죽은 후에 염불, 염경(念經)으로 그를 천도(超度)하게 하고, 업을 바꾸어 왕생함이 가능하도록 하겠습니까? (姚慧芳)

답: **업인(業因)은 단단한 얼음과 같고, 부처님 명호와 경전을 읽는 소리는 뜨거운 해와 같다.** 얼음에 햇빛을 비추면, 항상 얼마씩 녹일 수 있는데, 악인(惡因)은 부처님 공덕의 힘으로 그 성분을 감소시킬 수 있다. 그러므로 마땅히 중한 과(重果)를 맺은 자는 감경을 얻고, 만약 생전에 자기가 닦지 않은 자는 사후에 사람을 초빙하여 천도(超度)하면 곧 서방에 왕생하는데, 쉽지 않을 수 있다.

제490조

문: 서방에 왕생하여 결정코 연화화생(蓮花化生)하는데, 만약 다른 불토에 왕생하면 역시 연화화생입니까? (智梁)

답: 그렇지 않다. 이 세간은 곧 석가의 불국토인데 사람은 태생이다. 유추할 수 있다.

제491조

문: 지장보살께서 중생을 제도하시는데 이 제도는 서방에 왕생하는 것입니까? 아니면 다른 곳입니까? (智梁)

답: 이것은 중생의 원에 따르는데 서방에 한정되지 않는다.

제492조

문: 연종의 초조이신 혜원(慧遠)대사는 삼매의 공(功)을 이루어 정(定) 중에 부처님을 뵈었고, 또 먼저 화생한 자인 불타야사(佛陀耶舍), 혜지(慧持), 혜영(慧永), 유유민(劉遺民) 등이 미타의 옆에서 따르는 것을 보았습니다. 그런데 서방에 왕생한 중생들은 미타의 원력에 응하여 연화화생하여 형태와 모양에 차별이 없습니다. 어찌하여 그 생전의 사람 모습을 식별할 수 있습니까? (江印水)

답: 보여지는 상(相)은 마음속의 옛 그림자가 변하여 나타난 것이고, 오는 상(相) 역시 상대방의 심념(心念)이 응화(應化)한 것이다. 예를 들면 〔참배자들이〕 과거 보타(普陀)〔산〕에서 관음을 뵌 것은 원래 일정한 상(相)이 있지 아니하였다.

제493조

문: 사바세계는 국경과 십법계(十法界)가 있는데, 극락세계 역시 이와 같습니까? (呂正涼)

답: 극락은 평등하고 자유롭고 세계는 대동(大同)하다. 오로지 미타께서는 가르침을 선설하시고, 결코 국경을 구분하고 정부를 세우는 것은 없다. 이 법계는 오로지 사성(四聖)만 있고 결코 육범(六凡)은 없다. 비록 인천(人天)의 이름은 있으나, 〔이러한 설정은〕 나머지 세계〔의 습속〕에 따르기 위한 것일 뿐이다.

제494조

문: 우익(蕅益)대사께서 이르시길 : 서방에 왕생할 수 있는지 여부는 전적으로 믿음과 발원의 유무에 달려 있고 ; 품위의 높고 낮음은 전적

으로 지명의 깊고 얕음에 달려 있다고 하셨습니다. 원영대사님의 권수염불법문(勸修念佛法門) 내에 앵무새가 염불하여 임종시에 서방에 왕생한 것이 기재되어 있음을 볼 수 있습니다.[155] 날짐승이 비록 염불을 말할 수는 있어도 발원이 불가능할 것 같은데, 만약 원력이 없다고 하여도 역시 서방에 왕생할 수 있습니까? (林夢丁)

답: 이 새는 반드시 발원을 하였다. 이 일을 살피면 일찍이 앵무새가 학승(學僧)의 염불을 배웠고 주인이 매우 기뻐서, 스님의 절에 보냈다고 이르고 있다. 후에 스님이 항상 유념(有念)과 무념(無念) 두 종류의 염불법을 가르쳤고, 새가 깨달아 아는 것 같았다. 이것에 근거하면 마땅히 추단할 수 있는데, 스님은 이미 항상 무념(無念)의 최고법문을 가르쳤으니, 어찌 통상 발원의 법을 가르치지 않았겠는가. 새가 깨달아 아는 것 같았고, 또 염불을 기뻐하였으니, 필히 그 눈은 부처님과 스님을 보고, 귀는 패운(唄韻: 찬불하는 운율)을 들었으며, 삼보를 선모(羨慕)하는 마음이 있었다. 선모가 곧 원(願)이다.

제495조

문: 일반 어리석은 남녀는 단지 염불을 할 줄 알지 결코 원력이 없습니다. 이러한 사람도 임종에 서방에 왕생할 수 있습니까? (林夢丁)

답: 결코 서방에 왕생을 구하는 마음이 없다면, 단지 겨우 복보를 얻을 수 있을 것이다.

제496조

문: 정토법문은 한마디 불명(佛名)으로 곧 왕생이 가능합니다. 그러나 불법을 이해하지 못하고, 경전을 연구하지 않으며, 오로지 염불만 알고 타인에 관계하지 않습니다. 여러분들이 모두 이러한데, 어찌 「각자 자기 문 앞의 눈만 쓰는 것(各掃自己門前雪)」이 아니겠습니까? 그러면 장래에 필히 불법을 계속 홍양(弘揚)하는 사람이 없고, 정토법문도 아는 사람이 없을 것 아니겠습니까? (維寶)

---

155) 각주 137) 참조

답: 무량수경(위역魏譯156)에 한정하지 않음)에서 이르길 : 왕생의 정인
(正因)은 보리심을 발하고(곧 사굉서원四宏誓願), 제 금계(禁戒)를 지
니며, 유정을 요익하게 하고, 지은 선근을 모두 그들에게 보시하고,
십선업을 지어, 마땅히 효순해야 하고, 지성으로 충실하게 믿는 것
등이다.

제497조

문: 우리들 범부는 삼독(三毒)이 깊고 중하여, 염불로 서방에 왕생할 수
있으며, 이렇게 쉬운데, 부처님께서는 어찌하여 이외의 많은 법문을
설하였습니까? (智榮)

답: 음식의 입맛은 각자 다르다. 시고, 달고, 쓰고, 맵고, 짜고, 맑은 것
을 필수적으로 구비해야 한다. 하나의 맛으로는 중생의 입에 맞출
수 없기 때문이다. 스스로 중생을 제도하는데 있어 오로지 하나의
법만 사용하는 것은 역시 중생의 근기에 보편적으로 계합할 수 없음
을 알아야 한다.

제498조

문: 시방삼세불 중에 아미타불이 제일이고, 응당 원력도 제일이십니다.
그러나 세자재왕불은 미타에게 수기를 주신 부처님인데, 무엇 때문
에 원력이 미타에 비하여 도리어 작습니까? (李鎔榮)

답: 미타가 제일이라는 것은 역시 겨우 원력 하나에 한정되는 것은 아
니다. 원력의 크고 작음과 관련하여 다시 스승과 학생의 제한을 받
을 수 없다. 청출어람(青出於藍), 빙생어수(冰生於水)로, 제자가 스승
보다 뛰어나고, 본래 이것은 항상 있는 일이다.

제499조

문: 선종은 염불로 왕생을 구하지 않지만, 역시 과위를 증득한 자가 많
은데, 그분들은 어느 곳에 이른 것입니까? (李鎔榮)

---

156) 위나라 시대 때의 번역본

답: 극과(極果)를 증득한 자는 오고감이 없다. 단 이 지위에 이르지 않았으면, 즉 증득한 바에 따라 그 이르는 곳이 있다. 혹 7번 천상도와 인간도를 왔다 갔다 하거나, 혹은 한 번 오고 다시 오지 않는다. **무생법인을 증득한 자는 즉 시방세계에 마음대로 갈 수 있다.**

제500조

문: 다른 법문은 공부가 이루어지지 않으면 증과(證果)를 할 수 없는데, 역시 대업왕생할 수 있습니까? (李鈴榮)

답: 대업왕생은 곧 정토종에서 번뇌와 업을 가지고 불력에 의지하여 극락에 왕생하는 독자적 명사(名辭)이다. 다른 종은 오로지 미혹을 끊고 진심을 증득(斷惑證真)하는 방법을 취하니, 이를 답습할 수 없다. 만약 극락에 왕생 여부를 묻는다면 즉 털끝만큼도 이러한 인(因)이 없는데, 어찌 과(果)가 있을 수 있겠는가.

제501조

문: 저희들은 염불왕생에 대하여 모두 깊게 믿고 의심하지 않습니다. 그런데 어째서 경전에서 편향되게 이것을 **믿기 어려운 법(難信之法)**이라 설하셨습니까? (智海)

답: 많은 사람의 심리는 심오하고 기묘한 일에 대하여 왕왕 이해하고 나서 믿는다. 정토일법은 곧 부처님 과위상(佛果)의 경계로 지전(地前)보살은 오히려 까닭을 이해하지 못하니, 그러므로 믿기 어렵다고 설한 것이다.

제502조

문: 평상시 염불이 이미 삼매를 얻었는데 임종에 이르러 갑자기 열 가지 악연을 만나 염불을 할 수 없으면, 당연히 왕생이 불가능하다고 말합니다 ; 그러면 이 사람은 오히려 육도에 있는데 그 과보는 또 어떤 것입니까? (智海)

답: 삼매의 과(果)를 얻었으면 비록 악연을 만나 염불을 할 수 없더라도

단지 그 심식(心識)이 마침내 거꾸로 뒤바뀌지 않기 때문에 왕생이 불가능한 것도 아니다. 설사 왕생하지 못하더라도 역시 다음 생은 인천(人天)으로 그 복보가 깊고 두텁다.

제503조
문: 문수·보현·마명·용수 등 제대보살은 모두 등각으로, 시방세계에 본래 마음대로 왕생할 수 있습니다. 무엇 때문에 모두 극락에 태어나길 원하는 것입니까? (賴棟梁)
답: 세존의 법을 구현하고 정토를 연설하기 위한 철저한 비심으로, 특별히 모범을 보여서, 권고하고 찬탄하는 것을 도우려는 까닭이다.

제504조
문: 미륵보살은 역시 미타법회[157] 중 세존께서 친히 가르침을 주신 제자인데, 무엇 때문에 극락에 왕생하지 않고 도솔천에 거주하는 것입니까? (賴棟梁)
답: 세존의 부촉을 받아, 계속하여 사바세계에서 성불하고, 오탁예토의 중생을 제도하려는 까닭이다.

제505조
문: 시방보살이 서방에 태어나기를 구하지 않으면, 성불의 과(果)를 완성할 수 있는지 모르겠습니다. (賴棟梁)
답: 만약 자력으로 제 혹(惑)을 끊어 없애는 것을 할 수 있다면, 역시 점차 불과(佛果)를 원만하게 증득하는 것이 가능하다.

제506조
문: 염불은 모름지기 만연(萬緣)을 내려놓는 것인데, 마음속의 원(願)을 어떻게 내려놓을지 모르겠습니다. (賴棟梁)
답: **염불은 만연을 내려놓는 것이다. 바로 일체를 제거하고, 하나의 경**

---

157) = 무량수여래회상

계에 집중(專注)하는 것이다. 염불이 여법(如法)하다는 것은, 소리 소리가 모두 믿음·발원·염불의 결정(結晶)으로 오히려 불·따뜻함·빛 세 가지처럼 불가분이다. 이처럼 원을 내려놓는 것은 불을 취하면서 빛이 있는 것을 원하지 않는 것과 같다. 만약 염불 하나만 제시하고, 믿음과 발원을 가지지 않을 것 같으면, 곧 선가(禪家)에서 화두를 조고(照顧)하는 것과 같아, 이미 정가(淨家: 정토일문)에서 통용되는 법이 아니다.

제507조

문: 평소에 염불은 모름지기 항상성이 있을지라도 임종에 이르러 자신이 몽롱하고 또 역시 조념(助念)이 없어도 왕생할 수 있습니까? (智海)

답: 몽롱은 곧 혼침이다. 임종에 왕생은 정념(正念)이 분명함을 요구한다. 혼침을 예방하라! 오히려 조념(助念)이 온당한데 가정의 불교화가 역시 조념의 선결조건이다.

제508조

문: 목소리를 높여서 하는 염불과 묵념(默念)은 그 얻는 선근에 차별이 있습니까? (智海)

답: 목소리를 높이는 것은 혼침을 제거하고, 또 다른 사람들에게 불명(佛名)을 듣도록 할 수 있다. 묵념은 정(定)에 들어가기가 쉬운데, 환경이 불편한 상황에서 은밀하게 행할 수 있다. 각자 그 이익이 있으니, 상황에 따라 선택하여 사용하되 구애받을 필요가 없다.

제509조

문: 경에서 이르시길: 지장보살 성호를 칭념하는 공덕은 기타 보살의 명호보다 만 배나 뛰어넘습니다. 우리들의 아침저녁 공덕이 이와 같다면, 역시 칭념할 필요가 있지 않겠습니까? (廖一辛)

답: 거사는 본래 정토를 수행하고 있는 것으로 아는데, 지금 지장보살

성호를 칭념하기를 발원할 것 같으면 마땅히 과외(課外)에 별도로 염송해야 한다. 한 가지 법문을 수지(修持)하는 것을 따른다면, 모두 모름지기 법에 의거하여 수행하여야 하며, 마음대로 뒤섞는 것은 부당하다.

제510조

문: 무량수경에서 법장 비구는 세자재왕불께서 210억 불찰토를 설하는 것을 들었고, 법을 설하는 시간은 천억 세가 지났습니다. 당시 법장 비구는 비록 보살도를 행하였지만 오히려 비구의 몸이었는데 어떻게 이와 같이 장수할 수 있었습니까? (廖一辛)

답: 일념은 가로로 팔방을 꿰뚫을 수 있고, 세로로 삼제(三際)에 다한다. 앞 구는 이해하기 쉬운데, 뒤 구는 알기가 어렵다. 경에서 이르길 : 「여래의 정각(正覺)은 그 지혜를 가늠하기 어렵고 장애가 없다. 잠깐 생각(念頃)에 무량겁에 머물 수 있다. 몸과 제근(諸根)은 늘거나 줄어듦이 있지 아니하다. 왜냐하면 여래의 선정과 지혜는 구경에 끝이 없다. 일체법에 있어, 가장 수승한 자재(自在)함을 얻었기 때문이다.」라고 하였다. 이 경문에 기초하면, 설법에서 비록 천억 세를 일렀지만, 오로지 불과 잠깐 생각이 지났을 따름이다. 법장 비구는 당시 부처님의 선정력에 의해 섭수되어, 역시 잠깐 생각에 천억 세에 머물 수 있었다. 여기서 비유를 하나 들어 그 이치를 밝히면, 〈침중기(枕中記)〉에 나온 바와 같이, 누런 조가 아직 익지 않았는데, 노생의 꿈은 마침내 부귀와 공명, 자자손손, 수십 년의 사업을 마쳤다 ; 다시 영화를 상영하는 것같이 역시 수개월의 일이 2시간 내에 상영이 마쳐지는데, 다 유추할 수 있다.

제511조

문: 무량수경에서 법장 비구는 천억 세 동안 법을 들어 장엄불토를 성취였습니다. 5겁을 채워 스스로 범부인 비구와는 같지 않은데, 어찌 비구라 칭합니까? (江印水)

답: 이 경은 전단에서 미타의 과거 인지(因地)에 대하여 많은 말씀을 하시는데, 그러므로 경문에서 비구라 이른다. 후단은 과지(果地)에 대하여 말씀하시는데, 즉 그와 같은 칭호가 아니다. 곧 글을 짓는 자연스러운 방법일 따름이다.

제512조

문: 미타경에서 이르시길: 「적은(少) 선근과 복덕의 인연으로는 저 국토에 태어날 수 없다」는 구절을 말씀하였습니다. 만약 선근과 복덕이 없다(無)면 스스로 부처님의 접인에 감응할 수 없다는 것은 모든 사람이 압니다. 그런데 어찌하여 모름지기 이러한 군말이 있는 것입니까, 안에 다른 뜻이 포함되어 있는 것입니까? (江印水)

답: 이곳의 「소(少)」자는, 무(無)자로 해석할 수 없다. 곧 다소의 「소(少)」자로 해석해야 한다. 뜻을 말하자면: 왕생의 인연은 확실하게 선근과 복덕에 힘입는데, 단지 얼마 안 되는 선근과 복덕으로 요행을 꾀할 수는 없다는 것이다.

제513조

문: 극락세계 모든 일체 인물은 환상인지요. 어떤 사람은 색신(色身)이 있는지요. 지옥도 이와 같은지요. (簡國垣)

답: 우리들의 현재 색신은 곧 환상인데, 상(相)이 비록 있으나 본체는 실제로 공(空)하기 때문이다. 상은 곧 뭇 연(緣)이 화합하여 일어난 것이지만, 그러나 상이 있으니, 스스로 작용을 일으킨다. 그러므로 뭇 연에 의지하여 삼수(三受)가 있어 극락에서 사토(四土)의 구분을 증득한다. 실보장엄토의 인물은 역시 본체가 공하지만 상은 있다. 지옥도 이와 같다.

제514조

문: 송경(誦經)·염불·행선(行善)은 무량공덕이 있어, 재앙을 소멸하고 액난을 해소할 수 있습니다. 그런데 **대아라한인 목건련은 어찌하여**

그 예측치 않은 재앙을 피하지 못하였습니까? (簡國垣)

답: 재앙과 액난은 고통의 과보로 먼저 필히 그 업인(業因)이 있다 ; 소멸시키고 푸는 것는 멸진(滅盡)·전경(轉輕)·제복(制伏)의 세 가지 종류로 간략히 구분할 수 있다. 게(偈)에서 이르시길:「죄가 만약 일어날 때 마음으로 참회(懺)하면 마음이 만약 없어질 때 죄도 역시 없어진다」; 바로 업이 다하고 정이 공한 것(業盡情空)이고, 마음을 찾는 것은 오히려 불가득이라 할 수 있는데, 어떻게 죄가 있겠는가. 이것이 제1종에 속한다. 금강경에서 이르시길「이 경을 독송하여 만약 사람들의 업신여김을 받는다면, 이 사람의 선세(先世)의 죄업으로 응당 악도에 떨어져야 하나, 지금 세인의 업신여김으로 선세의 죄업이 곧 소멸한다」고 하였다. 이것이 제2종에 속한다. **송경·염불·행선의 심력(心力)이 모두 강함을 갖추면, 능히 식전(識田)의 종자가 현행을 일으키지 않도록 할 수 있다 ; 예를 들면 법화경 보문품의〔관세음보살〕성호를 칭하여 임시로 난을 면하는 것이나, 관경의 십념왕생은 모두 제3종에 속하는 것이다.** 목련존자께서 해를 입은 후에 일찍이 사리불 존자의 거처에 이르러, 숙업(夙業)이 매우 심하다고 스스로 칭하였다. 존자께서 조우한 것을 관하여 보면, 이것은 제2종의 전경(轉輕)[158]에 속하는데, 오직 존자의 과(果)가 이미 원만하여, 철저하게 숙명을 알고, 달게 받아들였다. 이것을 빌려 일단의 공안(公案)을 마친다.

제515조

문: 염불로 왕생할 수 있는데, 만약 마음에 여전히 삼독(三毒)을 일으키는 자도 역시 왕생이 가능합니까? (張慶祝)

답: 삼독은 곧 혹업(惑業)이다. 정토법문은 원래 대업왕생이다. **미혹을 비록 끊지 못해도 현재 염불의 힘으로 억제하고, 그것이 현행을 일으키지 못하게 하여(돌이 풀을 누른다石壓草는 말로서 오해해서는 안 된다)[159], 염불의 종자를 성숙하게 함으로써 곧 왕생하게 한다.**

---

158) 업이 가볍게 바뀜

그러나 아직 끊어지지 않은 미혹은 증상연(增上緣)을 더하여 현행을 일으키도록 해서는 안 되며, 만약 현행을 일으키면 곧 왕생에 장애가 된다.

제516조

문: 어떤 사람이 말하길 : '가사 우리들 모두가 서방에 왕생한다면, 이 사바세계는 사람이 없어야 되는 것 아닙니까'라고 하였습니다. (一讀者)

답: 무량세계 중생의 신식(神識)은 업력이 견인함으로 말미암아 상호 내왕하여 이쪽에서 가고 저쪽에서 오는데, 어찌 사람이 없을 수 있겠는가. 설사 사람이 없더라도 역시 그리 아쉬운 점이 있겠는가. 비유하면 감옥 속의 죄수가 전부 사면이 되었는데, 사면된 죄수는 주저하면서 가지 않을 수 있는가. 반대로 스스로 근심하여 말하길 : 우리들이 만약 전부 사면되어 나가면 어찌 감옥이 비지 않겠는가라고 할 수 있는가.

제517조

문: 어느 대학생 그가 말하길, 만약 당신이 먼저 서방에 극락세계가 실제로 확실하게 있다는 것을 먼저 증명하면, 그럼 나는 곧 부처님을 믿겠다라고 하였습니다. 어떤 답을 그에게 주어야 하는지 가르침을 청하옵니다. (廖先生)

답: 실제 문제를 증명하는 것은 종종 같지 않은데, 삼량지법(三量之法)을 밝히는 것을 최상의 논리로 삼는다. 첫째, 「현량(現量)」으로 눈으로 색을 보고, 귀로 소리를 듣는 것같이 이것은 현전에서 실제로 증명하는 것이다 ; 통하지 않을 때에는, 곧 모름지기 제2법 「비량(比量)」을 사용하는데, 비유하면 담을 사이에 두고 연기가 일어나면, 저쪽

---

159) 한편 이병남 거사의 제자인 정공법사님은 염불의 공부성편의 경지를 석두압초(石頭壓草)로 비유하신다.

에 불이 있음을 증거로 아는 것(證知)이다 ; 이 법도 때로 통하지 않으면, 오로지 제3법 「성교량(聖敎量)」을 채용할 수 있는데, 이것은 성인의 말씀에 근거하여 증명하는 것으로, 성인의 말씀은 모두 체험한 사실이기 때문에, 하나가 있으면 하나를 설하고, 둘이 있으면 둘을 설하는데, 결코 사람을 속이는 것이 없다. 수지(修持)가 있는 사람이 극락세계에 바야흐로 도달할 수 있는 것은 현량의 증명이다. 그 다음은 목숨을 마치는 사람에게서 〔때때로〕 갖가지 서상(瑞相)을 볼 수 있는데, 곧 비량의 증명이다. 부처님의 계율은 사람들의 망어를 제지하는데, 스스로 어찌 기꺼이 사람들을 기만하겠는가. 극락세계는 많은 경에 실려 있으니, 스스로 성교량(聖敎量)을 증명하는 것이다. 다시 하나의 예를 들면: 지구의 자전일주는 하루 밤낮이고, 해를 한 바퀴 도는 것이 1년으로, 이것은 과학자들이 공인하는 바이다. 그러나 현량의 법을 사용한다면, 곧 증명할 수 없다. 나는 일찍이 비행기에 앉아 아래를 내려다보았는데, 결코 땅이 도는 것을 못 보았다. 이러한 종류의 지동설은 과학자의 비량으로 증지(證知)한 것에 불과할 따름이다. 나머지 사람들도 믿어 역시 오로지 과학을 숭배하고 과학량을 믿는다(역시 과학자의 성교량이라 이를 수 있다). 다시 말해 기왕 무량한 별(星球)이 바로 무량세계라는 것을 믿으니, 그중 한 세계를 극락이라 설하는 것에 어떤 이상한 점이 없는 것 같다.

제518조

문: 어떤 사람이 말하길 : 염불법문은 노인들의 불교로, 단지 당신들의 간행물은 하필 염불을 홍양한다고 하였습니다. 이것은 우리들 처음 믿는 사람으로 하여금 회의가 일어나게 합니다. 염불법문은 마침내 미신인지 청하여 묻습니다. 마침내 어떤 실제 이익을 얻을 수 있는지요. (王介一)

답: 염불법문을 노인들의 불교라고 하는 것은 곧 그 뜻이 훼방에 있다. 그러나 **이 법문은 석가와 육만 항하사 제불께서 공동으로 선양하고**

계시고, 문수, 보현, 마명, 용수 제대보살이 홍양한 바이며, 혜원(慧遠), 선도(善導), 연지(蓮池), 인광(印光) 조사께서 전승한 바로, 진(晉)의 유유민(劉遺民), 뇌차종(雷次宗), 당의 백락천(白樂天), 송의 문언박(文彦博), 명의 원굉도(袁宏道), 청의 팽척목(彭尺木) 등 제대명유(諸大名儒)들이 준수(遵修)한 바이다. 만약 이분들을 노인이라 한다면, 어떤 사람이 대통가(大通家)인가? 본 간행물이 염불을 홍양하는 것은, 이런 분들의 말씀을 대표하는 것이다. 만약 이런 분들을 언급할 가치가 없다고 한다면, 본 간행물은 말할 필요가 없다. 염불이 만약 미신이라면, 심지어 부처님께서 일대사인연으로 세상에 출현하시어, 팔상성도하신 것 등은 더욱 미신이다. 염불은 구경에 어떤 이익이 있는가 하는 것을 어찌 한 마디 말로 다할 수 있겠는가.

제519조

문: 〔불설아미타경과 관련하여,〕 첫째 유정(有情)은 설법이 가능한데 무정(無情)도 설법이 가능한지 모르겠습니다. 둘째 만약 무정이 설법이 가능하다면 유정이 듣는 것이 가능한지요. 셋째 만약 무정이 설법이 불가능하다면 무엇 때문에 극락세계는 미풍(微風)이 불면 여러 줄지어 선 보배나무가 미묘한 음성을 내어 그것을 듣고 부처님·가르침·스님을 생각하는 것 등을 하게 합니까? (金仁孚)

답: 설법은 입으로 하는 것에 한정되지 않는다. 극락에서 육진(六塵)이 법을 연설하는 것(무정설법無情說法)이 이것이다. 법을 이해하는 것은 귀로 듣는 것에 한정되지 않는다. 날아가는 꽃과 떨어지는 잎을 보고 깨달아 증도(證道)할 수 있는 것이 이것이다.

제520조

문: 영명연수(永明壽)선사께서, 선(禪)이 있고 정(淨: 정토)이 있는 것을 뿔 달린 호랑이로 비유하였고, 근대의 방륜(方倫)거사 역시 선정쌍수(禪淨雙修)를 주장하여, 보험에 의지하는 것을 비유하였습니다. 지극히 온당하고 지극히 타당합니다. 단지 역시 어떤 사람은 선(禪)과 정

(淨)은 비록 쌍수가 가능하지만, 다 갖추지는 못한다고 인식합니다. 어쩌면 한 손으로는 원을 그리고 한 손으로는 네모를 그리다가 둘 다 이루지 못할까 염려됩니다. 도대체 선정쌍수의 법식(程式)은 어떻게 해야 합니까? (鍾鈞梁)

답: 고덕의 설법은 각자 그 기연(機)이 있다. 영명선사의 네 가지 게(四偈)160)는 전적으로 정토를 홍양하는 것이고, 실제로 선(禪)에 있지 않다. 선(禪)을 빌려 두드러지게 하여, 특별히 정(淨)의 온당함을 드러낼 뿐이다! 1게는 선(禪)에 정(淨)이 있으면, 즉 매우 타당하다는 것을 설하는 것이다 ; 2게는 능히 자력으로 홀로 이루는 자가 매우 적다는 것을 설하는 것이다 ; 이것은 분명 돋보이게 하는 문장으로, 제3게의 주장을 강화하여, 정(淨)을 닦는 신심을 굳게 한다. 만약 1게를 정(淨)을 닦는 자가 반드시 선(禪)을 겸하는 것이 좋다고 보는 것이나, 2게를 혹 선(禪)을 억제하려는 것으로 보는 것은 모두 착오이다! 여기서 하나의 비유를 들자면 ; 甲乙 두 사람이 길을 재촉하는데, 甲은 산천지리를 깊이 알고, 또 씩씩하게 잘 걷는데, 겸하여 배나 차를 타서 노고를 줄이도록 권해도 무방하다. 乙은 경로(途徑)를 알지 못하고, 걸음걸이가 비틀거리는데, 이미 배나 차를 탔으니, 곧 다시 걷기를 권할 필요가 없는데, 〔그렇게 하면〕 힘이 더 든다. 방 대거사께서 이른 선정쌍수는, 바로 1게와 甲을 비유한 것과 같은 뜻이다.

제521조

문: 순경 중에 기쁘게 채식을 하면서 염불하기를 3년 동안 하였습니다. 불행하게 환경이 바뀌어 역경 중에서 오신채나 고기를 시작하고, 불호를 지님을 쉬었습니다. 스스로 죄과를 아는데 어떤 법으로 만회하여야 합니까? (頻兆文)

답: 학인은 곧 대장부의 일로, 이미 발심을 하였으면(세상에서는 입지立志라 이른다), 즉 부귀해도 방종하지 않고, 빈천에도 움직이지 않고,

---

160) 사료간(四料簡)을 말한다.

위무(威武)에도 굴하지 않아야 한다. 어찌 역경에서 퇴전한단 말인가? 지금 계획으로는 오직 부처님 전에 지성으로 참회하는 것뿐인데, 오늘부터 채식염불을 회복하고, 과실이 있어도 능히 고칠 수 있으면 선(善)이 막대하다.

제522조

문: 어째서 서방정토에 거주하는 보살은 모두 남자의 몸입니까? 만약 모두 연꽃에서 태어나기 때문에 여자의 몸이 필요 없다면, 즉 남자의 몸도 역시 필요 없고, 보살에 대하여는 남녀를 말할 수가 없습니다. (劉定纖)

답: 〔질문자가〕 말한 것과 같이 믿으면 된다. 남녀는 곧 상대적 명사(名詞)로, 여자의 이름이 없으면 곧 남자의 이름이 없다. 경중에서 말씀하신 서방에 현화(現化)는 모두 남자의 몸이라는 것은 곧 이 세계의 사람의 모습을 따른 것으로 방편으로 말씀을 하신 것일 따름이다.

제523조

문: 법문은 모두 부처님께서 말씀하신 바입니다. 그런데도 종파들 역시 조사와 대덕을 세웁니다. 무엇 때문에 정토를 경시하며, 「염불을 한마디 하면 삼일을 양치질한다」고 하는 것입니까. 어떻게 이해해야 합니까? (林夢丁)

답: 이것은 선가의 조사께서 참선인의 잡수(雜修)를 방비하고자 하는 두기개오(逗機啟悟)[161]의 말씀으로 결코 정토종을 경시하는 것이 아니다. 대략 향상일착(向上一著)은 한 법(一法)도 세우지 않는데, 만약 불(佛)자 하나가 있다면, 오히려 유법(有法)이 되는 것이다. 각 종파는 각 종파의 방법(辦法)이 있다. 만약 〔정토를 경시한 것으로 이해한다면,〕 예를 들어 영명선사의 사료간(四料簡)에서 선(禪)만 있고 정토가 없으면 열 사람 중 아홉은 길을 잃는다는 말씀 또한 어찌 역시

---

161) 두기계오(逗機啟悟): 스승이 가르침의 적합한 근기를 시사하여 깨닫게 함
(출전: https://studybuddha.tistory.com/181, 2023. 5. 6. 참조)

선(禪)을 경시하는 것이 아니라고 할 수 있겠는가? 그 뜻은 실제로 이와 같지 않음이다.

제524조

문: 서방에 태어난 후에 원을 타고 다시 거듭 사바에 들어와 널리 중생을 제도하는데, 그 중 생로병사의 고통은 일반중생과 다름이 있습니까? (周邦道)

답: 만법은 오직 마음뿐이다(萬法唯心). 인간세상에서 유희(遊戲)하는 것은 연극이나 영화에서 슬프고 기쁘며 헤어지고 만나는 것과 같은 것이다. 비록 사실과 가깝기는 하지만 종국적으로 세간 속에서 느끼는 것과는 다르다.

제525조

문: 극락세계에 왕생하는 목적은 양대 요점으로 귀납될 수 있지 않겠습니까 : 첫째 사바의 더러움(穢)을 싫어하는 것과 극락의 깨끗함(淨)을 기쁘게 구하는 것입니다 ; 둘째 극락세계 가운데 있는 것은 아미타불 무상공덕의 감소(感召)를 받아, 선의 종자(善種)를 배양하고 능력을 강화하여, 원을 타고 다시 와 중생을 제도하고 교화하는 준비입니다. 이렇게 설명할 수 있다면, 이 말법시기에 일반 선남녀에게 말할 때, 응당 두 번째 점을 특별히 지시해야 할 것 같습니다. 차례로 만족하게 하여 사람들을 끌어들여 수승한 경지에 들어가게 하고, 믿음을 견고하게 하며, 그 용기를 고무하는데 있어, 겨우 제1점만 말하기 때문에, 듣는 자가 알아차리지 못할 수도 있습니다. 눈치 채지 못하면 너무 텅 비고 끝없이 멀고 넓거나, 혹은 넓고 멀어서 바라보기에 아득한 것에 가깝다고 오해합니다. (周邦道)

답: 정종의 대의(淨宗大義)는 본래 이와 같은데, 경론이 모두 이르고 있지는 않다 ; 보리심을 발하는 것을 정업정인으로 삼는데, 보리심이라는 것은 상구하화(上求下化) 이것이다. 정종의 세 가지 종류의 인과는 해설 역시 극히 분명하다. **염불이 인이면, 견불(見佛)이 과이고**

; 견불(見佛)이 인이면, 성불이 과이고 ; 성불이 인이면, 중생제도(度生)가 과이다. 그러나 후세에는 대승의 근기(根器)가 거의 없어, 설법자는 근기에 맞추어 견해를 일으키니(契機起見), 제1점 성분에 대하여 연설이 더욱 많을 따름이다. 다시 다른 사람을 제도하는 것을 논하는 것은 고사하고, 자기도 오히려 제도하려 하지 않기 때문이다.

제526조

문: 사제(四諦)를 닦으면 아라한과를 증득하고, 아미타불을 염하면 극락에 태어날 수 있습니다. 석존께서는 모두 분별하여 그것을 말씀하셨습니다. 경(經) 중에 비교하여 지시하는 말씀이 있는지 없는지요. 만약 있다면 즉 열반은 동일한데 수지(修持)는 다릅니다. 그 문(門)의 제자들은 어찌하여 모두 어려움을 없애고 쉬움을 취하지 않습니까? (周邦道)

답: 경(經) 중에 곳곳에서 돌아갈 곳을 가리키는데, 어찌 비교가 아니겠는가. 수지(修持)의 도(道)는 해(解)가 있고 행(行)이 있다. 염불은 행문(行門)에 속하나, 역시 염불 때문에 나머지 법을 다 폐지하는 것은 불가능하다. 또 염불이 비록 쉽게 성취하나 오히려 믿기 어렵다. 일체중생의 근성(根性)이 각자 다른데, 또 어찌 일법(一法)을 강제로 행하도록 하겠는가. 그러면 〔부처님께서 여러 법문을 설하여〕 근기에 계합(契機)하고자 하는 뜻에 어긋나지 않는가.

제527조

문: 제가 10년 전부터 이미 「대자대비구고구난 관세음보살」을 두텁게 믿었고, 행주좌와 혹은 번뇌시에 곧 명호를 묵념(默念)하여 중단하지 않았습니다. 그러므로 비록 위난 혹은 꿈속에서 놀라고 공포스러울 때 오히려 한결같이 지념(持念)할 수 있었고, 위험을 벗어나고 악몽에서 깨어나면서, 매번 증험하였습니다. 1949년에 보타(普陀)〔산〕에 와서 곧 출가의 뜻을 세웠으나, 「반타암(盤陀庵)」 어느 스님의 완곡

한 거절과 동시에 관리가 또 허가하지 않아서 원(願)과 같지 않았습니다. 관음보살 성호를 지념함이 이미 오래 되었는데, 모름지기 미타 홍명(洪名)으로 바꾸는 것은 장애가 있습니까? 저의 소견(愚意)에 따라 오히려 관세음보살 명호를 지념(持)하는 것은 어떻습니까? (丘高秀)

답: 관음과 미타는 곧 일가(一家)로 하는 일은 더욱 같다. 오직 일단(一端)을 수지(修持)하여, 가르침에 따라 봉행해야 한다. 경(經) 중에서 무릇 고난과 핍박이 있으면 관음을 염하도록 가르쳤다 ; 뒤에 돌아갈 곳(歸宿)을 구하는 것은 미타를 염하도록 가르쳤다.

제528조

문: (발췌하여 실음) 능엄의 문수보살은 「제행이 바로 무상이고(諸行是無常), 염성은 원래 생멸(念性元生滅)이다」라고 하였는데, 이는 염불의 염성(念性)이 바로 생멸하는 것이라 불생불멸의 원통과(圓通果)를 얻을 수 없다는 것을 설한 것입니다. 저는 정토를 홍양(弘淨)하기 위해 대세지의 삼마지에 들어가는 것을 함께 갖추어야만 무생법인을 얻고 생전에 진여(眞)를 이루는 것이 곧 적절하다는 것에 치중하였습니다. 〔그런데〕 사후 왕생은 어떤 종교에서 하늘에 태어나기를 기도드리는 것과 가깝지 않습니까? 또 응당 아(阿)자를 포함하는 법문은 육도(六度)162)를 수지(修持)해야 합니다. (牛慶譽)

답: 중생은 많은 병이 있다. 의왕(醫王)께서는 많은 법을 열고 닫으시는데, 〔법에는〕권(權)과 실(實)이 있는데, 한 법에는 한 법의 수법(修法)이 있고, 한 법에는 한 법의 묘용(妙用)이 있다. 실제로 법마다 모두 통하는데, 결코 심하게 차이가 없다. 이것은 반드시 정토의 각 경을 융회한 이후에야, 그 연유를 알 수 있다. 거사가 생전에 진여를 이루는 것(成真)에 치중한다고 하였는데, 이「진여를 이루는 것(成真)」은 무생법인을 이루는 것을 가리키는가? 만약 이를 수 있다면 확실하게 매우 좋은 것이나, 천만 인 중 몇 명이나 증득하겠는

---

162) = 육바라밀

가? 또 정토법문은 그 주요 취지가 곧 왕생인데, 거사가 오로지 생전에 치중하길 바라면, 이것은 근본교의(根本敎義)와 부합하지 않는 것으로, 관련 정토 경전을 자세하게 읽어 보면 스스로 알 수 있다. 정토삼경의 왕생은 실제로 천 갈래 만 갈래로, 대략적으로 말하면, 지명(持名)은 모름지기 일심불란을 얻어야 하고, 만행(萬行)은 역시 모름지기 육바라밀(六度)을 고르게 닦아야 하며, 관상(觀想)은 더욱 모름지기 경관(境觀)에 의지하여 이루는 것이다. 어떤 가르침이 진실로 하늘에 태어나는 것인지 여부는 잠시 막론하고, 이와 같은 종류의 공행(功行)이 있는가? 어떻게 예를 들면 비슷한가? 아(阿)자 법문에 대하여는 관(觀)을 취하는 것과 염(念)을 취하는 것에 대하여 말하지 않아, 감히 경솔하게 답을 할 수가 없다.

제529조

문: 〈아미타경의온(阿彌陀經義蘊)〉 제29항은 공부의 일심불란, 삼마지 등의 해석을 말하고 있습니다. 비유하거나 예를 들어 가르침을 주시기를 청하옵니다 : 甲, 삼마지(三摩地) : 1. 어떻게 평등하게 유지합니까? 2. 어떤 것을 경계를 전환(境轉)한다라고 이릅니까? 3. 어떤 것을 정위(定位)라 합니까? 어떤 것이 산위(散位)입니까? 乙, 삼마발저(三摩鉢底) : 1. 어떻게 심신이 편안하고 화평(安和)합니까? 2. 어떻게 이 평등지위에 이르도록 합니까? 丙, 삼마구라치(三摩口羅哆) : 능히 어떤 종류의 공덕을 끌어옵니까? 그 공덕을 끌어오는 것에 별도의 방법이나 혹은 주의점이 있습니까? (大寬)

답: 甲(삼마지三摩地)1은 분별을 일으키지 않고 한 경계에 집중을 유지하는 것이다. 2 곧 경계(境界)의 전변(轉變)을 말하는 것이다. 3 정(定)은 마음이 한 경계에 머무는 것이고, 산(散)은 마음에 반연(攀緣)이 일어나는 것이다. 乙(정위定位)1, 2는 모름지기 「소지관(小止觀)」에 표시된 방법에 따라 수지하여야 바야흐로 도달할 수 있는데, 이것이 어찌 한마디 말로 통할 수 있겠는가. 丙(삼마발저三摩鉢底)은 반드시 미혹을 끊어야 하는데, 기타 경계로는 충분하지 않다 ; 모두

정정(正定)에 따라 얻고, 별도의 취할 법은 없다. 〈미타의온〉에서 인용한 여러 가지를 (따르는 것은), 본래 번잡하고 세밀하여 도달하기 어려우니, 지명의 간단하고 쉬운 행으로 7일에 일심을 얻을 수 있는 것만 못하다. 거사가 모름지기 수행을 하려면 소지관(小止觀)을 취하여, 대덕이 주신 이 법에 대한 깊은 이해를 구하여야, 바야흐로 착오가 없다.

제530조

문: 1.「유정은 씨를 뿌려(有情來下種), 인지의 과로 환생하였고(因地果還生) ; 무정은 이미 씨를 뿌린 것이 없어(無情既無種), 무성이고 역시 무생입니다(無性亦無生)」. [육조단경]의 견행유제일(見行由第一)품의 이 게는 어떤 이치인지 명확하지 않습니다. 2.「미혹한 사람은 염불하여 저곳에 태어나기를 구하는데, (서방의) 깨달은 사람(悟人)은 스스로 그 마음을 깨끗하게(淨) 합니다. 저는 부처님의 말씀을 사용하겠습니다 : 그 마음이 깨끗함을 따르면 곧 불국토가 깨끗하고, 당신이 동방이라도 단지 마음이 깨끗하면 곧 죄가 없고, 비록 서방인이라도 마음이 깨끗하지 않으면 역시 ……」 이것으로부터 알 수 있는데, 서방에 태어나는 것과 서방에 태어나지 않는 것은 큰 관계가 없고, 오로지 마음의 깨끗함을 구하면, 곧 부처님의 정토를 얻을 수 있습니다. 그러나 어떤 무리의 우치(愚癡)한 중생은 반드시 서방에 왕생하려 하는데, 사바가 곧 극락이고, 차별은 마음의 깨끗함과 깨끗하지 않음에 있을 따름입니다. 이 가운데 이치를 연구하면, 반드시 별도의 원인이 있을 것이니, 상세한 답변을 바라옵니다. 3.「만약 무생돈법(無生頓法)을 깨달으면 서방은 오로지 찰나에 있음을 보고, 염불구생(念佛求生)을 깨닫지 못하면 길이 먼데, 어떻게 도달할 수 있습니까.」 그러므로 서방에 태어날 수 있음과 서방에 태어날 수 없음은 오로지「오(悟)」한 자에 있을 따름인데, 왕왕 염불자는 오로지 왕생에 집착하여, 오(悟)자에 계합함을 구하지 않으니, 필경 어째서입니까? (王一清)

답: (앞의 세 가지 질문에 대하여는) 불법은 근원으로 돌아가면 비록 같으나, 시작하는 방편은 곧 다른데, 그러므로 팔만사천 법문이 있다고 말하겠다. 열쇠 하나로 자물쇠 하나를 열듯이 하나의 법문에는 하나의 수법(修法)이 있다. 학인은 반드시 사승(師承)이 있고, 필히 권설(權說)과 실설(實說)을 알아야, 바야흐로 눈먼 수행(盲修瞎練)으로 잘못된 길(歧途)에 빠지지 않는다. 단경(壇經)163)은 선(禪)을 홍양하는 책으로, 결코 정(淨)을 깨뜨리는 책이 아니고, 간혹 정(淨)을 깨뜨리는 말씀은 곧 조사께서 선가(禪家)의 학인을 계오(啟悟)하기 위한, 부득이한 고심이다. 어찌 이것뿐이겠는가? 선가(禪家)는 항상 부처를 죽여라, 부처가 와서 내 발을 씻는다, 죽여서 개에게 먹여라 등의 말이 있었다. 초근기의 학인이 조사의 뜻을 인식하지 못하고, 만약 입에서 나오는 대로 지껄인다면, 인과가 있을 것이다. 거사가 비록 학불(學佛)이 오래되었다고 이르지만, 자세히 물어보면, 선(禪)에 있어 오히려 요점을 깨달은 것이 없으니(無門經), 이것은 매우 위험하다! 정토에 대하여도 더욱 많은 오해가 있는데, 마침내 「한 무리의 우치(愚癡)한 중생은 반드시 서방에 왕생하려 하는데, 사바가 곧 극락이라는 것을 모른다」라고 말한다. 또 「왕생은 오로지 오(悟) 한 자에 있다」라고 이른다. 다시 염불하여 왕생을 구하는 자를 집착 등이라 하여 배척하였는데, 법을 방해하는 것이 극에 달하였다고 할 만하다! 정토의 각 경전은 모두 석존이 말씀하신 바로, 문수·보현·관음·세지 등의 제대보살, 마명·용수 등의 제대조사께서 사람들에게 염불로 서방에 왕생하는 것을 권하지 않음이 없는데, 설마 그들이 모두 어리석은 중생이란 말인가? **육조단경은 틀림없이 존중하면서 석존의 경전은 배척할 수 있는가?** 거사가 깨달음(參悟)을 구한다면, 반드시 먼저 고명한 스승을 방문해야 하는데, 만약 문을 닫고 수레를 만든다면, 문을 나설 때 바퀴자국에 들어맞지 않을 수도 있다. 지금 특별히 충고하면서 문제는 잠시 답변하지 않는다.

---

163) 육조단경

제531조

문: 아미타불의 「아(阿)」자는, 우리나라 사중은 모두 口惡彌陀佛을 염하는데 ; 口惡음이 맞는지요? 현재 소수의 사람이 啊彌陀佛을 염하는 것을 주장합니다 ; 啊음이 맞는지요? 어떤 음을 표준으로 삼아야 하는지 보여주시기를 청하옵니다. (獅山一讀者)

답: 이것은 지면상으로 답변하기가 쉽지 않은데, 비록 「口惡와 啊」 두 자의 발음을 열거하기는 하나, 그러나 이것은 두 자의 발음으로, 역시 남과 북의 같지 않음이 있다. 현재 부득이하게, 「峨」음을 표준으로 삼고 싶다. 모름지기 목구멍에서 발음하고, 평성으로 읽어야 하는데, 능히 「鵝蛾俄訛」 등과 같은 소리로 즉 서로 차이가 없다. 상성으로 읽어, 「愕哈切」로 변하는 것은 불가하며, 이 글자는 범어 자모(悉曇) 12모운(母韻)의 최초의 운(韻)으로, 일체 범자(梵字)의 근원이고 법교(法敎)의 근본이다. 포함하는 뜻이 넓어 정확함을 구하는 것이 옳다.

제532조

문: 〈아미타경의소문지기(讀阿彌陀經義疏聞持記)〉를 읽었는데, 학인이 정토공부를 닦는 것이 얕아 그 뜻을 이해하지 못하니 가르침을 청하옵니다! 다섯 가지 질문은 아래와 같습니다 : 갑(甲), 정업을 닦는 바는 유(有)입니까? 무(無)입니까? 어디에 있습니까? 무(無)는 즉 정신의 낭비에 최선을 다하는 것 아닙니까? 을(乙), 비록 정토를 장엄한다고 이르나 어떻게 장엄하는지 모르겠습니다. 그 모습을 보여주시길 청하옵니다! 병(丙), 임종에 왕생은 신식(識神)이 조용히 멀리 가는 것입니까? 부처님이 오셔서 섭지(攝持)하는 것입니까? 두 가지 모두 있습니까? 정(丁), 왕생하는 사람은 어떤 형상입니까? 유(有)입니까? 무(無)입니까? 둘 다입니까? 무(戊), 이 땅의 음(陰)이 무너지고, 저 땅의 음이 생기는데, 저곳의 음이 생기는 것은 중음과 어떻게 다릅니까? (獅山一讀者)

답: 이것 역시 응당 아래와 같이 구분하여 해설한다 : 갑(甲), 영명대사

의 사료간(四料簡) 중에 「선(禪)이 있고 정토(淨土)가 있다」는 말씀이 있는데, 이것에 근거하여 마땅히 있다고 말해야 한다. 문제는 어디에 있는가? 현재 반문(反問)하여 답을 한다면 : 마음은 처소가 있는가? 죄는 처소가 있는가? 마음과 죄의 소재를 아는 것이 즉 정업(淨業)의 소재를 아는 것이다. 게에서 이르길:「죄가 만약 일어날 때 마음으로 참회한다.」 또 「마음이 소멸하면 죄도 소멸하여 양자가 모두 공(空)하다」고 하였다. 마음이 죄를 지을 수 있으며, 죄가 곧 마음이다. 마음이 정업(淨業)을 지으면, 정업이 곧 마음이다. 만약 반드시 정업의 소재를 구하고자 한다면, 먼저 마음을 찾기를 청한다. 을(乙), 마음이 깨끗하면 국토가 깨끗하다. 청정으로 장엄을 짓는다. 일체공덕은 부처님의 법신이다. 만덕으로 장엄을 짓는데, 이것은 무상(無相)의 상(相)이다. 만약 유상(有相)이라는 것을 구한다면, 극락은 총 29가지 장엄으로 분석되니, 마음대로 하나를 택하는 것도 모두 불가능하지 않다. 병(丙), 제불의 법신은 두루 중생계에 들어가 있다 ; 염불심도 두루 제불의 마음에 들어가 있어, 식신(識神)이 조용히 가면 부처님이 오셔서 섭지(攝持)하는데, 둘 모두 지나치지 않는다(二俱無過). 만약 「가기는 하지만 실제로 가는 것은 아니다(去則實不去)」 네 구를 인용하는 것이 어렵다면, 몽동(夢東)대사께서 일찍이 의혹을 제거하기 위하여 해석한 것이 있다. 정(丁), 혹 체가 공하고 상이 있거나(體空相有), 혹 체와 상이 모두 적정하거나(體相俱寂) 원래 집착함이 없는데, 만약 있는 것을 고집하고 없는 것을 고집한다면 바야흐로 잘못이 있는 것이다. 무(戊), 중음신(中陰身)의 형모(形貌)는 작고, 수명은 매우 짧은데, 미혹되고 어지럽고 전도되어, 유루업력(有漏業力)에 끌려 육도에 태어난다. 어찌 32금상(金相)을 갖추고 광명과 수명이 무량하며 신통이 자재한 일생보처의 뭇 상선인의 상(相)과 비교할 수 있겠는가? (생각건대: 정토삼경에서 가르치신 바와 같이, 모두 극히 직접적인 첩경이고, 바로 진귀한 말씀(結晶語)이다. 만약 반드시 논쟁에서 교묘함을 드러내고(鬥鋒逞巧) 미묘함을 설하고 현묘함을 논해야 한다면, 경전 외에서 번거로움을 많이 찾는 것 같다. 고덕께서 이르시길 : 몸이 함원전에 있는데, 하필 장안을 묻는다고 하셨다. 경의 말씀이라는 것은 함원전 이것이다. 논쟁에서 교묘함을 드러낸다는 것은 장안성 밖의 어떤 산 어떤 물 이것이다. 이런 종류의 법문과 선가(禪家)에서 참구(參究)하여 깨달음(悟)을 구하는 것은 원래 서로 같지 않다 ; 한나절 동안 둘레를 갈팡질팡하였지만, 역시 경어(經語) 한 구절이 기준이다. 곧 경어는 결코 속이지 않는다는 것을 알아야 한다. 만약 눈으로 색(色)을 관찰하면, 어떤 색을 볼 수 있다고 말해도 즉 착오가 아닌데, 만약 필히 그것이 아니라고 한다면, 다시 눈과 색 사이의 아홉 인연, 어떤 「공(空), 명(明), 근(根), 경(境), 작의(作意), 분별, 염정(染淨), 근본, 종자」 등을 상세히 강설해야 한다. 이러한 말이 끝나면, 여전히 눈으로 색을 취하는 하나의 구절이 있다. 한 층은 인연을 설할 뿐이고, 다른 층은 오로지 결과를 설할 따름이다. 바로 경어(經語)는 사람을 속이지 않음을 알아야 한다.)

제533조

문: 석가모니불 역시 삼대아승지겁을 거친 연후에 성불하셨습니다. 그러나 성불하기 전에 연등불께서 그에게 수기(授記)할 때 어찌 정토법문 수행을 가르쳐 성취하게 하시지 않고, 마침내 다함이 없는 오랜 세월의 여러 고통을 겪게 하셨습니까? (智雄)

답: 경에서 기록하기를 다겁 이전에 미타께서 국왕이었고, 석가께서 재상이었으며, 국왕이 발원 후에 성불하여 정토를 성취하여 중생을 안락하게 하였다. 재상이 예토(穢土)에 자취를 보여 성불하고 중생을 제도하기를 발원하였다. 각자 그 원이 있는데 연등불께서 어찌 석존의 본원(本願)을 고쳐 어길 수 있겠는가. 다시 날이 밝으니, 증도(證道) 이후에는 즉 겁파(劫波)도 없고, 역시 고락(苦樂)도 없고, 역시 더러움과 깨끗함도 없다. 석존께서 비록 오랜 겁에 이것을 겪었지만, 그러나 극락은 일찍이 생겼다. **미타가 비록 극락에 거주하시나 이 국토에 오히려 항상 오신다(지자智者, 풍간豊幹, 영명永明이 모두 그 몸이다).** 일체 유상(有相)은 모두 자취를 보여주는 것인데, 부처님

의 경계는 문자로 흐릿하게 구할 수 있는 것이 아니다.

제534조

문: 석존께서 세상에 계실 때에 여러 제자 중, 역시 열등한 근기와 낮은 지혜를 가진 자가 있었습니다. 경전 상에서 석존께서 오로지 정토를 닦는 것을 명하였다는 기록이 없고, 또 어느 제자가 극락세계에 왕생하였다는 증명도 없습니다. (智雄)

답: 정토법문은 세 가지 근기를 두루 가피한다. 만약 오로지 열등한 근기와 낮은 지혜를 가진 자를 위해 설하였다고 말한다면 즉 착오이다. 정토삼경은 각 서분(序分) 중에서 모임에 참석한 각등(各等) 제자의 그 수가 매우 많다. 삼경의 유통분(流通分)에서 모두 상수제자의 이름을 열거하고, 기타 회(會)에 이른 대중들이 '기뻐하여 믿고 받들었다(歡喜信受)'를 말하고, '모두 크게 기뻐하였다(皆大歡喜)'를 말하고, '믿어 받들어 봉행하였다(信受奉行)'를 말한다. 어찌 석존께서 정토를 닦고 익히는 것을 명하지 않았다고 이를 수 있는가? 전수(專修)에 대해 말하면, 즉 또 마땅히 별도로 논하자면, 대략 정토는 곧 불법의 하나일 따름이고, 중생은 팔만사천 가지 병이 있어 두루 뭇 근기에 응하기 위하여, 부처님께서는 팔만사천 법을 갖추셨는데, 어찌 나머지 방법을 모두 폐지할 수 있겠는가? 여러 제자의 왕생에 대하여 말하자면, 증명이 없다는 것은 또 그렇지 않다. 미타경의 「이미 발원하였으면(已發願) 이미 태어났고(若已生), 지금 발원하면(今發願) 지금 태어난다(若今生)」는 경문을 조사해 보면 알 수 있다. 지금(今) 한 자는 세존이 계실 때인데, 경문(經文)은 오로지 간략하고 포괄적인 것(簡賅)을 취하기 때문에, 〔굳이〕 왕생전(往生傳)이 아니라면 반드시 그 이름을 열거할 필요가 없다. 또 우리들 왕생을 구하는 자는 증득함이 없이 왕생하는데, **세존의 제대제자는 세상에 있을 때 이미 대아라한을 얻어 바로 이미 무생(無生)을 증득하였다. 만약 이런 분이라면 시방세계를 마음대로 왕래하는데, 어찌 극락만이겠는가.** 또 사리불과 목건련을 제외한 각 저명한 제자들은 그 다수의 열

반이 세존의 멸도 이후이다. 경은 부처님께서 말씀하신 것인데, 어찌 그 생전에 뒷일을 기재할 수 있었겠는가? 그리고 **관음·문수·보현·지장 모두 극락세계에 거주함**을 알아야 한다. 곧 재가제자인 위제희가 함께 **왕생하였는데,〔부처님의〕 여러 제자가 아직 왕생하지 못했다고 말한다면 사리가 어찌 원만하다고 이르겠는가?** 이 네 가지 말씀(四說)이 있는데, 마땅히 자구(字句)가 없는 곳에 그 일이 많이 있다는 것을 깨달아야 한다. (첨부) 이상의 사단(四端)은 오히려 착상(著相)의 말인데, 미타경에서 세존께서 사리불에게 「저 부처님을 어찌하여 아미타라 호칭하느냐」라고 묻는 일단(一端)을 보면, 이때 **이미 사리불 등은 이미 극락에 태어났다.** 보통의 강해(講解)에서는 단지 사리불이 부처님의 경지를 예측하지 못하여, 대답할 수 없었다고 이른다. 이 네 가지 말씀(四說)이 있어 실은 그렇지 않은데, 그가 설사 알지 못하더라도, 역시 마땅히 모른다고 대답을 하여야 하는데, 어찌 스승의 묻는 바에, 오만하게 답을 하지 않는단 말인가. 그러나 이것은 바로 유마경(維摩經)이 문자언어가 있지 않은 것과 바로 같은데, 바로 불이법문(不二法門)의 뜻 등에 진실로 들어가는 것이다. 이하 이단(二段)은, 모두 세존과 사리불의 인심(印心)의 말씀인데, 자성과 유심을 이해하는 자라면, 이 점이 그를 속여 넘길 수 없다.

제535조

문: 정토종 서적의 어떤 조사의 정토시(淨土詩) 한 수에 : 「염이 심공에 도달하면 부처도 없다(念到心空佛也無)」는 구절이 있었습니다. 이 설법에 따르면, 염불은 염이 마음속에 부처가 없음에 이르러야 하는데(念佛要念到心中無佛), 이것이 어찌 「억불염불(憶佛念佛)」, 「염념종심(念念從心)」, 그리고 「심억불(心憶佛), 구염불(口念佛), 이청불(耳聽佛)」의 의의와 서로 어긋나지 않겠습니까? 또 학인 자기의 경험에 따르면, 「염이 심공에 도달하면 부처도 없다」를 진짜로 실행할 것 같으면, 마가 허점을 타고 들어올 때, 저항할 방법이 없습니다. 어떤 조

사께서 말씀하신 「염이 심공에 도달하면 부처도 없다」 것을 학인은 받아들일 방법이 없습니다. 어떤 조사께서 말씀하신 「염이 심공에 도달하면 부처도 없다」고 말씀하신 바의 그 진짜 뜻은 어디에 있습니까? 정토종의 일부 경전에 근거한 것입니까? 어르신께 상세한 가르침을 청하옵니다! (堯澤)

답: 염불의 방법은 네 가지가 있다 : 「지명(持名)」은 겨우 그 하나이다. 곧 이와 같이 논하자면 먼저 정념(淨念)을 행하여 망념(妄念)을 보내는데, 공부가 성숙할 때 정념(淨念)의 상(相) 역시 없다. 이른바 무념이 곧 염으로(無念而念), 무념이 곧 항상 적정하고(無念即常寂), 염이 곧 항상 비추는데(念即常照), 이것을 「실상염불(實相念佛)」이라 이른다. 점차적으로 쌓은 공(功)으로, 한 번에 이루어진 일이 아니다. 「억불염불(憶佛念佛)」, 「염념종심(念念從心)」 「심억(心憶), 구념(口念), 이청(耳聽) 등은, 모두 인지(因地)를 설한 것이다 ; 「염이 심공에 도달하면 부처도 없다(念到心空佛也無)」는 것은 바로 과지(果地)를 설한 것으로 결코 모순이 없다. 이 구에서 「지(到)」자, 「심(心)」자에 크게 주목해야 한다. 마음으로 염두(念頭)를 짓는 것을 이야기하자면 도(到)는 바로 득도(得到)인데 만약 일념이 모두 없다면 오히려 어떤 부처가 있겠는가? 이 「불(佛)」자는 소념(所念)인 「불명(佛名)」의 염두를 가리킨다. 염두가 이미 없으면 진심(真心)과 진불(真佛) 이것이 나타난다. 소본(小本)[164]의 이일심불란이 곧 이 경계이다. 만약 여전히 회의가 있다면, 다시 하나의 비유를 들겠는데 :「유념유불(有念有佛)은 실보무장애토[165]이고, 무념무불(無念無佛)은 상적광토이다.」

제536조

문: 정토법문은 이미 세 가지 근기를 두루 가피하고, 뛰어난 자와 어리석은 자를 전부 거두니 이곳 중생들의 근기에 가장 적합합니다 ; 어찌하여 능엄경에서는 문수보살이 원통(圓通)을 선택할 때, 대세지보

---

164) 불설아미타경
165) = 실보장엄토

살의 근대원통(根大圓通)을 택하지 않고, 관음보살의 이근원통(耳根圓通)을 선택했습니까. 그 뜻은 어떤 것입니까? (陳淨願)

답: 이 장은 원래 「최초 발심을 하여, 18계(十八界)를 깨닫고(悟), 무엇이 원통을 이루었는가(誰爲圓通)」라는〔부처님의〕 질문에 의한 것이다. 18계를 말하나 7대(七大)도 역시 그 가운데 합쳐지는데, 함께 25류(類)를 이룬다. 「어느(誰)」자는 즉 단지 25류를 가리키는 말이다. 또 모름지기 이 장은 본래 앞 장의 「여섯 가지 수용근(六受用根)은 어느 것이 합쳐지고 어느 것이 여의며(誰合誰離), 어느 것이 깊고 어느 것이 얕으며(誰深誰淺), 어느 것이 원통이고(誰爲圓通), 어느 것이 불원통(不圓通)인가」166)로부터, 한 단락이 흘러나온 결과임을 알아야 한다. 이 단락 가운데, 세존께서 이미 은밀히 이근(耳根)이 최고의 원통을 이룬다라고 보이셨다. 답은 반드시 질문에 의거하여야 하며, 어지럽게 범주를 뛰어넘을 수 없다. 그러므로 제 대사(보살)들께서 모두 이 25류를 하나의 대답으로 선택하셨다. 대세지보살이 대답에 비록 염불 운운이 있지만, 요지의 중점(要重)은 「육근을 모두 거두어(都攝六根)」한 구에 있는데, 이것이 맞다. 관음보살께서 대답하신 바는 비록 위로 자력(慈力)에 계합하고, 아래로 비앙(悲仰)에 계합하나, 그 요지는 역시 오로지 귀를 들어 대답(擧耳以對)하는데 있다. 착안점은 25류 중에 가장 최고의 원통을 묻는데 한정되며, 선택자들도 마땅히 이 범주에 따라 그 주체를 정해야 한다. 관음의 대답은 은밀하게 부처님의 뜻에 계합하므로 문수께서 선택하신 것이다. 근대를 선택하지 않은 것을, 염불법문을 가볍게 여기고 홀대한 것으로 오해하지 말아야 한다. 응당 근대(根大)는 하나의 일이고, 염불은 또 다른 하나의 일임을 알아야 하며, 이를 혼동할 수 없다.

【답에 덧붙임】대덕 가운데, 이 문제에 대하여 역시 추상적인 연구를 하신 분이 있었다. 곧 25류(類)로 주체를 삼지 않고, 두 대사의 대답을 비교하였다. 이곳에 간략한 뜻을 기록하면 아래와 같다. 「만

---

166) 능엄경(제4권), 2005, 민족사, 140쪽 참조

약 이곳의 근기, 즉 사바중생에 대한 것이라면, 이근이 예리하므로 그래서 관음이 선택된 것이다. 만약 시방을 모두 논한다면, **염불법문은 육근을 모두 거두어, 가로로 삼계를 초월하고, 직접적으로 생사를 끊어, 속히 보리를 증득하는데, 어떤 문(門)도 이에 이를 수 없으니, 그러므로 제일이라 칭한다.**」이 몇 마디는 궁벽함을 뚫어버리는 지극한 말씀이다. 실제로 관음과 세지는 모두 미타의 협보(脅輔)로, 응당 세지가 이미 염불을 주관하는데, 관음이 어찌 반대로 예외이겠는가. 만약 관음이 염불을 주관하지 않는다고 이른다면, 이것은 원만한 뜻(圓義)을 진실로 이해한 자가 아니며, 이것은 또 구구한 견해이다.

　염불하기를 청한다 : 나무아미타불

제537조

문: 같은 경에서 계속 「다시 세 가지 종류의 중생이 왕생할 수 있는데, 어떤 것이 세 가지……하나는 자심으로 살생을 하지 않고……2……3……이 공덕을 1일 내지 7일을 갖추면 곧 왕생할 수 있다」고 이르는데, 이 구절은 바로, 세 가지 중생은 각자 한 가지 공덕을 갖추어, 1일 내지 7일에 곧 왕생할 수 있는 것인지, 혹시 한 사람이 세 가지 공덕을 갖추었음을 말하는 것인지요? (曾進雄)

답: 관경은 「관(觀)」으로 정수(正修)를 삼고, 정(正)은 반드시 조(助)가 있다. 마치 새가 두 날개가 있는 것과 같다. 조수(助修)는 여러 가지 복(福)·공(功)·덕(德), 이 세 가지가 그것이다. 능히 세 가지를 갖춘 것을 깊은 공과 두터운 복이라 말하는데, 한두 가지를 갖춘 자 역시 조(助)를 이룬 것이고 왕생할 수 있다.

제538조

문: 또 《소미타경》의 의미에 따르면, 서방에 왕생하는 것은 모름지기 명종에 이르러 마음이 전도되지 않아야 합니다. 그러나 《관경》의 1일

내지 7일의 왕생법은 어떤 것인지 보여주시기를 바라옵니다. (曾進雄)

답: 소본(小本)에서 임종시에 마음이 전도되지 않는다는 것은 스스로 평소에 지명[염불]을 하여 1일 내지 7일 사이에 일심불란에 이르는 것을 말한다. 《관경》에서 1일 내지 7일에 곧 왕생을 얻는 것은, 관상(觀想)과 위 문장의 세 가지 마음(三種心), 아울러 자심(慈心)으로 살생하지 않는 일 등으로 원만함을 이루는 것을 가리키는 말이다. 만약 제 조행(諸助行)이 원만함을 이루면, 임종에 스스로 전도되지 않는다. 두 경은 이치적으로 서로 통하나 문장에 약간의 차이가 있을 따름이다.

제539조

문: 《관경》의 상품상생자는 삼종심(三種心)을 발하는데, 이른바 지성심(至誠心)·심심(深心)·회향발원심(回向發願心)입니다. 상세하게 듣기를 원하옵니다. (曾進雄)

답: 「지성심」의 성(誠)은 진성(真誠)으로 거짓(僞)이 아님을 이르고, 전일(專一)하고 철저한 것을 이르는 것인데, 합쳐서 철저한 진성(真誠)이라 이른다. 곧 오직 정일(精一)한 신심(信心)이다. 「심심」의 심(深)은 얕고 떠있는(淺浮) 것이 아닌 이런 사(事)와 이런 이(理)를 말하는 것으로, 반드시 구경(究竟)에 깊이 들어감을 구하는 것이다. 「회향발원심」은 곧 장차 해(解)와 행(行)에 있어, 오롯이 서방에 태어나 일체 유정과 더불어 같이 이러한 이익을 얻는 것을 구하는 것이다.

제540조

문: 저번에 이미 설명하신 것을 기억하는데, 전생 이전에 제 악업을 지은 바는 곧 금생에 큰 선을 짓는다고 하여 상쇄할 수 없습니다. 우리들은 육자홍명(六字洪名)의 깨끗한 염불이 계속 이어지게(淨念相繼) 하여, 결정코 사악한 종자가 생장하지 못하도록 할 따름인데, 시간이 오래되면 이 종자가 썩는 것 아닙니까? 여전히 보응(報應)을 받

아야 합니까? (趙鋑銓)

답: 오이씨를 뿌리고 콩씨를 뿌리면 각자 생장하는데, 오이가 콩을 없앨 수 없고, 콩이 오이를 없애지 못한다. 그 나고 안 나고는 단지 「연(緣)」에 달려 있다. **만약 깨끗한 염불이 계속 이어질 수 있으면, 바로 악연(惡緣)이 없는 것이고, 오로지 정연(淨緣)이 있는 것이다. 염이 일심에 도달하면, 정업(淨業)이 이미 이루어지고, 결정코 서방에 왕생한다.** 서방에 태어나서 깨닫고 무생법인(無生)을 얻으면, 죄악의 종자는 역시 자성(自性)이 없어서 마음이 없어지면 죄 또한 없어지는데, 양자가 모두 공(空)할 따름이다.

제541조

문: 청하여 여쭙습니다. 아침저녁 공과(功課)에 대한 생각이 하나의 습관을 이루니, 팔식(八識)에 항상 종자가 뿌려지게 합니다. 가사 임종시에 장애가 있어 즉시 서방에 왕생을 얻지 못하는 자가 49일 동안 중음신(中陰身)으로 있을 때, 이러한 염불 습관이 있으면 서방에 왕생하는 것을 생각해야 함을 알 수 있습니다. 이때 아미타불께서 능히 중음신을 접인하러 오실 수 있습니까? (慧觀)

답: 서방에 태어나는 것은 임종시에 식(識)을 버리는 찰나간의 일로, 태어나지 못하면 즉 묘망(渺茫)하다. 중음신이 생을 바꿀 때, 결코 모두 49일을 기다리지는 않는데, 그러나 늦는다고 해도 이와 같다. 무릇 성심(誠心)으로 염불하는 자는, 팔식전(八識田)에 모두 종자를 뿌리는데 영원히 상실되지 않으며, 단지 어느 때 현행을 일으키는지는 즉 공부의 생숙(生熟)에 따른다. 이것이 정행(正行)으로, 스스로 반드**시 악을 고치고 선을 향하는 것을 조행(助行)으로 삼아야 즉 임종에 장애를 없앨 수 있다.** 중음신의 염불은 역시 모름지기 연(緣)을 만나야 야기되는 것으로, 염력(念力)의 강약은 즉 알 수 없다. 그러므로 부처님이 오셔서 접인하는 것을 감(感)할지에 대하여는 극히 알 수 없다. 단 밀종(密宗)은 중음을 제도하여 왕생하게 하는 법이 있는데,167) 오직 연(緣)을 역시 만나기 어려울 따름이다.

제542조

문: 왕생 여부는 오로지 믿음(信)과 발원(願)의 유무에 달려 있습니다. 만약 앵무새가 사람의 염불을 배울 수는 있으나, 단지 축생이라 발원을 할 수는 없는데, 어떻게 왕생할 수 있습니까? 그 이치는 어디에 있는지 지시를 청하옵니다. (許克咸)

답: 무릇 축생이 사람의 말을 할 수 있는 것은 성(性)이 비교적 영민한 것이다. 사람이 이미 염불을 가르쳐서 알도록 하였고, 오랫동안 사람의 거동을 엿보고, 모방하는 바가 있어, 만약 아침저녁으로 공불(供佛)하고 배불(拜佛)하면, 불상(佛像)에 의지하는 마음을 일으킬 수 있다. 이 마음이 바로 원(願)이다. 원(願)을 발할 수 있고, 수행(行)을 할 수 있으면, 믿음이 그 가운데 있어서, 자량(資糧)이 구족되어, 곧 왕생할 수 있다. 하물며 경에서 이르길, 「저 부처님(미타를 가리킴)은 광명을 내놓아, 두루 항하의 모래 수와 같은 불찰을 비춘다.」 또 이르길 「시방세계의 염불중생을 두루 비추어, 섭취하여 버리지 않는다(攝取不捨).」고 하였다. 중생을 말한 것은 새를 예외로 하여 말한 것이 아니다. 이 법은 이력168)의 수행문이고, 삼요소(三要)169)가 결여되어 있지 않으며, 이(理)가 있고 사(事)가 있으니, 의심할 수 없다. 그러나 이것 역시 우연한 일이고, 모든 앵무새가 모두 그런 것은 아니다.

제543조

문: 관무량수경에서 말씀하시길: 하품하생자는 「연꽃 속에서 12대겁을 채워야 연꽃이 바야흐로 핀다.」라고 하였습니다 ; 억측하는 사람은 거의 역시 사바의 동충(冬蟲)이 칩거하는 것과 같다고 여깁니다. 그렇지 않으면 어떤 상황인 것입니까? 「12대겁」은 필경 작은 수가 아니기 때문입니다! 가르침을 바라옵니다. (孫自強)

---

167) 문답 제216조 참조
168) 자력과 타력
169) 믿음·발원·염불

답: 벌레가 칩거하는 비유는 옳지 않다. 어째서 선정(禪定)에 견주지 않고, 칩거하는 상태의 혼매(蟄境昏昧)함을 연(緣)하는 것인가. 선정 경계의 적정함과 비춤은(定境寂照) 자연히 실제로 그와 같지가 않다. 비록 [연]꽃이 피지는 않았으나, 안에는 칠보궁전이 있고 유희가 자재하지만, 오직 부처님을 뵙는 것(見佛)과 법을 듣는 것(聞法)이 없을 따름이다. 겁수(劫數)는 거짓 이름으로, 어떤 일을 가지고 기록하면 즉 겁이 있고 기록하지 않으면 겁이 없는 것이다. 대본(大本)에서 이르길 : 「결코 겁수의 이름이 없다.」라고 하였다. **화엄에서 이르길 「사바의 1겁은 극락세계의 하루 밤낮이다.」**고 하였다. 각자 그 근기에 계합하는 의미가 있다. 지금 12겁의 수를 두려워하는 것은, 비단 유무(有無)에 구속을 받을 뿐만 아니라, 또 다시 장단(長短)에 구애를 받는 것이다. 경에서 이르길, **보살이 중생을 제도하는 것은 그 바라는 바에 응하시어, 오히려 7일을 1겁으로 하고, 1겁을 7일로 한다**고 하였다. 어찌 미타께서 중생을 제도함에 겁의 제한이 있겠는가? 실제로 중생은 뛰어난 근기(利)와 어리석은 근기(鈍)가 있고, 깨달음에 빠르고 느림이 있다. 깨달으면 즉 [연]꽃이 피고, 아직 깨닫지 못하면 꽃봉오리 상태인 것이다. 바로 **마음은 능히 시간을 바꿀 수 있지만, 시간은 능히 마음을 제어할 수 없다.**

제544조

문: 미타행원에 따라 오직 정토법문을 수행하는데, 상중하 근기를 막론하고, 성심염불로 일심불란하면, 임종에 곧 부처님의 접인을 받아 서방극락국에 왕생합니다. 청하여 묻건데, 부처님께서는 팔만사천법문을 가지고 있는데, 마땅히 다른 종칙宗則(선종, 율종, 천태종 등등)을 수행해도 즉 임종시에 서방에 왕생하는 것은 같지 않습니까? 불법은 많은 수행문이 있어 근원으로 돌아가면 두 가지 길이 없어, 백 개의 하천이 바다로 돌아가는 것은 같은데, 어떠한 해설이 있으십니까? (林相路)

답: 「본원으로 돌아가면 두 길이 없다(歸元無二路)」, 원(元)은 본원(本源)

을 가리키는데, 곧 진여본성(真如本性)이다. 귀(歸)는 미혹을 제거하고 궁극적으로 진성(真性)을 꿰뚫는 것이다. 「팔만사천법문」은 곧 「방편에 많은 문이 있음」이다. 서방정토는 네 가지 [국토]가 있는데, 적광(寂光)이 실(實)을 이루어 곧 진성(真性)이다. 그 외 세 가지 국토는 권(權)을 이루니 방편이라 말할 수 있다. 선(禪)과 율(律) 등의 법에서는, 불과(佛果)를 증득하는 것이 실(實)이고, 성문·연각·보살 모두 권(權)이라 칭한다. 적광(寂光)은 곧 불과(佛果)인데, 이것이 '본원으로 돌아가면 둘이 없음'이다. 정종의 전(前) 삼토는 다른 종의 성문·연각·보살로 모두 방편의 많은 문이다. 정(淨)을 닦는 것은 정(淨)의 방편이 있고, 다른 것을 닦는 것은 다른 것의 방편이 있다. 다른 것을 닦는 자가 서방에 회향하면 극락에 왕생할 수 있고, 회향하지 않는 자는 이러한 원이 없어 즉 극락에 태어나지 않는다. 본원으로 돌아감과 방편을 이해하여 말씀에 모순이 없음을 알아야 한다.

제545조

문: 불칠(佛七) 중에 가르침에서는 마땅히 몇 가지 말씀을 하셔야 합니다. 경을 강설하거나 혹은 몇 가지 공안(公案)은 어떻습니까? 참가자의 흥취를 불러일으키지 않겠습니까? (釋永興)

답: 불칠은 수행하는 대중에게, 일심불란을 증득하여 얻도록 하는 것이니, 강경과 설교는 단지 마땅하지 않다. 그 듣고 생각하는 것이 분별을 일으킬 염려가 있다. 공안(公案)이 흥취를 증가시키려면, 역시 모름지기 정가(淨家)의 일을 선택하여, 짧으면서 절요(切要)한 우설(偶說)을 삽입해야 한다. 실은 이러한 가르침은 가장 곤란한 것이다. 만약 일단의 언어로 수행하는 대중의 마음을 능히 귀일(歸一)하게 하면, 바야흐로 근기(機)와 이치(理) 둘이 계합할 수 있다. 그러나 이것은 즉 결코 정해진 것이 없고, 오로지 주칠사(主七師)[170]의 선교방편에 달려 있는 것이다. [나는] 구구하게 배움이 얕아서 이것을 충

---

170) 불칠법회를 주도하는 사람

분히 알지 못한다.

제546조

문: 오로지 아미타불만 염하고, 별도로 다른 일은 하지 않습니다. 그러나 극락에 왕생하겠다는 회향은 하지 않는데, 왕생할 수 있습니까? (釋永興)

답: 육자홍명은 본래 불회향(不回向) 법문이라는 칭호를 가지고 있다. 이론이 이와 같을 뿐이고, 믿음과 발원을 정업(淨)을 닦는데 있어 주요한 것으로 삼는다. 회향이라는 것은 곧 발원으로, 원(願)이 없으면 어찌 왕생할 수 있겠는가. 그러므로 회향은 폐지할 수 없다. 「별도로 다른 일은 하지 않음」에 대하여 말하자면, 안 된다고 할 수 없다. 이른바 전심(專心)으로 하나에 이르고, 잡수(雜修)를 하지 않으면, 공(功)이 반드시 정순(精純)하다. 단 모름지기 12시간(二六時)[171] 중에 이것을 떠나지 않고, 순역고락(順逆苦樂)에 동요하지 않으면, 비로소 이렇게 말할 수 있을 것이다. 대략 도(道)는 이미 잠시도 여의지 않아서, 즉 계정(戒定)이 함께하고, 복덕(福德)이 함께 한다. 만약 빈둥거리며, 게으르고 방일하면서 겨우 몇 마디 불호(佛號)로 대충대충 넘긴다면, 왕생은 어찌 그 몫이 있겠는가.

제547조

문: 염불에 있어 소리를 내는 염(出聲念)과 묵념(默念) 양자의 공덕이 어떤 것이 최고입니까? (施木修)

답: 묵념은 오직 스스로 닦는 것(自修)이고, 소리를 내는 것은 능히 두 가지를 갖출 수 있다(出聲能兩度). 두 가지 것을 서로 비교한다면, 자연히 소리를 내는 것이 원만하다. 그러나 역시 응당 환경이 허락하는지 여부, 근성(根性)이 서로 계합하는지 여부를 고려해야 한다. 환경이 소리 내는 것을 허락하지 않으면, 즉 묵념을 취하고, 근성이

---

171) 여기서 12시간은 12간지로 시간을 표기하는 중국의 계산법에 의한 것으로, 실제로는 24시간을 의미하는 것으로 보임

묵념을 좋아하지 않으면 즉 소리 내는 것을 취한다.

제548조

문: **축생이 피살되는 것을 볼 때** 왕생주를 지념(持念)하는 것은 상대방이 바야흐로 이익을 얻을 수 있는지 모르겠습니다. (施木修)

답: 성심(心誠)은 감응(感)이 있어 즉 그가 이익을 받는다. 설령 마음이 산란하여도 죽는 것을 보고 비심(悲)을 일으키는 것은 역시 보리(菩提)종자로서 식전(識田)에 뿌려진다.

제549조

문: 제가 매일 과송(課誦)시에 필히 미타 성호를 수백 번, 왕생주를 21번 염하여, 오랫동안 거의 쉬지 않고 지녀왔습니다. 다만 지념(持念)시에 항상 잡념이 갑자기 생겨, 의식이 산개(散開)하고, 전일할 수 없습니다. 생각건대 업장이 가로막는 바입니다. 이와 같이 여전히 계속 수지(修持)를 하면, 믿음·발원·염불의 자량은 어느 때 구족할 수 있는지가 막연하여 기약이 없는데, 임종시에 왕생할 수 있겠습니까? 만약 왕생이 불가능하다면, 이 일은 헛수고인데, 수학(修學)하여 왕생하는 이행도(易行道)를 자비롭게 가르쳐 주시길 청하옵니다. (善隆)

답: 정토 삼자량은 믿음이 깊을 때, 발원이 간절할 때, 지명이 일심일 때, 곧 구족하였다고 칭한다. 앞의 두 가지는 발심(發心)에 의지하고, 뒤의 하나는 공부에 있다. 발심은 곧 진실로 생사를 위한 것이어서, 반드시 〔극락에 대하여〕 극히 기뻐하고 〔사바에 대하여〕 극히 싫어하면, 스스로 깊고 간절할 수 있다. 공부는 또 모름지기 여법(如法)하게 행하여야 하는데, 법을 등지거나 피로하다면 무익하다. 만약 **마음으로 생각하고(心念) 입으로 송하며(口誦), 귀로 들으면(耳聽) 삼처(三處)가 분명하니, 오래되면 즉 쉽게 일심을 얻는다.** 정토의 네 가지 염불법은 오직 지명만이 쉬운데, 이것을 제외하고 다시 쉬운 것을 구하는 것은 구구하게 들은 것이 적어서 아는 바가 없다.

제550조

문: 조념(助念)시에 매번 몇 사람이 해야 합니까? (莊慶賢)

답: 사람을 위하여 조념할 때, 적으면 곧 두 사람이고 많으면 즉 네 사람이다. 다시 〔더〕 많으면 즉 소리가 혼잡하고, 오히려 어지럽다.

제551조

문: 그때 법기(法器)를 사용해야 합니까? (莊慶賢)

답: 인경(引磬)과 목어(木魚)172)를 사용하는 것은 소리를 고르게 조절할 뿐만 아니라, 또 법기(法器)를 가지고 마음을 정화하는 작용이 있다. 오직 어떤 대덕이 목어의 음은 무겁고 탁하고(重濁), 인경의 음은 소리가 맑고 가락이 높다(清越)고 주장하여서, 오롯이 인경을 치는 자가 있다. 역시 병자의 좋아함과 싫어함에 따르는데, 만약 목어나 인경을 듣는 것을 좋아한다면, 역시 인경과 목어를 함께 사용해도 무방하다.

제552조

문: 조념(助念)은 몇 차례로 나누어야 하며, 시종 얼마간의 시간이 적당합니까? (莊慶賢)

답: 매번 한 시간 염하고 곧 교대를 하는 것이 마땅하다. 대략 조념은 자수(自修)와 같지 않은데, 반드시 소리를 내어 병자가 듣도록 해야 한다. 시간이 지나치게 오래될 것 같으면 목소리가 쉬고 느슨해지며, 음이 조화를 이루지 못하면 즉 마르고 흔들릴 수 있다.

제553조

문: 조념시에 〔환자의〕 생명이 위독하다면 혹 왕생 후에 실행합니까?(왕생 후 최소 몇 시간 이내에 응해야 합니까?) (莊慶賢)

답: 조념자는 환자의 염불을 돕는 것이다. 생전에 하는 것이 마땅하다.

---

172) = 목탁

단 숨이 끊어진 이후에 신식(神識)이 반드시 곧 가는 것은 아니다. 그러므로 계속 조념하여 24시간(二十四小時)에 이를 수 있도록 불성이 끊어지지 않게 하는 것이 완전한 방책이라고 주장하는 바이다.

제554조
문: 조념의 장소는 대부분 옥내인데, 단 옥외에서는 (도중에 재화災禍를 당한 경우) 현장에서 실행이 가능합니까? (莊慶賢)

답: 도중에 갑자기 의외의 일을 만나면, 현장에서 염불하는데 이치에 따라 저절로 그 이익을 얻는다. 걱정하는 바는 도시와 교외를 불문하고 각자 장애가 있어 환경이 허락하지 않을까 하는 것이다.

제555조
문: 종교를 믿지 않거나 비불교도(외교外教)인 죽은 사람에 대하여 조념(助念)이 가능합니까? (莊慶賢)

답: 이 법은 이미 조념이라 이름하니, 이름을 따라가면 그 진실을 알 수 있다. 그가 바야흐로 만약 믿지 않고 또 거만하면 조념은 스스로 그 공(功)이 없다. 사후에 다른 길이니 감응이 더욱 미미하다. 아무리 생각해도 조(助)라 이를 수 없다. 오로지 부처님의 힘을 받들어 여법하게 천도(超度)할 따름이다.

제556조
문: 미타경 중에 「이미 발원하였거나(已發願), 현재 발원하거나(今發願), 장차 발원한다면(當發願)」, 「이미 태어났거나(若已生), 지금 태어나거나(若今生), 장차 태어난다(若當生)」는 내용이 있습니다. 분명 원이 있으면 반드시 이루어집니다. 그런데 다른 법문을 닦으면 이와 같지 않은 것입니까? 어찌하여 이 경은 매우 간단하게 이렇게 설하는 것입니까? 별도의 함의가 있습니까? (顧鳳英)

답: 발원(願)이 있으면 반드시 이루는 것이 바로 인(因)을 닦는 원칙이다. 단 어렵고 쉬움의 구별이 있으며, 시기의 구분이 있다. 영명조사

께서 이르시길 「선이 없어도 정토가 있으면(無禪有淨土), 만인이 닦아 만인이 간다(萬修萬人去)」고 하셨다. 이는 바로 〔질문자가 말한〕 세 가지 대구(對句)에 근거하여 발생한 것이다. 이미 발원하여 이미 태어나는 것과 현재 발원하여 현재 태어나는 것은 부처님께서 세상에 계실 때에, 결코 어렵지 않았다. 가장 쉽지 않은 것은 장차 발원하여 장차 태어나는 것으로 부처님께서 세상에 계시지 않을 때에 성취를 얻는 것이다. 미래(當來)는 결코 정해진 운수가 없는데, 곧바로 세존의 법운(法運)이 소멸될 때에 이르러 정지가 되면, 오직 정업(淨業)만이 있어 여전히 성취할 수 있다. 계(戒)와 선(禪)은 정법과 상법의 시대 이후에는 중생의 근기가 점차 둔해져서 깊은 조예를 이루기가 쉽지 않다.

제557조

문: 무량수경 중 제18대원의 말미 두 구에서 이르길 :「오직 오역죄와 정법(正法)을 비방한 자는 제외한다」고 하였습니다. 만약 학불(學佛)을 하기 이전에 이와 같은 사정이 있었는데, 학불 후에 거듭 새로 참회(懺悔)하고 개과(改過)한다면 저 국토에 왕생할 수 있습니까? (江寬玉)

답: 중생이 학불을 하지 않으면 지견(知見)이 치우치고 삿되며, 이사(理事)에 어둡고, 법을 비방하고 오역죄를 짓는데, 다겁 이래 스스로 면하기 어렵다. 예를 들어 **깨달음에 귀의함(覺悟皈依)을 삿된 것을 돌이키는 세 가지 귀의(反邪三皈)라 이름하는데, 나아가 계를 구하고 먼저 참회를 하면, 앞의 죄는 본래 무지에 속하여, 만약 귀의하여 참회함이 지성이면, 중죄는 서리와 같고, 진심은 지혜의 해(慧日)와 같아, 죄가 소멸하고 장애가 제거되는데, 어찌 태어나지 못하겠는가.** 조달(데바닷타)은 오역죄를 지었는데, 부처님께서 수기를 주었고, 연지대사와 영암대사께서는 어렸을 때, 모두 한유와 구양수의 학문을 자임하면서 〔불교를 비방하였는데〕, 후에 모두 증과(證果)를 하였다. 이것이 전례이다. 만약 계에 귀의한 이후에 다시 전철을 답습한다

면, 이것은 고의로 범하는 것임을 명백히 아는 것으로, 악에 의지하면서 고치지 않는 것이니, 스스로 왕생을 장애한다.

제558조

문: 염불로 일심불란을 구하고 있습니다. 그러나 이미 정한 수가 있어, 일방면으로 염불하고, 일방면으로 염주알을 셉니다. 제자 자신의 감상(感想)에 의하여, 염불이 일심을 얻어야 할 때에 갑자기 또 기록하는 작은 염주알을 집어들려는 생각(念頭)이 생깁니다. 이와 같이 수를 세면 일심을 구하려 하는 것이 비교적 곤란합니다. 시간을 정해 수(數)를 세는 것으로 삼을 수 있습니까? (江寬玉)

답: 각 개인의 근기(根器)와 심리(心理)가 매우 같지 않기에 수지(修持)의 취사는 역시 일정하지 않다. 염주알을 세면 마음이 안정되는 자가 있는가 하면, 염주알을 세면 마음이 안정되지 않는 자가 있다. 거사는 이미 염주알을 세는 것이 어지러우니, 즉 사용할 필요가 없고, 혹시 향을 피워 기록하거나, 혹 시계로 하는 것이 모두 불가하지 않다.

제559조

문: 계념(繫念)과 억념(憶念), 심념(心念)과 묵념(默念) 어떻게 분별합니까? (潔園)

답: 이 네 가지는 모두 심념(心念)을 따르는 것으로 사실상 한 가지 일일 뿐이다. 만약 문자상으로 구한다면, 역시 억지로 그 경계를 나눌 수도 있다. **계념(繫念)**이라는 이 법은 마음에 맴돌고 떠나지 않는 것이다. **억념(憶念)**이라는 것은 한 부처님을 생각함이 오래되어 잊지 않는 것이다. **심념(心念)**이라는 것은 소리를 내는 것과 내지 않는 것 모두 모름지기 마음 따라 부처님을 일으키는 것이다. **묵념(默念)**이라는 것은 마음이 부처님께 있으니 소리를 내는 것이 불필요하다.

제560조

문: 〈정토진요(淨土津要)〉 가운에 좌선삼매경(坐禪三昧經)을 인용한 부분에 「보살의 좌선은 일체를 염하지 않고, 오직 한 부처님만 염하니, 곧 삼매를 얻는다」는 구가 있습니다. 이러한 종류의 염불은 바로 선(禪)입니까? 정(淨)입니까? (潔園)

답: 명상(名相)을 따라 논한다면, 선이라는 것은 마음의 근심을 가라앉히는 것이고(禪者靜心中之慮), 정(淨)이라는 것은 마음의 허망함을 깨끗하게 하는 것으로(淨者淨心中之妄), 하나이지 둘이 아닌 것 같다. 그러나 선(禪)과 정(淨)을 함께 거론할 때, 정(淨)은 단지 정법(淨法)을 말하고, 정법(淨法)이라는 것이 어떤 것이냐 하면, 곧 서방에 태어나기를 구하는 것이 이것이다. 선(禪) 역시 오로지 선문(禪門)을 말하는 것으로, 선문(禪門)이란 것이 어떤 것이냐 하면 무생(無生)을 증득하는 것이 바로 이것이다. 법의 문에 도달함(法之及聞)은 바로 그 인지(因地)를 말하는 것이고, 생(生)과 무생(無生)은 바로 그 희망하는 과위를 말하는 것이다. 선(禪)과 정(淨)을 모두 수행하는 자는, 바로 선(禪)을 행하고 정(淨)으로 돌아가는데, 이것을 알면 즉 정법(淨法)과 선문(禪門)을 쉽게 판별할 수 있다.

제561조

문: 자백(紫柏)노인께서 이르시길 :「모름지기 꿈속에서 염불이 끊이지 않으면, 바야흐로 고통에서 벗어날 몫이 있다. 그렇지 않으면 수명이 다할 때까지 염해도, 오히려 또 무용하다.」고 하였습니다. 일심에 도달한 사람은 꿈속에서도 모두 염불이 가능한지 청하여 묻습니다. (潔園)

답: 이것은 그 공부가 순수하여 깨어 있을 때도 이와 같고, 꿈속에서도 이와 같음을 지극히 말씀한 것이다. 사람들이 반드시 꿈을 꾸어야 한다는 것을 가르친 것은 아니다. 일심에 이른 자는 깨어 있을 때 주체(主)를 지을 수 있는데, 잘 때 꿈이 없으면 확실히 좋다. 오히려 꿈이 있으면 욕진(欲塵)에 연(緣)하는 것으로, 바로 꿈속에서 주체(主)를 짓지 못하는 것이다. 이것은 공부가 익지 않은 증거로, 꿈을

- 263 -

꿀 때 주체(主)를 짓지 못하면, 죽을 때 자연히 더욱 주체(主)를 짓지 못한다.

제562조

문: 염불의 염이 일심불란의 행에 이른 자는 임종시에 아미타불과 성중(聖眾)들께서 그 앞에 나타납니다. 「금강경에 근거하여 말씀하면 무릇 상은 모두 허망하니,」 혹 마가 와서 도심을 흔들어 댈 수도 있습니다. 염불행자가 임종을 맞이할 때 어찌 마가 잡아당기는 것이 아니라는 것을 보증할 수 있습니까? (周慧德)

답: **금강경은 성공(性空)의 이치를 말씀한 것이고, 미타경은 성불(成佛)의 방법을 말씀하신 것이다.** 마(魔)라는 것은 장애(障礙)로, 인(因)과 과(果)가 어긋나는 것이 장(障)을 이룬다. 선을 닦아(修禪) 미혹을 끊고(斷惑) 견성(見性)하는데 있어, 갑자기 유상(有相)이 나타나면, 곧 서로 어긋나는 것이니, 마장(魔障)이라 이른다. 정토를 닦고(修淨) 부처님을 느껴(感佛) 보신과 화신이 오셔서 나타나는 것은 바로 인(因)이고 바로 과(果)여서 결코 서로 어긋나지 않으니, 어찌 장(障)이라 칭할 수 있겠는가. 그러므로 마가 아니다. 그러나 역시 실상염불(實相念佛)은 갑자기 초월하여 적광이 되니(頓超寂光), 구품사토는 바로 또 일률적으로 정(淨)을 논할 수 없다.

제563조

문: 〈권수염불법문(勸修念佛法門)〉 중 한 구에는 「누워서 염불할 때는 소리를 내지 말고(臥時念佛莫聞聲), 숨 쉬는 가운데 부처님 명호를 이어가네(鼻息之中好繫名), 베갯머리 맑은 바람이 부니 가을이 만리이고(一枕淸風秋萬里), 침상 위로 명월이 비치니 깊은 밤 삼경일세(半床明月夜三更).」[173]가 있습니다. 앞의 두 구는 다소 명백한데, 뒤 두 구는 청초하지 않습니다. 노사님의 해석을 청하옵니다. (顧鳳英)

답: 시와 게송은 의미가 많이 함축되어 있는데 독자가 해석하는 바는

---

173) 염불, 모든 것을 이루는 힘, 2016, 불광출판사, 51쪽의 번역 인용

각자 그 근기를 따른다. 인을 보고(見仁) 지혜를 보면(見智), 모두 이익을 얻을 수 있다. 베개의 맑은 바람 구절은, 곧 세속의 범부 중생이 모두 미혹하고 전도되어 번뇌가 치성하여 누워서 땔감을 태우는 것과 같은데 염불하는 사람은 심지(心地)가 청량하고 높은 베개에 안온하니 맑은 바람이 부는 것과 같아 심신이 상쾌하여 무더운 여름이 이미 물러나고 높은 하늘의 가을이 멀리서 오는 것이다. 침상의 명월 구절은, 역시 수행이 없는 속세의 중생이 무명과 혼침으로 긴 밤에 처하였는데, 염불자는 심지(心地)가 적조(寂照)하여, 비록 오탁악세의 흑암에 있어 매우 어지럽기는 하지만, 밤에 솟아 매우 맑고 밝은 달이 우주에 광명을 비추는 것과 같다(夜出皓月 宇宙光明)는 것이다.

제564조

문: 매일 아침저녁 두 과(二課)의 염불회향을 제외하고, 한가할 때 관세음보살 성호를 전부 염하면 극락왕생할 수 있습니까? (邱合順)

답: 정토에 왕생하는 것은 그 방법이 삼경(三經)에 실려 있다. 모두 미타를 위주로 하는데 미타는 극락도사이기 때문이다. 경은 성언량이므로, 반드시 가르침에 의지하여 봉행해야 한다. 바야흐로 법에 의지하는 것은 바야흐로 법다워야 한다. 부처님 명호를 지니는 것(持佛)과 부처님을 관상하는 것(觀佛)은 본사 석가모니불의 가르침을 근본으로 삼아야 한다. 단 관음은 미타의 협좌보살로 홍원(弘願)을 가지고 접인하시고, 역시 극락을 중시하시니, 염하는 것은 오히려 배치되지 않는다. 그러나 관음의 보문보원(普門普願)은 세간과 출세간 법을 연(緣)에 따라 함께 베푸니, 미타께서 〔접인중생을 하심에 있어〕오롯함과는 같지 않다. 만약 관음을 염하면서 극락에 회향하면 바로 이 인(因)과 이 과(果)로 극락에 왕생한다.

제565조

문: 염불은 여러 염법(念法)이 있는데, 묵념(默)과 심념(念) 두 가지 염은

잘 구분할 수 없습니다. 묵념은 바로 입의 입술과 혀를 열지 않고, 자기는 들을 수 있지만 다른 사람은 듣지 못합니다. 심념은 마음의 생각을 따라 불호를 염하는 것을 심념이라 하지 않습니까? 노사님의 분별(分別)과 명시(明示)를 바라옵니다. (邱合順)

답: **묵념**이라는 것은 입을 열고 입술을 움직여 미세하게 그 소리가 있다. 혹은 그 소리가 있든 없든 들리든 들리지 않든 항상 듣는 상(相)을 일으킴으로써 쉽게 마음을 거둘 수 있다. 이렇게 듣는 것 역시 공부에 착수하는 것 중의 하나이다. **심념**이라는 것은 단지 생각을 함으로써 조용히 돌리는데(用想而默轉), 역시 마음을 써서 조용히 듣는다(用心去默聽). 이른바 마음으로 생각하고 마음으로 듣는 것이다(心念心聽).

제566조

문: 제가 들은 바가 있는데, 중생의 업장이 소멸한 후에야 비로소 서방에 왕생할 수 있습니까? 단 정토종은 대업왕생이 있는데 또 어떠한 것입니까? (張進添)

답: 정토종은 세 가지 근기를 두루 제도하는데, 업이 다하고 정(情)이 공해져(業盡情空) 왕생하는 자도 있고, 역시 대업왕생도 가능하다. 반드시 정토경전을 보면 바야흐로 알 수 있는데, 사람들이 전하는 말을 듣는 것은 호리천리(毫釐千里)[174]이니, 신중하지 않을 수 없다.

제567조

문: 발심은 곧 이 자성청정심을 관(觀)하는 것으로, 이미 발심은 곧 관심(觀心)인데, 그 요체는 견성(見性)에 있는 까닭입니다. 그러나 염불은 일심불란을 얻을 수 있는데, 곧 견성을 얻는 것 아닙니까? (王居士)

답: **발심**은 곧 모종의 원심(願心)을 발하는 것인데, 모종의 사업을 추동하는 것을 이르는 것으로 매우 광범위하다. **관심**(觀心)은 바로 경에

---

174) 티끌 하나의 차이가 천 리의 차이

서 가르침으로 보이신 바에 의지하는 것인데 돌이켜 자성(自性)을 관(觀)하는 것으로 그 방법 역시 하나가 아니다. 염불이 일심불란에 이르면, 바로 정(定)이라 이를 수 있다. 단 일심은 이(理)와 사(事)로 구분되고, 정(定)을 얻음도 깊고 얕음으로 구분되는데, 한 마디로 말할 수 없다. 견성은 과(果)를 얻는 것인데, 정혜(定慧)를 수인(修因)으로 삼아, 몇 가지 인(因)을 원만하게 닦으면 곧 몇 가지 과(果)를 얻는다. 마치 하늘 위의 달과 같은데, 초이삼일에는 광명을 볼 수 있고, 초칠팔일에 다시 광명이 많아지며, 십사오일에는 원만한 광명이다. 광명은 비록 하나이나 범위는 즉 같지 않을 따름으로 견성의 질문도 역시 이와 같다.

제568조

문: 염불자는 서방에 태어나는 것을 구하는데, 만약 일심불란을 얻지 못해도 왕생할 수 있습니까? (王居士)

답: 왕생은 구품으로 나누어지고 또 변지(邊地)가 있다. 일심자는 상품을 얻고, 일심이 아닌 자는 하지(下地)에 배열된다. 일심자는 확실함(把握)이 있고, 일심이 아닌 자는 장애가 생겨날 염려가 있다. 만약 임종시에 장애가 생겨나지 않고 전도가 일어나지 않으면 역시 왕생을 얻는다. 만사에 법을 취하는 것이 상이면 겨우 중을 얻는다. 생사는 큰일인데도 어찌 요행을 바라면서 확실함(把握)을 구하지 않는단 말인가?

제569조

문: 정종의 경전을 연구함에 있어 깊이 들어가려면 어떻게 착수해야 합니까? (潔園)

답: 정종의 주경(主經)은 미타, 관경, 무량수경이고, 삼경은 정(淨)의 기본을 이룬다. 그러니 반드시 먼저 수독(修讀)을 해야 한다. 이 경에는 모두 정밀한 주석(精註)이 있으니, 역시 모름지기 참고해야 한다. 경문을 보면 얕아 보이지만 심오한 뜻(蘊義)은 실제로 깊다. 정종각

론은 조사어록으로, 모두 사람들이 지혜를 여는 것을 도울 수 있다. 더욱이 마땅히 많이 보면 삼경(三經)의 뜻이 이미 분명하다. 남은 힘이 있거든 다시 다른 법을 널리 연구하는데, 만법일여(萬法一如)하니 모두 정(淨)에 들어가는 것을 돕는 공(功)을 가지고 있다.

제570조

문: 불법은 해(解)가 있고 행(行)이 있습니다. 학인은 허송세월로 반평생 이상을 헛되이 보내 지금 남은 날이 아주 많지 않아 통석(痛惜)하여 감히 헛되이 보낼 수 없습니다. 염불일법은 반드시 옷을 입고 밥 먹는 것과 동일시하여 감히 소홀히 할 수 없습니다. 어떠한 곤란인지 막론하고 반드시 극복할 수 있고, 다시 감히 외난(畏難)으로 물러설 수 없습니다. 그러나 12년 중에 도업(道業)이 이루어지지 않고, 무상(無常)이 매우 빨라서 갑자기 임종시에 제가 왕생을 확신(把握)하지 못하고, 헛되어 소득이 없을까 염려되는데, 어떻게 하는 것이 좋겠습니까? (周慧德)

답: 철오 조사께서 일찍이 이르시길 :「왕생 여부는 전적으로 믿음과 발원의 유무에 있고, 품위의 높고 낮음은 다시 지명의 다소에 의한다」고 하였다. 거사께서 이미 이르길 「반드시 결심하여 감히 외난으로 물러설 수 없다」고 말하였다. 이것이 믿음과 발원이고 또 깊고 깊은 간절함이다. 12년이 지났으나 아직 중단(間斷)하지 않았으니 역시 행이 있는 것이다. 믿음(信)·발원(願)·염불(行) 세 가지 자량을 구족하였으니, 경훈(經訓)에 따르면, 어찌 왕생하지 못함이 있겠는가. 이른바 도업이 이루어지지 않거나 일심을 얻지 못하였다고 이른 것은, 단지 일심의 일은 장기간과 잠시의 구별(長暫之別)이 있는데, 장기간은 혹시 할 수 없더라도, 잠시는 진실로 이미 얻었다. 이후에 정조쌍수(正助雙修)에 주의하여, 삼업이 잡사에 덜 물들도록 해야 한다. 고덕께서 이르시길 「연(緣)을 따라 구업(舊業)을 소멸하여, 다시 새로운 재앙을 짓지 않는다」라고 하였다. 만약 이와 같이 장애가 생기지 않고, 평소 곧 상사일심(相似一心)을 얻는다면, 임종에 마음이

전도되지 않고, 왕생은 곧 확신(把握)이 있다.

제571조

문: 애착이 깊지 않으면 사바에 태어나지 않지만, 사바는 애착이 있어 곧 왕생에 장애가 됩니다. 만약 애착과 절연하지 않는 자는 왕생을 하지 못할 수 있습니다. 그런데 만약 정애(情愛)와 단절한다면, 세속 사람들은 너희들 학불하는 사람들은 매우 인정이 없다고 하는데, 그들을 어떻게 대해야 합니까? (周慧德)

답: 애정은 「신식(神識)」에서 생기는데, 바로 망(妄)이고 바로 사(私)이다 ; 자비는 「본성(本性)」에서 발하는데, 바로 진(眞)이고 바로 공(公)이다. 「신식(神識)」은 유전(流轉)의 연(緣)이므로 생사가 끊이지 않는다 ; 「본성(本性)」은 환멸(還滅)의 종(宗)이므로 연(緣)을 따라 변하지 않는다. 우리 학불하는 자들은 이지(理智)를 이루는 것이고, 저 나무라는 자는 곧 감정으로 하는 것이다. 이것은 곧 도(道)와 세속의 분계(分界)로, 도(道)는 모름지기 각(覺)을 증득함이고, 세속은 미혹함으로 인하여 이루어진다. 방편으로 말하면, 자비는 곧 원만하고 진실한 애심(愛心)이고, 애정은 곧 치우치고 거짓인 자비이니, 이것을 그들에게 고하면 된다.

제572조

문: 몸은 사바에 있으나 뜻은 극락에 있습니다. 정(定) 중에 극락에 도달하여 노닐 수 있으면 얼마나 상쾌할지 많이 생각합니다! (周慧德)

답: 염불은 지명, 실상 등 네 가지 종류가 있는데, 일심은 역시 장기간과 잠시, 깊고 얕음이 같지 않다. **염불은 곧 정토이고, 일심은 역시 정(定) 중에 있는 것이다. 염불이 과연 일심에 도달하면, 곧 정(定)으로 극락에서 노닌다.** 유상(有相)은 바로 실보토(實報土)이고, 무상(無相)은 바로 적광토(寂光土)이다. 질문을 살펴보면 실보토에서 기쁘게 노는 것과 비슷하다. 그러나 지명법(持名法) 중에는 다시 이러한 염을 일으키는 것이 불가하고, 이 염을 일으키는 것은 이념(二念)으로

일심이 아니다.

제573조

문: 단지 공부가 원(願)과 같지 않습니다. 듣자 하니, 정토에 왕생하는 것은 임종에 이르렀을 때, 신식(神識)이 반드시 정문(頂門)으로 나오는데, 먼저 정문이 열리고, 항상 학습하였던 것처럼, 임종시에 이르러 따라갈 익숙한 길이 있습니다. 우리들은 하나도 아는 것이 없습니다. 노사(老師)의 자비로운 지시를 청하옵니다. (周慧德)

답: 먼저 정문(頂門)을 여는 것은 밀종(密宗)의 정문(淨門) 일법이 있다. 비록 즉 정수리(頂)를 열었더라도 오래도록 닦지 않으면 정문(頂門)은 다시 닫힘을 알아야 한다. 수법(修法)시에 삼밀(三密)을 고르게 갖추더라도, 만약 어떤 일이 방해한다면, 반드시 법신이 중단되고, 관상(觀想)과 지주(持呪)는 모두 차제(次第)가 있어 극히 간단하지 않기에, 지명(持名)염불로 단도직입하는 것에 미치지 못한다. 학불(學佛)은 원만한 이해(圓解)를 따라, 제법이 스스로 융통(融通)해야 하며, 우열의 마음을 일으킬 필요가 없으며, 요행을 구하는 마음을 일으킬 수 없다. 그렇지 않다면 즉 법마다 모두 묘(妙)한데, 어찌 전부 닦을 수 있겠는가. 만약 염이 임종에 부처님의 접인에 이를 수 있으면, 어찌 정문(頂門)이 열리지 않음을 근심할 것이며, 이미 부처님을 보고 부처님을 따를 수 있는데, 어찌 다시 내가 어느 문으로 나가는지 묻는단 말인가?

제574조

문: 요탈생사(了脫生死)하고 당생성취(當生成就)함은 오로지 염불 한 길 뿐입니까? (張慶祝)

답: 선(禪)과 밀(密)은 모두 당생성취할 수 있는데, 오직 행하는 것이 매우 어렵다. 그 중 조건이 만일 하나라도 구비되어 있지 않으면, 즉 벗어나는 것(出離)이 어렵다. 정(淨)은 구품왕생이 있어, 바로 높고 낮은 것을 고르게 성취할 수 있는데, 또 부처님께서 끌어당기는 힘

이 있어, 다시 길을 잃을까 걱정하지 않아도 된다. 그러므로 고덕께서 이르시길, 「만인이 닦아 만인이 간다」라고 하셨다.

제575조

문: 염이 매우 청초하고 듣는 것이 매우 청초하면, 곧 이것이 일심불란(一心不亂)입니까? (張慶祝)

답: 염하는 것(念)과 듣는 것(聞)이 모두 각자 청초함은 바로 정(淨)을 닦는 하나의 방법이다. 곧 일(一)을 구하는 정도(正途)로서 인연(因緣)에 속한다. 「일심불란」은 바로 닦아 얻은 과(果)로서 모름지기 별도의 체험이다. 성호(聖號)와 염심(念心)은 두 개의 바늘 끝이 서로 닿는 것과 같아서 닿으면 즉 하나가 되고, 조금이라도 다른 것이 움직이면 즉 닿을 수 없어서, 곧 하나가 아니다. 공(功)이 얕은 자는 비록 염하는 것(念)과 듣는 것(聞)이 모두 청초해도, 역시 다른 생각이 일어나지 않는다는 것을 보증할 수 없음을 알아야 한다. 그러므로 두 가지 청초를 모두 갖추는 것을 바로 정일(淨一)의 인연이라고 말한다.

제576조

문: 진심(真心)염불과 연려심(緣慮心)[175]염불은 어떻게 분별이 됩니까? (張慶祝)

답: 진심이적(真心二寂)은 강설하는 방법이 하나가 아니니, 모름지기 먼저 설명한다 : 첫째 지성스럽고 거짓이 없음(至誠無僞)을 진심(真心)이라 이르는데, 이 마음으로 염불하는 것은, 오히려 연려(緣慮: 반연심)를 스스로 면할 수가 없다. 둘째 진여실상(真如實相)은 역시 진심(真心)을 말하는데, 정종(淨宗)은 이것을 닦는 것이며, **실상염불(實相念佛)**이라 이름하는데, 이런 것이라면 즉 연려가 없다. 단 연려 역시 선과 악, 깨끗함과 더러움의 다름이 있다. 초기의 학인은 연려를 이용하지 않으면, 즉 탁마(琢磨)할 곳이 없어, 닦을 때 시작할 방법이

---

175) 바깥 사물(事物)을 보고 생각하는 마음 (출전: 네이버 한자사전)

없다. 과지(果地)에도 오히려 권실사토(權實四土)의 구분이 있는데, 인지(因地)에서 어찌 갖가지 방편을 면할 수 있겠는가. 진(真)과 연려(緣慮)는 확실히 높고 낮음의 구별이 있으나, 배움을 구하는 과정에서는 스스로 얕음에서 깊은 곳으로 들어가야 한다.

제577조
문: 정(淨)을 기뻐하고 예(穢)를 싫어하는 마음은 연려심입니까? (張慶祝)
답: 이미 부러워 함(欣羨)이 있으면 곧 반연(攀緣)이다. 그 의미는 앞 조(條)에 있으며, 업은 이미 설명하였다. 정토를 연려하는 것은, 스스로 「마음으로 부처를 짓는다(以心作佛)」의 법에 계합한다. 공부가 순숙해 질 때 능히 무념이념(無念而念)에 도달하고 실상(實相)에 계합하여, 곧 「이 마음이 바로 부처이다(是心是佛)」를 이룬다.

제578조
문: 섭심염불(攝心念佛)은 지관염불(止觀念佛)과 같습니까? 다릅니까? (張慶祝)
답: 섭심(攝心)이 바로 지(止)이고, 염불(念佛)이 바로 관(觀)이다. 섭(攝)과 지(止)는 같은데, 관(觀)과 염(念)은 오히려 차이가 있다.

제579조
문: 아직 삼보에 귀의하지 않고 염불하면 그 효과는 어떻습니까? (麥樹)
답: 이왕 기꺼이 염불하면 바로 마음이 이미 삼보에 귀의한 것으로 스스로 공덕이 있다. 만약 기회가 있으면 또한 의식을 치러 귀의하면 좋다.

제580조
문: 염불에 앞서 마땅히 어떤 준비를 해야 합니까?(麥樹)
답: 결코 어떠한 준비도 없고 단지 지성과 청결을 구하며 힘껏 분수대로 향을 피우고 꽃 공양을 하는 것이 곧 타당하다.

제581조

문: 나무아미타불을 염하는 것이 어찌하여 팔만사천 법문을 모두 포함하는 것입니까?

답: 수행의 도구는 경문(經文), 주어(咒語), 불호(佛號) 밖에 없다. 경은 바로 관환(貫串)의 뜻을 이름하여 말하는 것인데, 곧 관(貫)자는 구(句)를 이루고, 관구(貫句)는 편장(篇章)을 이룬다. 오직 아(阿)자를 논하자면, 이 자는 일체 자의 종(種)자이고, 일체 교법의 근본을 이루는데, 이 자가 없으면 즉 일체 경이 없다. 주(咒)는 바로 비밀진언인데, 육자홍명(六字洪名)은 모두 범어로 한 자도 번역하지 않았고, 오로지 하나의 아(阿)자는 소재(息災), 증익(增益), 항복(降伏), 섭소(攝召), 사용(四用)을 갖추어, 육자(六字)를 합한 뜻은 더욱 많아 바로 지극히 간단하고 지극히 진실한 주(咒)이다. 불호가 비록 많으나, 게송에서 이르길 「시방삼세불 중 아미타불이 제일이다」라고 하였다. 고덕께서 이르길, 이 하나의 불호를 지니는 것은 곧 일체불호를 지니는 것으로, 〔이것이〕 이 수행도구(修具)의 수승한 의미이다. 수행의 방법은 지관(止觀)이 모든 것을 거두는데, 염불과 억불은 곧 지(止)이고 곧 관(觀)이다. 잘 염(念)하는 것은 바깥 경계를 여의는 것을 구하는 것이 아니고, 경계가 스스로 여의는 것이며, 잘 억(憶)하는 것은 안에서 산란함이 그치는 것을 구하는 것이 아니고, 산란함이 스스로 그치는 것이다. 각종 관(觀)을 짓는 것이 불필요하고, 각종 정(定)을 닦는 것이 불필요하며, 적조(寂照)가 자연히 함께 융통(融)하니, 〔이것이〕 이 수법(修法)의 수승한 의미이다. 수행의 일은 심성해탈(心性解脫), 득증삼매(得證三昧) 아닌 것이 없다. 단혹현진(斷惑顯真)을 할 수 있어, 전전하지 않고, 역시 대업왕생이 가능하다. 윤회를 벗어나 여의는데, 이른바 「삼대아승지겁 동안 복과 지혜를 닦는 것이 필요 없고, 오로지 육자에 의지하여 건곤을 벗어난다」, 이것이 해탈의 수승한 뜻이다. 간략하게 이와 같이 말하는데, 상세한 말은 다하기 어려우며, 사람들이 팔만사천 법문을 모두 포함한다

고 말하는 것은 도리가 통하는 말이다. 그러나 역시 겨우 이 법의 수승함을 찬탄한 것뿐이니, 다른 법문을 깨뜨리는 것으로 오해할 수 없다.

제582조
문: 나무아미타불의 범자(梵字)는 들을 수 있습니까? (吳明安)

답: 미타가 범음(梵音)이다. 음은 흘(紇)자처럼 곧 사음(四音)이 합성된 것이다.

제583조
문: 나무아미타불을 염하는데 수인(手印)을 맺는 방법이 있습니까? (吳明安)

답: 양손은 엄지와 식지로 원을 만들고, 손바닥은 위로 하고, 오른손을 왼손의 위에 놓고, 두 원을 맞댄다. 방식은 정인(定印)과 같으나, 엄지와 식지가 원을 만드는 것일 따름이다.

제584조
문: 염불은 정(淨)에 속하고, 주(咒)는 밀(密)을 행하는 것에 속합니다. 무엇 때문에 항상 정종행자(淨宗行者)도 역시 반드시 지주(持咒)를 해야 한다는 말을 듣습니까? 만약 정(淨)과 밀(密)을 함께 수행하면 더 좋지 않겠습니까? (吳明安)

답: 밀종(密宗)법문은 매우 많은데, 만약 다시 잡수(雜修)를 하면 마음에 방애가 있다. 오직 미타의 방법은 비록 정(淨)이라 이르나, 역시 선(禪)이고, 역시 밀(密)이다. 단지 가르침에 따라 봉행하는 것(依教奉行)만 허용되며, 개인의 뜻으로 다시 확장하는 것은 안 된다.

제585조
문: 또 정종행자는 스스로 육자홍명을 오롯한 공덕으로 삼는데, 만약 다시 지주(持咒)를 하면 정(淨)을 깨뜨리는 것이지 않겠습니까? (吳明

安)

답: 주(咒)의 종류는 매우 많은데, 각자 전용(專用)이 있다. 만약 정(淨)을 닦는 자가 왕생주(往生咒)를 지닌다면, 곧 정종의 고덕이 정한 것으로 자연히 안 될 것이 없다. 만약 타법이 끼어들면 즉 영향을 받는다.

제586조

문: 능엄경 중 「지주(持咒)를 하면 임종시에 시방국토에 뜻에 따라 왕생하고, 다시 타락하지 않는다」고 하였습니다. 만약 그러하다면 염불왕생과 지주왕생은 어떤 차별이 있습니까? (吳明安)

답: 교상(敎相)에 밝지 않은 초학은 어떤 법을 닦든지 곧 먼저 그 어떤 종파의 경전을 보고 완전히 통달(了達)할 때를 기다린 후에 다시 다른 종의 책을 연구해야 한다. 만약 오히려 통하지 않았다면, 다른 것은 더욱 통달하기가 어렵다. 거사가 이미 정(淨)을 닦는 것을 바란다면, 스스로 마땅히 먼저 삼경(三經)을 관통하여야 망연심(妄緣心), 의혹심(疑惑心)이 자연히 적다. 오늘 오직 마땅히 가르침에 의거하여야 하며, 그렇지 않으면 갈림길 중에 많은 갈림길이 있는 것으로, 그 과(果)를 멀리 돌아갈 수 있다.

제587조

문: 정토를 닦는 수행자는 오로지 석가세존의 상에 공봉(供奉)하는 것이 가능합니까? 아니면 모름지기 아미타불상에만 공(供)해야 합니까? (廖清華)

답: 모두 마땅히 공양해야 하는데, 석가세존은 가르침 속의 본사이시고, 미타는 정종의 본존인 까닭이다. 만약 자리가 좁아 편리하지 않으면 오로지 한 분의 존상만 공(供)할 수 있을 때에는 곧 미타에 공한다. 미타 곧 정종의 본존에 공하는 것은 역시 석존께서 교시하신 바이니, 그 가르침을 준수하는 것이 그 마음에 공하는 것으로 이존(二尊)께 공(供)하는 것과 같다.

제588조

문: 서방극락세계에 「낮과 밤이 없다」는 것은 바로 광명이고, 흑암이 없다는 것입니다. 어찌하여 경에서 이르길 : 「밤낮 여섯 때(晝夜六時)」라고 하였습니까, 그 밤은 무엇을 목표로 하고 있습니까? (江寬玉)

답: 이 대륙의 낮과 밤은 역시 가정된 명사로서 지구의 자전 때문에 해를 향하는 일면은 밝아 그것을 낮이라 부르고, 해를 등지는 일면은 어두워 그것을 밤이라 부르는데, 편견의 사실이다. 극락은 해에 의한 광명이 아니므로 자연히 어두울 때가 없으나, 낮밤이라 부르는 것은 이 지방의 말로서, 이 지방[의 관념]에 따라 알기 쉽게 설하는 것이다. 저 국토의 연꽃은 열고 닫힘이 있는데, 열리는 때를 거짓으로 낮이라 할 따름이다.

제589조

문: 부처님께서 정토염불법문을 설하셨는데, 어떤 경전들을 일부 설하신 다음에 설하신 것입니까? (江寬玉)

답: 정토일법은 불경 중에서 전설(專說)과 산설(散說)의 구별이 있다. 전설이라는 것은 삼경(三經)176) 이것이다. 산설(散說)이란 것은 각 대승경 가운데 모두 이런 뜻이 담겨 있음을 말한다. 산(散)이라는 것을 논하자면 오시(五時)에 모두 있는데, 전후를 구분하지 않는다. 전설(專說)이라는 것을 논하자면, 아함이 [교화중생의] 마음을 끌어당긴 후에 설하였다.

제590조

문: 어떤 사람이 임종시에 조념단에 조념을 청하고자 하면, 어떤 때는 사람 수가 적습니다. 휴식할 때에는 녹음기(答錄機)를 사용하여 잠시 불호를 염하는 것을 대신할 수 있어, 병자로 하여금 불호 듣는 것을 중단하지 않게 할 수 있습니다. 이와 같으면 그 이익에 차별이 있습

---

176) 무량수경, 관무량수경, 불설아미타경

니까? (江寬玉)

답: 이 방법은 불가능하지 않고, 병자에게 알리지 않는 것이 묘하다. 알게 되면 분별을 일으키게 되어 즉 해로운 일이 된다.

제591조

문: 일찍이 스승님께서 이르시는 것을 들었는데 :「정토를 닦는 사람이 힘껏 노력하여 남을 제도하지 않으면, 장래 왕생하여도 꽃이 피지 않아 부처님을 뵐 수 없고, 연꽃 속에서 몇천만 년이 지나도 여전히 부처님을 뵙지 못한다」고 하였습니다. 연꽃 속에 생활이 어떠한지 모르겠습니다. (江寬玉)

답: 연꽃 가운데서 의정장엄을 못 보고 법을 듣지 못하며 열반의 검은 구덩이(涅槃黑坑)에 떨어진 것과 같을 따름이다.

제592조

문: 아버지와 동도(同道)들이 대북현 교외에 하나의 정사(精舍)를 세워 서방삼성과 석가세존께 공봉(供奉)을 하고, 아울러 하나의 거사염불도량을 설립하였습니다. 아침저녁 과송(課誦)은 모두 아미타불 한 종류를 염하고, 아침 과(課)는 결코 기타 경전을 송(誦)함이 없습니다. 가부를 모르겠습니다. (傅惇箕)

답: 거사염불도량은 스스로 총림(叢林)과 사묘(寺廟)의 엄격함에 비할 수 없다. 이미 자수(自修)에 속하니 아침저녁 공과는 스스로 정할 수 있다. 만약 정업(淨業)을 전수(專修)한다면, 오로지 미타경만 독송(誦)하는 것이 좋다. 그러나 독송(誦)의 시작과 끝, 갖가지 의식 예를 들면 회향예배 등은 반드시 여법(如法)해야 한다. 그렇지 않으면 장엄과 공경에 흠이 된다.

제593조

문: 평소 믿음·발원·염불을 하나도 모르던 사람이 있어,[177] 임종에 이

---

177) 원문은 '平素完全知信願念佛的人'인데, 문답의 전체 내용으로 보아 '平素完全不知信願念佛

르러 선우(善友)의 개도(開導)를 만나서 이 사람이 들은 이후에 마음에 환희가 생기고, 믿고 받아들여, 발원을 하고, 염불하여 서방에 태어나는 것을 구하는데, 권속인(眷屬人) 등 모두에 의한 비애(悲哀)와 곡읍(哭泣)의 갖가지 방애가 없고 더하여 염불을 돕는다면, 이 사람이 임종시에 또 서방에 왕생할 수 있습니다. 어찌 이러한 쉬운 사정이 있습니까? (洪環)

답: 평소 염불을 알지 못한다면, 임종에 갑자기 선우(善友)를 만나는 것은 백중의 하나도 볼 수 없는 일로 이것이 첫 번째 어려움이다. 일생동안 미혹되어 있다가 임종에 사대(四大)가 분리되면 다시 번뇌가 일어나는데, 사람들이 죽음을 말하는 것을 듣고, 마음에 환희를 내고, 공포를 일으키지 않을 수 있는 것이 두 번째 어려움이다. 평생 불법을 듣지 않고, 임종의 짧은 순간에 돌연 개오(開悟)하고 서방에 태어남을 발원할 수 있는 것은 통상의 도리에 없는 바이니, 세 번째 어려움이다. 집안사람들이 많은데, 한 사람에게 믿도록 권하여 마땅히 마음이 움직이는 것은 쉽지 않고, 한 마디 말로 많은 사람이 믿도록 하여 감정을 참고 울지 않으며 염불을 돕도록 하는 것은 또 어려움 중의 어려움이다. 나는 오로지 그 어려움을 아는데, 거사는 어찌 그 쉬움을 보는가. 과연 그 일이 있다면, 반드시 숙생(宿生)에 정토를 닦은 사람으로, 지금 비로소 이 갖가지 선연(善緣)이 있는 것이다. 매우 위험한 상황이고, 절대로 비슷한 것이 없으며, 결코 쉽지가 않으니, 여전히 평소에 행(行)와 행(解) 모두 더욱 정진하는 것이 온당하다!

제594조

문: 늘 연사(蓮社)에서 경을 강설하는 것을 듣고, 아울러 사람들에게 염불을 권하여, 일심불란에 이르도록 하는데, 어떤 수의 게는 이렇게 설합니다 :「미타 한 마디는 법 중의 왕으로, 염하기가 곤란하여 어지러워도 역시 무방한데, 만 리의 뜬 구름이 붉은 해를 가려도, 인

的人'의 오기가 아닌가 한다.

간세상 곳곳에 여광(餘光)이 있다」. 이 말씀은 일심이 아니어도 된다는 것인데, 도대체 누구의 대화를 들어야 합니까? (林美)

답: 일심불란은 바로 부처님의 말씀이고 성언량으로 정토의 원칙인데 어찌 준수하지 않을 수 있겠는가. 잡념이 무방하다는 것은 바로 조사의 말씀이고 방편설로서, 별도의 고심이 있으니, 수사(辭)를 함으로써 그 뜻을 해칠 수 없다. 그 뜻은 널리 염불을 권하는 것인데, 사람들이 일심의 곤란으로 인하여 퇴전할까 염려하여, 그러므로 이렇게 기꺼이 염하는 것이 좋다는 말을 설하는 것이다. 이른바 「나무불을 한번 칭하면 모두 함께 불도를 이룬다」이다. 일심으로 염불하는 것은 당생성취(當生成就)의 도(道)이며, 산란한 마음으로 염불하는 자는 여러 종류의 선근(善根)이 있는데, 그것이 성숙하였을 때, 오래오래 훈습하여서 일심을 이룬다. 일심으로 할 수 있는 것은 아주 좋고 아주 좋다. **일심으로 할 수 없는 염불이라도 아무튼 염하지 않은 것보다 좋다. 금강종자(金剛種子)가 있어 늦거나 빠르거나 현행을 일으킬 수 있다.**

제595조

문: 서방과 삼계 28층천이 있습니까? 사(事)와 이(理)는 어떤 말씀입니까? (黃丁壽)

답: 이것을 사(事)로 말하자면, 역력히 분명하다. 예를 들면, 지금 거주하는 지구, 육대주, 오대양은, 어찌 없다고 말할 수 있는가. 이(理)로 말하면 삼계가 유심으로(三界唯心) 거사가 심학(心學)을 명료하게 이해한 이후에 있는지 없는지를 바야흐로 말할 수 있다. 초학자는 스스로 마땅히 먼저 사(事)상으로 명백하게 안 후에 다시 이(理)를 말해야 한다.

제596조

문: 재가대중이 정토법문을 수행하여 대업왕생하면 다시 사바세계에 전생(轉生)이 가능합니까? 역시 사리(事理)를 분별해주시길 청하옵니다.

(黃丁壽)

답: 대업왕생은 재가와 출가를 구분하지 않는다. 여러 미혹을 끊지 않고 서방에 태어나는 것을 곧 대업이라 이른다. 재래(사바세계에 다시 옴) 여부는 오직 개인의 원력을 따른다. 만약 오는 것을 바라지 않으면, 역시 보처(補處: 일생보처보살)가 되는 것을 닦을 수 있고, 오는 것은 곧 원을 타고서 자재하니(乘願自在), 이전에 업력이 견인하여 생을 받는 것과는 같지 않다.

제597조

문: 연지대사께서 널리 염불을 권하는 가르침 중에 「일이 생길까 두려워 문을 닫고 염불하는 사람은, 반드시 절에 들어가 강설을 들을 필요가 없다」라는 지시가 있습니다. 이 말은 당생(當生)에 홍법(弘法)과 중생제도(度生)를 하지 않아도 역시 서방에 태어나는 것이 가능하다는 것입니까? 이와 같으면 소승을 따르는 것 아닙니까? (孟孝光)

답: 대사가 사람을 가르치는 것이 소승을 따르는 것이 아니라, 곧 이 사람이 스스로 소승근기여서, 대사께서는 수순하여 설법을 할 따름이다. 절에서 사람들에게 강경을 함에 있어 시비가 생기는 것을 염려하여 집에 있다고 하더라도 권속, 이웃, 친구가 없을 수 있겠는가? 만약 분별력과 언변이 모두 짧더라도, 참괴심, 자비심에서 진실을 항상 발하지 않으면 안 되는데, 만약 이 마음에 어긋나면, 장애가 발생할 것이 염려되니, 또 대사의 가르침을 곡해하지 말아야 한다.

제598조

문: 혹 노파의 염불이라는 것은 왕생의 희망이 매우 아득합니다. 만약 노파가 역시 경건한 믿음과 발원으로 일심불란에 이를 때까지 염불하는데도, 서방에 태어나는 것이 아득합니까? (孟孝光)

답: 염불로 서방에 태어나기를 구함에 있어 중요한 점은 믿음과 발원, 일심불란에 있고, 그 공(功)은 다른 것이 끼어들지 않고(不夾) 섞이지 않는 것에 있다(不雜). 삼요(三要)가 진실하고 간절하면, 자량은 이미

충분하고, 마음에 청정함이 생긴다. 이것에 계합하는 자는 왕생이 아득하지 않고, 이것에 어긋나는 자는 왕생이 곧 아득하다. 노파 역시 갖가지 근기(根器)가 있고, 대통가(大通家) 역시 온갖 습기(習氣)가 있는데, 응당 행을 가지고 표준을 삼아야 하고, 사람을 가지고 그렇다고 판단하지 않는다.

제599조

문: 「사일심(事一心)」은 이치가 명확하지 않은데 오로지 믿음·발원과 일심염불이고, 「이일심(理一心)」은 모름지기 「시심작불(是心作佛), 시심시불(是心是佛)」 등의 이치입니다. 오직 이치를 명확히 한 후에 어떻게 행에 부(付)할 것인데, 그 염불방법과 「사일심(事一心)」은 분별이 있는지요? 반드시 먼저 미혹을 끊어야 합니까? (孟孝光)

답: 여기에 비유를 하나 든다. 여행에 비유하면 혹 수레 혹은 배로 가는 데 있어, 길에 밝지 않은 자는 사람은 사람을 만나 나루터를 묻는데 그 여행은 돌아가면서 느리다. 길을 아는 자는 가벼운 수레를 몰고 아는 길을 가는 것으로, 앞으로 나아가는데 장애가 없다. 그러나 양자는 수레와 배로 결국 하나이다.

제600조

문: 정토의 극락세계는 응당 화성(化城)의 하나에 속하는데, 만약 삼계의 구별에 의하면 즉 색계입니까? 대략 색상(色相)과 음식이 있는데, 육근(六根)작용은 모두 제거된 것 같습니다. 만약 불국토가 즉 응당 삼계를 초월한다고 말한다면, 이것은 어떤 말입니까? (劉定一)

답: 극락불토는 네 가지가 있는데, 상적광토라 이르고, 실보장엄토라 이르고, 방편유여토라 이르고, 범성동거토라 이른다. 상적광토는 실상이고, 나머지 세 가지 국토는 전적으로 근기에 응하여 중생을 제도하기 위하여 나타낸 것이다. 또 부처님께서 법·보·화(法報化)의 삼신(三身)이 있는데, 법신(法身)은 즉 언어도단(言語道斷), 심행처멸(心行處滅)인데, 어떻게 널리 제도하겠는가? **문자반야(文字般若)가 없으**

면, 어찌 실상(實相)에 깨달아 들어감을 얻으며, 앞의 삼토(三土)가 없다면, 어떻게 상적광토에 증득하여 들어가겠는가.

제601조

문: 염불인이 신(神)에게 많이 예배하면, 임종시에 장애가 될 수 있습니까? (莊貴)

답: 불법은 평등하여, 육도(六道)를 널리 제도하는데, 삼륜체공(三輪體空)을 귀하게 여기며, 인상(印象)에 떨어지지 않는다. 이와 같이 닦는 자는 비록 신과 항상 접촉하여도 결코 영향이 없다. 초학의 사람은 항상 신의 인상에 떨어져서 곧 종자가 되어 만약 임종에 이르면, 갑자기 현행을 일으켜, 즉 장애가 생긴다. 공자께서 이르길, '귀신을 공경하되, 멀리하라' 하셨는데, 그 도리를 준수할 만하다.

제602조

문: 서방극락세계는 아미타불의 원력으로 변화한 바인데, 아미타불의 삼매경이라 해도 좋겠습니까? 또 현생에서 극락의 연꽃이 피고 부처님을 뵌 후는 어떤 종류의 과위와 같습니까? 원을 타고(乘願) 다시 삼계로 들어올 때도 오롯이 정토염불법문을 창도(倡)합니까? (門外漢)

답: 마음과 국토가 둘이 아님(心土無二)을 삼매라 말할 수 있다. 연꽃은 구품으로 나뉘는데 사토(四土)는 약 30여 품을 이루어 경계(境界)는 하나가 아니고 과(果)도 역시 같지 않다. 이 초보자는 오직 수행을 진전시켜 불과(佛果)에 도달하면 극처(極)를 이룬다. 원을 타고 오는 것은 개인의 원력을 타고 오는 것이다. 스스로 정토가 빠르고 편리하고 원만하고 단번에 이루는 것임(捷便圓頓)을 알아, 바야흐로 기꺼이 스스로 수행을 한다. 이미 이 증과(證果)를 가지고서, 사람들에게 마땅히 본을 삼아 배우기를 권하시는데, 이것이 바로 본원이다. 만약 타법을 권한다면 곧 권교(權巧)이다.

제603조

문: 서방공거(西方公據) 안에 있는 염불계수도(念佛計數圖)의 계법(計法)은 바로 먼저 한번 10존의 점을 다 찍은 후에 다시 제2점을 찍는지요. 혹은 1존의 점을 다 완료하고 다시 제2존으로 나아가서 결국 상품상생에 도달하는지요? 보여주시길 청하옵니다. (陳燈逢)

답: 1존의 점이 완성되면, 다시 제2존의 점으로 나가는 것이 비교적 청초하다.

제604조

문: 만상(萬相)은 집착할 수 없고, 만법(萬法)은 마음 위에 머무를 수 없습니다. 제자가 생각하기에, 나무아미타불은 반드시 마음 위에 머물러야, 망념(妄念)을 버리는 것 아닙니까? 사람마다 모두 불성(佛性)이 있습니다. 그러나 과거 세상의 많은 더러운 습기에 감염되어 불성이 드러날 방법이 없게 하였습니다. 그래서 망념이 일어날 때 나무아미타불을 함으로써 망념을 눌러 망념이 확장될 방법이 없게 하여, 시간이 오래되면 불성(佛性)이 자연히 노출되어 나타나도록 하는 이러한 방법(辦法)이 옳은지 가르침을 청하옵니다. (謝幼)

답: 말한 바는 매우 도리가 있다. 이것은 거사를 위해 다시 이야기하는 것인데, 범부는 모두 망념을 가지는데, 망념은 곧 혹(惑)이 일어난 바이다. 그래서 반드시 혹(惑)을 끊어야 비로소 견성(見性)할 수 있다. 그러나 혹을 끊는 것(斷)은 40리 물길의 흐름을 끊는 것(截)과 같아, 사람들이 할 수 있는 것이 아니다. 선교(善巧)의 법으로는 염불만 한 것이 없다. 공부가 얕은 자는 혹(惑)을 조복시킬 수 있고, 공부가 깊은 자는 혹(惑)을 끊을 수 있다. 혹(惑)을 조복시키면 대업왕생이 가능하고, 혹(惑)을 끊은 자는 뜻에 따라 증과(證果)한다.

제605조

문: 아미타불은 서방에서 부처를 이루시고 교화를 하는데, 그 수명이 무량합니다. 이러한 말씀은 저 부처님의 과위는 다시 다른 분과 바꿀 필요가 없다는 것입니까? 관세음보살은 후보불의 위치인데 어느 때

아미타불의 불위(佛位)를 잇게 되는 것입니까? (徐貴妹)

답: 경(經) 중에 실려 있는 것은 미타 이후 관음이 가르침을 주도하고, 관음 이후에는 세지가 가르침을 주도한다. 이것은 신구의 교체로 수명을 불문하는 것이다. 곧 세간 총림에서 어느 갑(甲) 방장이 퇴휴하면, 을(乙) 방장이 승좌(升座)할 따름이다.

제606조

문: 부처님의 법신은 이미 허공에 두루 차 있습니다. 만약 무상염불(無像念佛)을 할 때에는 허공을 향한 예배가 곧 가능할 것인데, 어찌하여 오롯이 사람들에게 서방을 향하여 예배하라고 지시하는 것입니까? (廖清華)

답: 거사의 무상염불은 혹시 「실상염불(實相念佛)」을 말하는 것인가? 이 염불법은 곧 마음이 곧 부처(心卽佛)이고, 염하되 염이 없음(念而無念)으로, 초근기(初機)가 이해할 수 있는 것이 아니다. 천학(淺學)으로 오히려 교상(敎相)에 밝지 않은 자는 역시 할 수 없다. 경에서 서방을 말하는 것은 곧 부처님의 선교방편의 법으로, 서방은 허공이 아니지만, 실제로 말하면 결코 사방상하(四方上下)가 없고, 역시 과거·현재·미래가 없다. 원통대사(圓通大士)는 허공을 향하여 예를 갖추든 갖추지 않든 안 될 것이 없지만, 박지범부(博地凡夫)는 업식과 분별이 있어 오로지 응당 가르침에 따라 봉행해야 한다.

제607조

문: 보정법사(寶靜法師)의 총서의 하나인 「불설아미타경요해친문기(佛說阿彌陀經要解親聞記)」 88항 제10행에 있는 단락에 「대략 나한[178]은 입태의 미혹(入胎之迷)이 있고, 보살은 격음의 혼미(隔陰之昏)함이 있는데, 한번 윤회에 들어가면, 역시 미매(迷昧)가 쉽지 않다」고 하였습니다. 보살, 나한은 사성법계(四聖法界)에 속하는데, 어찌 윤회의 이치가 있습니까, 이 구절은 난해합니다. (李榮棠)

---

178) = 아라한

답: 나한이 회소향대(回小向大)하여 열반에 머물지 않고, 보살이 널리 함식(含識)을 제도하기 위하여, 모두 원을 타고(乘願) 태(胎)에 들어온다. 그러나 〔이것은〕 범부가 업에 이끌려 윤회하는 것과 같지 않다. 예를 들면 우리의 석존께서 어찌 일찍이 증과(證果)를 하지 아니하셨기 때문에, 팔상시현(八相示現)하고 여전히 중생제도를 위해 오셨겠는가. 미륵보살은 일찍이 등각을 증득하였지만, 장차 사바에 내려오실 때, 역시 태에 들어간다. 자비로서 원을 타고 태에 들어가는 것은 같다. 그러나 부처님과 등각보살은 즉 격음지미(隔迷)가 아니고, 칠지(七地)보살 이전과 나한은 근본(根本)번뇌와 진사(塵沙)번뇌를 끊지 못하였으므로 미(迷)와 혼(昏)이 있는 것이다.

제608조

문: 「선이 없고 정토가 있으면, 만인이 수행하여 만인이 갑니다」. 영명대사께서 '정토가 있다(有淨)'고 이르신 바는 일심에 도달해야 하는 것입니까? (潔園)

답: 이 일은 앞 사람들도 분쟁이 있었다. 구경에 어떤 경계에 도달하여야, 바야흐로 '있다(有)'라고 칭할 수 있는가? 결코 정론(定論)이 없다. 그러나 「있다(有)」는 인지(因地)를 가리킴에 의심을 할 바가 없는 것 같으며, 곧 기타 법문을 닦는 것을 말하는 것은 왕생과 상응하지 않는다. 두루 관련 있는 정토경전을 살펴보면, 역시 **평소에 일심에 도달하지 못하였지만, 임종에 왕생을 얻은 자는 단지 그때 반드시 마음이 전도되지 않고 정념(正念)이 분명하였다.** 그렇지 않으면 즉 장애가 있어 왕생하기 어렵다. 이것에 준하여 보면, 즉 「있다(有)」는 것은 믿음과 발원의 정인(正因)을 가리키는데, 바로 기본조건이다. 일심은 곧 수행의 증상(增上)으로 일심을 얻으면 임종에 전도되지 않을 수 있다.

제609조

문: 수행으로 서방극락세계에 가서 원을 타고 〔사바세계에〕 다시 와 태

어난다면, 격음지미(隔陰之迷)를 받을 수 있습니까? 만약 받는다면 만약 학불(學佛)의 인연을 만나지 못한다면 어찌 크게 위험하지 않겠습니까? (江寬玉)

답: 보통의 행자는 혹(惑)을 끊을 수 없어 비록 서방에 태어나는 것도 곧 대업으로 왕생하는 것이다. 그곳에 이르러, 갑자기 또는 점차 혹을 끊을 수 있는데, 비로소 끊어진 것대로 그 과(果)를 증득한다. 이미 과를 증득한 자는 다시 와서 태(胎)에 들어가도 미혹하지 않는다. **과를 증득하지 못한 자가 오면 즉 미혹함(迷)이 있는데, 혹업을 끊지 못하면 숙명통(宿命通)의 힘이 역시 미약할 따름이다.** 그러나 일찍 오거나 늦게 오거나, 자연히 각인의 원력이 어떠한지를 보아야 하는데, 업력이 견인하지 않[은 자]와 〔업력으로부터〕 자유롭지 않은 자가 서로 비교가 된다.

제610조

문: 염불이 만약 심리(心理)를 바꿀 수 없고, 지성으로 할 수 없으면, 대체로 명운(命運)을 바꿀 수 없고, 업력(業力)을 바꿀 수 없습니까? (江寬玉)

답: 염불은 심념(心念)에 중점이 있는데, 만약 오로지 입으로만 한다면, 삼업(三業) 중에 구업(口業)이 선할 뿐이다. 오직 죄와 복은 각자 종자를 가지고 있어 몫에 따라 그 과보를 받는다. 이 종자가 산란한 염불이면 비록 업을 바꾸기가 어려우나 여전히 착한 종자를 뿌리니 공은 헛되지 않는다. 단지 당생(當生)에 성취를 할 수 없고, 여전히 윤회에서 벗어날 수 없지만, 많은 생 이후에 인(因)을 심었던 것이 연(緣)을 만나면 당연히 계속하여 다시 수행할 기회가 있다.

제611조

문: 믿음·발원·염불이 일심을 얻으면 결정코 왕생합니다. 그러나 일심에 이른 사람이 만약 믿음과 발원이 견고하지 못하다면, 역시 왕생할 수 있는지 모르겠습니다. (潔園)

답: 믿음과 발원이 견고하지 못하면 정(淨)의 기본이 세워지지 않은 것이다. 이른바 인지(因地)가 진실하지 않아서 과(果)는 왜곡을 초래한다. 비록 염이 일심에 도달할 수 있으나, 정(淨)의 기본이 없으면, 오로지 일종의 정공(定功)일 뿐이어서 왕생에 아무런 도움이 없다. 기껏해야 선(禪)은 있는데 정토(淨土)가 없다고 말할 수 있을 뿐이다.

제612조

문: 관경에서 아미타불의 수명, 지혜, 신통, 위덕 등등은 일일이 헤아릴 수 없다고 말씀하셨습니다. 그러나 석가세존께서 81세에 입멸하셨고, 기타 일체제불께서는 [수명이] 혹 천 세 혹 만만 세, 혹 1겁, 내지 나유타겁과 같습니다. 어찌하여 천차만별이고, 그렇게 불덕(佛德)은 수승함과 하열함의 구별이 있습니까? 사바세계의 중생은 뭇 고통이 핍박하는데, 석가세존께서는 어찌하여 천백 년을 머무시면서 널리 일체를 제도하여 이고득락하게 하지 않으십니까? (周慧德)

답: 부처님은 「법신·보신·응신」의 세 가지 몸이 있는데, 모두가 알다시피, 관경의 미타는 보신을 가리키는 말로, 그래서 광명과 수명이 무량하다. 사바의 석존께서는 바로 응신상이므로 이 땅의 중생과 같은 수명이다. **마땅히 석존의 보신은 역시 미타와 같고, 미타의 응신은 역시 응하는 곳의 국토와 같다.** 이것을 알면 제불이 모두 그러하다. 만약 중생을 제도하려면 이치상 마땅히 상주(常住)해야 한다고 말하는 것은, 인정의 중하고 어려움과 가볍고 쉬움이 있어서, 상주(常住)하는 것은 오히려 상(想)을 만나기가 어렵지 않음을 모르는 것이다. 성동노모는 부처님을 뵙기를 바라지 아니하였고, 법조(法照)대사는 문수를 열심히 구한 예가 분명하니, 알 수 있다.

제613조

문: 염불로 극락에 왕생한 중생은 어떻게 부처님과 마찬가지로 무량한 수명을 얻을 수 있습니까? (周慧德)

답: 하나는 미타의 원력이 이와 같아서 부처님의 원력을 타는 까닭이다. 둘은 세계의 겁파(劫波)가 증감하여 차이가 있어 석가께서 이곳에 오시면 즉 수명이 짧고, 우리가 극락에 머무르면 즉 수명이 길어, 각자 그때를 따르는 까닭이다.

제614조

문: 십육관경에서 이르길, 만약 관(觀)을 성취할 수 있으면 무수 아승지 겁의 생사의 죄를 제거할 수 있고, 태에 들지 않고 항상 제불의 정묘(淨妙)국토를 유랑한다고 합니다. 그러나 과거 불칠(佛七)에서, 노사의 가르침은 대장경을 널리 배우되, 미타행을 바꾸지 말라고 가르치셨습니다. 그러나 관법(觀法)을 설하면 대부분은 도달하지 못하는데, 부처님께서는 어째서 이 경전을 설한 것입니까? (周慧德)

답: 중생의 근기는 천차만별이고 계합하고 어긋날 기회 역시 많다. 그러하므로 비로소 팔만법문을 설하시어, 비록 이와 같이 많기는 하지만, 하나로 돌아가야 한다. 이른바 「근원으로 돌아가면 두 길이 없으나, 방편은 많은 문이 있다」이다. 관경은 도달한 자가 없지 아니하며, 그것을 기뻐하는 자가 여전히 매우 많은데, 각자 각자의 원력을 따르지만, 이 경은 그대로 미타행이다.

제615조

문: 정토를 닦는 주요과정은 어떻습니까? (黃永霖)

답: 정토법문의 과정은 불호를 전념하는 것을 방편으로 삼는다. 오히려 다른 법은 집에서 바쁜 사람은 할 수 없다. 염불에도 역시 번거롭고 간단한 구별이 있다. 사람에 따라 스스로 정하는데, 특별히 소책자 여러 본을 보내니, 선택하여서 닦는 것이 편리하고 타당하기를 바란다(기로지귀歧路指歸와 당생성취의 불법當生成就之佛法이다).

제616조

문: 육도중생이 서방에 태어나지 못할 때에 서방의 뭇 존자(尊者)들은

계급을 나눌 수가 있는지요. 아니면 후에 다시 만듭니까? (黃永霖)

답: 서방의 제존(諸尊)은 증과(證果)를 하신 분들로 성문·연각·보살이 있다. 처음 왕생한 자는 구품(九品)과 변지(邊地)가 있으니 이것이 바로 계급이다. 〔질문의〕 마지막 구의 뜻이 명확하지 않으니 솔직한 답변이 곤란하다.

제617조

문: 가장 먼저 극락세계를 향한 존자는 누구이고, 발원대로 개창을 한 불교존자는 어떤 분입니까? (黃永霖)

답: 왕생하는 사람은 그 이름이 왕생전에 다수가 실려 있다. 그러나 왕생자의 수는 항하의 모래수와 같은데, 전기(傳記)는 대해(大海)의 한 거품에 불과하니, 이 일이 거짓이 아님을 증명할 뿐이다. 미타경에서 이르길 「이미 발원하였거나, 현재 발원하거나, 미래에 발원한다면」「이미 태어났거나, 현재에 태어나거나, 미래에 태어난다」라고 하셨다. 세존이 계실 때 이미 발원하여 이미 태어난 자는 이미 수를 셀 수가 없다. 만약 가장 먼저 왕생한 자를 묻는다면, 그때는 10겁 이전으로, 책에 이름이 기재되지 않아 답을 할 방법이 없다. 불교를 창시한 자에 대한 질문에 대하여 이 시기를 논한다면 오로지 석가 세존이시다. 만약 가장 먼저 연 사람을 묻는다면 진점겁(塵點劫) 전의 진점겁에 일찍이 부처가 있었는데, 시작을 추적할 수 없다.

제618조

문: 입으로 염불하고, 마음으로 부처님을 생각하며, 마음과 입이 일여(一如)하여, 한마디 불호를 제외하고, 어떤 일도 생각하지 않으며, 어떤 염두도 모두 일어나지 않는 이와 같은 염불이면, 사일심불란(事一心不亂)입니까? (賴棟梁)

답: 사일심불란이라고 말할 수 있다.

제619조

문: 수행이 있고 증득이 있는 어느 노화상 그분이 말씀하시길, 염불은 염이 일심불란에 이르지 못하면, 매우 왕생하기가 어렵다고 하였습니다. 업의 근본이 다하지 않아 왕생이 불가능하다면, 어느 곳에 업을 가지고 서방에 왕생한다는 말입니까? (童瑞珠)

답: 이 대덕께서 후진을 책려(策勵)하신 것으로, 고심에 의한 깊은 경지(苦心孤詣)〔에 의한 말씀이〕라고 할 수 있다. 「일심불란」 경문은 이와 같은 지시로 스스로 마땅히 준수해야 하고, 함부로 요행을 꾀해서는 안 된다. 그러나 대업왕생은 오히려 제 조사께서 승인한 것이다. 만약 반드시 혹(惑)을 끊어야 한다면, 곧 통상의 세로로 벗어나는 것(通常豎出: 난행도·성도문)이다. 이 법은 혹을 조복시켜 가로로 초월하는 것(伏惑橫超)으로, 통상의 길(通途)과 같지 않다. 게(偈)[179]에서 이르길 :「**선(禪)이 없고 정토가 있으면 만인이 닦아 만인이 가는데, 단지 미타를 뵈옵는다면, 어찌 깨닫지 못함을 근심하리오.**」라 하셨다. 이것은 혹을 조복한 증명이다.

제620조

문: 또 여인의 죄장이 깊고 중하면, 염불로 왕생이 불가능하니, 반드시 남자의 몸으로 바꾼 이후에 다시 정토에 태어나기를 구하여 곧 갈 수 있다고 말씀하셨습니다. 이 문제에 대하여 저는 심히 의혹이 있습니다. (童瑞珠)

답: 이 일은 거사가 혹 잘못 들은 것 같다. 그것은 반드시 말한 것과 같지가 않다. 정토에 왕생하는 것은 불과(佛果)를 증득하는 것과 같지 않은데, 결코 남자의 몸과 여자의 모습을 구분하지 않는다. 미타경에서 이르길 :「만약 선남자 선여인이 아미타불을 말하는 것을 듣고, 명호를 꼭 지녀 …… 곧 아미타불의 극락국토에 왕생할 수 있다.」고 하였다. 바로 지명염불로 왕생하는 것은 남녀의 구분이 없고, 다시 왕생전(往生傳)을 살펴보면 더욱 증명할 수 있는데, 전(傳) 중에 남녀의 왕생이 매우 많은데, 어찌 그럴 수 있겠는가.

---

179) 영명대사의 사료간(四料簡)

제621조

문: 〈아미타경적주접몽(阿彌陀經摘註接蒙)〉 속에 있는 「사바와 극락은 모두 화장 중의 제13중(第十三重)에 있다」는 말씀은 어떤 뜻입니까? (廖玉嬌)

답: 석가세존의 정토는 대략 높이는 20중(重), 둘레는 11위(圍)로 건립되어 화장세계(華藏世界)라 이름하여 부른다. 높이의 중(重)이 20의 수(數)이고, 그 13중간(十三重間)의 서쪽에 극락이 있고, 동쪽에 사바가 있다.

제622조

문: 「번뇌가 즉 보리이다」는 극락세계에서는 어떠한 강설법(講法)이 있습니까? 저 국토는 청정하여 번뇌를 일으키지 않는데 어떻게 「제거(除)」를 한다는 것입니까? 어떻게 정진합니까? (廖玉嬌)

답: 행자가 등각(等覺)에 이르지 못하면 삼혹(三惑)은 아직 다하지 않은 것이다. 혹(惑)은 곧 번뇌인데 제거하지 않으면 어찌 성불하는가? 극락에는 이미 천인·성문이 있고, 더 나아가 지전(地前)보살도 이 뭇 혹이 모두 다하지 않았으니, 정진하여 극과(極果)를 추구해야 한다. 비록 저 국토가 청정하여, 〔혹을〕 일으킬 이유가 없다고 하더라도 기꺼이 무명(無明)에 머무르면서 구경(究竟)을 구하지 않을 수는 없다.

제623조

문: 서방에서는 팔정도의 정명(正命)을 어떻게 말합니까? (廖玉嬌)

답: 생명의 연속은 반드시 생질자양(生質資養)이 필요하고, 역시 정신의 안위가 필요하다. 만약 정법(正法)에 의거하여 구하는 오락이 아니라면 곧 정명이 아니다.

제624조

문: 실상염불은 이미 견성한 것입니까? (池慧霖)

답: 이 법은 관을 짓는 것(作觀)과 관계가 있다. 반드시 먼저 일체를 정지(靜止)하고, 후에 부처님의 법신을 관(觀)하는데, 유가 아니고 공도 아니다(非有非空). 그 중도(中道)를 취하니 바로 실상염불이라 이른다. 이 수행 역시 공부가 얕고 깊음의 구분, 그리고 인(因)을 닦아 과(果)를 이루는 단계가 있다. 실상은 확실히 불성(佛性)에 속하는데, 보고 못 보고는 이루고 못 이루고에 달려 있다.

제625조

문: 염불의 염이 실상염불의 경계에 도달한 사람은 왕생하면 바로 상적광토에 도달합니까? (池慧霖)

답: 실상을 성공한 수행자는 상적광토에 태어날 수 있다. 양 경계가 서로 같은데, 인(因)이 바로 과(果)이다.

제626조

문: 관상(觀想)염불을 하는 사람은 임종에 왕생할 때 실보장엄토에 도달하는 것입니까? (池慧霖)

답: 관상(觀想)염불 하는 자는 십육관경에 의지하여 수행을 일으킨다. 경(經) 중에 정보와 의보의 문장을 말씀하신 바는 모두 장엄(莊嚴)의 상(相)에 속한다. 이와 같이 닦은 인(因)으로 스스로 이와 같은 과(果)를 얻는 것이다.

제627조

문: 하품하생의 사람은 오백 겁에 부처님께서 설법하는 것을 들을 수 없어 깨달을(開悟) 수 없는데, 범부와는 어떤 차이가 있습니까? 부처님께서는 자비로우니, 부처님과 스승(親師)께서 오셔서 가르쳐 깨닫게 할 수 있습니까? (池慧霖)

답: 하품하생은 역시 큰 행운으로, 연태(蓮胎)는 청정하고 이미 사바를 떠났다. 거사는 범부와 어떤 차이가 있느냐고 말하는데, 이는 특히

차이가 심함을 알지 못하는 것이다. 사바의 범부는 육도(六道)의 생사가 있고, **연방(蓮邦)의 하품은 출리(出離)와 같아 비록 하하품에 속하더라도 역시 무색계천보다 수승하다.** 다시 오백겁을 말하는 것은 곧 〔질문자의〕 기억의 착오이다. 경에서 이르길 : 「12대겁을 채우면, 연꽃이 바야흐로 핀다.」고 하였다. **연꽃 피는 것이 늦고 빠른 것은 자기의 업장의 깊고 얕음과 관련되어 있으며, 〔이는〕 부처님이 자비를 드리우심에 불평등이 있는 것이 아니고 자기 마음속의 장애가 무거워 교감을 할 수 없는 까닭이다.** 이렇게 하품하생에 생겨나는 것은 곧 오역십악의 무리인데, 임종시에 고통과 핍박으로 관상(觀想)할 수 없어, 겨우 지심(至心)으로 칭념하여 10념에 왕생하는 자들이다. 거사의 행이 이와 같지 않으면, 많은 염려를 할 필요가 없는데, 왕생하지 않으면 그만이지만, 왕생하면 결코 하하품이 아니다.

제628조

문: 연지대사(蓮池大師)께서는 태창왕 효렴에게 보낸 편지 중(정토진요淨土津要를 보면)에 「빈 마음속(空心)에서 오직 일성의 아미타불을 단지 생각하면, 입을 열고 혀를 움직일 필요가 없으니, 묵묵하게 심안으로 반조하면(心眼返照), 글자마다 분명하고, 구절마다 이어져, 마음과 마음에 틈이 없다(心心靡間)」등의 말씀이 있습니다. 이런 종류의 염불은 선(禪)입니까? 정(淨)입니까?(만약 믿음과 발원이 있다면 정淨에 속하는 것입니까?) (鍾潔園)

답: 옛적에 선(禪)은 모두 마음을 관하는 것(觀心)이었고, 후에 화두를 참구하였다. 역시 쐐기로 쐐기를 뽑는 것으로, 〔선가(禪家)에서 하는 염불은〕비록 염불이 있으나 부처님을 화두참구로 여기니, 정가(淨家)의 염불이 믿음과 발원으로 왕생을 구하는 것과 같지 않다. **이 불호는 염하는 방법인데, 혹 소리의 높고 낮거나, 혹 조용히 하거나(默) 혹 전환(轉)하거나, 오로지 믿음과 발원이 있으면 모두 정(淨)에 속한다.**

제629조

문: 고덕께서 이르시길 : 염불생심(念佛生心)이든, 이상무주(離相無住)든, 이 마음은 비록 비고 빈 것(空空洞洞)이지만, 오히려 한마디 불호를 일으키는 것은, 바로 무소주심(無所住心)을 일으키는 것이니라.」라고 하였습니다. 이것은 대세지보살의 정념상계(淨念相繼) 중의 「정념(淨念)」과 서로 같다고 말할 수 있습니까? 또 마음이 깨끗할 때 일어나는 정념(淨念)은 묘유(妙有)라고 말할 수 있습니까? (鍾潔園)

답: 무주생심(無住生心: 머무는 바 없이 내는 마음)은 정념(淨念)과 동일하다고 말할 수 있다. 정념(淨念)은 묘유(妙有)라고 이를 수 있다. 정념(淨念)이라는 것은 무염무착(無染無著)이다. 그러므로 무주(無住)와 같다고 이른다. 정념(淨念)이 비록 무주(無住)나, 무표색(無表色)에 속한 것과 비슷하다. 색(色)은 유법(有法)에 속하는데, 유이면서 무표로 묘를 이룬다(有而無表為妙). 이른바 묘유불유(妙有不有)로, 그러므로 묘유(妙有)와 같다.

제630조

문:「그 〔극락세계〕 속에 일생보처가 많이 있다」는 것은 인간으로 다시 와서 태에 들어가 다시 태어난 후에 다시 수행하여 부처님의 후보에 이를 수 있다는 것인지, 아니면 역시 서방극락세계에 도달하여 오로지 이 연화화생(蓮花化生)의 몸이 최후의 몸으로서, 일생동안 정진하여 즉 불위(佛位)에 보(補)하여 지는 것인지요? (賴棟梁)

답: 일생보처는 이미 그 덕을 이룬 것으로 부처를 짓는 것(作佛)이 그 위(位)를 실천하는 것이다. 〔부처님과〕 덕위(德位)의 이름은 다르나 도(道)는 실제로 같다. 한 부처님이 교화하는 국토는 하나의 대천세계로 하나의 국토는 두 왕이 다스림을 주재하는 것이 없고, 하나의 국토는 두 부처님이 가르침을 주재하지 않는다. 극락에서의 수행이 일생보처에 이르면, 할 일은 모름지기 다른 세계에 왕생하여 팔상으로 부처를 짓는 것(八相作佛)이다.

제631조

문: 《미타경》은 부처님의 무문자설(無問自說: 묻지 않았는데 설하심)이고, 또 육방 항하의 모래같이 많은 수의 제불께서 함께 찬탄하는 바입니다. 또 서방에 태어나는 것은 부처님이 감동하는 바이고, 생사를 마치는 최고 첩경이며, 구경의 법입니다. 그리고 천상에 태어나는 것은 윤회를 벗어나지 못한 것으로, 여전히 육도(六道) 중에서 또 복을 누리고 미혹됩니다. 곧 법을 듣지 못하고 수행을 잊는 것은 당연히 팔난(八難)의 하나입니다. 지장보살의 대지혜로 어찌 모르는 것이 있어, 어찌하여 지장보살께서는 사람이 서방에 태어나도록 제도하지 않을 것이며, 오로지 천상에 태어나도록 제도하는 것입니까? (賴棟梁)

답: 거사는 오로지 《지장경》의 흔적(跡相)은 보았으나 지장경에 내포된 의미(蘊義)를 찾지 못하였다. 경(經) 중에서 이르길, '중생은 「인이 만연하고 끊이지 않아(因蔓不斷)」 그러므로 지옥에 들락날락하며 돌고 돈다'고 하였다. 여기까지 이르면 반드시 주의를 기울여 지옥은 사바의 육도에 있다는 것을 알아야 한다. 우리들이 설사 무색사천(無色四天)에 태어났더라도, 여전히 삼계화택(三界火宅)에 처한 것으로서 과보가 다하면 타락한다. **보살은 지옥을 비우고자 하지만, 실제로는 삼계를 초월하는 가르침을 암시하는 것이다.** 교량보시공덕연품에서 ; 이르길 「성불의 도를 다하면」, 「필경에 성불한다.」 견문이 익품 중에 ;「삼계를 출리(出離)하고자 하는 자는……원하는 바를 속히 이룬다.」고 이른다. 칭불명호품 중에 ;「무상도(無上道)에서 영원히 퇴전하지 않는다.」「오래지 않아 아라한과를 얻는다.」「반드시 보리를 이룬다.」 등은 모두 사람들이 천상에 태어나도록 가르치신 것이 아니다. 또 특별히 칭불명호품을 내어 사람들에게 선근을 깊이 심을 것을 가르친 것은 바로 모두 세존의 선교방편으로 인천(人天)의 근기(根器)를 가진 자를 이끌어 수승함에 들어가게 하는 것이다. 부처님께서는 비록 오승(五乘)[180]설법을 하시나, 하나의 경은 스스로

하나의 뜻이 있으니, 잘 읽은 자는 그것을 체회한다고 하였다. 최후의 촉루인천품에서, 바야흐로 지장보살이 발원하여, 이르길 「선남자 선여인이 불법 가운데 일념으로 공경하면, 나는 역시 백천 가지 방편으로 이 사람을 생사 중에서 도탈(度脱)하게 하니 속히 해탈을 얻는다.」라고 하였다. 역시 겨우 천상에 태어나는 것을 말씀하신 것이 아니다. 보살께서 이미 불법에 있어 속히 해탈하는 것을 말씀하였는데, 미타법문이 어찌 불법의 밖이겠는가?

제632조

문: 매일 아침저녁 염불할 때, 경전과 주문을 송념(誦念)하지 않는데, 임종시에 감응하여 서방극락정토에 왕생하고 아미타불을 뵐 수 있겠습니까? (鍾雲昌)

답: 거사가 후에 서방에 태어나기를 바라면 응당 가르침에 따라 봉행해야 한다. 모름지기 정종(淨宗)의 경전을 준수해야 하고, 다시 응당 작과(作課)의 법을 요해(瞭解)하여야 한다. 만약 모두 명백하지 않다면 그 공(功)은 공허하다. 이것을 익히는 것은 반드시 정조쌍수(正助雙修)를 하여야 한다. 정(正)이라는 것은 「지명(持名)이 있는 방법으로」 성호로 정(正)을 삼는다. 조(助)라는 것은 본래 여러 문이 있는데, 경과 주문 역시 조(助)의 일종으로 염할 수 있으면 확실히 좋다. 만약 할 수 없으면 단지 성호를 지녀야 한다. 정조(正助) 두 가지 법을 함께 하는 것, 이것은 우익(蕅益) 조사의 가르침이다.

제633조

문: 어떤 이들은 한 끼를 채식하거나, 혹은 초하루나 보름에 채식을 하지만 갖가지 먹는 방법이 다릅니다. 고기를 끊지 않고 장기간 채식을 하지 않고, 장기간 이런 식으로 먹는다면 임종에 이르러 서방정토에 왕생할 수 있습니까? (鍾雲昌)

답: 서방에 태어나는 조건은, 지명(持名)이 일심불란에 도달하는 것에 있

---

180) 인(人) · 천(天) · 성문 · 연각 · 보살

고, 관상(觀想)을 함에 있어 생각(想)과 불상(像)이 합성되는 것에 있는데, 이것이 바로 정행(正行)이다. 깨끗하게 채식하는 것은 곧 조행(助行)이다. 조행(助行)은 복인(福因)이고, 정행(正行)은 혜업(慧業)이다. 복이 있고 혜가 없으면 서방에 태어날 수 없고, 혜가 있으나 복이 없으면 임종에 장애가 생긴다. 수행인이 장기간 채식을 할 수 없다고 하더라도, 역시 모름지기 살생을 끊어야 하고 삼정육(三淨肉)과 육변채(肉邊菜)에 대한 제한이 있는데, 곧 그것은 방편이다.

제634조

문: 염불 횟수 천만을 어떻게 똑똑히 기억할 수 있겠습니까? (王心普)

답: 염불 수를 기억하는 것은 그 의미가 매우 많으나, 내가 구구하게 아는 것은 겨우 세 가지가 있을 뿐이다. 하나는 아침저녁 두 과(課)로 반드시 그 수를 정하여 퇴전을 막고, 스스로 염주를 돌려 기억하는 것이다. 한 줄로 꿰어 있는 것(一串)은 108개이니, 천 관 백 관을 돌리면, 그 수를 알기가 어렵지 않다. 두 번째는 일심으로 효험을 구한다면, 입으로 염하고 마음으로 기억해야 하며, 만약 수를 똑똑히 세는 것을 구한다면, 마음마다 하나를 지켜야 하는데, 마음이 만약 밖으로 달리면 수는 분명하지 않다. 세 번째는 어떤 일을 위해, 발원하고 회향하는데, 혹 수만이나 십만, 백만, 천만을 염할 때 염주 알을 돌리거나 염을 종이에 완성하는 것이다. 이와 같이 하면 똑똑히 기억하는 것이 어렵지 않을 것이다. 오직 하루종일 정념(淨念)이 계속되기를 구한다면, 평생 정진하여 정토에 태어나기를 구하는 것은 많으면 많을수록 더 좋다. 그 수를 세는 것은 무엇 때문이겠는가?

제635조

문: 《미타경》 중에 이르길 : 「적은 선근과 복덕의 인연으로는 저 국토에 태어날 수 없다」라고 하였습니다. 적은 선근과 복덕의 인연은 곧 세간의 복보를 희구하는 것을 가리키는 말입니까? (翟孟秋)

답: 선근은 서방에 태어나는 정인(正因)이고, 복덕은 서방에 태어나는 조연(助緣)이다. 정인(正因)이라는 것은 집지명호(執持名號)이고, 조연(助緣)이라는 것은 육도만행(六度萬行)이다. 정인과 조연을 쌍수(正助雙修)하는 것은 새가 두 날개를 편 것과 같아서 하나가 없으면 멀리 갈 수가 없고 또 역시 힘차게 날 수가 없다. 사람들이 스스로 오해할 것을 염려하여 〔이 말을〕 특별히 꺼낸 것이다. 이것은 곧 출세간의 대덕(大德)으로서, 믿음과 발원으로 왕생을 구하는 것이다. 만약 세간의 복보를 구하는 생각이 있으면 즉 왕생은 장애를 이룬다.

제636조

문: 정토법문은 믿음·발원·염불수행 세 가지 법을 종지로 삼습니다. 염불수행의 많고 적음과 깊고 얕음을 막론하고 모두 왕생할 수 있습니다. 믿음과 발원이 없으면 곧 능소를 둘 다 잊고(能所兩忘), 육근과 육진을 멀리 벗어남(根塵迥脫)의 지경에 이를 수 있더라도, 역시 왕생하기 어렵습니다. 비록 왕생하지는 못하나, 육근과 육진을 멀리 벗어남(根塵迥脫)의 실제 이치(實理)에 의해 곧 자력으로 생사를 마칠 수 있습니까? (林寬修)

답: 정토종은 두 가지 힘[181]으로 왕생한다. 그러나 다른 법은 곧 자력에 의한 견성(見性)이다. 이것은 과(果)에서 같지 않은데, 그러므로 인지(因地) 역시 구별이 있다. 양자를 서로 비교해 보면, 어려움과 쉬움이 있고, 느림과 빠름이 있지만, 분단생사(分段生死)를 마치는 것은 곧 같다.

제637조

문: 용서(龍舒)정토문 중에 이르길 : 무릇 형상이 있는 것을 보게 됨으로써 모두 마땅히 아미타불 몇 마디를 염하여 선원(善願)을 발하여 말하길,「너희들이 모두 극락에 왕생하기를 바라는데, 득도한 후에 너희들 모두를 제도하겠다」라고 하였는데, 읽을 수 있겠습니까? (林

---

181) 자력과 타력

寬修)

답: 보살은 널리 함식(含識)을 제도하는데, 곧 응당 해야 할 일이다. 염불자를 위해, 그를 대신하여 「너희를 모두 제도하겠다」는 주원(呪願)[182]을 한다. 곧 자발적인 발원이다. 이 두 가지는 하는 것이 쉽고, 널리 법연(法緣)을 맺는데, 무릇 학인은 모두 할 수 있는 것이다. 그러나 이것을 하는 자는 역시 응당 스스로 경각심(警覺)을 더하여 용맹정진하여야 한다. 아니면 게을러 타락하고, 진겁(塵劫) 동안 윤회하여, 스스로 제도하는 것도 기한이 없는데, 어찌 다른 이를 제도할 수 있겠는가. 곧바로 입은 있으나 마음은 없는 희론(戲論)과 같아서 또 현재의 공수표처럼 영원이 현금화가 안 될 따름이다.

제638조

문: 어떤 연우(蓮友)가 있어 매일 부지런하고 간절하게 염불하고, 임종에 역시 선우(善友)가 조념(助念)하면 반드시 왕생합니다. 49일 중에 공덕을 지어도 오히려 도달하는 것을 얻을 수 있습니까? (池慧霖)

답: 인천(人天)을 누락시키면[183] 복과 지혜를 증가시킬 수 있다. 이미 극락에 태어났으면, 연꽃이 빨리 피어 품위가 고초(高超)하고, 선인선연(善因善緣)으로 모두 증상(增上)의 공(功)을 가지고 있어서 결코 버려지는 이치가 없다.

제639조

문: 자성염불(自性念佛)과 신식염불(神識念佛)은 경계상에 있어 어떤 구별이 있습니까? 어떻게 곧 자성염불에 도달할 수 있습니까? (鮮純賢)

답: 자성(自性)은 본래 미타이고 자성은 본래 곧 열반이다. 단지 망상과 집착에 가려서 나타날 수 없다. **만약 육근과 육진을 멀리 벗어날**

---

182) 법회 등의 때에, 스님이 시주의 행복 등을 기원하는 것. 또는 그 기원문 〔출전: https://kobun.weblio.jp/content/呪願, 2023. 5. 29. 확인)
183) '인천(人天)에 태어나기를 바라지 않으면'의 의미로 보임

(逈脫根塵) 수 있으면, 신령스런 광명이 홀로 빛나니(靈光獨耀) 곧 자성염불이다. 더러움을 싫어하고 깨끗함을 부러워하며, 망념이 일어나면 곧 깨닫고, 화살처럼 몸이 바쁜 것, 이것을 떠나지 않으면 이것이 곧 신식염불이다. 자성염불은 확실히 지극히 높은데, 사람 중에 몇 사람이나 도달할 수 있겠는가. 만약 신식염불에 도달한다면, 이미 가장 좋은 공부이다. 대개 보통사람의 염(念)은 대다수가 산란하게 다른 마음(兩心)을 강화시키는 것일 따름이다.

제640조

문: 아미타경 안에 동·남·서·북·상·하방 세계의 중생은 육도윤회를 받을 필요가 없습니다. 모든 불국토도 역시 이와 같이 모두 이미 불과를 증득하였습니까? (王淸漢)

답: 경(經) 중에는 오로지 극락불토가 윤회를 받지 않는다고 말씀하셨으며, 기타 불토가 모두 극락과 같다는 말씀이 없다. 바로 극락불토가 그래서 이 점에서 다른 국토보다 수승하다. 만약 모든 국토가 역시 그와 같다면, 하필 천경만론이 모두 극락을 찬탄하겠는가. 불과(佛果)를 증득한다는 구절에 대하여는 오로지 각 국토가 모두 그것을 증득할 수 있다고 이르지만, 결코 각자가 모두 증득하였다고 이를 수는 없다. 단지 극락은 즉 일생보처를 이룰 수 있어서 또 별도의 장소이다.

제641조

문: 아미타경 속에 서방세계는 극락세계를 가리키는 것이 아닙니까? (王淸漢)

답: 서방184) 역시 진찰(塵刹)불토이다. 문장의 이치로 그것을 논하자면, 이 구절은 극락의 바깥[세계]이라고 말할 수 있다(極樂在外).

제642조

---

184) 통상 서방은 극락을 지칭하지만, 여기서는 아미타경의 육방세계 중 서방세계를 지칭한다.

문: 〈아미타불경의온(阿彌陀佛經義蘊)〉 제7항에서 이르길 「진원(眞源)을 찾아 피안(彼岸)에 오르려 할 때마다 다겁(多劫)의 습기가 현행을 일으켜 경계를 접촉하고 마음을 내어 여전히 다시 염착되기 때문에, 이른바 간파하였다 하더라도 참을 수가 없다(看得破 忍不過)」라고 하였습니다. 사람의 병이 심각할 때 염불법문은 바로 그 병을 치료할 수 있습니다. 지명염불은 어떻게 해야 바야흐로 행(行)과 해(解)가 상응하고, 이(理)와 사(事)가 어긋남이 없을 수 있는지 감히 묻습니다. (李蓮階)

답: 지명염불은 사(事)가 있고 이(理)도 있다. 그러므로 일심공부는 역시 사일심(事一心)과 이일심(理一心)의 구분이 있다. 믿음·발원·억념(憶念)이 다른 것을 반연(攀緣)하지 않고, 소리 소리 집중하는 것을 바로 사지(事持)라 이르고, 시심시불(是心是佛) 능념소념(能念所念) 양자가 모두 공적(空寂)함을 갖추고 있는 것을 요지(了知)하는 것을 바로 이지(理持)라 이른다. 사지(事持)와 이지(理持)를 막론하고, 만약 견사(見思)를 모두 끊음에 이르면 사일심(事一心)이라 이름하고, 만약 심개견성(心開見性)에 이르면 이일심(理一心)이라 이름한다. 그러나 사(事)와 이(理)의 상(相)은 비록 둘이나, 실제로 곧 하나이다. 사(事)로 인하여 원만(圓)함에 이를 때, 모두가 이(理)로부터 나오며, 이(理)가 원만(圓)함에 도달할 때, 모두 사(事)로부터 나오는데, 단지 오직 정일(精一)할 수 있으면, 곧 사(事)와 이(理)가 어긋나지 않는다. 만약 행(行)과 해(解)를 말한다면, 더욱 복잡한데, 고덕께서는 모두 이 문은 행하기는 쉬우나 믿기는 어렵다고 이르셨다. 믿기 어렵다는 것은 그 법이 미묘하여 오직 부처님과 부처님만이 곧 구경할 수 있고, 하근기자는 오로지 그 일을 할 수 있을 뿐이고, 중상 근기자는 역시 오직 경장(經藏)에 깊게 들어가 원만하게 관하고(圓觀) 원만하게 아는 것(圓知)이 곧 행(行)와 해(解)의 상응이다.

제643조

문: 염불시에 두 가지 마음이 나오는데, 일방은 염불에 주의하는 것이

고, 다른 일방은 번뇌심이 덮을 때(기구심祈求心 또는 억제심抑制心 등등)입니다. 또 육식(六識)이 아니면(무의식이면) 효과가 있는 것입니까? (王淸漢)

답: 초근기의 학인은 어찌 이 현상을 면할 수 있겠는가. 그러나 의심이 일어 그것을 물을 수 있다. 알고서 그것을 고치면 곧 여법(如法)할 수 있고 장애를 감소시킨다. 대략 지명(持名)의 깊은 공부는 일심을 이루는데 있지만, 이 일심이 되어 섞이지 않음(一心不雜)을 말하는 것이 어찌 쉽겠는가. 오직 학리(學理)를 이해하여 수시로 바로 잡아야 한다. 지명일심(持名一心)은 바로 홍명 이외의 염이 없게 하는 것으로, 만약 강제로 억제를 구한다면, 바로 또 하나의 잡념이다. 고덕께서 스스로 말씀하신 가르침이 있는데, 오직 홍명을 듣고 다른 염이 만약 일어나더라도 그것을 무시하면 이상함(怪)은 스스로 소멸한다.

제644조

문: 관상(觀像)염불은 미타의 불상(佛像)을 요합니까? (李蓮階)

답: 이것은 염불의 네 가지 법 중 하나로, 반드시 그 상(像)이 있어야 비로소 그것을 관(觀)할 수 있다. 그렇지 않으면 여법(如法)하지 않다. 여법하지 않으면 즉 그 공(功)을 이룰 수 없다.

제645조

문: 미타의 응신은 수명이 비록 길지만 역시 열반에 들어가십니다. 정법(正法)이 세상에 머무르는 겁 역시 무량하여 상법(像法)과 말법(末法)이 없습니다. 상반야(上半夜)가 소멸하여 다하고, **하반야(下半夜)에는 관세음보살이 성불하여 보광공덕산왕여래(普光功德山王如來)라 칭하는데, 세계는 극락이라 이름하지 않으며, 중보보집장엄(衆寶普集莊嚴)이라 이름하며, 극락보다 더욱 수승합니다. 원영법사(圓瑛法師)**님의 〈아미타경요해강의〉에 기록되어 있습니다. 상반야, 하반야는 무엇을 경계로 삼습니까? (何美枝)

답: 미타경 중에 비록 「새벽(淸旦)」, 「주야육시(晝夜六時)」 등의 문장이 있더라도, 각 주석을 하는 사람들 다수가 저 세계는 해와 달이 없고, 낮과 밤이 없다고 말하고 있다. 단지 야(夜)를 말하는 것은 모두 이 국토의 관습에 따라 설한 것이다. 상반야라는 것은 갑일(甲日)이 끝나는 것이고, 하반야라는 것은 을일(乙日)이 시작되는 것이다. 극단적으로 말하면 부처님들은 서로 이어져 적은 간격도 없기 때문에, 이 세계에서 부처님 전과 부처님 후의 어려움이 있는 것과는 다르다.

제646조

문: 관세음보살께서 성불할 때, 역시 집지명호로 저 국토에 태어나려면, 보광공덕산왕여래의 성호를 응당 지념(應持)해야 합니까? (何美枝)

답: 현재 경교(經教)에서 극락에 태어남을 구하는 것은 본래 여러 종류가 있는데, 결코 지명일법(持名一法)이 아니다. 장래에 「중보보집장엄(眾寶普集莊嚴)」세계를 어떻게 가는가 하는 방법은 경에 상세한 기재가 없어 망언을 할 수는 없다. 하물며 미타께서 입멸하고 관음이 성불하면 그 국토의 수명은 그 기간이 매우 길 것으로 추정되는데, 그때 이 국토의 석존의 법은 이미 소멸하였고, 마땅히 후불(後佛)이 있어 경교(經教)에서 상세히 말씀하실 것이다. 없기 때문에, 만약 비량(比量)으로 말하자면, 부처님 명호를 지니는 것은(持佛名號), 각 경(經)에서 같은 주장을 많이 하는데, 불국토에 태어나는 하나의 인(因)이다. 부처님과 부처님의 도가 같다(佛佛道同)는 뜻에 의거하여 논하자면 혹시 여전히 지명(持名)의 일법(一法)이 있을 것이다.

제647조

문: 어떻게 극락보다 더욱 수승할 수 있으며, 어떻게 수승한지요? (何美枝)

답: 도는 정진(精進)을 중하게 여기고, 법은 근기에 계합(契機)함에 있는데, 혹시 이러한 까닭이다. 그러나 성의(聖意)가 어떠한지에 대하여

범부는 궁극적으로 예측할 수 없다. 만약 상적광토를 가지고 논하자면 즉 우열이라 말할 것이 없다. 그 우열을 비교하는 것에 대하여, 마땅히 앞의 세 가지 국토로 말하는 것이다. 그러므로 망령되게 추측하여 말하자면, 오히려 정진(精進)은 근기에 계합함에 있다.

제648조

문: 제자가 일찍이 생각을 한 것으로, 가사 사람이 임종시에 마음이 염불에 있으면, 아미타불께서 오셔서 접인하심을 간절히 바랄 수 있습니다. 이 염불하는 마음이 변질되어, 오로지 아미타불께서 오셔서 접인하시는 것만 생각한다면, 저의 생각은 반드시 왕생이 불가능한 것입니까? (月鳳)

답: 마음속에 부처님 명호를 염하는 것과 부처님께서 앞에 오셔서 접인하는 생각이 일어나는 것 이 양자는 방애되지 않는다. 모두 마음이 한 부처님께 있어 하나의 명호(一名)와 하나의 색신(一色)일 따름이다. 염불은 견불(見佛)을 구하는 것으로, 견불은 오직 왕생을 구한다. 염불은 「행(行)」이고 왕생을 구하는 것은 「원(願)」으로 이것이 정토의 바른 종지(正旨)로서, 잘못된 길이 아니다.

제649조

문: 임종시에 마음이 불호(佛號)를 염할 때, 만약 아미타불께서 오셔서 접인하시는데도 움직이지 않고 오로지 불호만을 견지한다면, 그래도 왕생할 수 있습니까? (月鳳)

답: 만약 부처님이 오셔서 접인한다면, 이것은 이미 감응도교로 당연히 계속 지념(持念)하여야 한다. 그렇지 않으면 실념(失念)하여 왕생의 몫이 없다. 단지 정토삼요(淨土三要)는 믿음·발원·염불인데, 제1답은 반드시 왕생을 구하는 것이다. 이때에는 마땅히 급하게 명호를 지녀 간절하게 〔극락에〕 가는 것을 구해야 한다. 만약 견지하면서 움직이지 않는다면, 지념(持念)인가 아니면 단지 지명의 결과일 뿐인가? 만약 그러하다면 바로 다른 종파의 법이지 정종(淨宗)의 뜻이

아니다.

제650조

문: 염불을 하루에서 칠일하면 서천(西天)에 왕생하는데, 이것은 죽은 후에 아미타불께서 오셔서 접인하시는 것 아닙니까? (葉特華)

답: 당연히 죽은 후에 신식(神識)이 왕생하는 것이다. 비록 부처님께서 망령(亡靈)을 접인하는 것이라고 이르기는 하나, 공부는 오히려 왕생 전에 성취되는 것이다.

제651조

문: 사랑이 중하지 않으면 사바에 태어나지 않았고(愛不重不生娑婆), 염불이 일념되지 않으면 극락에 왕생할 수 없습니다(念不一不生極樂). 사바에 하나의 애(愛)라도 있으면, 곧 장래에 극락에 왕생하는 것에 장애가 되는데, 우리들 범부는 각각 모두 이 애(愛)자가 있어, 끊기 어렵고 버리기 어렵습니다. 어떤 가장 좋은 방법으로 끊을 수 있겠습니까? (周慧德)

답: 애착은 미혹한 정(情)의 사(私)이고, 자비는 진성(真性)의 큰 공(公)이다. 때때로 발심하여, 작은 것을 돌려 큰 것을 향하여, 사(私)를 변화시켜 공(公)을 이루는, 이 한 방법이다. 그러나 애착은 십이인연의 혹(惑)을 이루고 있는 것으로, 실제로 범부가 쉽게 끊을 수 있는 일이 아니다. 끊지 않으면 바로 유전문(流轉門)이고, 끊을 수 있으면 바로 환멸문(還滅門)이다. 만약 끊는다면, 즉 생사를 마치지 못함이 없다. 그러나 **미혹을 끊는 것은 40리의 급하게 흐르는 물(瀑流)을 끊는 것과 같다. 하물며 애착은 곧 생사의 본원(本源)으로 끊는 것은 더욱 어려운 것이다.** 그렇지만 정토법문은 대업왕생의 방편이 있어 만약 육자홍명을 긍정하기만 한다면, 애착을 잠시도 버리지 않고서, 저것을 버리고 이것을 애착한다 해도, 억지스러움이 자연스럽게 변할 터인데, 또 무슨 우려가 있겠는가.

제652조

문: 극락에 왕생하는 것은 이미 생사를 마치고 윤회를 하지 않는 것입니다. 경에서 말씀하시길, 극락세계는 역시 천인이 있는데 어떻게 이해해야 할지 모르겠습니다. (鄭勝陽)

답: 극락에 왕생하는 것은 이미 분단생사를 마친 것에 불과하고, 오히려 변역〔생사〕는 남아 있다. 일찍이 미혹을 끊지 않아서 무상법신(無相法身)이 나타나지 않으니, 자연 망견(妄見)의 화신(化身)이 있다. 이 몸은 과위를 증득하지 않아, 그 화신의 높고 낮음에 따라 임시로 그것을 인천(人天)이라 이름하지만, 여전히 각 도(道)[185]를 돌면서 전전하는 사바세계의 인천과 같지 않다.

제653조

문: 연태(蓮胎) 속에 환생한 사람과 이미 연태를 벗어난 사람이 칠보연못 속에 즐기는 팔공덕수에 차별이 있는지요 ; 팔공덕수를 똑같이 즐긴다면, 연태 속에서 아주 오랜 시간이 지나도 또 과위를 얻지 못하고, 태(胎) 바깥에 있는 사람은 오로지 한번 목욕을 하면 즉시 증득하여 얻지 못한 것을 얻게 되고, 증득하지 못한 것을 증득합니다. 이것은 어떤 인연입니까? (鄭勝陽)

답: 연태(蓮胎)를 벗어난 후에 직접 팔공덕수를 즐긴다. 연태 속에서는 물과 접촉할 수 없으나, 단지 연꽃은 물 때문에 키워지니, 자신은 물의 기분과 법익(氣分法益)을 받는다. 이 이치에 밝으면, 즉 느리거나 빠르게 증득하여, 문득 깨닫게(恍然) 된다.

제654조

문: 서방극락세계에 왕생하는 것은 반드시 연화화생을 거쳐야 합니까? 혹 만약 경계가 높은 사람은 연화화생을 받지 않고, 왕생 후 바로 부처님을 뵐 수 있습니까? (鄭勝陽)

답: 설법을 하는 자는 필수적으로 경에 의지해야 한다. 서방은 연방(蓮

---

185) 육도(六道)

邦)이라 말하는데, 과연 어째서인가? 비록 미혹을 끊은 상품의 대사(上品之土)도 역시 반드시 연생(蓮生)을 거쳐야 하는데, 접인 역시 이 연꽃이고, 화신(化身) 역시 연꽃 속으로부터이다. 다른 부처님 정토는 반드시 미혹을 끊고 왕생하여야 하므로, 연꽃에서 수양(修養)하는 것이 필요하지 않다. 이 부처님 정토는 미혹을 끊지 않아도 왕생이 가능한데, 그러므로 반드시 이곳에서 성태(聖胎)를 길러야 한다. 연꽃에서 수양을 거치지 않고 직접 견불(見佛)하는 것에 대하여는 경문(經文)에서 못 본 바이니 감히 망언을 할 수 없다.

제655조

문: 불법에서 항상 이르길 「생이 있으면 곧 멸이 있다」고 하였습니다. 그럼 극락세계 연화화생의 형체 역시 멸이 있습니까? (鄭勝陽)

답: 사토삼신(四土三身)에서, 오직 상적광토와 법신은 바로 진실이고, 나머지는 모두 권변(權變)이다. 그러나 권법(權法)이 없으면 널리 제도하는 것이 불가능하다. 그들은 일부분의 미혹을 끊지 못하여, 즉 여전히 생사를 마치지 못했어도, 연종(蓮宗)에서는 마침내 구품의 고저가 있어 품품을 성취한다. 화신(化身)은 상(相)이 있고 비록 생멸이 있으나, 역시 변역(變易)의 경계로 물질의 고공(苦空),[186] 부정(不淨), 무명(無明), 노사(老死), 유전(流轉)이 아니다.

제656조

문: 원영법사(圓瑛法師)님의 〈아마타경요해강〉의 82항 중에 강의하시길 「이 경이 소멸한 후에 오로지 나무아미타불 여섯 자가 현재 허공 가운데 있는데, 중생의 업이 중하면 비록 보아도 기꺼이 염하지 않지만, 일구를 염하는 것을 발심하는 자는 곧 왕생을 한다」라고 하였습니다. 의혹은: 현재 중생의 업장이 비록 중하다고 하더라도 여러 아미타불경의 소멸 후의 시간과 비교하면 오히려 더욱 얕습니다. 그런데 어찌하여 이 시기에 염불하는 많은 사람은 왕생할 수 없으며,

---

186) 괴롭고 허무한 것

그때의 사람은 일구 염불을 하면 곧 왕생할 수 있습니까? (徐醒民)

답: 이 시기는 말법에 해당하나 멸법보다는 나은데, 모든 장애는 비록 치성하나 오히려 지극하지 않고, 불법의 견문(見聞)은 어렵지 않다고 말할 수 있다. 그러나 선근이 얕은 자는 역시 늘 불법을 만날 수 있어, 아침저녁으로 훈습되고 물들어, 발심하기가 쉬운데, 이미 어렵지 않기는 하지만 즉 **심력(心力)이 맹렬하지 않으므로 적은 성취를 한다**. 멸법시기에는 이미 불법이 없고 장애와 고난이 이미 극점에 이르러, 설사 그것을 만나더라도 역시 들은 체 만 체 한다. 반드시 숙세의 선근(夙根)이 깊고 두터운 자라야, 비로소 장애와 고난을 깨뜨리고 제거할 수 있어서, 바로 감당할 수 있는데, 선근이 두텁고 마음이 맹렬하므로 쉽게 성취한다. 바꿔 말하면, 지금 시기의 선근이 두터운 자는 발심하여 힘써 행하면 성취하지 못함이 없고, 저 시기에 숙세의 선근(夙根)이 얕은 자는 결정코 발심하는 것이 어렵다.

제657조

문: 억념지명(憶念持名)은 바로 사일심(事一心)의 방편이 아닙니까? (賴棟梁)

답: 억념지명(憶念持名)은 바로 정업(淨業)이 있는 것이다. 그런데 일심이 혹 사(事)이냐 혹 이(理)이냐는 곧 공부의 결과 문제로, 공(功)을 닦는 과정 사이의 일이 아니다.

제658조

문: 「자성미타(自性彌陀)」와 「유심정토(唯心淨土)」는 마땅히 어떻게 해석해야 합니까? (賴棟梁)

답: 이 두 말씀은 어찌 다른 해석이 있겠는가. 오직 수행자가 닦는 법문에 차이가 있어 그 작용은 약간의 다름이 있다. **자력수행을 하는 자는 삼아승지겁에 미혹을 끊고 진리를 증득하여(斷惑證真), 자성각(自性覺)이 원만하면, 곧 미타와 같다**. 마음과 국토가 둘이 아니니, 마음이 곧 원명(圓明)하면, 바로 미혹이 이미 다한 것이므로 정토라 이

른다. 두 가지 힘(二力)[187]을 닦는 자는, 마음이 깨끗하여(心淨) 비로소 부처님의 정토를 보는 것에 감응하는데, 마음과 국토가 둘이 아닌 까닭이다. 성각(性覺)이 비로소 미타께서 오셔서 영접하심에 감응하니, 중생과 부처가 둘이 아니기 때문이다.

제659조

문: 정심지명(淨心持名)하는 것과 억념지명(憶念持名)은 어느 것이 낫습니까? (賴棟梁)

답: 정심(淨心)이라는 것은 만연을 내려놓는 것(放下萬緣)이고, 억념(憶念)이라는 것은 전지명호(專持名號)이다. 억념을 닦는 자는 반드시 만연을 내려놓아야 하고, 정심을 닦는 자는 반드시 전지명호해야 한다. 두 가지는 합쳐서 하나의 법을 이루는데, 나눈다면 어찌 일에 도움이 되겠는가.

제660조

문: 하품에 태어나는 사람은 모름지기 오랜 시간을 기다려야 부처님을 뵐 수 있는데, 그럼 연꽃 가운데에서 바로 수지(修持)를 할 수 있습니까? (楊長山)

답: 하품에 태어나는 자는 역시 세 가지 품으로 나뉘고, 꽃이 피면 부처님을 뵐 수 있다. 그 시간[이 얼마나 걸리지는] 각자 서로 다른데, 십육관경을 참고할 수 있다. 사바 고통의 경계에 있는 우리들도 오히려 수지(修持)할 수 있는데, 청정한 꽃 가운데 있는 저 하품자가 어찌 닦을 수 없겠는가.

제661조

문: 관경에서 무량수불은 신체의 높이가 16만억나유타항하사유순이라 말씀하셨습니다. 관(觀)을 닦는 사람은 응당 어떻게 관법(觀法)을 해야 합니까? (賴棟梁)

---

187) 자력과 타력

답: 관(觀)은 상(想)을 따라 일어나는데, 상(想) 역시 견문(見聞)을 빌리는 것이다. 경의 가르침을 듣고, 천공(天空)을 보면, 가르침을 생각하는 심량(心量)이 방대해지고, 공을 바라보고 상을 생각하는 것(見空想像)이 확장된다. 다시 경에 보이신 성용(聖容)에 의지하여, 심력(心力)을 집중하여서 그것을 구하거나, 하나의 불상을 그리거나, 작은 것으로부터 방대하게 생각하여, 오래오래 하면 바야흐로 성취한다. 그러나 닦는 것은 마땅히 스승의 지도가 있어야 하며, 착오를 방지하기 위하여, 한 사람이 한 방편을 하는데 선교방편이 같을 필요는 없다.

제662조

문: 귀가 먹으면 불호를 들을 수 없는데, 명종시에 어떤 사람이 송경(誦經)과 염불을 해주어도, 이런 종류의 사람이 왕생을 할 수 있습니까? (詹金枝)

답: 그가 비록 이근(耳根)은 들을 수 없어도, 와서 조념하는 것을 알게 하면, 그가 비록 이근으로는 들을 수 없다고 하더라도, 듣는 성품은 불멸이어서, 그가 〔어떤 이가〕 와서 조념을 한다는 것을 알고, 스스로 작용을 일으킬 수 있다. 설사 왕생을 못하더라도, 역시 선근을 심는다. 경의 의미에 따르면 「맹농암아(盲聾暗啞)」는 팔난(八難)의 하나로 자연히 장애이다. 만약 평소에 일찍이 염불하는 습관을 들여, 간략히 그 이치를 알면, 효과를 거두는 것이 쉬울 것 같고, 만약 평소에 막연하다면 이익을 얻는 것이 비교적 어려울 따름이다.

제663조

문: 일정 시간 염불과 창불唱佛(염을 한다면 많은 염이 가능하고, 창을 한다면 염이 많지 않습니다.)하는 것은 공덕이 같습니까? 단지 집에서는 정과(正課)를 하면서 창불(唱佛)하는 것은 필요 없습니까? (王清漢)

답: 수행인은 오로지 염불만 있을 뿐이다. 염(念)이라는 것은 당장 마음을 일으키는 것(當前之起心)인데, 이 마음을 산란하지 않게 하여, 한

곳에 거두어 오로지 불호 혹은 공덕과 상호(相好)에 연(緣)하게 하는 것이다. 이것이 깊은 자는 실상(實相)을 관념(觀念)할 수 있는데, 이것을 염불이라 이른다. 창불(唱佛)이라는 것은 부처님 찬탄을 창하는 부류를 이르는 것으로, 반안운조(板眼韻調) 등의 법이 있다. 이는 여러 사람이 합작하는 공과(功課)로 정제합일(整齊合一)하게 할 수 있다. 불법의 요점은 계정혜 삼학으로, 염불이라는 것은 그 심정(心定: 마음의 집중)을 구하는 것이다. 창불 역시 정(定)이 있지 않음이 없으며, 단지 염력(念力)에 비교하면 크게 떨어진다. 만약 가정에서 자기 공과(課)를 한다면, 설령 창찬(唱讚)을 하지 않아도, 역시 안 될 것이 없다.

제664조

문: 불상(佛像)이 있는 염주를 사용하여 염(念)할 때 염(念)이 주두(珠頭)에 도달하면 뛰어넘을 수 없습니다.[188] 주두를 경계로 하여 최초의 염주알을 향해 되돌리는데, 계속 똑같이 왕복합니다. 혹시 편의대로 〔염주를 되돌리지 않고〕 곧바로 염주를 돌려가는 것(直念)이 가능합니까? (王淸漢)

답: 염주알을 잡고 불두(佛頭)[189]로부터 시작하여, 불두(佛頭)에 도달하면 그치고, 응당 다시 돌려서 불두(佛頭)가 있는 곳에 이르게 하면, 염주알의 줄은 반드시 여유가 많기 때문에 〔다시〕 돌려서 가는 것이다. 〔그렇게 하면〕 처음부터 다시 잡기가 좋다. 만약 불두(佛頭)를 넘어서면서 〔계속 염주알을 돌릴 것 같으면〕, 저 단(段)은 결코 줄이 여유가 없고, 잡기에 좋지 않다.

제665조

문: 불법은 사리원융(事理圓融)을 중시하는데, 소홀히 할 수 없습니다. 우리들은 과거에 오로지 이(理)만 연구할 줄 알았지, 사(事)를 행하는

---

188) 염주의 머리알(珠頭)에 불상 모양이거나 불상이 새겨져 있다는 의미로 보임
189) = 주두(珠頭)

것을 중시하지 않아, 비록 염불이 있어도 마음이 산란하고, 수행공부가 장래 왕생의 조건에 맞지 않는다는 것을 통감합니다. 이대로 계속 미루다가, 한 생각 어긋나 금생에 만약 다시 공부에 힘쓰는 것에 노력을 하지 않는다면, 미타보다 아방 옥졸을 만나기가 더욱 용이합니다. 만약 이때, 도사(導師)를 만나지 못하면, 어찌 울음이 터져 스스로 눈물이 흐르지 않겠습니까. 그래서 현재 노사(老師)께서 영도(領導)하시어 사리염불(事理念佛)의 방법을 하나 하나 정중하게 다시 설명 지시하여, 우리들로 하여금 성취하게 하여주십시오. (周慧德)

답: 사(事)와 이(理)는 비록 둘이라고 설하나, 사(事)와 이(理)는 서로 의존하는데, 전체 사가 곧 이(全事卽理)이고, 전체 이가 즉 사(全理卽事)이다. 간단하게 말하면, 손에 염주알을 잡고, 입으로 소리를 내면, 이것은 사(事)이다 ; 만연을 내려놓고 염이 마음 따라 일어나면, 이것은 곧 이(理)이다. 사(事)와 이(理)를 막론하고, 모두 일심(一心) 얻는 것을 구하는데, 그러나 하나의 법(法)을 얻는 것은 사람의 근기(根器)에 따라 천차만별로 한 방법을 고수할 수 없다 ; 그러므로 삼념삼청(三念三聽)의 방법, 도섭육근(都攝六根)의 방법, 삼근순환(三根循環)의 방법, 〔염불의〕 수를 기억(記數)하는 방법, 추정(追頂)의 방법 등등이 있다. 오로지 깨달음에 계합하는 것(契悟)을 구하여, 임의로 그 하나를 택하여 행하되 오래되면 자연히 상응한다. 만약 **이일심을 얻으면 두 가지 미혹이 이미 끊어져 상품상생하고, 사일심을 얻으면 끊지는 못하였으나 이미 조복하여 대업왕생이 가능하다.** 큰 의미는 이와 같으나, 중요한 것은 기꺼이 하는데 있다.

제666조

문: 육도윤회의 고통은 삼도(三途)[190]를 두려워할 만합니다. 고덕께서 말씀하시길: 만약 어떤 이가 잠시 정좌(靜坐)한다면, 항하사의 보탑을 세우는 것보다 낫다고 하였습니다. 보탑은 필히 마침내 부서져 먼지가 되지만, 일념의 깨끗한 마음은 정각(正覺)을 이룹니다. 이것

---

190) = 지옥, 아귀, 축생

으로부터 정좌의 중요함을 볼 수 있습니다. 그래서 오늘 노사(老師)님의 교시(教示)를 요청하옵니다. (周慧德)

답: 정좌(靜坐)라는 것은, 앉아서 내부를 편안하고 고요하게 함을 구하는 것이다. 만약 몸은 정(靜)하나 마음이 밖으로 연(緣)하면 정(靜)이라 이름하지 않으며, 비록 앉아 있기는 하나 공(功)이 없다. 마땅히 마음이 일념을 일으키면, 곧 한 알의 업종자이고, 생각마다 멈추지 않으면, 업을 짓는 것이 무궁하니, 잠시 정념(靜念)이 될 수 있는 것은 곧 잠시의 깨달음(覺)이라는 것을 알아야 한다. 잠시 몇백 개의 망념이 일어나는데, 만약 정(靜)할 수 있으면, 곧 무루공덕(無漏功德)이다. 자연히 유루복업(有漏福業)보다 수승하다. 거사가 이미 정토를 닦는다면, 마땅히 본종을 따라 마음을 불호(佛號)에 매어두어야 하는데, 어찌하여 원력과 서로 다를 수 있는가?

제667조

문: 정토법문을 닦는 것은 마땅히 부처님의 성호를 염하는 것을 위주로 하고, 경전을 연구하여 정혜(定慧)를 구해야 합니다. 잡념이 쉽게 일어나는 것은 여전히 도가 얕고 업의 장애가 있기 때문인데, 큰소리로 염불하여 잡념을 쫓아내는 외에, 다음에 어떤 관(觀)을 하여야 합니까? (蔡麟定)

답: 정(淨)을 닦는 것은 비록 염불을 위주로 하나, 정토삼경을 알지 않으면 안 된다. 이미 큰소리로 장차 잡념을 쫓아낼 수 있다면, 곧 약이 병에 알맞은 것으로, 하필 함부로 다른 약을 복용할 필요가 있는가.

제668조

문: 아미타경에서 이르시길 :「아미타불께서 성불한 이래 지금까지 10겁이다」라고 하셨습니다. 주해(註解) 속에서 '10겁은 대겁(大劫)이다'라고 하는 것을 보았습니다. 무릇 오역십악을 범한 자로서 임종에 십념으로 왕생하는 자는 하품하생인데, 모름지기 12대겁을 채워야

연꽃이 바야흐로 핍니다. 그러나 아미타불께서 발원하신 후, 저 때에 하품하생에 태어난 자는 지금 왕생한 자는 오히려 12대겁을 채우지 못하여, 연화가 아직 피지 않았습니다. 연꽃이 피기를 기다린 후에야, 비로소 부처님의 설법을 들을 수 있지 않겠습니까? 연꽃이 아직 피지 않은 속에서 스스로 도를 닦을 수 있습니까? 연꽃 속에서는 어떤 모양입니까? (蔡麟定)

답: 꽃이 피어 부처님을 뵙고 설법을 듣는 것은 경에서 명백하게 가르치고 있다. 사바세계에 있으면서 오히려 도를 닦는 것이 가능한데, 연태(蓮胎)에 들어가면, 어찌 도를 닦는 것을 모를 수 있겠는가. **연꽃 속은 광명이 있고 향기롭고 깨끗하여 천궁(天宮)보다 수승하다.**

제669조

문: 정좌(靜坐)하여 만연을 내려놓고 일념도 생기지 않을 때 단정히 앉아 실상(實相)을 염하면, 무상염불(無相念佛)을 이룹니까? (賴棟梁)

답: 만약 일념도 생기지 않으면, 곧 실상(實相)이다. 실상(實相)은 마땅히 무상(無相)이라 말하는데, 무상(無相) 그리고 염불을 말하는 것은, 적(寂)과 조(照)가 동시이다.

제670조

문: 「왕생 여부는 전적으로 믿음과 발원의 유무에 의지한다」는 말씀은 천 번 타당한 정론(定論)입니다. 그러나 축생은 결코 믿음과 발원을 이해하지 못할 터인데, 어떻게 왕생할 수 있는 것입니까? (賴棟梁)

답: 중생은 모두 불성(佛性)을 가지고 있는데, 반드시 선지식(善智識)이 유도하는 연(緣)에 의지하고, 다시 오래오래 훈습해야만, 비로소 마음이 염불하도록 할 수 있으며, 염(念)하는 것이 바로 실행(實行)이다. 혹 믿기는(信) 하나 방일한 자도 있고, 발원(願)과 수행(行)을 하지 않는 자도 있으며, 역시 발원이 있으나 게을러서 실행이 결핍된 자도 있다. 그러나 이미 행(行)을 긍정한다면 즉 믿음과 발원이 모두 그 속에 있다.

제671조

문: 학인의 모친은 병이 4년이나 되었습니다. 병이 난 이래 저는 매일 제1차 공과(功課) 때 먼저 모친께서 신심이 견고하고, 빠른 시일에 건강을 회복하기를 구하였습니다. 스스로 박복하여 원(願)에 도달하지 못하였는데, 올해 2월 17일에 모친을 잃었습니다. 범부의 마음이 모친의 사랑을 끊고 버리기가 어려워, 아픔을 말할 수가 없습니다. 그러므로 49일 내에 공과(功課)를 지어, 전부 모친의 천도(超度)에 회향하여, 당생성취(當生成就)를 희망하였습니다. 그러나 저는 〔모친께서〕 칠보 중의 연꽃으로 갔는지 모르겠습니다. (周慧德)

답: 심량(心量)은 무변하고, 염력(念力)은 비와 같다. 정토법문은 원래 회향을 중요시하는데, 사사로운 마음으로 자기를 이롭게 하는 것은 곧 대승이 아니니, 이 뜻을 알아야 한다. 즉 마음의 비(心雨)는 마땅히 널리 내려야 함을 알아야 한다. **보배 연못의 연꽃은 본래 자심(自心)이다.** 돌아가신 모친의 신식(神識) 역시 마음 가운데 있는데, 마음의 비가 이미 널리 내려 피차를 같이 적시니, 결코 작은 표주박의 물이 아니어서, 이곳에 물을 뿌리면 즉 저곳이 마르고, 저곳에 물을 뿌리면 이곳이 마르는 것과 비교가 가능하다. 관무량수경에서 이르시길: 「세 가지 마음을 갖춘 자는 반드시 저 국토에 태어난다」고 하셨다. 세 가지 마음이란 어떤 것인가? 곧 「지성심(至誠心), 심심(深心), 회향발원심(回向發願心)」이다. 경의 가르침이 명백한데, 어찌 의심이 있겠는가.

제672조

문: 만약 중생을 제도하려는 마음이 간절한 자가 왕생 후에 부처님의 설법을 들을 수 없다면, 모름지기 연꽃이 핀 후에 법을 듣고 깨달아(開悟), 곧 사바로 되돌아가 중생을 제도할 수 있습니까. 무릇 안양(安養)에서 사바로 돌아와 중생을 제도하는 분이 아니라면, 모두 부처님의 설법을 듣고 깨달은(開悟) 상상품입니까? (蔡麟定)

답: 사바로 돌아온 자는 모두 도(道)가 있고 배움(學)이 있는 대사(士: 보살)인데, 만약 연태(蓮胎)에서 나오지 않았다면 어떻게 다른 곳에 갈 수 있겠는가. 정토법문은 보리를 인(因)으로 삼는데, 무릇 상품에 태어나는 자는 일찍이 중생을 제도하기 위하여 다시 올 것을 발원한 것이어서, 〔다시〕 오지 않을 이치가 없다.

제673조

문: 염불의 목표는 많이 하는 것 혹은 집중하되 적게 하는 것이 좋습니까? 그 속도는 고르거나 혹은 빠르게 하거나 느리게 하는 것이 원칙입니까? 왜냐하면 심리적으로 많은 염을 하고자 할 때 마음이 조급해지면 즉 다시 집중할 수 없고 산란함을 느낍니다. 염이 적으면 오히려 마음이 화평하고 정신이 안정되게 염을 할 수 있습니다. 이 문제에 역시 생각을 더하게 되는데, 기가 화평하고 마음이 안정되는 쪽으로 돌아갔으면 하고 많이 생각합니다. 그래도 여전히 선생님께서 바로 가리켜주시길 간절히 바라옵니다! (梁美坤)

답: 염불의 뜻은 정려(靜慮)를 구하는 것으로 곧 정(定)을 닦는 것이다. 반드시 마음을 거두어 전주(專注)하는 것을 원칙으로 삼는다. 초학의 사람은 오래 지닐 수 없으니, 마땅히 먼저 적은 염을 따라 점차 많아지도록 하여, 하루 종일 할 수 있으면, 음식을 먹을 때나 수면시에도 모두 이러하면, 정념상계(淨念相繼)라 이를 수 있어, 공부가 지극한 것이다. **염법(念法)은 과하게 빠르고 과하게 느리게 할 수 없고, 고르게 칭하는 것을 표준으로 해야 한다. 거문고를 타듯이 현이 느슨하면 즉 소리가 나지 않고, 현이 팽팽하면 즉 끊어지는 것이다.**

제674조

문: 염불은 질을 중요시합니까? 양을 중요시합니까? 염불의 초기에는 일심불란이었으나, 그러나 몇 분이 경과하면 망상이 나타나는데, 멈추고 진정한 후에 다시 염(念)을 해야 합니까? 앞에 한 염불은 유효합니까? 무효입니까? (劉仁福)

답: 「염불의 초기에 일심불란(一心不亂)이다」 이 말은 큰 착오이다. 누구라도 찰나 간에 망념이 무수한데 어찌 불란(不亂)의 이치가 있겠는가. 그 착오는 불란(不亂)을 말한 것이다. 바로 어지러움(亂) 중에서 오래 익혀도 불각(不覺)이다. 「몇 분만에 망상이 현전」한다는 것은, 정(定)을 구하지만 정(定)을 이루는 것이 어렵다는 것으로, 시각(始覺)은 그 어지러움 중에서 나온다. 한 구절 한 구절 훈습할 때면 곧 한 알의 종자가 밭에 뿌려지는데 늦거나 빠르거나 스스로 공덕의 작용(功用)이 있다.

제675조

문: 정종은 믿음으로 발원을 이끌고, 발원으로 수행을 이끄는데, 수행이 있으면 반드시 믿음과 발원이 있는 것이 아닙니까? (潔園)

답: 고덕께서 이르시길 이 세 가지는 정(鼎)[191]의 발(足)과 같아서 하나도 빠뜨릴 수 없다고 하였다. 이 세 가지의 성(性)을 연(緣)하는 것은, 본래 서로 연(緣)이 되어 생겨나는 것이다. 행이 있는데 〔발원의〕 연(緣)이 없으면 날리는 쑥이 머무를 곳이 없는 것과 같고, 발원이 있는데 믿음이 없으면 나쁜 물에 기쁘게 목욕하는 것과 같으며, 믿음이 있는데 행이 없는 것은 식사를 차려서 먹지 않는 것과 같다. 정토의 초근기는 반드시 이 세 가지를 따라야 하는데, 이른바 「성언량(부처님 말씀)」이 이와 같으니, 마땅히 가르침에 따라 봉행하여야 한다. 만약 발원이 없고 믿음이 없는 등 다른 의미가 있는 것 같으면, 여기서는 핑계를 삼을 수 없다.

제676조

문: 후학은 염불을 결심하여 극락에 왕생할 수 있기를 기대합니다. 그러나 아침저녁 과송의규(課誦儀規)를 행하지 않고, 오로지 평시에 염불 회향하는데, 이와 같이 하면 가능하겠습니까? (鄭朝信)

답: 왕생의 공과(功課)는 오로지 육자성호에 있지만, 염불이 많고 적고

---

191) 발이 셋 있는 솥

간에 항상 퇴전하지 않아야 한다. 갑자기 중단하게 되면 오로지 선근을 심는 것에 불과하다. 고인께서 이르시길 :「비록 화살처럼 바쁠지라도 아미타를 떠나지 마라」고 하셨다. 비록 일심불란이 불가능하더라도, 습관이 숙성하여 반드시 해내면, 바야흐로 왕생의 희망이 있다. 아침저녁 과송의규는 여러 사람이 전각에 나아가 합동으로 수행하는 것인데, 바쁜 사람은 반드시 채택할 필요가 없다. 단 정토를 닦는 자는 아미타경과 왕생주를 응당 시간을 내서 연습해야 할 따름이다.

제677조

문:「아미타불 한 구절은 크게 꿰뚫지 않으면(大徹) 다 말할 수가 없고, 가장 어리석은 사람에게도 역시 조금의 부족함이 없다. 만약 조금 분별하게 되면, 곧 대법마앙(大法魔殃)을 이룬다.〔정토법문은〕오로지 일심수지(一心受持)를 귀하게 여기는데, 어찌 어렴풋이 해오(解悟)하는 것을 부러워할 것인가. 걸인이 만약 작은 이익을 보면 급하게 남김없이 침을 뱉고, 뭉둥이로 석인의 머리(石人頭)를 때리며, 사납게 실용적인 일이라 논한다.」이 말씀을 풀어주시길 기원합니다! (鄭朝信)

답: 전조(前條)의 의미와 대략 서로 같다. 앞의 일곱 구는 해석할 수 있으나, 뒤 네 구는 모름지기 참구해야 한다. 첫 구에서 이 한 구절 홍명을 든 것은 곧 수승한 법문이다. 두 번째 구에서 이 법은 상근기의 대철대오(大徹大悟)도 원용을 다 드러낼 수 없음을 이른 것이다. 세 번째 구는 하근기의 우둔한 자가 만약 염하더라도 역시 다른 사람들에 비하여 모자람이 조금도 없다는 것을 이른 것이다. 고인께서 이르신 무상심묘(無上深妙)의 선(禪)의 의미는 곧 여기에 있다. 이루는 것과 이루지 못하는 것은, 오로지 당장에 있어 감당에 관한(當下承當) 문제이다. 네 번째 다섯 번째 구는, 바로 직심념(直心念)을 해가고, 분별을 일으키지 말라고 가르치는데, 만약 망정(妄情)이 일어나면, 곧 이 법은 마장이다. 일곱 번째 구의 의미는, 선가(禪家)

와 같이 의심하여 깨닫는 것(悟)은 불필요지만, 의심에는 크고 작음이 있어, 깨달음(悟)에도 철저(徹底)한 것과 어렴풋한 것(依稀)이 있다는 것을 말하는 것이다. 진실로 철저할 수 있는 자는 적고, 어렴풋이 비슷한 자는 많은데, 그러므로 그것을 부러워할 필요가 없다. 그러나 결코 정해진 해석이 없으며, 근기에 따라 변화에 응하는데 (隨機應變), 만약 이와 같지 않으면, 곧 사법(死法)을 이룬다. 구자유불성(狗子有佛性: 개는 불성이 있다) 구자무불성(狗子無佛性: 개에게 불성이 없다)은 병에 따라 약을 주는 것이지, 약에 따라 병을 부르는 것이 아니다.

제678조

문: 고덕께서 이르시길 : 염불은 불상(佛像)이 있으면 불상을 향하여 염하고, 불상이 없으면 서쪽을 향해 염해야 한다고 하셨습니다. 어떤 때 서쪽 방향은, 어떤 사람이 염불하다가 사람들의 비웃음을 당하거나, 더러움을 만나 부적당하면, 동·남·북을 향하여 바꾸는데, 공덕을 비교하면 어떤지 모르겠습니다. (邱合順)

답: 불법은 마음의 정성을 중시한다. 부처님의 법신은 시방에 두루 차 있다. 어떤 때 서쪽을 향할 수 없으면, 어느 한쪽에 임하는 것도 모두 감응할 수 있다. 이미 감응하였으면 공덕은 저절로 크다.

제679조

문: 극락세계에는 많은 후보불위(候補佛位)가 있습니다. 어째서 성불은 모름지기 「후보」를 요합니까? (簡宗修)

답: 후보자, 후보는 어떤 곳에 가서 성불을 하신다. 그 분의 공(功)이 이미 원만하면 극과(極果)를 이루어 증득하는데, 단지 후보는 어떤 세계의 불법이 소멸하여 없어지면 다시 그곳에 가서 거듭 도량을 연다. 예를 들면 미륵은 이 사바의 보처(補處)이고 관음은 저 극락의 보처(補處) 등등이다.

제680조

문: 《아미타경》 중에 앞서 언급된 여러 보살들은 어디에서 왔습니까? 그 보살의 과위(果位)도 기타 아라한과 같이 석가모니불의 제도를 받습니까? (簡宗修)

답: 저 국토의 보살은 모두 차례로 왕생한 사람들이다. 혹 범부가 왕생하면 공(功)을 닦은 후에 보살을 이루어 증득한다. 역시 타방의 보살들은 일찍 성불하기를 희망하여 저 국토에 태어나기를 구한다. 저 불국토와 공덕은 시방제불이 함께 찬탄한다. 시방불토의 불자(佛子)가 모두〔극락에〕왕생한다. 일찍이 제도(度)를 아시는 분들이 제불이 되었는데, 석가모니불 혼자가 아니다.

제681조

문: 불호를 염할 시에 항상 허다한 망상을 만납니다. 낮에는 큰 소리로 염하여 쫓아낼 수 있지만, 밤에 잠과 꿈속에서 소리를 내어 염할 방법이 없습니다. 이러한 망상을 만나서 만약 그것을 무시하면, 즉 그것이 어지럽게 오고, 또 더욱 많아집니다. 제지하려 할 것 같으면 즉 두통을 느낍니다. 이것 때문에 진퇴양난인데, 어떤 묘법이 있는지 모르겠습니다. 또 이 두통은 마가 붙은 것이 아닌지요. (鄭朝信)

답: 꿈속에서 이미 색(色)이 있으면 당연히 역시 소리가 있고, 곧 망상이 있는 줄 알면 곧 염불할 수 있다. **깨어 있을 때 염불하여 깨어 있을 때 망상을 쫓고, 꿈속에서 염불하여 꿈속에서 망상을 쫓는다.** 그러나 꿈속에서 알아차리지 못하면 환(幻)을 따르고, 망(妄)을 좇아갈까 염려된다는 것인데, 만약「제지하려 할 것 같으면, 즉 두통을 느낌」을 말한다는 것은 꿈속에서 알아차린다는 것이다. 알아차림은 곧 주인 노릇을 할 수 있다는 것이다. 마음속에 스스로 소리가 있어, 마음이 불성(佛聲: 나무아미타불)을 일으키면, 즉 망(妄)을 제거하고, 두통 역시 환몽(幻夢)이니 일률적으로 제거한다.

제682조

문: 「일심염불(一心念佛)」의 자세한 뜻은 무엇입니까? (黃宏介)

답: 염법(念法)은 매우 많은데, 모두 자세한 뜻을 가지고 있다. 고인이 일찍이 40여 종을 추려서 모았는데, 중요한 것은 근기에 계합(契機)하는 것에 있다. 보편적인 것은 정신으로 염하고 정신으로 듣고 (神念神聽), 마음으로 염하고 마음으로 들으며(心念心聽), 혹은 입으로 염하고 귀로 듣는 것이다(口念耳聽). **만약 망념(妄念)이 일어나면 억지로 망(妄)을 제거하지 않고 분별을 일으키지 않는다.** 모두 불관(佛觀)을 짓는 것으로, 이것을 인연 따라 멈추게 하는 방편이라 이름 하는데, 큰 수용(受用)이 있다. 다른 것은 즉 각자 그 의미가 있는 데, 몇 마디로 다 말할 수가 없다.

제683조

문: 아미타불께서 현재 설법하는 이 법과 사바세계의 불법은 차이가 있습니까? (王幻如)

답: 부처님과 부처님의 도는 같으나 선교방편에는 차별이 있다. 불국토의 방편은 하나가 아니고, 설법의 차례(次第)가 다를 수 있다. 예를 들어 **사바는 수행하기가 어려워 석존께서 극락에 태어나길 권하고, 극락은 수행이 쉬워 미타께서 즉 다른 국토에 태어나기를 권하지 않는 것이다.** 이 국토에서 37조도품(三七道品)을 설하는 것은 모두 칠각지(七支)를 연설한다. 극락에서 법을 연설하는 것은, 오로지 오근·십력·칠각지·팔정도(根力覺支正道)를 말한다. 방식은 천변만화이나 근원으로 돌아가면 항상 하나인 것이다.

제684조

문: 아미타불께서 성불한 이래 현재 10겁입니다. 이 10겁 이전에 사바 중생은 별도로 극락국토의 땅에 태어나기를 구하는 것이 있었습니까? (王幻如)

답: 시방의 무량한 불국토는 모두 왕생할 수 있다. 그러나 왕생이 쉽지 않고 성취 역시 어렵다. 미타께서 접인하시니, 〔극락에서〕 일생보처

가 되는데, 이와 같이 태어나기 쉽고, 이와 같이 빠르게 성취하는 것에 미치지 못할 따름이다. 이것을 거론하자면 10겁 이전에는 오늘날 극락정토와 같은 비슷한 것이 없었다. 게송에 말씀하시길 「시방삼세불 중 아미타불이 제일이다.」 「구품으로 중생을 제도하니 위덕이 끝이 없다」라고 하였는데, 이렇게 말하는 것으로 알 수 있다.

제685조

문: 정토의 종지(宗旨)는 염불이 일심불란하여 부처님의 접인을 받아 정토에 태어남에 있습니다. 그 요점은 「염불일심불란」에 있는 것 같습니다. 오히려 「일심불란」을 할 수 없어도 역시 정토에 왕생할 수 있습니까? (楊智悅)

답: 학불(學佛)의 원칙은 법에 의지하고 사람에 의지하지 않는 것이다. 「일심불란(一心不亂)」은 명백한 경문(經文)인데, 어찌 준수하지 않을 수 있겠는가. 그러나 얼마나 많은 뜻(義趣)이 있겠는가. 이일심, 사일심, 장기간의 일심, 단기간의 일심, 평소의 일심, 임종시의 일심 등등이다. 일심이라는 것은 정(定: 집중·삼매)이다. 반드시 정(定)이어야 비로소 정(靜: 고요함)하고, 반드시 정(靜)이어야 비로소 명(明: 밝음)하며, 반드시 명(明)이어야 비로소 마음과 부처가 감응한다. 이른바 「마음으로 부처를 짓는다(以心作佛).」, 「곧 마음이 부처이다(卽心是佛)」라는 생사대사를 어찌 요행히 성공할 수 있겠는가. 소승의 아라한은 오히려 모름지기 일곱 번의 생사가 있는데, 어찌 성불을 논하겠는가. 삼아승지겁만큼 멀다. 이것은 즉 일생에 성판하는 것(一生成辦)으로서, 업을 가지고 〔윤회를〕 벗어나는 요결로, 다시 〔부처를〕 지음이 없으면(不有作), 고통을 벗어나는 것에 기한이 없다. 고덕께서 「염불사대요결(念佛四大要訣)」을 지었다. 제1은 즉 「염불은 일심(一心)을 구하지 않는다.」이다. 이것은 초학자는 먼저 일(一)을 구하지 않는다는 것을 이른 것에 불과하다. 〔그 책에서 말하고 있〕는 '자비로 접인한다'는 의미에 대하여는, 일찍이 설명이 없기 때문에, 곧 경전에 어긋난다는 의심이 있다. 후세의 여러 조사들께

서는, 이 말을 자못 병으로 삼아(頗以此語為病), 후학에게 오류임을 전하였다(貽誤後學).192) 위에서 든 갖가지 일심에서 가장 낮은 것이 반드시 임종시에 일심을 얻는 것으로, 만약 확신이 없으면, 왕생의 희망이 없다.

제686조

문: 대략 일반인은 모두 사업이 있는데, 이미 사업이 있으면 반드시 잡념이 있습니다. 더욱 그 염불시에 모두 잡념이 스며들어오는 것을 면하기 어려워, 자못 일심불란의 경계에 도달하기가 어렵습니다. 재가대중(在家眾)은 모두 가정경제의 책임을 부담하고 있습니다. 그래서 생산사업에 종사하지 않으면 안 됩니다. 만약 생산사업에 종사하면, 반드시 그것을 따라 성가심과 번뇌를 가져와, 염불할 때 잡념이 스며들어오도록 이끌어서, 일심불란의 경계에 도달할 수 없습니다. 이와 같이 말한다면 왕생할 수 없습니까? (楊智悅)

답: 정종학인은 의리(義理)를 구하지 않고, 「대업왕생(帶業往生)」과 「불래접인(佛來接引)」에 많이 의지하고, 심업(心業)의 장애를 소홀히 하면서, 크게 요행을 바라고 자기를 속인다. 재가에서는 경제부담이 있지만, 공식적인 가르침(公教)은 공과(功課)의 정해진 시간이 있는데, 만약 이치를 이해할 수 있어서, 그것을 잘 활용하면 모두 해가 되지 않는다. 이른바 땔감을 나르는 것과 물로 운반하는 것은 모두 도(道)인 것이다. 정토는 대승(大乘)으로 자타 양자를 제도한다. 정과(定課) 염불은 자기를 제도하는 생각을 짓는 것이다(作自度想). 가정경제, 공식적인 가르침의 과무(公教課務)는 윤리를 돈독하게 하고 직분을 다하여, 다른 이를 제도하는 생각을 짓는 것이다(作度他想). 왕생하여 자신을 제도하는 것을 구하기 위하여, 왕생하여 타인을 제도하는 것을 구하기 위하여, 타인을 제도하여 왕생하게 하는 것을 구하기 위하여 가정경제를 책임지고, 타인을 제도하여 왕생하게 하는 것을 구하기 위하여 공식적인 가르침의 직무를 한다. 그것을 더 늘여 확

---

192) 印光大師文鈔, 問答摘錄→18.閱經 참고

장하자면, 그것은 만법귀일(萬法歸一)이라고 이르는데, 하나로 돌아가면 곧 일심이다(歸一即是一心). 이는 행주좌와에 이것을 여의지 않는다고 이름하는데, 이것이 왕생의 믿음·발원·염불이다.

제687조

문: 이일심(理一心)은 견사이혹(見思二惑)을 끊는 것입니다. 그럼 사일심(事一心)은 무엇을 끊습니까? 각 경전의 심묘(深妙)한 이치를 노사께서 모두 통달할 수 있으신데, 노사께서는 이미 이일심에 이르렀습니까? 만념귀일(萬念歸一)은 바로 일심(一心)입니까? 그럼 불란(不亂)에 이르면 여전히 마음(心)이 있습니까? (池慧霖)

답: 사일심은 외진반연(外塵攀緣)을 끊을 수 있는 것으로, 견사이혹을 조복할 수 있다. 소위 대업왕생이라는 것은 사일심이다. 삼장(三藏)은 안개가 자욱한 바다처럼 광대한데, 나는 깊이 있게 알지 못하고, 또 본 것과 읽은 것의 양과 수가 적어서 묘(妙) 역시 보지 못하였고, 이(理) 역시 통달하지 못하였다. 설령 어떤 사람이 삼장(三藏)에 정통하더라도 실행하지 않으면, 역시 일심(一心)이 어렵다. 마음이 하나가 되지 않으면, 지견(知見)이 늘어나지 않는다. 만념귀일은 일심(一心)이라 이를 수 있는데, 하나의 존재가 있으면 자연히 마음(心)이 있는 것이다.

제688조

문: 실상염불에 의한 왕생은 여전히 아미타불의 접인이 있습니까? 상적광토의 경계는 여전히 서방에 있습니까? (池慧霖)

답: 실상염불은 미타의 법신을 보는 것으로, 이미 견불(見佛)인데 어찌 접인하지 않음을 말하겠는가. 상적광토는 곧 법성토로 진허공을 포함하는데, 서방 역시 상적광토 중에 있다.

제689조

문: 세계는 모두 성(成)·주(住)·괴(壞)·공(空)이 있는데, 극락세계도 당

연히 역시 이와 같다면, 아미타불의 본원에 어긋나는 것 아닙니까? (心炳)

답: 부처님에게는 삼신이 있어, 법(法)·보(報)·응(應)이다. 응신은 시작과 끝이 있고, 보신은 시작은 있으나 끝이 없고, 법신은 시작도 끝도 없는데, 먼저 이것을 알아야 한다. 몸과 국토는 모두 마음으로, 결코 둘이 아니다. 응신은 당연히 사바의 토(土)이고, 보신은 당연히 극락 실보장엄토이고, 법신은 당연히 상적광토이다. 사바는 성·주·괴·공이 있고, 극락의 실보는 숨겨짐과 드러남이 있고(有隱有顯), 상적광토는 숨겨짐과 드러남이 없다(無隱無顯). 크게 이와 같다.

제690조

문: 염불수행의 기간이 얼마나 오래되어야 곧 성불할 수 있는지 청하여 묻습니다. (心炳)

답: 보통법문은 수초(豎超: 세로로 초월하는 것)라 이름하는데 삼아승지 겁이어야 비로소 성불할 수 있다. **염불법문은 횡초(橫超: 가로로 초월하는 것)라 이르는데 단지 왕생만 하면 일생보처가 가능하다.** 만약 이 국토에서 염불하되, 왕생을 구하지 않으면, 점(漸)과 돈(頓)을 막론하고, 역시 반드시 무명(無明)을 다 끊어야, 비로소 성불하니, 기간을 예정하기가 어렵다.

제691조

문: 설사 1년 정도 가벼운(輕) 염불을 한 자(화상)가 요절하였다면 성불이 가능합니까? (心炳)

답: 염불법문은 극락왕생을 전적으로 구하는 것으로 한번 극락에 도달하면 곧 윤회를 벗어나고 이미 분단생사를 여의지만 결코 성불은 아니다. 그곳에 도달하여 다시 닦아 혹 변역(變易)을 거치거나, 혹 변역하지 않고 일생에 보처가 되어 성불한다. 이 세계의 염불인은 승속과 남녀노소를 막론하고, 염(念)이 일심(一心)에 이른 자는 죽은 후에 극락에 태어날 수 있다. 대업왕생(帶業往生)을 할 수 있어도, 대

업성불(帶業成佛)은 불가능하다.

제692조

문: 관세음보살 성호를 염하여 왕생할 수 있느냐 하는 문제에 관하여, 「왕생하는 것이 더욱 번거로울 수 있다」라고 답변할 수 있습니까. 만약 세간법 중에, 교섭하여 사무를 처리할 기관이나 단체를 찾아야 한다면 특별규정이 있는 것을 제외하고, 검판(簽辦)·지시(批示) 등의 절차를 면할 수 있기 때문에, 직접 단위의 수장과 교섭하는 것이 가장 좋은데, 아미타불은 서방교주이시니, 당연히 아미타불을 염하는 것이 더욱 간편합니다. (鮮純賢)

답: 이와 같은 돌아가는 비유는 불필요하고, 역시 많은 말을 하는 것도 불필요하다. 성언량(부처님 말씀)은 높고 깊어 범부의 감정으로 예측하기가 어렵다. 단지 응당 「가르침에 따라 봉행하면」, 스스로 집에 도착할 수 있다. 경(經) 중에 훈계하는 말씀이 있는데 :「다른 것을 관(觀)하는 것은, 대다수가 사관(邪觀)이다.」 「그가 깨달은 일체경계가 아니면(非彼所聞一切境界), 종국적으로 취할 수가 없다.」 경(經)은 부처님의 말씀이므로 법에 의지하고 사람에 의지하지 말라고 이르는데, 이미 법에 의지하니, 오히려 어떤 착오가 있겠는가.

제693조

문: 염불로 왕생을 구하고 바라고 있습니다. 제자는 집지명호(執持名號)를 제외하고, 응당 아미타경을 많이 독송하고 서방의 수승한 경계를 관상(觀想)합니다. 수승한 경계의 종자가 팔식심전(八識心田)에 떨어져 그 속에 충만하도록 하여, 죽음에 이르러 난심위(亂心位)일 때, 서방의 수승한 경계의 종자가 먼저 나와 즉 왕생을 보이도록 하는 것입니다. 그래서 고덕께서 「태어나는 것은 즉 결정코 태어나지만(生則決定生), 가는 것은 즉 실제 가지 않는다(去則實不去)」라고 말씀하신, 이 이치가 그러한 것입니까? (鮮純賢)

답: 전지명호(專持名號)는 수행법의 하나인데, 겸하여 관상(觀想)을 하는

것도 역시 수행법의 하나이다. 각자 개인의 근기(根器)에 따라 취한다. 오히려 기타의 방법은 모두 근기(機)를 따라 취하지 아니함이 없으니, 억지로 하게 할 수 없는데, 이는 수행법에서 사(事)를 논하는 간단한 말이다. 그런데 「태어나는 것은 즉 결정코 태어나지만(生則決定生), 가는 것은 즉 실제 가지 않는다(去則實不去).」는 곧 증과에서 이치를 논하는 간단한 말이다. 전자는 인지(因地)의 사(事)를 가리키는 말이고, 후자는 과지(果地)의 이(理)를 설하는 말이다.

제694조

문: 홍일대사(弘一大師)께서는 사람들에게 노실염불(老實念佛)[193]을 권하셨는데 어떤 모양으로 노실을 헤아립니까? (志西)

답: 진실로 믿고 의심하지 않으며 왕생을 발원하여 고난과 즐거움, 순조로움과 역경에 일체 불퇴전하는 것이다. 다시 다른 법을 들어도 역시 바꾸지 않는다. 기이한 경계를 마음으로 망령되게 구하지 않는데, 부처님께서는 일심(一心)이면 공(功)이 저절로 이루어진다고 말씀하셨다. 이것이 곧 노실염불이다.

제695조

문: 일찍이 장자(長者)께서 염불방법을 개시한 것을 기억하는데, 마음으로 염하고 마음으로 들으며, 마음으로 염하고 신식이 듣는 것 등 기억이 아주 청초하지 않습니다. 번거롭게 다시 가르침을 청하오니, 아울러 그 방법을 지도해 주시길 청합니다! (志西)

답: 어느 곳에서 말한 것인지 일이 오래되어 이미 잊었다. 그러나 고덕께서 사람들에게 염불을 가르치는 것을 이미 보았는데, 12자의 방법이다. 곧 「구념이청(口念耳聽) 심념심청(心念心聽) 신념신청(神念神聽)」이다. 지금 질문과 서로 비슷한 것 같다. 이 12자는 공통적으로 세 구로 나누어진다. 역시 얕은 것으로부터 깊은 곳으로 들어가는데, 결코 혼용하지 않는다. 초학인은 오로지 응당 먼저 「구념이청(口

---

193) 착실하게 염불함

念耳聽)」일법을 배워야 한다. 만약 생소한 것으로부터 점차 익숙해질 수 있어, 일자염(一字念)이 청초하면, 마음은 이 염하는 곳(念處)^{염처}에 있고, 한 자를 들음(一字聽)이 청초하면 마음은 듣는 곳(聽處)^{청처}에 있어, 염(念)이 나와 들음(聽)^청으로 들어가니, 모두 홍명(洪名)이다. 이와 같은 마음이 곧 홍명인데, 홍명이 곧 마음이다.

제696조

문: 아미타경 해석 안에서, 사람은 서방극락세계에 왕생이 가능하고 각종 신통을 얻을 수 있고, 어떤 것을 생각하면 어떤 것이 나타난다라고 해석하였습니다. 가사 친척과 권속을 보는 것을 생각하면 볼 수 있습니까? (慧綱)

답: 신통에는 「천안(天眼)」이라는 한 종류가 있는데, 곧 가로로는 각 세계를 볼 수 있고, 세로로는 여러 생을 볼 수 있다. 이와 같은 능력이면, 비단 금생의 권속을 볼 수 있을 뿐만 아니라, 여러 생의 권속을 모두 뜻에 따라 볼 수 있다.

제697조

문: 사바를 싫어하고 극락을 기뻐하여 급히 왕생해야 하는데, 응당 어떤 방법으로 빠르게 왕생할 수 있습니까? 업이 다하지 않으면 빨리 태어나는 것이 불가능한데, 이 업은 응당 어떻게 빨리 다하게 합니까? (慧綱)

답: 왕생은 오로지 수명이 다하는 것을 말하고, 업이 다하였다고 이르지 않는다. 이 점을 서로 혼동할 수 없다. 수명은 일생에 응하여 얻는 과보를 가리키고, 업은 다겁에 지은 인연을 가리킨다. **수명은 일정 시기에 이르면 다하고, 업은 반드시 다겁에 수지(修持)하여야 바야흐로 끊어진다.** 왕생은 곧 수명이 다하는 것이지, 결코 업이 다할 필요가 없다. 수명은 응당 자연을 따라야 하고, 응당 재촉하여 짧아지게 하지 말아야 한다. 만약 사바를 극히 싫어한다면, 오직 지명(持名)을 정진할 뿐이다.

제698조

문: 신체가 건강하지 않기 때문에 절이나 대전(大殿)에 가서 아침 공과(早課)를 할 때 역시 일어나서, 능엄주를 염할 수 없기 때문에, 자기 요사채(寮房)에 머물면서 관음보살께 108배의 예(禮)를 합니다. 아침 식사 후에는 정토참(淨土懺)에 절(拜)하고, 피곤함을 느끼면, 매일 염불을 오로지 1만성 합니다. 많은 염불과 예배를 드리고 싶지만, 오직 매일 자고 싶거나 혼침(昏沈)이 있을 때는, 대전에 가서 부처님을 두 번 돌고, 세 번 돌면 곧 요통을 느껴 여러 번 돌 수 없습니다. 마땅히 어떻게 정진해야 합니까? 만약 정진하지 않으면 즉 왕생에 장애가 있습니까? (慧綱)

답: 능엄주는 염하지 않을 수 없는데, 스스로 관음에 예배하는 것도 역시 좋다. 매일 염불 1만성 하는 것은 잠시 적지 않다고 말할 수 있지만, 단 일심불란을 중시(注重)해야 한다. 부처님을 세 바퀴 도는 것에 대하여는, 많이 하면 즉 요통이 있다면 곧 오로지 세 바퀴를 도는 것이 안 될 것이 없다. 오로지 믿음과 발원이 깊고 간절하면, 곧 왕생에 장애가 되지 않는다. 이와 같이 전수(專修)하여 잡념이 없으면 곧 「정(精)」이다. 피로해 하지 않고 싫어하지 않으며 물러나지 않는 것이 곧 「진(進)」이다.

제699조

문: 부처님께서 이르신 48원 그 중 18원은 평소에 한 차례 십념법을 실행하는 것입니다. 그런데 이 사람이 죽을 때까지 줄곧 부처님을 염하지 않았다고 하더라도 이 사람은 왕생할 수 있습니까? (福明)

답: 학불(學佛)에는 하나의 원칙이 있는데, 곧 법에 의지하고 사람에 의지하지 않는 것이다. 또 문자에만 의거하여 뜻을 해석하는 것은, 삼세 부처님께서 원통해 하심이고, 또 이변(二邊)에 편파적으로 집착하면서 중도(中道)에 계합하지 않은 것을 피해야 한다. 무릇 이것은 응당 모두 자세하게 사유해야 한다. 존귀하신 분께서 물었듯이 제18

원은 확실히 대비본원에 속한다. 이것은 하나의 대강(大綱)을 제시한 것에 불과하고, 오히려 미세한 뜻이 남아 있다. 만약 이 구절을 죽인 다음에는 나머지 48원이 모두 군더더기 말이 되고, 본경 중의 육도만행 역시 쓸데없는 말이 된다. 다시 정토종은 지명을 주장하는데, 미타경은 반드시 모아서 참고하여야 바야흐로 편집(偏執)되지 않을 것이다. 소경(小經)[194]에서 명백하게 「적은 선근과 복덕의 인연으로는 저 국토에 태어날 수 없다」라고 일렀다. 그런데 어찌 십념의 문장을 잘못 이해하여 스스로 잘못을 남긴단 말인가. 또 지금의 염불인을 보면, 날마다 천 번을 지념하고 만 번을 지념하는 자는 십념에 비하면 어떻겠는가. 그러나 진실로 왕생을 얻은 자는 몇 명이나 있겠는가. 조사께서 말씀하신 「12시(二六時)[195] 중에 면밀하고 중단이 없음」, 「하루에 10만 번을 지념함(日持十萬)」, 「깨끗한 생각이 계속 이어짐(淨念相繼)」 등을 생각하기를 청하노니, 어찌 모두가 어리석은 사람이 번거로움을 자초한 것이 아니라고 할 수 있겠는가.

제700조

문: 아라한과를 증득하면 오고감이 없습니다. 만약 정토를 닦은 증득이 적광정토(寂光淨土)[196]에 이른다면, 여전히 서방에 갈 수 있습니까? 또 증득이 상적광정토에 이르면 모름지기 얼마의 시간이 걸려야 성불합니까? (池慧霖)

답: 이 질문은 크게 잘못 이해함이 있다. 정토를 닦는 자는 서방에 있기를 원하는데, 적광토라는 것은 즉 서방 사토(四土)의 최구경(最究竟)이다. 어찌 여전히 서방에 갈 수 있느냐고 묻는가. 이것은 바로 몸이 함원전에 있으면서 다시 장안(당나라 수도)의 길을 묻는 것이다. 경에서 「오직 부처님 한 사람이 정토에 머무신다」고 이르셨는데, 이는 곧 상적광토를 말하는 것으로, 거사의 두 번째 질문은 「중추 보름밤에 달이 몇 시에 둥글 것인가 묻는 격이다」. 적(寂)은 곧 해탈이

---

194) = 불설아미타경
195) 각주 171) 참조
196) = 상적광토, 상적광정토

고, 광(光)은 곧 반야로, 곧 법신이 머무는 바이니, 바로 그러하다.

제701조

문: 육자홍명 나무아미타불은, '나무(南無)'의 뜻은 귀의(皈依)이고, '불(佛)'은 역시 깨달은 자의 통명(通名)인데, 어찌하여 나무로 불명(佛名)의 두 자를 짓는지요? 반드시 말씀이 있을 것인데, 학인들이 모르니, 그러므로 묻습니다. 또 나무는 범어 또는 팔리어로 마땅히 한 자에 두 가지 음이고, '아미타'는 마땅히 한 자에 세 가지 음이며, 불(佛)은 즉 한 자에 두 가지 음인데, 우리나라는 이미 모두 음역을 채택하여 번역하지 않았습니다. 또 육자홍명이라고 분명히 말하고 있지만, 이 육자는 사실이 아닐 수도 있다고 의심이 드는데, 비록 중요한 것과 무관하나, 역시 말씀이 있으십니까? (高仰嵩)

답: '나무' 두 자는, 곧 심념(心念)을 표시하는 명사이고, 아미타불 네 자는 곧 개인 부호(個人符號)의 명사이다. 두 명사를 합하여 일종의 법문(法門)을 이룬 것으로, 법문 역시 모름지기 명사가 있는데, 바로 육자홍명이란 것으로서, 법의 명사는 심(心)과 불(佛) 두 가지가 합해진 칭호이다. 한 자에 두 가지 음, 혹은 세 가지 음은 바로 팔리어의 조직(組織)이고, 한자(漢字)의 독법(讀法)은 오로지 하나의 음을 발한다. 이미 경을 번역하여 한문을 이루었으니, 스스로 마땅히 한문 방식으로 말씀하신 것을 따라 의지해야 한다. 한문은 네모난 덩어리(方塊) 모양으로, 하나의 네모난 덩어리가 한 자를 이루니, 그러므로 육자이다.

제702조

문: 아(阿)자 음은 우리나라에서 痾(ㄜ)과 啊(ㄚ) 두 가지 읽는 법이 있어 대략 쌍성첩운(雙聲疊韻) 자입니다. 지명염불할 때, 우리나라 사람은 여전히 각자 익힌 습성에 따라, ㄜ 또는 ㄚ음으로 염합니다. 노거사께서 10년 전에 〈각생(覺生)〉 월간지에서 사람들에게 자음을 염식하는 것(念識字音)을 가르치신 것은 ㄜ와 비슷합니다 ; 그런데

각종 중영문 불학사전, 영문으로 범어를 주석한 바와, 팔리어 음은 모두 丫음으로 읽을 만합니다. 각자 익힌 대로 따르는 것은 분별이 없는 것인지요? (高仰嵩)

답: 중국 땅은 크고, 언어도 복잡하여, 곧 본국의 문자는 같은 글자라도 발음과 읽는 소리는 지역에 따라 같지 않으며 고금에 역시 다르다. 어떤 것을 표준으로 삼을 지는 심히 말하기가 어렵다. 「國」한 자를 예로 들면, 옛날에는 以로 읽었고, 지금은 果로 읽거나 鬼로 읽는데, 어떤 것이 맞는가? 주음자모(注音字母)란 책은, 북경의 음성을 많이 채택하였고, 이것 역시 하나의 방법을 통용하는 것을 구하는 방편일 뿐이다. 만약 범음(梵音)을 논하자면, 비록 범문을 이해하고, 모름지기 입으로 전해야 하는데, 그렇지 않으면 음 역시 부정확하다. 「아(阿)」한 자는, 오로지 후음(喉音)으로 발음하고, 음평성(陰平聲)으로 읽으며, 거의 비슷하다. 그렇지 않으면 방언(鄉音)을 따르는 것도 단지 공경하다면 곧 가능하다.

제703조

문: 《지장경》에 한 단락이 있는데, 만약 선남자 선여인이 불법 가운데 선근을 심거나, 보시하거나, 공양이나 탑사를 보수하거나, 경전을 장리(藏理)하거나, 내지 털끝 하나, 먼지 하나, 모래 한 알, 물방울 하나와 같은 좋은 일이라도, 만약 법계에 회향하여 이익하게 할 수 있다면 이 사람의 공덕은 백천생 중에 묘락을 받는다고 하였습니다. 만약 단지 자기 집안 권속에 회향하거나 자신의 이익을 위해 회향하면, 이와 같은 과보는 곧 삼생(三生)에 즐거움을 받는 것입니다. 하나를 얻고 만 가지 과보를 버리는 것입니다. 지금 묻고자 하는 것은 바로 우리들은 매일의 공과에서 모두 회향하는데, 원이차공덕장엄불정토(願以此功德莊嚴佛淨土), 이것은 자신을 이익하게 합니다. 그럼 원차공덕보급어일체(願此功德普及於一切), 아등여중생개공성불도(我等與眾生皆共成佛道), 이러한 종류의 회향이 이전의 공덕에 비하여 크다면 장래의 왕생에 의지할 만하고, 또 온당하겠습니까? (周慧德)

답: 거사의 소견은 심대하다. 오로지 원이차공덕(願以此功德) 여덟 구 회
　　향문은, 역시 남김없이 포함하고 있는데, 어찌 다음 문장에는 주의
　　하지 않는가? 예를 들어 사은(四恩), 삼도(三途), 보는 자와 듣는 자,
　　모두 보리심을 발하는 것, 함께 극락에 태어나는 것은, 이미 다 있
　　는 것이다. 회향은 곧 발원인데, 송(誦)을 하는 것이 이미 여러 해
　　되었다면 다시 바꾸는 것이 불필요하다.

제704조

문: 학불인은 평일의 수지(修持) 공부가 순숙해져서 임종시에 바로 정념
　　(正念)을 일으킬 수 있는 것에 전부 의지하고 있습니다. 현재 도는
　　약하고 마는 강하니, 재가거사의 속념(俗念)이 불념(佛念)보다 수승하
　　여, 학불하는 사람은 일심이 되어 두 가지 작용이 없어야 하나
　　(一心沒有兩用), 속념이 너무 많습니다. 이 세념(世念)의 농후함 아래
　　서 불념(佛念)은 감소를 면할 수 없습니다. 만약 한 잔의 우유가 큰
　　통의 맑은 물에 스며들면, 어떻게 여전히 우유의 맛이 있을 수 있겠
　　습니까? 이러한 희미한 도념(道念)으로 불법을 닦으면 금생에 어찌
　　득도(得度)할 수 있겠습니까? (周慧德)

답: 이미 이와 같이 알았으면 정진을 제외하고서 어찌 타법이 있겠는
　　가. 속념(俗念)의 어지러움에 대하여는, 재가와 출가와 관련이 없
　　는데, 오로지 결심을 내릴 것인가에 달려 있을 뿐이다. 그러나 믿
　　음이 깊고 발원이 간절한 사람은 비록 집안일이 복잡하더라도, 마
　　음속에 여전히 믿음과 발원이 계속 이어져, 스스로 선교방편을 할
　　수 있으니, 바쁨 속에서 한가함을 내어 이것을 떠나지 않는다. 이
　　른바 「대나무가 빽빽하나 물이 흐르는 것을 방해할 수 없고
　　(竹密不妨流水過), 산이 높으나 어찌 흰 구름이 날아가는 것을 장애
　　하겠는가(山高豈礙白雲飛)」이다.

제705조

문: 《미타경》에 그 사람이 임종시에, 아미타와 여러 성중들께서, 지금

그 앞에 있다고 하였습니다. 제가 묻고자 하는 바는 시방세계의 중생이 염불하는 자가 많은데, 오직 한 분의 미타가 어찌 동시에 지금 그 앞에 있어 접인왕생합니까? (周慧德)

답: 미타의 법신은 법계에 두루하여 때때로 상응한다. 만약 명백하지 않을 거 같으면, 매일 염하는 찬불게를 생각하는 것을 권청하니, 「광중화불무수억(光中化佛無數億) 화보살중역무변(化菩薩眾亦無邊)」 두 구이다. 아직 문득 깨닫지(恍然) 아니하였는가? 응당 삼신은 곧 일체로 화불(化佛)이 오셔서 영접하심을 알아야 하는데 왕생을 어찌 의심하겠는가.

제706조

문: 〈보리수〉111기에, 정종 초조 혜원(慧遠)대사의 호계삼소(虎溪三笑)가 있는데 어떤 뜻인지 가르침을 청하옵니다. (周慧德)

답: 동림사(東林寺) 밖에 돌아 흐르는 물이 있는데 물의 이름이 호계(虎溪)이다. 혜원대사께서는 객을 보내면서 이 땅을 넘지 않았다. 당시 도연명(陶淵明), 육수정(陸修靜) 두 사람이 절에 도착하여, 도(道)에 대한 이야기가 서로 잘 들어맞았는데, 대사께서 송별하면서 모르는 사이에 계곡을 넘어섰다. 호랑이가 크게 울어, 비로소 계곡을 넘은 것을 알아차리고, 서로 크게 웃었는데, 마음과 도가 각자 서로 들어맞음을 기뻐하였다(喜心道各相契也).

제707조

문: 염불시에 오로지 자기가 염하면서 내는 소리만 관청(觀聽)하고, 동시에 아미타불의 장엄한 불용(佛容)을 관상(觀想)합니다. 일심一心(미타경 속 극락세계의 갖가지 현상에 대한 많은 관상觀想이 불필요)을 얻는 것에 적합합니까? (王清漢)

답: 염(念)하고 관(觀)할 수 있으면 아주 좋지만, 곧 관(觀)할 수 없으면, 단지 염(念)하고 청(聽)하면 역시 득력할 수 있다. 미타경 중의 경계에 대하여 말하자면, 이 경을 과송(課誦)할 때 염(念)을 따라 관(觀)

을 하는 것이 불가능한 것은 아니지만, 경을 마치고 염불할 때는 즉 관(觀)은 불가하다.

제708조

문: 불상(佛像)의 면용(面容)은 각 차이가 있고 비슷함이 없는데(특징을 제외하고), 만약 관상(觀想)할 때에 알아서 인상(印象)을 채택하면 충분하겠습니까? (王淸漢)

답: 상(像)을 조성하는 것이 어찌 일치할 수 있겠는가. 자신이 흠모하는 것을 표준으로 채택하는 것이 도리이지만, 단 이미 채택하여 정하였다면, 응당 그 인상(印相)을 깊고 간절하게 하여야 한다. 어느 때와 장소라도 억불(憶佛)할 때 이 상(相)이 분명하게 현전하면 곧 큰 이익을 획득한다.

제709조

문: 아침저녁 염불정과(念佛定課)는 불주(佛珠)[197]로 헤아리지 않습니다. 시간으로 정할 수 있습니까? (王淸漢)

답: 자연히 불가하지 않다.

제710조

문: 모 법사께서 가(嘉)에 와서 법회를 주재하실 때, 면전에 8척의 아미타불 금신(金身)을 관상(觀想)해야 한다고 지시하셨습니다. 어제 노사께서 장육(丈六) 금신을 관상(觀想)할 것을 개시하였는데, 8척, 장육 모두 관상(觀想)할 수 있는 것입니까? (劉仁富)

답: 8척은 열관(劣觀)을 따르는데, 쉽게 이룰 수 있다 : 장육(丈六)은 배가 되어 조금 어렵다. 이것은 일정하지 않아, 자기의 심량(心量)으로 정하는데, 8척을 할 수 있으면 즉 8척이고, 장육을 할 수 있으면 장육대로 한다. 만약 오수미(五須彌) 사대해(四大海)를 할 수 있으면 즉 더욱 좋다.

---

197) = 염주

제711조

문: 범성동거정토, 실보장엄토, 방편유여토, 상적광토, 이 네 가지 정토
　는 각 응당 어느 정도에 이르러야 비로소 도달할 수 있으며, 성문,
　연각, 보살, 불이 서로 상대하여 수행하는 것입니까? (陳寬鳳)

답: 수행하는 사람은 도를 증득(證道)해야 한다. 이른바 도(道)라는 것은
　곧 불성(佛性)이다. 우리들의 불성은 모두 혹업(惑業)과 장애(障遮)에
　덮여 생사에 주인노릇을 하지 못하므로 범부라 칭한다. 정(淨)을 닦
　는 자는 혹업(惑業)을 추호도 끊지 않아서 왕생에 대하여는 오로지
　인천(人天)에 종자를 뿌린 것이지만, 〔실제로〕 태어나는 곳에는 부처
　·보살·성문·연각이 있어 〔함께〕 모일 수 있는데, 그러므로 「범성
　동거토」라 이른다. 견사혹을 끊은 성문과 연각이 머무는 곳이 「방편
　유여토」이다. 부분적으로 진사혹을 끊은 보살이 머무는 곳이 「실보
　장엄토」이다. 원만한 불과(佛果)를 이룬 이가 머무는 곳이 「상적광
　토」이다. 국토의 이름은 비록 네 가지이나, 실제로는 하나이며, 국토
　와 마음은 둘이 아니므로 혹(惑)을 끊는 바에 따라 차별을 나타낸다.

제712조

문: 정토법문은 네 가지 정토에 이르는 것을 바라는데, 극락세계를 경유
　합니까? (陳寬鳳)

답: 극락세계는 사토(四土)를 〔한 곳에〕 갖추고 있는데, 극락 이외의 세
　계에도 개별적으로 사토를 가지고 있다. 고대제국을 비유로 들자면,
　「적광」이라는 것은 금성궁궐(禁城宮闕)이고, 「실보」라는 것은 경도부
　성(京都府省)이고, 「방편」이라는 것은 서정위서(庶政衙署)이고, 「동거」
　라는 것은 번화가시(繁華街市)이다. 제왕은 금궐에 거주하는데 불타
　를 비유하고, 재상은 부성에 거주하는데 보살을 비유하고, 백관은
　위서에 거주하는데 성문과 연각을 비유하고, 부호는 시가(街市)에 흩
　어져 있는데 대업의 범부중생(帶業凡眾)인 인천(人天)을 비유한다.

제713조

문: 제자는 일(工作)과 생각(想像)을 할 때 응당 어떻게 행지(行持)를 하여야 염불공부가 중단되지 않을까에 대하여 물었습니다. 승장자(承長者)께서 염불할 때 마음은 염불에 있고 일과 생각의 마음은 일과 생각에 있는데, 과하게 일과 생각을 할 때는 하나의 조염불(助念佛)이 있어, 일과 생각에서 보고 느끼는 것(觀感)은 즉 만사가 모두 염불이라고 가르치셨습니다. 제자가 우둔하여, 조염불의 뜻에 대하여, 오히려 잘 모르니, 다시 가르쳐주시면 기쁘겠습니다. (某居士)

답: 정념(淨念)은 계속 이어지는 것(相繼)을 귀하게 여기는데, 밖으로는 끊어질 수 있으나, 안으로는 끊어질 수 없다. 이것이 생사의 대사이다. 어찌 둥둥 떠다니면서 곧 성취할 수 있겠는가. 오늘날은 말법시대로 복을 닦는 자는 많으나, 지혜를 구하는 자는 적다. 비록 입으로 생사를 마치는 것을 이야기 하나, 그 행실은 생사를 마치는 것과 무관하고, 정념(淨念)이 계속되지 않는다. 그래서 또 일심(一心)을 얻지 못한다. 우리들 재가인(白衣)은 생활을 위해 반드시 일을 해야 하는데, 일하는 동안 몸을 써야 할 때 마음속으론 불호를 묵념한다. 마음을 써야 할 때에는 나의 도(道)가 익지 않았으므로 도(道)의 염(念)을 구하려면 반드시 속세의 몸(俗養身)을 빌려야 함을 생각한다. 모든 일은 모두 반드시 이 목표여야 한다. 속인의 일은 밥을 먹기 위함인데, 나의 일은 구도를 위한 것으로 역시 깨끗한 염불이 계속 이어지는 것이다.

제714조

문: 정토법문을 닦는 자가 만약 일심으로 지명을 할 수 있어 임종할 때에 도달한다면 다행히 부처님의 서상(瑞相)을 볼 수 있습니다. 그러나 어떻게 나타나는 이 상이 도대체 부처님의 변화(佛化)인지 마의 변화(魔化)인지 분별해야 합니까? 만약 능엄경에서 말씀하신 53종류의 마((魔)가 중생의 바람에 응할 수 있는 것처럼, 구분이 또렷하지 않습니다. (本如)

답: 다른 법문을 닦는 것, 예를 들면 마음을 관하는 것(觀心), 화두를 참구하는 것(參話頭), 수식관(數息) 등에서, 만약 불상(佛像)을 보면 닦는 것과 결코 상응하지 아니하여, 바야흐로 마가 나타날 우려가 있다.

제715조

문: 정토법을 닦는 자는 평시에 지명으로 정념(正念)을 할 수 있지만, 단지 임종에 이르러 사대(四大)가 분산될 때의 고통은 정념(正念)이 일어나는 것을 어렵게 합니다. 이러한 종류의 사람이 서방에 왕생할 수 있는지 모르겠습니다. (本如)

답: 경에서 이르길 :「그 사람이 임종시에 아미타불과 여러 성중들께서 그 앞에 나타나, 이 사람이 죽을 때 마음이 뒤바뀌지 않고 곧 아미타불의 극락국토에 왕생할 수 있다.」라고 하였다. 경의 뜻을 자세하게 음미하면, 명확하게 알 수 있는데, 만약 임종에 정념(正念)을 내는 것이 어렵다면, 곧 전도되고 장애가 생길 우려가 있다.

제716조

문: 무량수경 중에 한 단락의 문장은 부처님께서 아난에게 무량수불 국토의 태생(胎生)이 있다고 말씀하셨습니다. 이와 같은 탁(托)은 어느 태(胎)에 하는 것입니까? 본래 오로지 연화화생(蓮花化生)인데 어찌하여 태생(胎生)이 있습니까? (本如)

답: 구품 이외에 변지(邊地)에 태어나는 자를 임시로 태생이라 말하는데, 본경의 위아래 문장을 자세히 보면, 스스로 이해할 수 있다.

제717조

문: 만약 중생을 제도하려는 마음이 간절한 자가 왕생 후에 부처님의 설법을 들을 수 없다면, 모름지기 연꽃이 핀 후에 법문을 듣고 개오(開悟)하여야, 곧 사바로 되돌아가 중생을 제도할 수 있습니다. 무릇

안양(安養)에서 사바로 되돌아가 중생을 제도하지 않는 이는 모두 부처님의 설법을 듣고 개오(開悟)한 상상품자입니까? (蔡麟定)

답: 사바로 되돌아간 자는 모두 도가 있고 배움이 있는 대사(士: 보살)이다. 만약 연태(蓮胎)에서 나오지 않았으면 어찌 다른 곳에 갈 수 있겠는가. 정토법문은 보리를 인(因)으로 삼는데, 무릇 상품상생자는 일찍이 다시 와 중생을 제도하겠다고 발원하였는데 오지 않을 이치가 있겠는가.

제718조

문: 각자 다른 국가의 사람이 정과(正果)를 닦아 이루어 서방 극락세계에 왕생하면 언어가 서로 통할 수 있습니까? (心炳)

답: 저 나라에 태어나면, 곧 신통을 얻어, 뭇 새의 언어, 물, 바람, 줄지어 선 나무의 음성도 오히려 또 이해할 수 있다. 어찌 반대로 사람의 언어를 이해하지 못하는 도리가 있겠는가. 비단 극락의 언어를 이해할 뿐만 아니라, 다른 세계의 언어 역시 다 통할 수 있다. 그렇지 않으면 매일 새벽에 다른 세계의 십만억 불에 공양하고, 어떻게 법문을 들을 수 있겠는가.

제719조

문: 《아미타경》에서 설하신 것에 의하면, 그 속(극락세계를 가리킴)의 환경은 대부분 금, 은, 진주, 마노이고, 그리고 수목은 모두 금으로 된 잎이고, 새도 금입니다. 이러한 생활은 매우 딱딱하고 단조롭지 않겠습니까? (心炳)

답: 누각의 형세는 만 가지 종류로 능히 머물고 능히 날 수 있다. 보배나무는 수시로 방광을 하고, 광명 중에 무량한 다른 세계를 볼 수 있다. 또 백천 종류의 음악을 연주하고, 백천의 향기를 뿜는다. 새는 모두 여러 색으로, 음성은 기묘하고, 또 법을 연설할 수 있으며, 듣는 자는 지혜를 연다. 하늘음악은 허공에 울리고, 여섯 때에 꽃비가 내리며, 융단으로 땅이 덮여 있으며, 광명의 빛깔은 번쩍거리며 찬

란하다. 일체가 천변만화로 뜻에 따라 적당하며, 중중무진하다. 이와 같은데도 오히려 딱딱함을 말하고, 오히려 단조로움을 말하는데, 사바의 예토를 생각해보면 딱딱하고 단조롭지 아니하다는 말인가.

제720조

문: 어찌하여 세존께서는 스스로 정토인 극락세계를 창조하지 않으시고 아미타불의 서방극락세계를 중생에게 소개하십니까? (遊堂振)

답: 아미타불께서는 이미 극락을 창조하셨고 또 광대무변한데, 타방이 또 하필 다른 사람의 뒤를 좇아 불필요한 일을 추가하겠는가. 세존은 비록 극락을 조성하지 않으셨으나 아닌 게 아니라 이 예토를 발전시켜 극락으로 바꾸려는 생각을 사람이 알아차리지 못하는 것을 안타까워 하셨다.

제721조

문: 아미타경에서 이르길: 그 중 많은 일생보처가 있다고 하였습니다. 나머지 일생보처가 아닌 자는 어떻게 성불합니까? 노사께서 이르시길: 아라한은 서방 극락세계에 이르는 것이 불가능하다고 하였습니다. 어찌 갈 수 없는 것입니까? 관음보살은 또 어찌 갈 수 있습니까? (遊堂振)

답: 일생보처자는 변역생사를 거치지 않고 곧 성불한다. 일생보처가 아닌 자는 모름지기 변역생사를 거쳐야 할 따름이다. 〔아라한이 서방 극락세계에 이르는 것이 불가능한 것은〕아라한의 법습(法習)은 소승이고 미타의 정토와 상응하지 않는 까닭이다. 관음보살은 곧 대승으로 극락과 상응하는 까닭인데, 비단 갈 수 있을 뿐만 아니라, 또 〔나중에〕저 국토의 도사(導師)가 되신다.

제722조

문: 극락세계는 물질세계입니까? 이미 불신(佛身)의 광명이 무량하다고 이르셨는데, 어찌하여 낮밤이 있습니까? (簡宗修)

답: 이미 오진(五塵)을 일렀으니 마땅히 물질이다. 그러나 변화로 이루어진 것(變化所作)이라 일렀으니 칠보의 여러 모습은 모두 부처님께서 변화시킨 바이다. 그러나 이러한 상황은 구경에 성품에 맞는 경계로(究稱性境), 또한 물질을 이루는 것이다. 모름지기 정(淨)과 상(相) 두 가지 으뜸의 큰 덕에서 가르침을 구하는 것이다. 낮밤은 밝음과 어두움이 아니고, 곧 꽃이 피고 꽃이 지며 새들이 지저귀는 것을 가리키는 것으로, 이 땅의 것을 따라서 임시로 정하여 하는 말이다.

제723조

문: 아미타경에서 극락세계에 무량한 아라한과 보살이 있다고 하였습니다. 다른 부처님은 볼 수가 없는데, 어째서 그렇습니까? 성불 후에는 서방에 머물 수 없습니까? (簡宗修)

답: 하나의 불토는 한 부처님이 가르침을 주관(主教)하신다. 하나의 학교에 교장은 오로지 한 분인 것과 같다. 다시 국가로 논하자면 총통은 역시 단지 한 사람이 있을 뿐이다. 그 국토의 중생은 수행이 극점에 이르면 역시 등각이라 이름하는데, 등각은 곧 부처이다. 그 국토에 부처가 있기 때문에, 부처라 칭하지 못하고, 반드시 별도의 세계에 이르러 가르침을 주관(主教)하면, 비로소 부처라 칭한다.

제724조

문: 「기타 국토의 중생은, …… 많은 미묘한 꽃으로, 다른 세계의 십만억 부처님께 공양한다」에서 이 「부처님」은 법신을 가리키는 것입니까? 보신 또는 화신입니까? 석가모니 부처님께서 「세상에 계실」 때 다른 이들의 공양을 받은 적이 있습니까? (簡宗修)

답: 극락은 본래 네 가지 국토로 나누어졌는데, 중생은 곧 9품으로 나뉜다. 이것은 수지(修持)의 공에 깊고 얕음이 있는 까닭이다. 증득한 과위의 높고 낮음, 아는 바와 보는 바가 곧 고르지 않은데, 그것으로 공양하는 자를 가히 생각할 수 있다. 본토의 석가세존께서는 저 공양을 받으시는데, 어찌 밖에 계실 수 있겠는가. 이곳에서는 갈 수

있는데 저곳에서는 어찌 올 수가 없겠는가. 관음보살은 곧 저 부처님의 협좌(脅佐)이신데 오히려 이곳에 와서 부처님께 공양하고 법을 들으며, 위로 불도를 홍양하고 아래로 창생을 교화한다(上弘下化).198) 저 중생들이 와서 공양하는 것은 이것을 예로 하여 알 수 있다.

제725조

문: 이후 때때로 몹시 염불하고 싶은데 어떻게 곧 법을 얻을(得法) 수 있는지 모르겠습니다? (簡宗修)

답: 초보자는 먼저 쉽고 간단한 것을 구하고, 점차 나아가 다시 점차 많이 늘려야 한다. 강좌에 앞서 〈미타접몽(彌陀接蒙)〉 등의 책이 발간되었고, 책 뒤에 염불과정(念佛課程)이 부록으로 많이 실려 있으니, 시간을 보아 증감하여서 그것을 실행할 수 있으니, 나아감이 있고 물러남이 없어야 한다. 그러나 제법은 원융하여, 근기에 따라 지으니, 후에 의문이 생기면 서신으로 상담해도 좋다.

제726조

문: 연화생(蓮花生)의 형체는 서로 같습니까? 아니면 그 삼계 중생의 형상에 따라 차별이 있습니까? (鄭勝陽)

답: 대동소이하다. 같은 것은 모두 상호광명이 있는 것이고, 다른 것은 증득한 복과 지혜에 의해 그 상호가 같지 않은 것이며, 현상에 약간의 차이가 있다. 같고 다름이라는 것은 역시 고정된 것이 아니고 스스로 그 변역(變易)과 전변(轉變)을 따르는데, 반드시 불신에 도달하면 바야흐로 모두 같을 따름이다. 저곳에 대하여는 삼계가 있다고 말씀하지 않았는데, 어찌 삼계 중생이 있겠는가.

---

198) = 상홍불도(上弘佛道) 하화창생(下化蒼生)

三界之中　無非牢獄　暫時快樂　終歸無常
삼계지중　무비뇌옥　잠시쾌락　종귀무상
삼계 속은 뇌옥(牢獄)이 아님이 없는데,
잠시의 쾌락은 마침내 무상으로 돌아간다.

衆生燕雀處堂　罕思出離
중생연작처당　한사출리
중생은 참새와 같이 둥지에 머무르며
떠날 생각을 하는 것은 드물다.

惟逆境當前　庶幾生遠離之心
유역경당전　서기생원리지심
오직 역경이 닥쳐야만 멀리 떠날 마음을 낸다.

故佛稱八苦為師　非虛語也
고불칭팔고위사　비허언야
그러므로 부처님께서 팔고(八苦)가 스승이라
칭하는 것이 헛된 말이 아니다.

세존께서 모든 비구들에게 이르셨다.
『마땅히 한 법[一法]을 수행하고,
마땅히 한 법을 널리 펴라.
한 법을 수행하면
문득 명예가 있게 되고,
큰 과보를 이루며,
모든 선(善)이 널리 퍼지게 되고,
감로의 맛을 얻어
무위처(無爲處)에 이르며,
문득 신통을 이뤄
모든 어지러운 생각을 제거해
열반에 이른다.
어떤 것을 한 법이라고 하는가?
이른바 염불(念佛)이니라.』
- 증일아함경, 광연품

출판 자금을 내거나
독송 · 수지하는 사람과
여러 사람 여러 장소에
유통시키는 사람들을 위해
두루 회향하는 게송

경을 인쇄한 공덕과 수승한 행과

가없는 수승한 복을 모두 회향하옵나니,

원하옵건대 전생 현생의 업이 다 소멸되고,

업과 미혹이 사라지고 선근이 증장되며,

현생의 권속이 안락하고, 선망 조상들이 극락왕생하며,

시방찰토 미진수 법계, 공존공영하고 화해원만하며,

비바람이 항상 순조롭게 불고 세계가 모두 화평하며,

일체 재난이 없어지고 사람들이 건강 평안하며,

일체 법계 중생들이 함께 정토에 왕생하게 하소서.

관경사첩소 심요
선도대사의 관무량수경 법문

극락성불학교의 실상
정공 큰스님과 과학자의 정토법문

반야심경 오가해 강기
5대 선지식이 설한 반야바라밀의 심요

보왕삼매염불직지

한 권으로 읽는
대방광불화엄경
大方廣佛華嚴經

시심작불
염불왕생 성불법문

念佛三昧
염불삼매
광흠 노스님 법어

광흠廣欽 큰스님 법문
각산覺山 정원규 편역

염불은 움직임 가운데서 하면서 자기의 일과 조화할 수 있어야 한다. 일하면서 염불하여 온 마음이 고요해질 수 있어야 하며, 한 구(句)의 불호를 명료하게 들으면 잡념이 없이 청정해져서 "자성이 염하여 자성이 들으며[自性念佛自性聽]", 염불하여, 일심불란(一心不亂)에 이르게 된다.

지장삼부경 강기

정수첩요 보은담
생사해탈 염불왕생 성불법문

요범사훈 심요
운명을 바꾸는 심법

대지도론으로 닦는
보살의 육바라밀

인광대사 문초 청화록
염불왕생念往生 속초성불速成佛 법문

선화상인 법문집

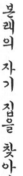

본래의 자기 집을 찾아라

성불첩경 정토문답

1판 1쇄 펴낸 날 2024년 8월 18일(우란분절)
지은이 이병남 **옮긴이** 박영범
발행인 김재경 **편집** 허서 **디자인** 김성우 **마케팅** 권태형 **제작** 현진기획인쇄
펴낸곳 도서출판 비움과소통
　　　　　서울 금천구 가산디지털2로 43-14 한화비즈2차 7층 702호
　　　　　전화 010-6790-0856 팩스 0505-115-2068
　　　　　이메일 buddhapia5@daum.net

© 이병남, 2024
ISBN 979-11-6016-095-6 03220